I0830763

نامه نامی نیکخواه

کالج امریکائی طهران، ۱۳۱۱

نامه نامی نیکخواه
۱۳۱۱

فراهم آورنده
مرتضی قیصری

کالج امریکائی طهران

به کوشش
علی قیصری

نامه نامی نیکخواه ۱۳۱۱ | کالج امریکائی طهران
فراهم آورنده: مرتضی قیصری | به کوشش علی قیصری
Jordan Center for Persian Studies | University of California, Irvine

روی جلد و صفحه‌بندی: کورش بیگ‌پور | شماره ISBN: ۹۷۸-۱-۹۴۹۷۴۳-۲۲-۷

فهرست

۱۷. ی. سیمون، «ارزش خدمت نظام وظیفه»

Y. Simon, "The Value of Compulsory Military Training"

۱۸. نقاشی با مداد ذغالی

۱۹. م. زندی: فوائد ریاضیات

۲۰. G.W. Dean, "Thoughts on the Coming Vacation"

۲۱. نقاشی سیاه قلم

۲۲. نقاشی سیاه قلم، کار «انتخابی»

۲۳. جزوه‌ای به زبان فرانسه درباره داروسازی

L'Hemogenol Dausse

۲۴. تصویر میرزاده عشقی

۲۵. نقاشی با آبرنگ، دو پرنده

به امضای: M.T

۲۶. امیر رفیع متحده: معلومم شد که هیچ معلومم نشد

۲۷. نقاشی دو چهره در یک صورت، کار ابوالحسن معدل

۲۸. Rahim Hakim-Esagh [Eshāq], "The Man who Knows Where He is Going"

۲۹. رحیم حکیم اسحق: میدانم بکجا خواهم رفت

۳۰. A. U. Pope

ترجمه انگلیسی نقل قولی از شیخ محمود شبستری، به خط آرتور اوپام پوپ

۳۱. مسعود فرزاد

قطعات شعر به انگلیسی و فارسی

۳۲. حسین نیک نفس کرمانی: مدرسه آمریکایی شاگردها را بهتر برای زندگی حاضر می کند

۳۳. طلیعه صالح: تساوی زن و مرد وجود ندارد

۳۴. حسینعلی میرزا اعتضادی: اهمیت صنایع مستظرفه ایران در دنیا

۳۵. سیف الدین امامی: استعداد و قوای اخلاقی

۳۶. محمد علی مدرسی طبری

نوشتار بدون عنوان

۳۷. کار

نوشتار بی نام نویسنده

نقاشی آبرنگ، بدون امضا

۳۸. محمد باقر شهامی:

اگر متمایل هستی همیشه در عمر خویش مظفّر و موفق باشی

کار یا تکلیف امروز خودت را به فردا محول منما

۳۹. سید فضل الله دانشور علوی: پند نامه فیثاغورث.

تزکیه نفس

تکمیل نفس

۴۰. خاوری[1]

سه رباعی

۴۱. احمد نخستین
از نصایح افلاطون به اسکندر: موعظه و نصیحت
در اصول معاشرت با خلق - منتخبی از کلمات بزرگان
۴۲. ا. ب. رفیع مهر آبادی: هشتمین عجایب دنیا
۴۳. شمس الدین رستم پور: بلبل ناکام
۴۴. گفتهٔ آقای صبحی
(نگارش) شمس الدین رستم پور
۴۵. مرتضی رستم پور: بشر باید امیدوار باشد
۴۶. عزیز تبدّر شیرازی: منزل
یک نقاشی با آبرنگ
۴۷. میر عباس - میر هادی: اخلاق در جامعه چه فایده دارد؟
۴۸. هاشم میرهاشمی
نگارش قطعه ای از بدایع نگار لاهوتی
یک رباعی و یک نقاشی
۴۹. احمد پرنده: فردوسی طوسی
اقتباس از اشعار حکیم سنائی
۵۰. احمد پرنده: از حیوانات توجه فرمائید
۵۱. ابراهیم انتخابی: مقایسه شاعری و نقاشی
نقاشی سیاه قلم، بدون امضا (احتمالا کار انتخابی)
۵۲. کودکی و نوجوانی
[نوشتار بی نام نویسنده]
۵۳. نقاشی با مداد ذغالی
[بدون امضا]
۵۴. احمد کوثر همدانی: یک گل
۵۵. عباس آرین پور
شعر، و کاردستی روی چوب نازک[۲]
۵۶. حسین هاشمیان
سه برگ نقاشی و پیام
۵۷. حسین هاشمیان: انقلاب ادبی
۵۸. اهمیت اخلاقی ورزش
هدف آمال
خلاصه متن سخنرانی و شعر
[بی نام - احتمالا عبدالامیر زمانیان]
۵۹. عبدالامیر زمانیان: نوروز
۶۰. م. ع. افتخاری: ذوق سرشار خودتان را به جواب دادن سئوالات ذیل امتحان نمائید
(بیست و دو سوال)

۶۱. عکس گروهی تیم ورزش
۶۲. تصویری از گردش دسته جمعی
۶۳. G. Hagopian
قطعه به انگلیسی
۶۴. Harold ...[۳]
قطعه به انگلیسی
۶۵. محسن اسدی: بر دیگران مپسند هر آنچه بر خود نپسندی
به علاوه یک قطعه به انگلیسی
۶۶. فیض الله صبحی
تصویر و شعر و یک قطعه به نثر تحت عنوان «ادب چیست و ادیب کیست»
هر دو به خط خودش
۶۷. علی اکبر محصص (دیهیم)
شعر بلند، احتمالا به خط خودش
۶۸. علی اکبر محصص (دیهیم)
دو قطعه شعر
۶۹. امیر حسین درخشان
سه برگ نقاشی آبرنگ
۷۰. امیر حسین درخشان: نصایح خواجه عبدالله انصاری
۷۱. امیر ارسلان خلعتبری: در نکو کاری / در علو نفس
دو قطعه شعر
۷۲. سید علی محسنین: نوکر حیله گر یا نوکر خائن؟ (کمدی در یک آکت)
۷۳. تصویر تیم ورزشی با مربی (بابگن)
۷۴. بتول نخستین: غم مخور ایدوست که این جهان بنماند
۷۵. قطعه شعر[۴]
۷۶. کریم ظهیری: شراره قلب / گل کوچک
۷۷. محمد حسین مهذبی شیرازی: دست انتقام قوی است
۷۸. نوشتاری درباره زیان‌های برخی عادات و اعتیادات
[بی نام نویسنده]
۷۹. ایرج ناصر
نقاشی با آبرنگ
۸۰. قهرمانی[۵]
یک غزل
۸۱. ایرج ناصر
نقاشی نیمرخ با آبرنگ

پیشگفتار

یادمانی از کالج امریکایی تهران، ۱۳۱۱

مجموعه حاضر شامل دفتر یادبود و منتشر نشده‌ای از کالج امریکایی تهران است که یکی از دانشجویان سابق آن در اوایل دوره پهلوی فراهم ساخته بود.[۱] این دفتر دربردارنده مطالب گوناگونی است که شماری از اساتید کالج، کارکنان، بازدیدکنندگان، و نیز خود دانشجویان نگاشته و تهیه کرده بودند. همانگونه که خواهیم دید مطالب این دفتر شامل مقالات و نیز قطعاتی درباره تاریخ ایران، اخلاق، ورزش، خدمت نظام وظیفه، ریاضیات، شعر و چندین نقاشی آبرنگ و سیاه قلم و شمار متنوعی از کارهای ذوقی و هنری می باشد. این مجموعه همچنین تصاویر متعددی از ساختمان های کالج، اساتید، دانشجویان، فعالیت های ورزشی، مناسبت ها، و گردش های دسته جمعی را در خود گرد آورده است. در مجموع این دفتر چشم انداز مفیدی به وجوه گوناگون تحول و مدرن سازی آموزشی و اجتماعی ایران در اوایل دوره پهلوی می گشاید.

تاریخچه

کالج امریکایی تهران (که بعداً دبیرستان البرز نام گرفت) در ابتدا مؤسسه‌ای تبشیری بود که کلیسای پرسبیتری امریکا آن را در سال ۱۸۷۳م / ۱۲۵۲ش بنیاد نهاد و تا سال ۱۹۴۰م / ۱۳۱۹ش که دولت ایران مدیریت آن را به‌دست گرفت و آن را ذیل نظام متوسطه مدارس در ایران جای داد مدیریت امریکایی خود را حفظ کرد. در سال ۱۸۷۵م / ۱۲۵۴ش، اندک زمانی پس از تأسیس کالج، ناصرالدین‌شاه قاجار (سلطنت ۱۲۶۴-۱۳۱۳ق / ۱۲۲۷-۱۲۷۵ش) با ساختن بنای جدیدی برای آن در محله ارامنه تهران موافقت نمود.[۲] تا سال ۱۲۷۰ش مدرسه ۱۳۵ دانش‌آموز داشت که نیمی از آنها مسلمان بودند.[۳] در سال ۱۸۹۸ کشیش ساموئل مارتین جردن[۴] (۱۸۷۱-۱۹۵۲) پس از آن که نخست (در سال ۱۸۹۵) از کالج لافایت[۵] و پس از آن (در سال ۱۸۹۸) از مدرسه الهیات

۱- برای چاپ نخست این پیشگفتار، با تغییراتی، بنگرید به:

Ali Gheissari, "The American College of Tehran, 1929-1931: A Memorial Album," *Iranian Studies*, 44/5, Special Issue: Alborz College, Guest Editor: Nasrin Rahimieh, (2011), pp. 671-713. http://www.tandfonline.com/doi/abs/10.1080/00210862.2011.570478

برای ترجمه فارسی این پیشگفتار از پژوهنده گرامی علی معظمی سپاسگزاری می‌شود. برای کتابشناسی این پیشگفتار، بنگرید به: انتهای پیشگفتار انگلیسی در مجموعه حاضر.

۲- میر اسدالله موسوی ماکویی، گرداورنده، دبیرستان البرز و شبانه‌روزی آن، تهران، نشر بیستون، ۱۳۷۸، ص ۱۱.

3- Yayha Armajani, "Alborz College," *The Encyclopaedia Iranica*, I/8 (1985), pp. 821-823, here p. 822.

4- Reverend Samuel Martin Jordan

5- Lafayette College

پرینستون[۶] فارغ‌التحصیل شد، به همراه همسرش مری وودز پارک جردن[۷] (۱۸۶۷-۱۹۵۴) به تهران آمد. او در همان سال (۱۲۷۷ش) به‌مدیریت مدرسه منصوب گردید و تا سال ۱۹۴۰ (۱۳۱۹ش) این سمت را عهده‌دار بود. در سال ۱۳۰۳ش (۱۹۲۵م) مدرسه به ساختمان جدیدش موسوم به رولستن هال[۸] منتقل شد؛ عمارتی وسیع که نیکلای مارکف[۹] (۱۸۸۲-۱۹۵۷) معمار گرجی مقیم تهران آن را طراحی کرده بود و تحت نظارت استاد حسین معمار[۱۰] در محوطه‌ای جدید در خارج دروازه یوسف‌آباد که در آن زمان حومه شمالی تهران به‌حساب می‌آمد، ساخته شده بود.[۱۱] امکانات جدید مدرسه شامل آزمایشگاه‌ها، کتابخانه‌ای نسبتاً بزرگ با حدود ۲۰ هزار جلد کتاب و ۳ هزار جزوه جلد شده، خوابگاه و زمین بازی بود.[۱۲] گرچه کالج در اصل، مانند مؤسسه مشابه اش برای دختران به نام سیج کالج، مدرسه‌ای تبشیری بود اما تأثیر تبلیغی‌اش در بین دانش‌آموزان اندک بود. مسئولان پرسبیتری مدرسه تغییرات سیاست داخلی ایران در دوران پهلوی را برای ایران تحولی مثبت می‌دیدند و در کل از کودتای ۱۲۹۹ حمایت می کردند و آن را تحولی «به سود ایران» می‌دانستند و بسیاری از فارغ‌التحصیلان کالج نیز به‌زودی مناصبی مهم در دوران پهلوی یافتند.[۱۳] در دهه ۱۳۱۰ش مدرسه به کالج البرز تغییر نام داد.

کالج البرز در طول تاریخش همچنین شمار عمده ای دانش‌آموز با پیشینه گوناگون اجتماعی، قومی و دینی در خود داشته است؛ ویژگی‌ای که بعد از مدیریت امریکاییان بر آن نیز همچنان ادامه یافت.

در سال ۱۳۱۹ دولت ایران اداره مدرسه را به‌دست گرفت و متعاقباً برنامه‌های آن نیز تغییر یافت و مطابق با نظام تحصیلی مدارس ایران گردید. در همین سال دولت ایران به دکتر جردن به‌دلیل خدمات علمی‌اش نشان درجه یک داد. در این زمان (۱۳۱۹)

6- Princeton Theological Seminary

7- Mary Woods Park Jordan

8- Rolestone Hall

۹- برای آشنایی با نیکلای مارکف (Nikolai Markov) بنگرید به: ویکتور دانیل، بیژن شافعی، سهراب سروشیانی، معماری نیکولای مارکف، تهران: انتشارات دید، ۱۳۸۲، صص ۲۸-۳۹؛ همچنین بنگرید به:

Lana Ravandi-Fadai, "Between Native and Exile: Cossack Brigade Fighter and Architect of Tehran - Nikolai L'Vovich Markov (1882-1957)," in Rudi Matthee and Elena Andreeva (eds.), *Russians in Iran: Diplomacy and Power in the Qajar Era and Beyond*, London and New York: I. B. Tauris, 2018, pp. 217-239, note in particular pp. 224-226.

۱۰- بنگرید به منوچهر ستوده، «هفتاد و سه سال دوستی»، بخارا، ۳۸ (۱۳۸۳): ۷۳-۷۸.

۱۱- محوطه جدید شامل دو قطعه زمین بود که در مجموع ۴۴ ایکر (حدود ۱۸۰۰۰ متر مربع) مساحت داشت و بیرون از محدوده شهر قرار می‌گرفت و ساختمان رولستن هال هم «۲۲۹۲ یارد مربع» (۱۹۱۶ متر مربع) مساحت داشت؛ بنگرید به:

Arthur C. Boyce, "Alborz College of Teheran and Dr. Samuel Martin Jordan Founder and President," typescript, Westminster Gardens, Duarte, CA, 1954, 54 pp., here 18, available in *Lafayette in Persia* (Source Material); and:

بازنشر در: Ali Pasha Saleh, *Cultural Ties between Iran and the United States* (Tehran, 1976), pp. 155–234.

ارجاع فعلی به ص ۱۸۰ است (از این پس ارجاع به این منبع به همین ویرایش دوم داده خواهد شد).

۱۲- برای اطلاعات بیشتر درباره کتابخانه کالج در آن دوره، بنگرید به: Boyce, "Alborz College of Teheran," 187.

13- Michael P. Zirinsky, "Render Therefore unto Caesar the Things Which Are Caesar's: American Presbyterian Education and Reza Shah," *Iranian Studies*, 26, no. 3–4 (1993): 342.

همچنین بنگرید به:

Michael P. Zirinsky, "A Panacea for the Ills of the Country: American Presbyterian Education in Inter-War Iran," *Iranian Studies*, 26/1-2 (1993): 119–137; *idem.*, "Onward Christian Soldiers: Presbyterian Missionaries and the Ambiguous Origins of American Relations with Iran," in *Altruism and Imperialism: Western Cultural and Religious Missions in the Middle East*, ed. by Reeva S. Simon and Eleanor H. Tejirian (New York, 2002); and *idem.*, "Jordan, Samuel Martin," *Encyclopaedia Iranica*, XV/1 (2009), pp. 14-21.

برای مدرسه دخترانه پرسبیتری (Sage College) بنگرید به:

Michael P. Zirinsky, "Harbingers of Change: Presbyterian Women in Iran, 1883–1949," *American Presbyterians: Journal of Presbyterian History*, 70, no. 3 (1992): 173–86.

برای آموزش در دوران پهلوی اول بنگرید به: عیسی خان صدیق، ایران مدرن و نظام آموزشی آن، ترجمه علی‌نجات غلامی، تهران: انتشارات پژوهشکده مطالعات فرهنگی و اجتماعی، ۱۳۹۷؛
David Menashri, *Education and the Making of Modern Iran* (Ithaca, NY and London, 1992).

همچنین بنگرید به:

Rudi Matthee, "Transforming Dangerous Nomads into Useful Artisans, Technicians, Agriculturists: Education in the Reza Shah Period," *Iranian Studies*, 26/3–4 (1993), pp. 313-336.

مدیریت مدرسه به مدت یک‌سال به محمد وحید تنکابنی (۱۲۷۲-۱۳۳۶ش) رسید؛ سپس علی محمد پرتوی (منیع‌الملک) (۱۲۷۰-؟) در سال ۱۳۲۰ مدیر مدرسه شد؛ حسن ذوقی (۱۲۶۷-؟) از خرداد تا پایان بهمن ماه ۱۳۲۱ مدیر مدرسه بود؛ لطفعلی صورتگر (۱۲۷۹-۱۳۴۸ش) از اسفند ۱۳۲۱ تا مرداد ماه ۱۳۲۳ ریاست مدرسه را عهده دار گردید؛ و محمدعلی مجتهدی (۱۲۸۷-۱۳۷۶ش) از ۱۳۲۳ تا ۱۳۵۷ به مدت ۳۴ سال مدیر مدرسه بود.[۱۴] دکتر مجتهدی در مدت طولانی تصدی‌اش در سمت مدیریت البرز نقشی اساسی در گسترش منابع دبیرستان، کارآمد کردن اداره آن و بالا بردن کیفیت تدریس و آموزگارانش داشت. کیفیت بالای معیارهای مدرسه تا حدی بیانگر این است که چگونه بسیاری از فارغ‌التحصیلانش می‌توانستند موفقیت‌های شغلی ممتازی در آینده داشته باشند. برخلاف ثباتی که مدیریت مدرسه در دوران مجتهدی داشت، طی چهل سال پس از انقلاب سال ۱۳۵۷ مدیریت آن پانزده بار تغییر کرد ولی باز هم دبیرستان البرز موقعیت بالای خود را در نظام رو به گسترش دبیرستان‌های ایران حفظ نمود.[۱۵]

ساختار و اساتید

کالج امریکایی تهران در ابتدا دبیرستان بود، سپس در سال ۱۳۰۳ به یک آموزشکده[۱۶] تبدیل شد، و در سال ۱۳۰۷ به یک کالج عمومی (یا دانشسرا) با اعتبارنامه رسمی[۱۷] تبدیل گردید؛[۱۸] در این سال کالج ۹۰۰ دانشجو داشت.[۱۹] چنان که در جدول ۱ می‌توان دید ساختار کالج در اوایل دوران پهلوی اول هم از نظام امریکایی تبعیت می‌کرد و هم از نظام تحصیلی ایران:[۲۰]

جدول ۱. ساختار کالج در دوران پهلوی اول

کلاس‌ها	ایرانی	امریکایی
۱-۶	ابتدایی	ابتدایی
۷، ۸، ۹	سیکل اول متوسطه	متوسطه دوره اول متوسطه دوره دوم
۱۰، ۱۱، ۱۲	سیکل دوم متوسطه	آموزشکده (۱ سال)
۱۳، ۱۴، ۱۵	تحصیلات عالیه	دانشسرا[۲۱]

چنان که آرتور بویس، که در آن زمان معاون رئیس کالج بود می‌گوید: «در آن سال‌ها مدرک متوسطه مدارس ایران در پایان سال یازدهم به دانش‌آموزان داده می‌شد. درس‌های کلاس دوازدهم به دروس تخصصی در رشته‌های ادبیات، علوم، و بازرگانی تقسیم‌بندی شده بود که دانش‌آموزان را برای دوره‌های متناسب دانشگاهی آماده می‌کرد. مدرک لیسانس دولتی ایران که معادل

۱۴- موسوی ماکوئی، دبیرستان البرز، صص ۲۰-۲۲؛ حبیب لاجوردی، خاطرات محمدعلی مجتهدی: رئیس دبیرستان البرز (۱۳۲۳-۱۳۵۷) و مؤسس دانشگاه صنعتی آریامهر (شریف) (۱۳۴۹)، طرح تاریخ شفاهی ایران مرکز مطالعات خاورمیانه دانشگاه هاروارد، تهران: نشر صفحه سفید، ۱۳۹۱.

۱۵- موسوی ماکوئی، دبیرستان البرز، ۲۹۲. در فاصله سال‌های ۱۳۵۷- تاکنون این افراد مدیریت دبیرستان را بر عهده داشتند: حسین خوشنویسان ۱۳۵۷-۱۳۵۸، حسن پورزاهد ۱۳۵۸-۱۳۵۹، ناصر ناصری ۱۳۵۹-۱۳۶۰، اسماعیل صادق‌کاظمی ۱۳۶۳، رجبعلی یاسی‌پور تهرانی ۱۳۶۳-۱۳۶۵، ناصر ملااسدلله ۱۳۶۵، علی مزارعی ۱۳۶۵-۱۳۶۷، عباس فیض ۱۳۶۷، حسین خوشنویسان ۱۳۶۷-۱۳۶۹، باقر دزفولیان ۱۳۷۰-۱۳۷۶، محمود داستانی ۱۳۷۶-۱۳۷۷، ولی‌الله صنایع پرکار ۱۳۷۷-۱۳۸۶، دکتر مظاهر حامی کارگر ۱۳۸۶-۱۳۸۹، و محمد محمدی از سال ۱۳۹۱ تا کنون.

16- Junior College

17- Accredited liberal arts college

18- Armajani, "Alborz College," 821.

۱۹- موسوی ماکوئی، دبیرستان البرز، ۱۵.

20- Boyce, "Alborz College of Teheran," 179.

21-Senior College

مدرک B.A.[۲۲] امریکایی بود در پایان سه سال تحصیلات عالیه داده می‌شد.»[۲۳]

در پی انتصاب جردن در ایران، کالج لافایت روابط نزدیکی با کالج امریکایی تهران برقرار کرد.[۲۴] در نتیجه شمار قابل توجهی از فارغ‌التحصیلان لافایت به هیئت علمی کالج امریکایی تهران پیوستند؛ از جمله می توان به اسامی زیر اشاره داشت (در لیست زیر سال فارغ‌التحصیلی هر یک از این اساتید در داخل پرانتز و بعد از آن رشته ای که در آن تدریس می‌کردند آمده است):[۲۵]

ساموئل مارتین جردن (۱۸۹۵): رئیس کالج و استاد تاریخ و علوم اجتماعی

آرتور کلیفتن بویس[۲۶] (۱۹۰۷): معاون رئیس، استاد تعلیم و تربیت و روان‌شناسی

فردریک ل. بیرد[۲۷] (۱۹۱۳): استاد زبان انگلیسی

ویلیام نوریس ویشم (۱۹۱۳): استاد تعلیمات دینی[۲۸]

رالف کوپر هاچیسن[۲۹] (۱۹۱۸): رئیس گروه[۳۰] و استاد ادیان و فلسفه

والتر الکساندر گرووز[۳۱] (۱۹۱۹): رئیس گروه[۳۲] و استاد فلسفه و اخلاق

جیمز هـ هیل[۳۳] (۱۹۲۸): مدرس بازرگانی

جرج و. برینرد[۳۴] (۱۹۳۰): مدرس زیست‌شناسی

س. لروی رمبو[۳۵] (پس از ۱۹۳۰): مربی تربیت بدنی

ویلیام سی. مک‌نیل[۳۶] (۱۹۳۱): مدرس فیزیک و شیمی

ادوارد س. کندی[۳۷] (۱۹۳۲): مدرس ریاضی

آرتور سی. هَوِرلی[۳۸] (۱۹۳۶): مدرس زبان انگلیسی

22- Bachelor of Arts

23- Boyce, "Alborz College of Teheran," 179.

۲۴- این کالج نام خود را از افسر ارتش فرانسه مارکیز دو لا فایت (Marquis de Lafayette) (۱۷۵۷-۱۸۳۴) گرفته است که طی انقلاب امریکا تحت امر جرج واشنگتن (George Washington) (۱۷۳۲-۱۷۹۹) خدمت می‌کرد. کالج لافایت در آمریکا کالجی است برای تحصیلات دانشگاهی در رشته های عمومی و مهندسی تا سطح لیسانس که در سال ۱۸۲۶ در ایستن، پنسیلوانیا (Easton, Pennsylvania) تأسیس شد. این کالج در سال ۱۸۵۴ به کلیسای پرسبیتری پیوست.

۲۵- فهرست به همین ترتیب در این منبع آمده است: Boyce, "Alborz College of Teheran," 170–71.

26- Arthur Clifton Boyce

27- Frederick L. Bird

28- Professor of religion and sacred texts.

29- Ralph Cooper Hutchison

30- Dean.

31- Walter Alexander Groves. For Groves, see also "The Groves Papers," available in *Lafayette in Persia*.

32- Dean.

33- James H. Hill

34- George W. Brainerd

35- S. Leroy Rambo

36- William C. McNeill

37- Edward S. Kennedy

38- Arthur C. Haverly

یکی دیگر از فارغ‌التحصیلان کالج لافایت کشیش چالز ر. پیتمن بود که در سال ۱۸۹۷م / ۱۲۷۶ش به ایران آمد و «عمدتاً مشغول کارهای تبلیغی در غرب کشور بود». پیتمن عضو علمی کالج نبود ولی «روابط نزدیکی با آن داشت».[۳۹]

دیگر اعضای کالج در دهه ۱۳۱۰ عبارت بودند از:[۴۰]

هنری بی هوتگی جونیور (ووستر کالج،[۴۱] ۱۹۱۰): مدرس زبان انگلیسی

تونی مولن (امپوریا کالج)[۴۲]: مدرس زبان انگلیسی

رابرت لایل استاینر (کالج ووستر، ۱۹۱۶؛ دانشگاه پیتسبورگ، دکترا)[۴۳]: استاد بازرگانی

ف. تیلور گرنی (دانشگاه شیکاگو، ۱۹۳۵، دکترا)[۴۴]: استاد شیمی

الگین شرک (دانشگاه سیراکیوز)[۴۵]: انجمن جوانان مسیحی

ادگار ای. هاتن[۴۶] (کالج دیویدسن، ۱۹۲۳): انگلیسی

کلی تاکر[۴۷]: تربیت بدنی

آلبرت جی. ادواردز (دانشگاه ییل)[۴۸]: انگلیسی

چارلز هافمن: زیست‌شناسی[۴۹]

فلیکس هولند (آکادمی نیروی دریایی ایالات متحده)[۵۰]: ریاضیات

تُس. ال. پیترز[۵۱]: انگلیسی

هیو مک‌گَرول (کالج کویی)[۵۲]: روش‌های بازرگانی

جرج دبلیو. دین[۵۳] (دانشگاه ییل، ۱۹۲۶): بازرگانی

جیمز گیبونز ([دانشگاه] واشبُرن، ۱۹۳۱)[۵۴]: تربیت بدنی

39- Boyce, "Alborz College of Teheran," 170–71.

۴۰- صورت اسامی به همین ترتیب در این منبع آمده است، بنگرید به: Boyce, "Alborz College of Teheran," 185-87.

41- Henri Behoteguy, Jr. (Wooster College)

42- Tony Mullen (Emporia College)

43- Robert Lisle Steiner (Wooster College; University of Pittsburg)

44- F. Taylor Gurney (University of Chicago)

45- Elgin Sherk

46- Edgar E. Houghton

47- Kelley Tucker

48- Albert G. Edwards (Yale University)

49- Charles Hoffman

50- Felix Howland (US Naval Academy)

51- Thos. [abbrev. Thomas] L. Peters

52- Hugh McCaroll (Coe College)

53- George W. Dean

54- James Gibbons (Washburn)

هوارد بنفیلد[۵۵]: تندنویسی[۵۶]

آرتور اسکات (دانشگاه پرینستون)[۵۷]: انگلیسی

جیمز هـ. مک‌دونا ([کالج] واشنگتن و جفرسن)[۵۸]: انگلیسی

هِریک بلَک یانگ (دانشگاه ایندیانا، ۱۹۲۵)[۵۹]: استاد ادبیات انگلیسی و سرپرست دانشجویان در بخش شبانه روزی

جان مک آفی[۶۰] (کالج ووستر): انگلیسی

ای. هیوبرت ریبن (دکترای علوم، سوئیس)[۶۱]: زبان فرانسه، زمین‌شناسی

آندره پرین ژَکت[۶۲] (سوئیس): زبان فرانسوی

موریس بگوین[۶۳] (سوئیس): زبان فرانسوی

ب. کاراپت هاگوپیان[۶۴]: مدرس ارشد زبان انگلیسی

میرزا غلامرضا خوشنویس: خط فارسی

دکتر رضازاده شفق (دکترا از برلین): [[۶۵]] فلسفه و ادبیات ایران[۶۶]

یحیی ارمجانی (دکترا، [دانشگاه] پرینستون): [[۶۷]] تعلیمات دینی

55- Howard Benfield

56- Stenography

57- Arthur Scott (Princeton University)

58- James H. McDonough (Washington and Jefferson [College])

59- Herrick Black Young (Indiana University)

60- John McAfee

61- E. Hubert Rieben (Sc.D., Switzerland)

62- André Perrinjaquet

63- Maurice Beguin

64- B. Carapet Hagopian

۶۵- صادق رضازاده شفق (۱۲۷۴-۱۳۵۰ش) نویسنده، دانشگاهی و سیاستمدار بود. او در اوایل انقلاب مشروطیت با هفته نامه شفق که نشریه‌ای ملی‌گرا بود و پدرش در سال ۱۲۸۹ش در تبریز منتشر می ساخت همکاری داشت؛ نشریه‌ای که منتقد مداخلات روسیه در ایران بود. او سپس در رابرت کالج استانبول (Robert College, Istanbul) و بعد در دانشگاه همبولت در برلین به تحصیل پرداخت. شفق پس از بازگشت به ایران نخست در در دارالمعلمین عالی و سپس در دانشگاه تهران به تدریس پرداخت. او همچنین از اعضای موسس و عضو پیوسته فرهنگستان ایران بود و نیز در دوره نخست مجلس سنا به عضویت آن منصوب گردید.

۶۶- به گفته منوچهر ستوده، که خود در آن دوره از دانشجویان کالج بود، «تاریخ ادبیات فارسی را صادق رضازاده شفق از روی متن انگلیسی تاریخ ادبیات براون تدریس می‌کرد». بنگرید به: منوچهر ستوده، «دوست من [مصطفی] مقربی»، گفتگو و گزارش از شهرام انصاری، اطلاعات، چهارشنبه ۲۰ دی ۱۳۹۱ (۹ ژانویه ۲۰۱۳)، شماره ۲۵۵۰۱، موجود در: https://www.ettelaat.com/new/index.asp?fname=2013%5C01%5C01-09%5C11-43-30.htm

می‌توان توجه داشت که مجموعه چهار جلدی تاریخ ادبیات فارسی اثر ادوارد براون بین سال های ۱۹۰۲ و ۱۹۲۴ به چاپ رسیده بودند. بنگرید به:

G. Michael Wickens, Juan Cole, Kamran Ekbal, "BROWNE, EDWARD GRANVILLE," *Encyclopaedia Iranica*, IV/5 (1989), pp. 483-488.

۶۷- یحیی ارمجانی (۱۲۸۷-۱۳۷۰ش) که از شاگردان سابق دکتر جردن بود «نخستین ایرانی‌ای بود که به‌عنوان کشیش به عضویت کلیسای تبشیری (Evangelical) ایران درآمد». او پس از اینکه از دانشگاه پرینستون دکترای تاریخ گرفت برای تدریس به کالج البرز پیوست. ارمجانی بعدها به آمریکا رفت و تا هنگامی که بازنشسته شد در کالج مَکَلَستِر (Macalaster) و در مینه‌سوتا تاریخ خاورمیانه درس می‌داد. بنگرید به:

Zirinsky, "A Panacea for the Ills of the Country," 136; Zirinsky, "Jordan, Samuel Martin."

یحیی ارمجانی در کالج امریکایی تهران همچنین به تدریس اخلاق می‌پرداخت و سرپرست خوابگاه دانش‌آموزان کمسال نیز بود. برای شرح خود ارمجانی درباره دکتر جردن و کالج امریکایی بنگرید به:

Yahya Armajani, "Sam Jordan and the Evangelical Ethic in Iran," in *Religious Ferment in Asia* (Studies on Asia, 2nd series, Book 2), ed. by Robert J. Miller (Lawrence, KS: University Press of Kansas, 1974), pp. 22–36.

محمدحسن میرزا فرهی: [۶۸] زبان فارسی و عربی

م. احمد نخستین، [۶۹] لیسانس: فارسی و عربی

آشوت آراکلیان، لیسانس: زبان انگلیسی

ب. تیرداد بارسقیان، [۷۰] لیسانس: دفتردار

منصور زندی، لیسانس: ریاضیات

نیکلاس چاکوناس[۷۱]، لیسانس: دستیار دبیرخانه[۷۲]

م. خلیل ستوده [۷۳]: مدرسه ابتدایی

از جمله دیگر آموزگاران ایرانی می‌توان از آقای مزرکی یاد کرد که اخلاق ورزش درس می‌داد و آقای اهورایی که زرتشتی بود و انگلیسی مقدماتی درس می‌داد و به دانش‌آموزان سال نهم هم فیزیک و شیمی تدریس می‌کرد.[۷۴]

تأثیر

تأثیر کلی کالج را شاید هنگامی بهتر بتوان فهمید که آن را بازتابی از تحول تدریجی بخش‌هایی از جامعه شهری ایران در دهه‌های ۱۳۰۰ و ۱۳۱۰ ببینیم. کالج فضای لازم برای مشارکت در امر تحول امور آموزشی را فراهم آورد و از این لحاظ بخشی از زمینه گسترده تر مدرن‌سازی بود که طیف متنوعی از دانشجویان و مدرسین با پیش‌زمینه های اجتماعی و گروهی و نسلی گوناگون به آن پیوستند. گرچه ممکن است برخی از فارغ‌التحصیلان کالج بعدها پیوند نزدیک‌تری با ارزش‌های زندگی آمریکایی برقرار کرده باشند، تجربه کالج برای اکثریت دانشجویانش در آن دوره بخشی از روند و زمینه روزگاری در حال تغییر به‌شمار می‌رفت. در واقع کالج آمریکایی تهران مانند دیگر مدارس خارجی، یا شاید قدری بیشتر از آنها، برای شاگردانش فرصت برخورداری از یک فرآیند تجربی و فضای آموزشی مدرن را فراهم می‌آورد به طوریکه دانش آموزانش می‌توانستند درکی نسبی و روزآمد از ضرورت‌های جامعه و اقتصاد ایران پیدا کنند و تا حدی نیز نسبت به رویدادهای جهان آگاه باشند.

همچنین تلاش می‌شد تا به‌تدریج شیوه آموزش از الگوهای مرسوم که بیشتر انتزاعی و تکراری بودند فاصله بگیرد و الگوهایی جایگزین شود که تأکید بیشتری بر آموزش کاربردی و «آموزش از راه تجربه» داشتند - به تعبیر جان دیویی که اندیشه‌هایش

۶۸- محمدحسن میرزا فرهی (حدود ۱۲۵۹-۱۳۴۸ش) ابتدا در کالج آمریکایی تهران تحصیل نمود و سپس دکتر جردن او را به تدریس ادبیات فارسی و عربی در کالج دعوت کرد. او در سال‌های بعد در دوره مدیریت دکتر مجتهدی نیز به کار خود ادامه داد. بنگرید به موسوی ماکوئی، دبیرستان البرز، ۳۶-۳۷.

۶۹- احمد نخستین که به مسیحیت گرویده بود متعاقبا شماری از متون دینی مسیحی را به فارسی برگرداند. از جمله ترجمه‌های او می‌توان به آثاری از کشیش پرسبیتری هنری ون دایک (Henry van Dyke) (۱۸۵۲-۱۹۳۳)، و نیز ویلیام میلر (William Miller) (۱۷۸۲-۱۸۴۲) اشاره کرد که کشیشی تعمیدی (Baptist) در امریکا بود و در دهه‌های ۱۸۳۰ و ۱۸۴۰ از پیشروان اندیشه هزاره‌گرای جنبش آدونتیست (Adventist) به‌شمار می‌رفت. برای ترجمه‌های او بنگرید به: هنری ون دایک، ستاره‌های درخشان، ترجمه احمد نخستین (بیروت، ۱۹۲۶)؛ ویلیام میلر، تفسیر انجیل لوقا، ترجمه احمد نخستین (تهران، ۱۳۱۳)؛ و ویلیام میلر، تفسیر کتاب اعمال رسولان، ترجمه احمد نخستین (لایپزیک، ۱۹۳۲). از نوشته‌های خود احمد نخستین از جمله می‌توان به دستور اخلاق (تهران، ۱۳۱۱) نام برد. نخستین همچنین به مبلّغ پرسبیتری آمریکایی به نام ویلیام مک‌الوی میلر (William McElwee Miller) (۱۸۹۲-۱۹۹۳) که مقیم مشهد بود در تایپ دستنویس کتابش درباره بهائیت کمک کرد. بنگرید به:
William McElwee Miller, *Baha'ism: Its Origin, History and Teachings*, (New York, 1931), p. 15.

۷۰- بارسقیان تا سال ۱۳۵۷ به کارش در دبیرستان البرز در همین سمت ادامه داد. بنگرید به موسوی ماکوئی، دبیرستان البرز، ۵۲-۵۳.

71- Nicholas Chaconas

72- Assistant Registrar

۷۳- میرزا خلیل ستوده (۱۲۶۲-۱۳۴۵ش) سرپرست مدرسه ابتدایی و معلم فارسی بود.

۷۴- بنگرید به یادداشت‌های منتشر نشده شخصی عبدالامیر دشتی که در اینجا به آن ارجاع داده شده است: محمدعلی جاودان، «استعمار فرهنگی غرب»، ۴ مرداد ۱۳۸۷، http://new.javedan.ir/articles/1387/05/04/index.html:id=151.

در آن زمان میان اعضای هیئت علمی کالج رایج بود.[۷۵] آموزش کالج به‌طور خاص بیشتر با روش‌های تجربی و فعالیت‌های فوق برنامه مانند استفاده از آزمایشگاه شیمی، فیزیک، و زیست‌شناسی، و نیز نقاشی، موسیقی، ورزش و فعالیت های گروهی سروکار داشت. به‌طور خاص ریاضیات از بیشترین اهمیت برخوردار بود، سنتی که در سال‌های بعد یعنی طی دوران طولانی تصدی دکتر مجتهدی، که خود تحصیلکرده فرانسه بود، ادامه یافت و بیش از پیش تقویت شد.[۷۶]

آلبوم یادبود

از خلال صفحات این دفتر یا آلبوم یادبود، تحت عنوان «نامه نامی نیکخواه»، که در سال ۱۳۱۱ توسط مرتضی قیصری (۱۲۹۰-۱۳۵۵ش)، یکی از دانش آموزان سابق کالج و پدر نگارنده، گردآوری شده بود و تاکنون نیز انتشار نیافته است می‌توان وجوه گوناگونی از فعالیت های کالج امریکایی تهران را بررسی نمود. گردآورنده شاید برای انجام فعالیت‌های فوق برنامه‌اش بوده که انجمنی را با نام «نیکخواه» در کالج تشکیل داده بود، و گردآوردن این آلبوم نیز که عنوانش «نامه نامی نیکخواه» است ممکن است در ارتباط با همین فعالیت انجام شده باشد - هرچند اطلاعات بیشتری از اعضا و فعالیت‌های این انجمن در دست نیست. این آلبوم را همچنین می‌توان نوعی دفتر یادگاری دانست که گردآوردنش در مدارس و کالج‌های آمریکایی همواره مرسوم بوده و جزء فعالیت‌های فوق برنامه دانش‌آموزان محسوب می‌شده است؛[۷۷] کاری که احتمالاً در میان دانش‌آموزان کالج آمریکایی تهران نیز معرفی و مطرح شده بود. صفحات آلبوم همانطور که در برگ نخستین آن دیده می شود در سال ۱۳۱۱ (۱۹۳۲م) گردآوری و صحافی شده‌اند. با این حال بر اساس ثبت تاریخ بر فقرات و نوشته‌های گوناگون و متنوعی که در آلبوم آمده می‌توان گفت که کل مجموعه در فاصله سال‌های ۱۳۰۸-۱۳۱۱ تدوین شده است. گردآورنده ابتدا برگ‌های سفیدی با حاشیه و طرح رنگی (به اندازه ۲۱٫۳ سانتیمتر در ۲۸ سانتیمتر) فراهم کرده که بر حسب سفارش در «مطبعه برادران باقرزاده» در تهران چاپ شده بودند. در حاشیه بالای هر برگ عنوان کلی دفتر، «نامه نامی نیکخواه»، و در حاشیه پایین هر برگ نیز این گفته معروف «دو صد گفته چون نیم کردار نیست» چاپ گردیده است.[۷۸] سرانجام تمامی مفاد دفتر، شامل نوشتار ها، تصاویر و دیگر مطالب، پس از گردآوری در جوف یک جلد چرمی مرغوب که قفل کوچکی هم بر آن قرار گرفته بود بود صحافی گردیدند.

مرتضی قیصری، نویسنده و گردآورنده آلبوم حاضر، در شهریور ماه ۱۲۹۰ در تهران متولد شد و تحصیلات ابتدایی و متوسطه را نیز در همانجا به انجام رسانید. وی سپس در سال ۱۳۱۱ تصدیقنامه دوره تحصیلات متوسطه از مدرسه تجارت تهران را دریافت نمود و در سال بعد از کالج امریکایی تهران فارغ التحصیل شد.[۷۹] او در سال ۱۳۱۵ باشگاه بوستان ورزش را روبروی ورزشگاه جدیدالتأسیس امجدیه واقع در محدوده ای که آن زمان در ضلع شمالی تهران قرار داشت تاسیس کرد، و در سال ۱۳۱۸ به پاس خدماتش به دریافت یک قطعه نشان علمی درجه سوم از وزارت معارف و اوقاف و صنایع مستظرفه نایل گردید.[۸۰] فعالیت‌های او در سال های بعد کلّا در بخش خصوصی متمرکز بود، از جمله عضویت در هیأت مدیره شرکت سهامی ریسباف قم، زراعت، و نیز تجارت منسوجات. اما مستقل از این امور طی سالیان وی همچنین عضو هیأت مدیره و خزانه دار افتخاری بنگاه حمایت مادران و نوزادن بود و در گسترش شعبات آن در مناطق مختلف کشور همکاری داشت. مرتضی قیصری در تاریخ ۶ آذرماه ۱۳۵۵ در تهران در گذشت.

۷۵- جان دیویی (John Dewey) (۱۸۵۹-۱۹۵۲) فیلسوف، فیزیولوژیست، و نظریه پرداز اصلاحات آموزشی که اندیشه‌هایش در اصلاح روش های آموزشی و اجتماعی در آمریکا و دیگر کشورها خصوصاً در نیمه نخست قرن بیستم تأثیرگذار بود.

۷۶- بنگرید به: Homa Katouzian, "Alborz and its Teachers," *Iranian Studies*, 44:5 (2011): 743-754.

۷۷- برای اطلاع از سنت این دفترچه‌های مصور (scrapbooks) برای مثال بنگرید به:

Jessica Helfand, *Scrapbooks: An American History* (Cambridge, MA, 2008); & Susan Tucker, Katherine Ott and Patricia Buckler, eds., *The Scrapbook in American Life* (Philadelphia, PA, 2006).

۷۸- ناظر است به: «بزرگی سراسر به گفتار نیست / دوصد گفته چون نیم کردار نیست» (منسوب به فردوسی).

۷۹- بنگرید به: پیوست ۱ و پیوست ۲.

۸۰- بنگرید به: پیوست ۳.

هر چند دفتر حاضر در میان اوراق خانوادگی نگارنده محفوظ بود اما در زمان حیات گردآورنده اطلاعات بیشتری در باره جزئیات و محتویات دفتر از ایشان پرسیده نشد. در سال‌های بعد نگارنده از راهنمایی‌های ارزشمند شماری از اساتید، آموزگاران، و دانش آموزان قدیم مدرسه برخوردار گردید که به این وسیله از ایشان سپاسگزاری می‌گردد. به ویژه نگارنده بر خود فرض می‌داند از زنده یاد ایرج افشار و زنده یاد زین‌العابدین مؤتمن و شادروان منوچهر ستوده، و همچنین از محسن آشتیانی، فریدون امیرفریار، سید عبدالله انوار، فریده فرهی، Thomas M. Rickes و Michael P. Zirinsky برای کمک در شناسایی شماری از تصاویر و فراهم ساختن اطلاعات مفید درباره برخی اسامی که در این دفتر آمده است سپاسگزاری نماید. همچنین از Harriette Hemmasi و کتابخانه دانشگاه براون برای تصویربرداری از صفحات آلبوم، رسول جعفریان و آزاده نوروزی و بخش مرمت و حفاظت کتابخانه، موزه و مرکز اسناد مجلس برای ترمیم مجموعه، سعید جلالی‌پور و مرکز ساموئل جردن برای پژوهش‌های ایرانشناسی در دانشگاه کالیفرنیا (اروین) برای همکاری‌های فنی، آنا قیصری برای همکاری در ویراست نهایی، و کورش بیگ‌پور برای صفحه آرایی و آماده سازی مجموعه برای چاپ سپاسگزاری می‌گردد.

علی قیصری
فروردین ماه ۱۳۹۹

نامه نامی نیکخواه

۱۳۱۱ - ۱۹۳۲

فراهم آورنده

مرتضی قیصری

کالج امریکائی طهران

The College Memory Book

Prepared by

M. Ghaisari[1]

AMERICAN COLLEGE OF TEHERAN

مطبعه برادران باقرزاده

1- Spelling as appears on the album's title page, hereafter Gheissari.

—◆○◆— 1 —◆○◆—

برگ نخستین[۲]

—◆○◆— 2 —◆○◆—

تصویر گردآورنده و نویسنده[۳]

—◆○◆— 3 —◆○◆—

مرتضی قیصری

به نام خداوند جان آفرین

ارزش انسان به اندازه آثاری است که از او باز می‌ماند، چون دوره زندگانی ما کوتاه و دوره تحصیل از آن کوتاه تر است، معدودی را آن خوشبختی حاصل تواند شد که دامنه تحصیلات خود را ادامه دهند و از خرمن دانش و معرفت خوشه‌هائی برچینند. ولی اغلب افراد را این توفیق رفیق نگردد، زیرا بسی از آن‌ها رشته تحصیل را از دست داده [و] داخل زندگانی اجتماعی می‌شوند. امااشخاصی که به خوبی تحصیلات خود را به پایان می‌برند می‌توانند کارهای سودمند بنمایند، و آثاری که از دوره تحصیل از این‌ها باز می‌ماند آثاری بس گران بها و نفیس تواند بود و درجه مجاهدت و فداکاری آن‌ها را همین آثار (که تنها یادگار زمان تحصیل است) به خوبی نشان خواهد داد، و می‌رساند که آن‌ها تا چه درجه نشو و نما یافته و از نعمت ترقی و تقدم چه اندازه بهره‌مند شده‌اند.[۴] این آثار برای مدرسه ما (کالج آمریکائی طهران) نیز بسیار قیمتی و گران بها می‌باشد، برای این که قوام مدرسه به محصلین است و رؤسا و معلمین نیز برای ترقی فکری و معنوی شاگردان خود دامن همت به کمر زده و آماده خدمت شده‌اند.

اهمیت هر مدرسه به وجود شاگردانش بازبسته است و اهمیت شاگردان و ارزش ایشان و هم چنین هدفی که در زندگی آن را مقصود خود قرار داده‌اند منوط است[۵] به اندیشه‌ها و آثاری که از آن‌ها پدیدار می‌شود و چون هریک از معلمین محترم و

۲- در بازنویسی و ویرایش مفاد گوناگون مجموعه حاضر از همان شیوه ای که در نگارش متن اصلی آمده پیروی شده است و هرجا که حرفی و یا عبارتی به منظور کمک به فهم بهتر مطلب افزوده گشته آن افزوده‌ها در داخل کروشه [ ] مشخص شده‌اند. در مواردی نیز تا جایی که مخلّ سبک وسیاق متن اصلی نمی‌شد تغییراتی به شیوه و اسلوب امروزی وارد گردید. همچنین ترتیب صفحات، به پیروی از روال اصلی مجموعه، در میان —◆○◆— —◆○◆— مشخص شده است. توضیحات و افزوده‌هایی که در پانوشت صفحات آمده‌اند از ویراستار است.

۳- تهیه شده در عکاسخانه محمد جعفر خادم (M. D. Khadem).

۴- در اصل: شده است.

۵- در اصل، «منوط است» دو بار آمده است.

محصلین این دارالعلم در خور میل و قریحه و درجه اطلاعات خود، اثری در این مجموعه به یادگار گذاشته، می‌توان آن را نمونه کوچکی از فکر و عمل شمرد و چون در فراهم آوردن این رساله جز خیراندیشی و هدایت اخلاق، نظری دیگر در بین نبوده است پس بی مناسبت نیست که آن **نامه نیکخواه**[۶] خوانده شود.

مؤسسین و نویسندگان این مجموعه امیدوارند که همیشه نیکخواهی و خیراندیشی را شعار خود قرار داده و آن را در طی دوره تحصیل و هم در زندگانی اجتماعی هدف عالی خود قرار دهند

3A

و از خدا می‌خواهند که در این مقصود لاحقین بر [سابقین][۷] سبقت جویند.

این مجموعه یادگاریست از ما به آیندگان و نماینده میل جبلّی و علاقه مفرط ما به بازماندن آثار است و این حس شریف را نیاکان ما نیز داشته‌اند زیرا عظمت و معنویتی که از آن‌ها در کتب و اخبار و بناهای عظیم باقیمانده نشان می‌دهد که آزاد مردان پیوسته سعی داشته‌اند از خود اثری باقی گذارند و ما نیز باید از پی آنان رویم و شعار ایشان را نیز بر خود گزینیم،[۸] اگرچه جز نگاشتن چند سطر کاری دیگر نکرده ایم ولی خرسندیم که راه جدیدی پیموده و طریقه تازه[ای] را به روی آیندگان گشوده ایم و امیدواریم که آن‌ها آثاری گران بها تر و مهم تر بتوانند به وجود بیاورند، و در ظلّ مجاهدت و فداکاری آن‌ها این دارالعلم مراحل ارتقاء و تکامل را طی نماید و نور علم و دانش را بیش از پیش به اطراف ایران بلکه به اکناف جهان به پراکند، چه برای سعادت بشر جز حقیقت جوئی و فداکاری عاملی دیگر مؤثر نیست.

مرتضی قیصری
مهر ماه ۱۳۱۱

4

تصویر دکتر جردن.

5

Address of President Jordan at the laying of the cornerstone of Moore Science Hall.

July 27th, 1931.

5A

Photo caption: Laying Cornerstone Moore Science Hall, July 27, 1931. Left to right – American minister Hart, Reverend Harry C. Schuler, President Jordan.

Milestones and cornerstones are alike in this respect; that each is significant not for what it really is

---

۶- [توضیح نویسنده:] اگرچه نامه نیکخواه به مناسبت نام جمعیت نیکخواهی است که از محصلین کالج تشکیل [یافته است]، ولی به طوری که بر ارباب بصیرت پوشیده نیست غرض و منظور آن جمعیت هم جز خیراندیشی و نموّ روح تعاون چیز دیگر نبوده است. (م.ق.)

۷- در اصل یک عبارت ناخوانا است، احتمالا «سابقین».

۸- در اصل یک عبارت ناخوانا است، احتمالا «گزینیم».

but for what it has come to typify. A milestone itself is of little practical value. It is significant because it testifies to a distance traveled, to difficulties overcome, to victories won. A cornerstone is no more important in a building than many another stone. Its real significance is that it is a visible emblem of the principles and the ideals for which the institution stands.

Within the stone, along with a number of lesser things, we have deposited a copy of the Bible in Persian and you have heard Mr. Muller read the 127th Psalm and the parable of the two foundations from the 7th chapter of Matthew. All of this signifies the heartfelt conviction of those responsible for the college that the word of God and the principles and truths therein set forth are the true foundation, the true cornerstone of this Science Hall and this institution; that the gospel of Christ is an adequate solution for all the problems of Persia; that it alone is sufficient for the regeneration and the salvation of this land; that "other foundations can no man lay than that which is laid."

5A

The conflict of science and religion is rather a new idea in Persia. It is a never-ending theme of conversation, or oration, among those who have newly come into touch with modern education. In this institution we recognize no such conflict. Over the entrance to Rollestone Hall on beautiful Persian tiles we have inscribed in graceful Persian script the motto of the college—"Ye shall know the truth and the truth shall make you free." In this college we are not alarmed for God lest He be dethroned and banished from His world by scientific discoveries. We hold that all truths, in biology, chemistry and physics, as well as theology and religion, are His truths. We confidently maintain that when some of the boasted "scientific facts" of today shall have become the exploded theories of tomorrow, and mistaken interpretations of God's word shall have been corrected by a deeper understanding and truer knowledge[,] then all apparent conflicts will have ceased.

But the real cornerstone of any institution is not a material stone. Colleges, administration buildings, science halls, dormitories, are not built of bricks and mortar, of stone and beams of steel, but of men and women who dream dreams and see visions and who have the generosity, self-sacrifice, the patience, and the endurance to labor and if need be to wait to make those dreams come true. Some two years ago an elect lady flew to Teheran, she chanced to visit the college, she saw a vision of the service being rendered to Persia, and she volunteered to do "something big for the college in Teheran." She it is who has supplied the funds for building whose cornerstone we lay today. In making the gift she said, "I wish you to know that it is a great pleasure to do this for the college in Teheran. I like to feel that I have made some return to the people of the lands which I have visited for the kindness and courtesy they have shown me." Young men who look out from the mountain-tops of youth and see visions of things

5B

worth while, earnest students seeking opportunities of service to their people and nation and eager for training that will equip them for the fray, --students of vision and courage above all else, are the bricks of which colleges are built. They are the cornerstones.

This is the first building ever erected in Persia exclusively for the teaching of the sciences and so this Science Hall is a milestone in the development of modern education in this land. It is an earnest of the fact that the rule of thumb, the age of approximate knowledge, is passing and that exact knowledge is required for the new age. A few years ago in company with one of the physicians of Teheran I rode out to see the great fortifications near the old city of Veramin. Noticing the huge sun-dried bricks of which the ancient walls are constructed, I dismounted and with a small spring-tape, which I carried along for such emergencies, I measured one of the bricks and said, “It is $17^{1/2}$ inches long.” The doctor then took his riding-crop and carefully measured the same brick and further corrected the measurements by spanning it with little figure and thumb and then solemnly announced, “Yes, I would say it is somewhat longer than that, about 19 or 20 inches.” I gazed upon the learned doctor with wonder and amazement, lost in admiration of one of who could calmly overrule correct measurements by aid of riding-crop and rule of thumb. This building is a visible witness to the fact that the day of the riding-crop as a standard of measurement has passed; that this college believes that microscopes, retorts and carefully graded instruments that give exact results upon which men can rely are required for this new age in Persia; that our students may know the truth and the truth may make them free. In this hope, in this faith, in this confidence, we lay this cornerstone today.

6

Lafayette in Persia: Sketch of the History of the American College of Teheran and its Relation to Lafayette College

6A

[Photo of Rollestone Hall]

AMERICAN COLLEGE AT TEHERAN

IN 1872 the American Mission was first established in Teheran, the capital of Persia, by the Presbyterian Church in the U.S.A., and the following March a school for boys was opened. This school was at first of only primary grade, but the standards were raised as Persian boys gradually became capable of assimilating modern higher education until in 1928 the first A.B. degrees were given under a temporary charter granted by the Regents of the University of the State of New York. This charter was made permanent in 1932, putting the American College of Teheran on a level with first class American colleges.

For many years the school occupied centrally located but limited quarters within the city. Due largely to President Jordan's foresight and dream of a future college, a new site, now comprising nearly fifty acres; was purchased in 1913. At that time it was waste land of nominal value but today is perhaps the most valuable property in the city. It is located just north of the city walls, overlooking the entire city, and commands a superb view of mountains and plain.

On the property new college buildings have gradually arisen until at present the plant comprises a main building with offices and classrooms for between 600 and 700 students; a fully equipped Science building; two dormitories with a combined capacity of 150 students; an infirmary; and three residences for professors. Several athletic fields have been laid out. Rollestone Hall, the main building, combines American ideas of practical educational efficiency with Persian architectural grace and beauty. It has been called by an authority on Persian art the best modern example of the celebrated Persian architecture.

The college has enjoyed steady growth since its organization and now has an enrollment of nearly 800, including 300 elementary pupils. Fees have increased to the Persian equivalent of approximately $15,000 per annum, and the boarding department is more than self-supporting. The staff now comprises six permanent American families, and five short term men, with nearly fifty Persian professors and instructors.

One of the remarkable things about the college, and especially the boarding department, is the class of pupils enrolled. While pupils of every grade of society and every race and creed are accepted without discrimination, an unusually large number are children of the nobility and other influential families. As in ancient times all roads led to Rome, so today in Persia all roads lead to Teheran. The influential and progressive men from every part of the country flock to the capital. They want the best education for their children. They are sold to the idea that "The Americans have a factory in Teheran where they manufacture men." Thus the sons of practically every petty king of the whole empire have been enrolled in the College in recent years. Each year a large proportion of the student body is composed of sons of members of the Majless, (Persian Parliament), of Cabinet Ministers and of other high officials. It is not surprising, therefore, that already the more than a thousand graduates and former students in the school are exerting an influence out of all proportion to their number. They are found throughout the length and breadth of the empire in positions of honor and trust. They include members of the Majless, high officials in the departments of the government, directors of finances and post and telegraph and customs in various provinces, chiefs of police in numerous cities, officers in the army, physicians, educators, editors. In every walk of life they have a deservedly high reputation for efficiency and honesty. The influence of this school has been one of the important factors in the awakening of Persia and the establishing of free institutions and constitutional government.

The cooperation of Lafayette College with the school began when S. M. Jordan '95, and his fiancee, Mary Park, sister of S. R. Park '84, both of them experienced teachers, were appointed to Teheran with a view to their taking charge of the school, since the former superintendent had resigned and returned to America. They arrived in Teheran in November of that year and Dr. Jordan immediately took charge of a number of classes in English while Mrs. Jordan took charge of music lessons and gave regular vocal music lessons to the whole student body. In September 1899, Dr. Jordan became superintendent. C. W. Harris '95 was appointed that year to join the school but for health reasons was compelled to withdraw. At some time during that same year W. C. Isett '01, wrote on behalf of the Brainerd Society asking for information about the school and for suggestions as to how Lafayette College could cooperate. The students and faculty sent a contribution that year and have continued to do so almost every year since then. When the Jordans were back at Lafayette in 1906, the enthusiasm of the students and faculty and alumni was aroused; A. C. Boyce '07 volunteered to come out as the first short term man; a campaign was put on by the students and several hundred dollars was contributed, and Boyce went out with the Jordans in August, 1907.

In September 1913 F. L. Bird '13 arrived in Teheran as a short term man. A few months after his arrival, he wrote a letter to THE LAFAYETTE describing the journey and his impressions of the school. Among other things he said, "I did not have a high opinion of the scholastic efficiency of mission schools in general and so I had the surprise of my life when I found I was connected with the best high school that I had ever come in contact with, both from the viewpoint of classroom work and of

—◆○◆— 6B —◆○◆—

administration." Bird's enthusiastic cooperation contributed much to the development and advancement of the school.

In 1913 the standard of the school was raised to that of a junior college. Boyce, who had returned to America in 1910 and had taken four years of advanced work in Education in Illinois and Chicago universities with his wife, went back to Persia in 1915 as a permanent addition to the staff. Mrs. Boyce, formerly Miss Annie W. Stocking, a Wellesley graduate, had previously served in Persia in the Teheran girls' school and has since taught various classes in the boys' institution. Boyce was immediately made associate principal and later became vice-president of the college. During the absence of the president he has repeatedly taken full charge. Bird, who had fallen in love with the work from the time of his arrival, changed from a short-ṭermer to a permanent man.

The world war centered the interest of Lafayette men elsewhere, and the next Lafayette reinforcement was not until April 1921, when W. N. Wysham '13 arrived with his bride. Meanwhile Bird in 1918 because of ill health had been compelled to return to America and later became a professor of Social Sciences in Occidental College, Los Angeles.

In anticipation of the erection of Rollestone Hall and the expansion to full college grade, in June 1923 the Board of Trustees of Lafayette College on the recommendation of President MacCracken formally adopted the American College of Teheran as the special interest abroad of Lafayette, thus making official the connection between the two institutions. In May 1925, R. C. Hutchison '18 and W. A. Groves '19 both with the degree of Doctor of Philosophy from the University of Pennsylvania, with their brides, arrived in time to be of the greatest assistance in drafting and putting into operation the regular standard college courses which were initiated with the transfer of college and middle school students to the new quarters in September 1925. Hutchison was later elected dean of the college.

J. H. Hill '28 joined the college staff in September 1928; S. L. Rambo ex-'30 in September 1929; G. W. Brainerd '30 in 1930; and W. C. McNeill '31 in 1931; all as short term teachers.

In May 1931 Dean Hutchison was compelled to return to America because of the continued ill health of Mrs. Hutchison. Since then he has become president of Washington and Jefferson College. Groves was chosen in his place as dean.

In the spring of 1932 the following Lafayette men were connected with the college:

Jordan '95-President and Professor of History and Social Science

Boyce '07-Vice President and Professor of Education and Psychology

Groves '19-Dean and Professor of Philosophy and Ethics

Wysham '13-Professor of Religion and Sacred Literature

Brainerd '30-Instructor in Biology

McNeill '31-Instructor in Chemistry and Physics

Kennedy '32-Instructor elect

This list would be incomplete without the name of Mrs. Jordan, who always maintains that she is

"A Lafayette Man." From the time of her arrival until the present she has borne a goodly share both in teaching and administration. Much of the high reputation and success of the institution are due to her.

"Lafayette-in-Persia" is something of which every Lafayette man may well be proud, something in which he should be warmly interested, - something which he should habitually support.

[Photo of the young Dr. S.M. Jordan, around the time of his first arrival in Iran]

[نوشتاری از صادق رضازاده شفق به مناسبت دیدار رابیندرانات تاگور از کالج]

چه خوش گوید رابندرانات تاگور: «نوری که آسمان را فراگرفته، در قطره شبنم خود را محدود می‌نماید». در راز و نیازی که روز شنبه ۲۴ اردیبهشت ماه (۱۴ ماه مه ۱۹۳۲) با این پیر روشن ضمیر داشتم در حال همان جمله فوق که عبارت انگلیسی آن را در صفحه بعد نوشته، صحبت می‌کرد. واقعا تمام عالم مظهر یک نور حقیقت است و هر فرد حتی هر ذره به فراخور حال و استعداد نفس و صفای خود آن حقیقت را در خود جلوه می‌دهد. حقیقت به مثابه نوری است و ما هم مانند قطره‌های شبنم هستیم و جلوه گاه و منعکس آنیم. هر که صفایش بیشتر، حقیقت در او بهتر جلوه گر است. عالم گذشته از اینکه از ذرات و افراد مرکب است وحدت هم داردو آن در واقع شبیه است به نوری که ظاهرا منقسم است و دراشکال چراغ یا شعله یا ستاره یا ماه و آفتاب ظهور نموده ...[۹] و در واقع طبیعت نور یکی است. یا مثل آب است که گاهی به شکل باران و گاهی برکه و حوض یا گاهی دریا و اقیانوس است ولی اصل آب یکی است. پس عالم مظهر یک حقیقت است و در مقام زندگانی بشری حقیقت عالم در شکل روح انسانیت و صفای آدمیت تجلی می‌کند. انسانیت کمال مقام انسانی را می‌خواهد تا هر انسان نور کمال انسانی را در خودش چنانکه باید منعکس نماید. تکلیف حیات هر انسان است که خود را بهتر و بیشتر مظهر انسان کامل قرار دهد[.][۱۰] و آن وقتی میسر است که شخص جسم خود را و روح خود را دائماً تربیت نماید. تربیت جسم آن است که قوای طبیعی آن به درستی رشد و نموّ نماید، تمام اعضا صحیح و سالم باشد و برای اقامه وظایف حیات صالح گردد و از آفات امراض و عفونت جراحات و ضعف و کسالت و دیگر معایب مصون شود و این مقصود تنها با امساک و ممارست و ورزش و پاکی و تربیت ممکن است. تربیت معنوی با نوّ و حسن جریان و رشد صحیح قوای روحی مانند عاقله و حاسّه و فاعله انجام یابد. شخص باید به واسطه تحصیل و تدریس و تفکر طبیعی و مناسب ادوار حیات روح خود را به کار اندازد تا قوای باطنی او نارس و درشت و محجوب نماند. مخصوصا روح باید در مراحل اخلاقی ورزش نماید یعنی باید در تامل در تکالیف در تکالیف انسانیت و حقوق آدمیت و در عملی کردن آن‌ها بکوشد. شخص باید برای رسیدن به این مقام،[۱۱] از کوچکی خویشتن را به حق جوئی و حق خواهی و حق گوئی عادت دهد و همیشه در فکر احقاق حق دیگران و اغماض از حق خویشتن باشد و دائماً حاضر محبت به مردم باشد. محبت بهتر صفت آدمی‌است و لازم است مرد خویشتن را به اقامه ...[۱۲] آماده نماید. مقصود از محبت عشق‌های ریائی و خوبی‌ها در مقابل مزد و انتظارات دیگر نیست، که آن متوفی است و بی اساس، و فرموده‌اند «عشق‌هائی کز پی رنگی بود / عشق نبود عاقبت ننگی بود».

۹- در اصل یک عبارت ناخوانا است.

۱۰- در اصل نقطه آمده است.

۱۱- در اصل: «بدینمقام».

۱۲- در اصل یک عبارت ناخوانا است.

مقام انسان‌های مستلزم محبت بی مزد و عشق بی ریا است. شخص باید از اول جوانی دل خود را برای خدمت و محبت به افراد و نوع ...[۱۳] تربیت نماید. بزرگترین محبت‌ها محبت حق است و راه وصال به حق آن است که ما از نخست در اعمال و افکار و اقوال خود آن چه ممکن است موافق آئین حق رفتار نمائیم، حق کسی را باطل نکنیم، قدمی‌باطل برنداریم، دروغ و چاپلوسی پیشه نگیریم، برای چند روز زندگی خوش جسمانی مرتکب گناه و خیانت نگردیم و اگر هم در این راه دچار زحمت شدیم تشکر کرده و به قول سعدی بگوئیم «الحمدالله که به مصیبتی گرفتارم نه به معصیتی»،[۱۴] در خیال آزار نفسی از نفوس نباشیم، تنها اگر از دست مان ساخته شد خوبی در حق آن‌ها روا داریم و بگوئیم: «نمی‌خواهم که باشد ناخن من بند در جائی / مگر گاهی که خاری را برآرم از کف پائی!».[۱۵] اگر تمام انسان‌ها خود را مظهر یک حقیقت دانند و جمله به کمال جسمانی و روحانی بکوشند و به جای خصومت و ستیزگی با هم روح تعاون و محبت و فداکاری در خود تربیت نمایند و هر یک انسان مانند قطره‌های شبنم با کمال صفا آئینه نور حق باشد، آن گاه عالم از نفاق و شقاق و خصومت و قتال و آفات رسته و به سعادت و رفاه خواهد پیوست.

طهران، روز عاشورا ۱۳۵۱ هجری
[۲۶] اردیبهشت ماه ۱۳۱۱
دکتر رضازاده شفق

[سروده‌ای از تاگور به دستخط خودش]

The light that fills the sky seeks its limit in a dewdrop on the grass.

Rabindranath Tagore

9A

[تصویری از تاگور، نقاشی سیاه قلم که به امضای او نیز رسیده است.]

9B/C

دو تصویر از دیدار تاگور از کالج در بهار ۱۳۱۱. تصویر دوم: تاگور (نشسته) در میان آموزگاران کالج و مقامات ایرانی. پشت سر او دکتر جردن و همسرش، حسین سمیعی (ایستاده نفر پنجم از چپ)،[۱۶] محمدعلی فروغی (ایستاده نفر هفتم از چپ)،[۱۷] علی اصغر حکمت (ردیف پشت، ایستاده نفر پانزدهم از چپ).[۱۸]

۱۳- در اصل یک عبارت ناخوانا است.

۱۴- به نقل از سعدی، «گلستان»، باب دوم در اخلاق درویشان، حکایت شماره ۱۳.

۱۵- به نقل از افسر ملقب به معزخان، از شعرای فارسی زبان هند و معاصر اورنگ زیب عالمگیر گورکانی.

۱۶- حسین سمیعی (ادیب السلطنه) (۱۲۵۳-۱۳۳۲ش) دورانی طولانی و پرفراز و نشیب در خدمت دولت بود؛ در سال ۱۳۱۱ که این عکس گرفته شده او رئیس دفتر شخصی رضاشاه بود.

۱۷- محمدعلی فروغی (ذکاءالملک) (۱۲۵۴-۱۳۲۱ش) چهره ای برجسته در میان نخبگان ادبی و سیاسی ایران در دوران قاجار و پهلوی اول بود؛ در ۱۳۱۱ که این عکس گرفته شده فروغی وزیر خارجه بود.

۱۸- علی اصغر حکمت (۱۲۷۱-۱۳۵۹ش)، ادیب و سیاستمدار؛ او نقش موثری در نوسازی نظام.

10

م. قیصری
عظمت تاریخی ابنیهٔ اصفهان

برای آشنا شدن به عظمت تاریخی، مزایای طبیعی، حسن موقعیت جغرافیایی، و استعداد ذاتی اصفهان (برای ترقیات مادّی و معنوی)، بایستی به تواریخ، کتب، و سفرنامه‌هائی که مورخین، نویسندگان، و مستشرقین قدیمه و جدیده در این خصوص نوشته‌اند، مخصوصا کتاب «الاصفهان» که نتیجه یک عمر زحمات محقق معاصر مرحوم حاجی میرزا سید علی جناب است مراجعه نمود.[۱۹]

منظور اصلی ما در این چند سطر تنها ذکر یادداشت‌های مختصری از مهمترین ابنیه تاریخی اصفهان است که از فرط عظمت توانسته‌اند تا این عصر در مقابل حوادث روزگار و تیشه بی داد آل قاجار مقاومت نموده [و] جانی به سلامت ببرند.

شکی نیست که برای تنها شرح همین قسمت ولو به اختصار بایستی یک جلد کتاب قطور مستقلی نوشت و این کار با گرفتاری‌های فعلی واشتغالات کلاسی و موقعیت مخصوص نگارنده خالی ازاشکال نیست. لاعلاج به طور فهرست مانندی به ذکر اطلاعات مقدماتی چند بنای تاریخی که نسبتاً[۲۰] از سایرین مهمتر و معروف تر است اکتفا می‌کنیم.

به طوری که برای هر بیننده ایرانی یا سیاح خارجی پس از تماشای عبرت آمیزی معلوم می‌شود، مهمترین ابنیه از حیث عظمت، زیبائی، معماری و غیره، با تفاوت [در] سلیقه‌های خصوصی‌اشخاص در تقدم و تأخر عبارتند از: مسجد شاه، مسجد شیخ لطف الله، مدرسه چهارباغ، عمارت عالی قاپو، مسجد جامع عتیق، عمارت چهلستون، مسجد حکیم، پل سی و سه چشمه، پل خواجو، عمارت هشت بهشت، مناره جنبان، ... [و] غیره.

10A

که ما به ذکر چند سطری در خصوص هر کدام جداگانه ذیلاً قناعت می‌کنیم.

مقدمه - مراجعه به نقشه اصفهان معلوم می‌دارد که میدان شاه یا میدان نقش جهان با طولی در حدود پانصد و عرض نزدیک [به] یک صد و چهل متر با مساحت قریب [به] هفتار هزار ذرع مربع، در ناحیه مرکزی اصفهان قدر[ی] مایل به جنوب قرار دارد - اطرافش را دو طبقه اطاق‌های قشنگی (مخصوص سکونت چند فوج قشون در قدیم در اواسط حکومت ظل السلطان) احاطه می‌نموده و در نتیجه عدم سکونت و مسامحه در حفظ و خرابی سقف‌های طبقه فوقانی امروز فقط ایوان‌های بالا و طاق نماهای طبقه تحتانی (به خصوص پس از مختصر تعمیر اخیر بلدیه) تا اندازه[ای] زینت بخش صفحه مصفای میدان می‌باشد. تا سه سال پیش نهر بزرگ سنگی با یک دسته درخ‌های سرو و اقاقیا و نارون از چهار طرف خیابان داخلی کنارهای آن را از قسمت وسط (که تا این اواخر مخصوص مشق نظام بود) جدا می‌کرد، ولی در معماری بی سلیقه اخیر بلدیه نهر مزبور را محو کردند.

میدان نقش جهان - از بناهای شاه عباس دوم [است]، و اطراف آن بازارهای مخصوص اصناف مختلفه (مانند صفارها،[۲۱] سراج‌ها،

۱۹-اشاره است به حاج میر سید علی (بن میر محمد حسین حسینی) معروف به جناب (و. ۱۳۴۹ ه.ق. / ۱۳۰۹ ه.ش.).

۲۰- در اصل: «نسبتةً».

۲۱- «صَفّار»، به معنی رویگر است. «روی» فلزی است که از ترکیب مس و قلع به دست می‌آید و از آن برای ساختن ظروف استفاده می‌کنند.

کلاه دوزان، صباغ‌ها،[۲۲] چیت سازها، قنادها، برنج سازها،[۲۳] صرافان، طوافان،[۲۴] لوافان،[۲۵] آهنگران، کفاش‌ها، نجارها، و غیره) قرار دارد. مخصوصا در طرف جنوب آن مسجد شاه و در طرف شرق آن مسجد شیخ لطف الله و در طرف غربی عمارت عالی قاپو و در طرف شمالی سر درب قیصریه قرار دارد.

مسجد شاه - نسخه جامع، نماینده کامل، و نمونه واضح هوش، قریحه، ذوق، معماری، مهندسی، نقاشی، کاشیکاری، خطّاطی، حجّاری، و حتی طلا و منبّت کاری ایرانی در قرن یازدهم هجری، مسجد شاه یا جامع عباسی است.

بیننده ای که از راه دور و یا نزدیک به طواف این کعبهٔ افتخارات ایران و ایرانی می‌آید در نخستین وهله که قدم در حریم جلوخان سر درب این معبد عالی بن (که تا چندی پیش بزرگترین بستگاه عمومی‌بود) می‌گذارد، یک مرتبه محو تماشای شاهکارهای هنرمندان دو سه قرن پیش شده از خود بیخود و در گرداب بهت و حیرتی مخلوط به تحسین و تقدیس غوطه ور می‌شود.

ارتفاع بنا و رنگ و مینا[ی] کتیبه‌های خوش خط [و] تراش کاشی‌ها[ی] زیبا وی را به طوری به خود مشغول می‌کنند که تا مدتی مدید بی حرکت به جای خود ایستاده،

10B

تنها کره چشمش متناوباً به طرف راست یا چپ، بالا یا پائین دور می‌زند.

اما افسوس که هنوز از سرمستی تماشای دو طاووس[۲۶] وسط سر درب (که رشگ موزه‌های فرنگ است) به هوش نیامده که لکه‌های کوچک و متعددی نشانه خودسری و حماقت یا استبداد و جهالت اقبال الدوله[۲۷] یا هدف گلوله‌های توپ آن وطن ناپرست، مانند تیری بر جگرش نشسته، آهی از نهادش به در می‌گذرد. سر خجلت به زیر افکنده پا به آستانه مسجد می‌گذارد. این حالت که قلابه ظرافت و زیبائی، قشنگی و دلربائی در حلقه کمربند مسافر را گرفته تا مدتی او را منبّت کاری‌های نقره و طلا واشعاری که به خط نستعلیق برجسته مانند کتیبه به اطراف لنگه‌های در ترصیع شده مشغول می‌دارد.

10C

بیچاره پس از لمحه ای لاحول گویان خود را از طلسم جذابیت در دالان تمام مینا رها نموده وارد صحنه مسجد می‌شود. این جاست که گویا یک مرتبه به گوش جان خطاب «فاخلع نعلیک انک بالواد المقدس طوی»[۲۸] می‌شنود، سراپا لرزان و هراسان مدتی ایستاده نمی‌داند از چه طرف نگاه کند.

چهار طرف حیاط وسیع مسجد را از وسط چهار ایوان بزرگ که مقعّر تحتانی آن‌ها مانند تمام در و دیوار مسجد از کاشی‌های

۲۲- جمع «صبّاغ»، به معنی رنگرز و رنگ ساز است.

۲۳- «برنج» حاصل ترکیب و آلیاژ مس و روی و سرب است و ازآن در ساختن ظروف و ابزارهای گوناگون استفاده می‌شده.

۲۴- جمع «طوّاف»، به معنی دستفروش و کاسب دوره گرد است.

۲۵- جمع «لوّاف»، به معنی گلیم باف و زیلوباف است.

۲۶- در اصل: «طاوس»

۲۷-اشاره است به محمد خان غفاری (اقبال الدوله) (و. ۱۳۴۲ ه.ق.) که در دوران استبداد صغیر مدتی (۱۳۲۶ تا ۱۳۲۷ ه.ق.) حاکم اصفهان بود. مجاهدین بختیاری پس از فتح اصفهان او را برکنار کردند.

۲۸- نقل از «قرآن کریم»، سوره «طه»، آیه ۱۲: «إِنِّي أَنَا رَبُّكَ فَاخْلَعْ نَعْلَيْكَ إِنَّكَ بِالْوَادِ الْمُقَدَّسِ طُوًى»، ترجمه فارسی: «این منم پروردگار تو پای‌پوش خویش بیرون آور که تو در وادی مقدس طوی هستی»، ترجمه محمد مهدی فولادوند، ویرایش محمد رضا انصاری و سید مهدی برهانی، تهران: انتشارات دفتر مطالعات تاریخ و معارف اسلامی، ۱۳۷۳، بنگرید به: http://www.parsquran.com/data/show.php?lang=far&sura=20&ayat=12&user=far&tran=1

عباسی پوشیده شده قرار دارد و مهمتر از این هر دو کنبد بزرگ و معروف سمت جنوبی است که از جلو به ایوان فلک خراش و از طرفین به چهل ستون وسیع و بهت آمیزش محدود می‌شود. گنبد مزبور از دو سقف تشکیل شده که ۱۲ متر از یکدیگر فاصله دارند و در وسط جوش‌های عجیب و غریبی با تیرهای به قطر یک متر آن‌ها را به یکدیگر وصل می‌کند. سطح مقعّر زیر زمین (که ۳۴ متر ارتفاع دارد) با سطح محدب گنبد فوقانی (که ۴۶ متر ارتفاع دارد و از فاصله چند فرسخی شهر نمایان است) از کاشی پوشیده شده.

اما در خصوص توصیف آب و رنگ [و] تلألو و طرافت[۲۹] این مینا قلم نگارنده از تشریح خصوصیات یک آجر یا توضیح و تجسم کیفیات یک از تراش آن، به خصوص با علاقه مفرطی که به اختصار این مقاله دارم، قاصر است لذا آن را به توضیح شفاهی آقایانی که دیده‌اند یا به به مطالعه کتب مستشرقین فرنگی از دویست سال [پیش] به این طرف واگذار می‌کنم.

—◆○◆— 10D —◆○◆—

همین قدر متذکر می‌شوم که سطح داخلی مسجد (به ضمیمه تمام سطوح داخلی دهلیز و ایوان‌ها و گنبدها و چهل ستون) امتداد از زمین تا دو متر ارتفاع، از سنگ‌های مرمر تراشیده (ازاره[۳۰]) که مساحت آن‌ها را در حدود (۳۶۰۰) متر تخمین نموده‌اند، پوشیده شده و از آن به بالا تماماً از کاشی‌های مزبور و کتیبه‌هائی که از بزرگترین شاهکارهای هنرمندان درجه اول آن زمان است، مانند علیرضای عباسی،[۳۱] عبدالباقی دانشمند،[۳۲] محمد رضا امامی،[۳۳] محمد صالح،[۳۴] و غیره پوشیده شده است. علاوه بر این سطح محدّب گنبد بزرگ و سطح داخلی دو مدرسه نسبتاً بزرگی که بلافاصله متصل به مسجد و در زوایای جنوب شرقی و غربی مسجد قرار دارد، با سطوح خارجی چهار مناره بلند و به ارتفاع ۴۳ متر که دو تای آن در طرفین سر درب و دو تای دیگر در داخل مسجد در طرفین ایوان جنوبی یا گنبد بزرگ قرار دارد، همگی از همین نوع کاشی پوشیده شده است. گلدسته یا ...[۳۵] در بالای ایوان غربی قرار دارد.

مساحت زیر مسجد در حدود ۱۷۰۰۰ متر مربع و بنا به تخمینی که اخیرا شده عدد آجرهای مسجد در حدود ۱۸ میلیون و آجر کاشی در حدود (۴۷۲۵۰۰)، جام گچ نزدیک [به] پنج میلیون من تبریز، آهک قریب یک میلیون من تبریز است.

چند قطعه کاشی‌های نفیس از قبیل طاووس‌های[۳۶] سر درب و غیره در مسجد موجود است که برای شرحش بایستی به کتب مستشرقین رجوع شود. در خاتمه محض احتیاط ناگفته نمی‌گذارم که این مسجد چنانچه اسمش معلوم است (جامع عباسی)، از بناهای شاه عباس کبیر است.

مسجد شیخ لطف الله – در طرف شرقی میدان نقش جهان قدری مایل به جنوب مسجد شیخ [لطف الله] قرار دارد. این مسجد را شاه عباس کبیر برای شیخ عبدالله شوشتری[۳۷] بنا نمود ولی نظر به اینکه شیخ عبدالله امامت مسجد جامع را داشت، امامت آن به شیخ لطف الله[۳۸] محول شد. از خصوصیات این مسجد یکی اینکه برخلاف سایر مساجد دارای حیاط سر باز نیست، بلکه

۲۹- «طرافت» (یا «طرافة») به معنی نو شدن و تازه گردیدن است؛ احتمالا مراد نگارنده «ظرافت» هم می‌توانست بوده باشد.

۳۰- «ازاره» به معنی پایین دیوار است که از قسمت‌های دیگر متمایز می‌باشد و آن را با سنگ، آجر، و یا کاشی نماسازی می‌کنند.

۳۱- علیرضا عباسی (و. ۱۰۳۸ ه.ق.)، خوشنویس برجسته دوران صفوی که از سوی شاه عباس به «شاهنواز خان» ملقّب گردید.

۳۲-اشاره به ملا عبدالباقی صوفی تبریزی (ملقّب به «دانشمند») (و. ۱۰۳۹ ه.ق.) است؛ وی از اساتید خط در دوران صفوی بود.

۳۳- محمد رضا امامی‌اصفهانی از خوشنویسان مهم قرن یازدهم هجری و معاصر شاه عباس و شاه سلیمان صفوی بود.

۳۴- محمد صالح اصفهانی (و. ۱۱۲۶ ه.ق.) از خوشنویسان معروف دوره صفوی بود؛ بسیاری از کتیبه‌های بناهای تاریخی اصفهان به خط اوست.

۳۵- در اصل یک عبارت ناخوانا است.

۳۶- در اصل: «طاوسهای».

۳۷-اشاره است به عزالدین عبدالله بن حسین شوشتری (تستری) (و. ۱۰۲۱ ه.ق.) از علمای مشهور دوره صفوی در اصفهان.

۳۸- مراد شیخ لطف الله عاملی اصفهانی (و. ۱۰۳۵ ه.ق.) از فقهای لبنانی الاصل و پر نفوذ دوره صفوی در اصفهان است.

همگی [عمارت] عبارت است از یک گنبد بزرگ عالی که از حیث عظمت با گنبد مسجد شاه همسری می‌زند. از حیث کاشی کاری آب و رنگ و جلا بایستی آن چه را که در [مورد] مسجد شاه ذکر شده این جا نیز تکرار کنیم منتها به عقیده یکی دو نفر از مستشرقین اخیر

10E

در این مسجد قطعاتی از کاشی یافت می‌شود که شاید حتی در مسجد شاه هم نظائر آن‌ها دیده نشود.

دیگری از خصوصیات آن اینکه این مسجد دارای دو طبقه است، بدینطریق که در زیر صحن کنبد شبستانی قرار دارد که از حیث استحکام بی نظیر و به واسطه درب و پنجره‌های مخصوص با خارج مربوط می‌شود و نیز به وسیله دریچه مخصوص به زیر گنبد یا طبقه فوقانی مسجد مربوط می‌شود که در موقع ازدحام امام جماعت در این شبستان زیرین ایستاده صفوف صحنه زیر گنبد که در بالای آن قرار دارد به واسطه همین دریچه (که نزدیک محراب است) با صفوف طبقه تحتانی متصل می‌شده. دیگر از خصوصیات [این مسجد] برجستگی درب و دالان است

10F

که چند پله بالای سطح زمین قرار دارد و برای ورود به مسجد بایستی از چند پله طریف[۳۹] سنگ مرمر بالا رفته وارد دهلیز شوند.

درب این مسجد هم از حیث ظرافت صفت معروف [است]. طول هر لنگه ۳/۵ متر، عرض آن ۱/۱ متر و قطر ۱۲ سانتیمتر مقعّر تحتانی و سطح خارجی گنبد از کاشی‌های مستغنی الوصفی پوشیده شده و دو منطقه کتیبه‌های ممتاز به خط علیرضای عباسی (نویسنده معروف) و نیز کتیبه‌های دیگری به خط دیگران در داخل مسجد دیده می‌شود. از یک کتیبه که به خط علیرضای عباسی است معلوم می‌شود که این مسجد را شاه عباس کبیر قبل از استیلا به خراسان و گرجستان بنا نمود.

10G

عمارت عالی قاپو - این عمارت به طوری که از اسمش معلوم می‌شود (عالی قاپو - باب عالی[۴۰]) در دو دوره مختلف دربار چند نفر از سلاطین عظیم الشأن ایران را تشکیل می‌داده است.

این عمارت بنائی است کوه پیکر به ارتفاع ۳۳ متر، مرکّب از سه طبقه که هر یک به نوبه خود از دو یا سه طبقه جزء تشکیل شده است. طبقه اول هشت[۴۱] و دالان با شکوه صلیب مانند آن را تشکیل می‌دهد به ارتفاع ۱۲/۵ متر با اطاق‌هائی در اطراف آن - طبقه دوم عبارتست از اطاق بزرگی در وسط و اطاق‌های نسبتاً کوچکتری در طرفین که همگی از جلو به وسیله درب‌های قشنگشان با ایوان بزرگ یا طالار معروف آن مربوط می‌شوند.

۳۹- «طریف» به معنی نادر و شگفت، و همچنین نو و تازه است. احتمالا مراد نگارنده «ظریف» هم می‌توانست بوده باشد.

40- *Porte sublime.*

۴۱- به معنی راهرو سقف دار و هشت ضلعی که در جلو در ورودی عمارت ساخت می‌شد.

10H

این طالار که از سه طرف مشرف به میدان و از بیست ستون بلند به ارتفاع ۹ متر با سقفی خاتم کاری تشکیل شده، سقف مزبور از چوب بست‌های عجیب و غریبی با تیرها[یی] به قطر یک متر ترکیب شده بطوریکه می‌توان به آسانی از بین آن‌ها عبور نمود.

خاتم کاری سقف مزبور از چوب بست‌های بی‌اندازه جذّاب و دلربا است. در وسط طالار حوضی از مس قرار دارد که در باب آبکشی آن افسانه‌ها ذکر می‌کنند ولی بنا به تجسساتی نزدیک به حقیقت معلوم شده که تا شش متر ارتفاع از زمین آب را به وسیله گاو بالا می‌کشیده‌اند،[۴۲] ولی از آنجائیکه به وسیله فشار (نظیر قانون پاسکال در منگنه آبی) آب را تدریجاً به منبعی و بالاخره به منبع دیگر که سطحی قدری بالای حوض مسین و در عقب عمارت قرار داشته می‌ریخته و از آن منبع اخیر به وسیله مجرای مخصوص با طریقه دلکش به سطح حوض مزبور ریخته است. بنابراین دو طبقه عمده را فی الحقیقه عمارت اصلی است به سلاطین سلجوقی نسبت می‌دهند.

در بالای این‌ها طبقه دیگری است که بناء آن را به شاه عباس و قسمتی را به شاه سلیمان صفوی نسبت می‌دهند و این طبقه اخیر که خود نیز از دو طبقه تشکیل یافته در وسط دارای یک اطاق بزرگ و در طرفین دارای اطاق‌های نسبتاً کوچکتری است که مانند طبقه زیر زمین از نقاشی‌های خیلی ممتاز و مرغوب و بالاخص از یک قسم گچ بری مخصوص تزئین یافته است. تماشای دورنمای قسمت عمده بلکه تمام شهر وسیع اصفهان از بالای این طبقه بی‌اندازه جالب توجه [است] و مسافرینی که پس از زحمت صعود از ۱۱۴ پله بدین طبقه رسیده‌اند گویا از خستگی یا لذت تماشای شهر و میدان و عمارات دولتی حتی مزارع اطراف شهر تا یک فرسخی دیگر نمی‌خواهند بدین زودی از این طبقه مراجعت کنند. بناء این طبقه بیشتر شبیه به مجلس خاص سلاطین است، بر خلاف طبقه وسطی که از حیث عظمت و شکوه به خوبی آشکار می‌دارد که مجلس رسمی‌یا دربار بوده.

10I

و حتی در زمان نادرشاه افشار محل نشستن یا دربار این جهانگیر نامدار بوده است.

چیزی که به خوبی معلوم می‌دارد که عمارت مزبور مرکب از دو قسمت یا بناء شده ای از دو زمان است وجود دو دستگاه پلگان است که اولی‌ها از سطح زمین در دو ستون قرینه در طرفین هشت و دالان شروع و به طور مار پیچ بالا می‌رود، عده این‌ها بطوریکه فوقاً متذکر شدیم ۱۱۴ و پس از هر ۱۰ / ۱۲ پله دارد و از حیث وسعت چنان است که یک نفر شخص تنومند به خوبی می‌تواند از آن‌ها عبور کند. و پلکان دستگاه دوم مانند سایر بناهای صفوی بر خلاف اولی‌ها بسیار وسیع و کاشی کاری است و هر ۱۰ / ۱۲ پله که بالا می‌رود وارد اطاق مخصوص می‌شود که می‌توان آن جا را به اصطلاح قدما دربند (که مقرّ کشیک قراولان خاصه سلطنت بوده است)

10J

و بیشتر اوقات سیاحان خارجی و مسافرین و غیره مکرّر با جعبه‌های عکاسی در مقابل آن بارگاه عظمت ایستاده از تماشای آن لذت می‌برند - در باب خصوصیات درب نقرهٔ آن از حیث طلا و منبّت کاری و کتیبه‌های خیلی خوش خط بایستی آن چه را در باب درب مسجد شاه گفته ایم تکرار کنیم منتها به واسطه یک قرن تأخّر اختتام بناء مدرسهٔ چهارباغ از مسجد شاه

۴۲- در اصل: «می‌کشده‌اند».

10K

عبور کند بطوریکه یک نفر که می‌خواسته است وارد مجلس شاه بشود یعنی بطور[۴۳] فوق الذکر، بایستی این شش یا هفت دربند (که مقرّ کشیک قراولان خاصه سلطنت بوده است) عبور کند. نظر به علاقه ای که به اختصار این مجموعه داریم از ذکر خصوصیات بناء مهندسی و بعضی کاشی‌ها و غیره صرف نظر نموده سخن را در این خصوص به پایان می‌رسانیم.

قسمت دوم - عمارت چهارباغ - مقدمه. مهمترین خیابان مشجر و با شکوهی که با عرض ۳۳ متر از سه قرن پیش در شهر اصفهان یا بلکه در تمام مملکت ایران ساخته شده و به یادگار مانده، خیابان چهارباغ اصفهان است که از دروازه دولت شروع و در امتداد شمالی و جنوبی به پل سی و سه چشمه ختم می‌شود. این خیابان اکنون مشتمل بر پنج معبر متمایز است، [یعنی] سه معبر پیاده رو و دو معبر سواره (در خلاف جهت یکدیگر). دو جوی آب دائماً در طرفین معبر وسطی (پیاده رو) جاری و چهار رشته بیشه[۴۴] با درخت‌های چنار کهن سال یادگارهای عهد صفوی و غیره، معابر مزبور را از یکدیگر جدا می‌کنند. به واسطه خرمی‌و صفا و دلکشی و روحیت فوق العاده خود، خیابان مزبور مهمترین گردشگاه شهر را در تمام فصول مختلفه سال تشکیل می‌دهد. از عمارات مهمّهٔ تاریخی این خیابان که تا کنون به خوبی باقی مانده است مدرسه چهارباغ (یا [مدرسه] سلطانی)، عمارت [هشت] بهشت، و پل سی و سی چشمه است.

مدرسهٔ چهارباغ - در سمت شرقی تقریباً وسط خیابان چهارباغ واقع است. سر درب بلند و عالی و باشکوه آن از حیث کاشی و مقرنس کاری (حتی طاووس[۴۵] بالای درب) خیلی شباهت به سر درب مسجد شاه دارد، [و] عجب این که پس از طی سه قرن هنوز در نهایت تازگی و طرافت[۴۶] بدون هیچ عیب و نقص باقی مانده و به اندازه ای جذاب است که حتی اهل شهر هم که اغلب ایام برای گردش بدان محل می‌روند از تماشای آن سیر نمی‌شوند.

10L

نهر بزرگ تمام سنگی که در طول طرفین آن سه ردیف پله‌های ظریف ساخته شده، حیاط مدرسه را در امتداد مشرق و مغرب به دو قسمت متساوی تقسیم می‌کند. هر یک از این دو قسمت به واسطه خیابانی عمود بر نهر به دو قسمت مربع منقسم می‌شود که در نتیجه چهار **قطعه باغچه** در چهار گوشه مدرسه تشکیل می‌دهند و عموماً دارای چنارهای بزرگ شاه عباسی (به قطر ۱ / ۱۵ متر[۴۷]) می‌باشند. حیاط مدرسه را از چهار طرف دو طبقه حجرات خیلی ظریف که در جلو دارای ایوان‌ها[ی] مخصوص و کاشیکاری است احاطه می‌کند. در وسط هر ضلع مسجد یا مَدرس بزرگ و با شکوهی قرار دارد. مهمتر از همه در وسط ضلع جنوبی ایوان کو بنیان که در طرفین آن دو مناره و در عقبش گنبد بزرگ و معروف مدرسه چهارباغ (که تقریباً نظیر مسجد شاه کمی‌کوچکتر است) قرار دارد. در قسمت کاشیکاری درون و بیرون گنبد و تمام سطح داخلی مدرسه و سرداب و غیره عیناً آنچه را در باب مسجد شاه و مسجد شیخ لطف الله گفته بدون کم و زیاد بایستی در این جا تکرار نموده، علاوه بر اینکه کاشیکاری‌های این بنا به مناسبت تأخر زمان ساختمان (چنانچه در پیش هم متذکر شدم) هنوز طراوت و ظرافت و تلؤلو خود را به خوبی حفظ نموده و از دور می‌درخشد.

عدهٔ حجرات قابل سکونت مدرسه متجاوز از یک صد و امروز تقریباً بالتمام مسکون است. فضای هر حجره تقریباً ۵۰ متر مکعب و همگی خشک و روشن و سالم و هر یک به خوبی گنجایش سکونت دو تا چهار نفر محصل را دارد. مساحت زیر بناء مسجد

۴۳- در اصل: «بطار».

۴۴- «بیشه» به معنی جایی که درختان به فاصله نزدیک به یکدیگر قرار گرفته‌اند.

۴۵- در اصل: «طاوس».

۴۶- «طرافت» (یا «طرافة») همانطور که پیشتراشاره شد به معنی نو شدن و تازه گردیدن است؛ حتمالا مراد نگارنده «ظرافت» هم می‌توانست بوده باشد.

۴۷- پیداست که در این جا مراد نگارنده احتمالا یک مترو نیم ویا یک متر و پانزده سانتیمتر بوده است.

۱۲۰۰۰ متر است. در زوایای مدرسه چهار خلوت کوچک مسدّس که از یک طرف با حیاط مدرسه مربوط است، با مهندسی مخصوصی ساخته شده. عقب زاویه جنوب مغربی حوضخانه مفصّل وسیع و عقب زاویه جنوب شرقی آشپزخانه بزرگ و مجلل مدرسه که برای پذیرائی چند صد نفر به خوبی کافی است، قرار دارد.

10M

تمام خصوصیات درب مانند کیفیات سر درب و کاشی‌ها و غیره در کمال خوبی و تازگی محفوظ مانده چنانچه گوئیا به تازگی از زیر دست بنّاهای ماهر یا میناکاران یا نویسندگان خوش خط خارج شده.

به موجب کتیبه‌های سر درب و داخل مدرسه، این بنای سحر آمیز به شاه سلطان حسین صفوی منسوب است، چنانچه یک قطعه‌اشعاری که در دهلیز مدرسه روی صفحات کاشی نزدیک سقف کتیبه شده در مدح شاه سلطان حسین، مؤیّد همین قسمت است.

10N

در تمام طول حدّ غربی مدرسه که قسمتی از بدنه شرقی چهارباغ را تشکیل می‌دهد جبهه دو طبقهٔ خیلی باشکوه و مجلّلی قرار دارد که طبقه تحتانی عبارت است از یک ردیف طاقنماهای ساده که تا ۱/۵ متر از زمین سنگی ور در بالای آن آجر تراشی است و طبقه فوقانی یک ردیف حجرات دیگری است (علاوه بر حجرات درونی مدرسه) مشرف بر خیابان چهارباغ که از حیث منظره و زیبائی بی نظیر و توضیح و تشریح کیفیات سکونت در آن‌ها را به عهده بیانات شفاهی اهل ذوق و سلیقه که زمانی در آنجا مکث نموده‌اند واگذار می‌کنم.

11

[حسین شجره[۴۸]]
عمارت چهلستون

I

عصر صفوی عصر تجلی روح صنعتی ایران است. در این عصر نورانی قریحه فنّی و طبع مبتکر ایرانی برای یک بار دیگر پرتوافشانی کرده و چشم عالم متمدن را از انوار باهره جمال جمیل خود خیره نموده است و در حجله گاه طبیعت و در میان بدایع عالم خلقت، هیچ عروسی همچون عروس جمال دلربائی کردن نتواند، تنها زیبائیست که تارهای لطیف روح را به اهتزاز آورده و دل صاحب دلان و ارباب ذوق را می‌رباید تا از سر جان محو جلوه‌های جذاب آن شده و از لذتی که آمیخته به درد و الم

۴۸- سید حسین شجره فرزند سید عبدالرسول واعظ (متخلص به بزمی)، شاعر و ادیب (ت. اصفهان، ذیحجه ۱۳۱۸ ه.ق.؛ و. تهران، فروردین ۱۳۶۰)؛ وی تحصیلات خود را در اصفهان آغاز و سپس در تهران در کالج آمریکایی و سپس در دانشکده حقوق دنبال نمود و متعاقبا به تدریس در مدارس مشغول گردید. وی در ابتدا «ناهید» و سپس «شیوا» تخلص می‌کرد. ترجمه‌ها و مقالات متعددی از وی به چاپ رسیده است، از آثار وی می‌توان به «شخصیت مولوی» (تهران، انتشارات اتحادیه، ۱۳۱۶) و مجموعه مقالات «گلزار ایران»اشاره نمود. برای آگاهی بیشتر، بنگرید به: «زندگی نامه سید حسین شجره»، در «مجموعه تاریخی، فرهنگی و مذهبی تخت فولاد»، موجود در:

http//:takhtefoulad.ir/TakhteFoolad/Pages/Mashahir.aspx?ItemId1686=

همچنین به: «حسین شجره اصفهانی»، موجود در تارنمای «راسخون»:

http//:rasekhoon.net/mashahir/show%/586151/D8%AD%D8%B3%DB8%C%D9%86%-D8%B4%D8%AC%D8%B1%D9%87%-D8%A7%D8%B5%D9%81%D9%87%D8%A7%D9%86%DB8%C/

نباشد متمتع شوند. از پرفسور پوپ پرسیدند چرا غربیان [به] ویژه آمریکائیان فلان قطعه کاشی شکسته یا قالی کهنه و فرسوده را به قیمت‌های گزاف خریداری می‌کنند با آنکه هزاران‌اشیاء بدیع در دسترس دارند؟؟ پروفسور پوپ دانشمند تبسمی‌نموده گفت تمام آن‌اشیاء تحملی که در نظر دارید نمی‌تواند دمی‌روح را تسلیت دهد، و لذتش آنی و فانی است، ولی در نظر صاحب نظران همین کاشی شکسته شایسته دلبستگی است!!

امریکائیها [به] عبث ثروت خود را از کف نمی‌دهند، پول می‌دهند و جان می‌خرند، این صنعت‌های شگرف پرتو جانست، آن هم جانی که جمال را درک کرده

11A

II

و به زور سر پنجه هنر آن را تصویر نموده و مجسّم کرده باشد، جانی که سعی کرده ربة النّوع جمال را در کسوت جسمانی تجلی دهد و مُثُل افلاطونی را چنانچه ارسطو می‌خواست در عالم ماده بنمایاند. در این عصر درخشان که بعد از دوره هخامنشی و ساسانی تنها مایهٔ افتخار ایران است، روح فنّی ایران در مجالی گوناگون هنر...[۴۹] تجلی کرده و اگر غلط نکنم در هیچ آینه همچون آینه بناء عمارت جلوه نکرده است، کدام چشم بینائی است [که] هندسه بنای مسجد شاه و مسجد شیخ لطف الله

11B

III

و عالی قاپو و چهلستون را ببیند و از فرط اعجاب انگشت حیرت به دندان نگزد؟ وقتی از طرف میدان نقش جهان به طرف[۵۰] عمارت چهلستون روان می‌شوید در اوّلین وهله بنای مجلل و با شکوهی در برابر چشم شما مجسم می‌شود که بر پای ثبات ایستاده و با آنکه صامت و ساکت به نظر می‌رسد با هزاران زبان از قدرت شاهان صفوی و قریحه خلاق صنعتگران ایرانی سخن می‌راند و وجدان شما را مخاطب ساخته می‌گوید: عشق جمال مرا بر پا داشته و از اینرو چشم زخم زمانه به من آسیبی نمی‌رساند و اینک می‌بینی برای آنکه آیات باهره حسن را به عالمی‌نشان دهم بر چهلستون (که از انعکاس بیست ستون در آب حاصل می‌شود) ایستاده ام، من عبث سر به کیوان بر بیفراشته ام، می‌خواهم عظمت مقام زیبائی را مجسم کنم. اگر با آنکه سال‌ها از عمرم می‌گذرد و هنوز فروغ نقاط درخشنده سینه و نقش‌های بدیع بر و پیکرم جسم را روح زیبائی ...[۵۱] ساخته شده ام اگر ساختمان اطاق‌های با شکوه هم شما را غرق حیرت می‌کند عجب مدارید، در زمانی و به دست مردمانی بنا شده ام که پای بند فریبندگی‌های بی روح طبیعت نشده، و پیوسته ناظر جمال ربة النوع جمال بوده‌اند.

11C

VI

ای ناظرین عزیز، مرا سنگی و چوبی مپندارید، و تصور نکنید از مشتی چند خاک و سنگ بنا شده ام، من بنای حسن و جمالم، مرا با چشم دل و دیدهٔ ذوق تماشا کنید، تا ببینید چگونه انوار زیبائی از اطراف سیما و سینه و برم باهر و ظاهر است، این نقوش عالی که زینت افزای بر و پیکرم شده نمایندگان گویای قریحه ارجمند ابنای جنس شماست، که با عشق پاک قلم بر دست گرفته

۴۹- در اصل یک عبارت ناخوانا است.

۵۰- در اصل عبارت «بطرف» دو بار آمده است.

۵۱- در اصل دو عبارت ناخوانا است.

و با جاذبه عشق آن را به جنبش آورده‌اند. این ستون‌های عالی و عظیم، ثبات و استقلال پدران شما را با بیانی فصیح تقریر می‌کند و می‌رساند چگونه بر پای استقامت خود می‌ایستاده و کاخ تمدنی شگرف را بانی می‌شده‌اند، تا قدرت و قوت فعال روح خود را به نسل‌های آینده یعنی شما و فرزندان شما بنمایانند. سنگ‌های پی و شالوده من از ریشه مطلب واصل حقیقت سخن می‌راند و می‌گوید:

برای بر افراختن کاخ استقلال و عظمت باید بر پای خود ایستاد و بر بازوی خود تکیه زد آنهم پایه ای سنگین و بازوئی آهنین.

۱۴ - ۹ - ۹ - طهران - ح. شجره

12

Top photo: President's Home.
Bottom left: Chrysanthemum Dec., 11, 1925
Bottom right: Mary Parks Jordan

12A

Top of the page: Contributed by Mary Park Jordan
Top photo: Seniors Breaking grounds, May 10, 1924
Middle photo: Laying Cornerstone, Sept – 1924
Lower photo: [the building] Completed – Occupied, Spring 192[5]
End of the page: Rollestone Hall, American College – Teheran, Persia

12B

Lower photo: Moore Science Hall under construction

12C

Four photos, no caption.

12D

Top photo: Dr. Groves, Dr. Hutschison, and Mr. Young go to Isfahan No Ruz 1926.
Lower photo: Mr. Young and Mr. Hoffman.

12E

Top photo: First Chemistry Equipment Arrives, 1926.
Lower photo: Mr. Young at Lashkarak, 1926.

12F

Photo: Prof. Gurney and his Chemistry Class, 1930.

12G

Photo: Camp at Aveen [Evin], 1927.

Mr. Tucker, 1926-27.

Written left on the photo: Tucker, Jonathan, Vaziri, Ziaian

Written right on the photo: A donkey-load of straw for mud bricks and wall. Nov. 1, 192[7], Teheran.

12H

Top photo: The Boarding Dept. in 1915.

Lower photo: The Beginning of Athletics – 1912

13

PURPOSE OF THE COLLEGE

It is the purpose of the American college of Teheran to prepare young men to enter every phase of life in Persia with an intelligent understanding of the new conditions and new problems in all sections of the country, and at the same time to develop in them an integrity of character which shall insure the stability so essential for progress.

Persia needs men trained within their own country to serve the land of their birth. The newly organized departments of Education and Commerce, the Pre-Medical Course, and the projected plans for the departments of Agriculture and Engineering are an indication of the manner in which the College is attempting to meet these growing needs of the country.

It is the belief of those who are responsible for the College that every student should be well-grounded in the fundamental elements of character and integrity. For this reason the courses in ethics are given a prominent place in the curriculum. Definite character education is emphasized not only in the class-rooms of ethics but also in other courses and in the extra-curricular activities. The Persians say: "The Americans have a factory in Teheran where they manufacture men," and it is the aim of the College to give every student the training that will make for manhood. The changing conditions brought about by the new progress in Persia demand more than ever that young men be trained to meet the need for just, strong, enlightened, and patriotic citizens. The College has a rare opportunity to co-operate in a unique way in filling this great educational need in Persia by bringing the best from the west to supplement the great good in Persian culture.

14

Photo: College Faculty, 1929-30.

[Front row, seated: H.B. Young (sixth from left), A.C. Boyce (eigth from left), Mrs. Boyce (seventh from right), W.A. Groves (sixth from right), Mrs. Groves (fifth from right), A. Nakhostin (second from right)][52]

14A

Group Photo: College faculty and students.

[Photo taken in front of Moore's Science Hall. Front row, seated: probably Mr. Razavi (the English teacher, third from left), Mrs. Boyce (sixth from left), A.C. Boyce (seventh from left)]

14B

Photo: College Faculty, 1928-29.

[Front row: S.M. Jordan (first from left), Mrs. M. Park Jordan (second from left), A.C. Boyce (fifth from left), probably J.H. Hill (fourth from right), W.A. Groves (second from right), probably R.C. Hutchison (first from right)]

14C

Photo: American Faculty, 1929-30.

[Front row, seated: H.B. Young (third from left), A.C. Boyce (fourth from left), W.A. Groves (third from left), Mrs. Groves (second from left). Back row, standing: probably W.N. Wysham (second from right)]

14D

Photo: College Commencement, 1929.

14E

Photo: Dr. Groves and the 9th Class Ethics, 1928.

۵۲- کاشیکاری سردر ورودی ساختمان، «حقیقت را خواهید شناخت و حقیقت شما را آزاد خواهد کرد» (نقل از عهد جدید، «یوحنّا»، فصل هشتم: ۳۲)، در سالهای بعد به «دبیرستان البرز» تغییر یافت.

14F

Top photo: Left to right: Dr. Hutchison, Mr. Young, M. Adeeb, K. Dadgar, Miss Pomeroy, Mrs. Hutchison, Mrs. Groves, Dr. Groves

Fall - 1925

[Photo taken at the Dushān Tappeh Palace, north-east of Tehran][53]

Lower photo: "Hammie" [the dog] - Dr. Groves

Spring 1926.

14G

Top photo: School Football Team, 1926–27. Left to right: Mr. Sherk (with hat), Grigorian, Sukias, Assadi, K. Ghavami, M. G. Ghavami, Galustian, Dehesh, Arakelian, Davitian, Ziaian, Farzanegan. Seated, left to right: A. Lazarian, Aivazian, ...[54]

Lower photo: Lalezar - 1926.

14H

Four unidentified photos.

14I

Three photos: Mostly W.C. McNeill.

14J

Three photos:

Top [photo taken by a front propeller airplane]: Mr. Young and Mr. Dean, 1931.

Below, left: Mrs. Young, 1931.

Below, right [young boy]: Jack Young, 1931.

14K

Two photos: Dormitory, 1927.

Dormitory Dining Room, 1927.

۵۳- عمارت دوشان تپه واقع در حومه شمال شرقی تهران در زمان مظفرالدین شاه قاجار احداث گردید (تاریخ ساخت: ۱۳۲۰-۱۳۲۲ ه.ق. / ۱۹۰۳-۱۹۰۵ م)؛ طرح آن از بنای مشهور تروکادِرو (Trocadéro) در پاریس الهام پذیرفته بود.

54- Last name not clear, probably Charles.

14L

One photo: American Faculty, 1928-29.

[Front row, seated: A.C. Boyce (first from left), Mrs. Groves (third from left), S.M. Jordan (first from right). Standing: W.A. Groves (first from left), R.C. Hutchison (third from right), W.N. Wysham (second from right), J.H. Hill (first from right)]

14M

Photo, college faculty: Dr. and Mrs. Jordan seated in front row.

14N

Photo: Darius Club. Sayyed Ali Mohsenin, president (1930–32). Group photo with College President and faculty, 1932. Herrick Black Young (front row, seated third from right), Arthur C. Boyce (front row, seated fourth from right), Coach Bobgen (front row, seated fifth from right), Dr. Jordan (front row, seated seventh from right), Walter A. Groves (front row, seated eighth from right).

[Photo taken next to Moore Science Hall]
Written on the photo:

عکس سلسله داریوش که از سنه ۱۹۳۰ [م] الی ۱۹۳۲ [م] ریاست آن را بنده عهده دار بودم و در سال ۱۹۳۲ [م] موفق به بردن گلدان نقره شده است. این عکس را تقدیم نامه نیکخواه نمودم. - سید علی محسنین.

14O

Single unidentified photo:

[College athletics. Dr. Groves (standing, first from right), Coach Bobgen (standing, first from left), Ahmad Farhi (seated, third from right)]

15

Malakeh Khosravi, A rebus in Persian, dated 11 Ordibehesht 1311 (1 May 1932).

[قربان و فدایت] شوم [دست بوسم] - [الحمدالله] از مژده سلامتی وجود محترم مفت[خر] شدم. [مرغ] و [ماهی] که فرستاده بودید رسید [شکرگزار] هستم. خداوند [سایه شما را از سر] بنده کم نکند. استدعا دارم به زیارت [نامه] محترم [چشم ما را روشن] فرمائید.

ملکه خسروی
۳ أردی بهشت ۱۳۱۱

16

Single unidentified photo: [Probably Ahmad Nakhostin (seated in the middle, with "Pahlavi hat"), Musa Kashfi (standing second row, third from left), Ebrahim Banayan (seated, third from right).]

17

THE VALUE OF COMPULSORY[55] MILITARY TRAINING

Compulsory military is an expression which we often hear in these days. By compulsory military training we mean that every male citizen should be trained in the use of arms, so that in case of need he may be able to defend his fatherland from attack from without or disorder from within.

Military training [of] a reserve army is necessary step for preparedness. Preparedness is a big thing. It means gun ammunition. But above all else it means trained men. Untrained men can not resist trained soldiers any more than untrained football eleven can defeat a well trained team, the members of which play together as a unite team. (the members of which play together as a unite)

Every nation needs to be prepared for defence because circumstances over which it has no control may force it into war. A nation needs a sufficient and efficient preparedness, because she has a country and a flag to defend.

Compulsory military training is a very good thing[56] for young men.

17A

1. It is a good physical training.
2. It teaches young men to obey. Every nation is suffering from lack of discipline, and from lack of obedience to law. Young men do not know how to obey because they have not been made to obey. The schools are without effective discipline, and the average home has little or none.
3. Physical training and discipline breed efficiency for business. In the training camp men learn to do their appointed task with energy, promptly and cheerfully, whether they like them or not. The training camp if widely[57] conducted would become a great school, whence many useful[58] lessons

55- Throughout this essay "compulsory" mistakenly appears as "compulssory" [sic].

56- In the original the term "thing" is typed twice.

57- In the original: "widely."

58- In the original: "usefull."

besides the use of arms could be taught. Men are gathered together from every province and every village of the land and are taught to act together for the welfare of the whole nations, and cease to think merely for their own little village or district as it is common. On that training camp men from all parts of the land meet and become friends so a national sympathy and a true national spirit is fastened.

Y. Simon
April 16, 1932.

18

Portrait with pencil. No caption, no signature.

19

به قلم م. زندی[۵۹]
مورخه ۲۱ فروردین ۱۳۱۱

فوائد ریاضیات

اگر با دیده تحقیق و بصیرت به صفحات تمدن دنیا نظر افکنیم خواهیم دید که یکی از عوامل بزرگی که باعث پیشرفت بشر گردیده و انسان و انسان را از بادی بربریت به شاهراه ترقی و تعالی سوق داده همانا علم ریاضی بوده است. اگر تاریخ ریاضیات را مطالعه نمائیم و آثار ریاضیون هر عصر را با آثار سایر علماء آن عصر مقایسه کنیم و بعد نتایج و فوائدی که از آن آثار

19A

عاید بشر گردیده بسنجیم آن وقت است که ملتفت خواهیم شد که ریاضی است که باعث توسعه فکر بشر گردیده، ریاضی است که پایه علوم مفیده بر آن قرار گرفته، و این علم شریف است که در بیشتر صنایع «رُل» مهم را عهده دار است.

بدیهی است که هر شخصی که جزئی بهره از دریای بی پایان علم نصیب او گشته اهمیت و فوائد ریاضی را می‌داند ولی برای این که قارئین معظم و محصلین محترمی‌که ساعات متمادی عمر گرانبهای خود را صرف این علم می‌نمایند بیشتر به فائده آن آشنا شده و تماس آن را با زندگانی خود و تمدن عالم بفهمند، لازم دانستم که با قلم عاجز خود مختصرا شرحی از مشارالیهم بگذارم.

فوائد ریاضیات در مدارس. چون علوم ریاضی در کلیه مدارس ابتدائی و متوسطه دنیا و تقریبا در هرکلاس از حیث اهمیت مرتبه اول را داراست بهتر است که اول به ذکر فوائد این علم در مدارس پرداخته و ببینیم[۶۰] که آیا این علم مستحق مقام فعلی خود می‌باشد یا خیر. برای این منظور باید دید که علت فرستادن اطفال به مدرسه چیست.

۵۹- منصور زندی.

۶۰- در اصل: «به بینیم».

مقصود از فرستادن اطفال به مدرسه فقط یاد گرفتم زبان - تاریخ - جغرافیا - شیمی- فیزیک - فیزیک و غیره نمی‌باشد، بلکه مقصود اصلی از فرستادن اطفال به مدرسه پرورش قوای روحی و فکری آنها است و به عبارت دیگر نموّ و پرورش استعدادهائی که خداوند در کلّه آن‌ها به ودیعه گذاشته چنانکه ریشه لغت لاتینی[۶۱] که در بعضی السنه اروپائی به معنی تعلیم و تربیت است صحت این مدّعا را به خوبی ثابت می‌کتد. یاد گرفتن علوم فوق الذکر به منزله کاه است و تقویت قوای فکری طفل به منزله گندم. هیچ دیده شده زارعی گندم را برای محصول کاه بکارد؟ مقصود اصلی زارع از کاشتن

19B

گندم به دست آوردن گندم است و چون گندم به دست آمد کاه [هم] فرعاً به دست خواهد آمد. حال باید دید که قوای دماغی و فکری چگونه قوی می‌شوند و برای تقویت آنها چه لازم است.

بدیهی است که قسمت‌های مختلفه بدن انسان قابل نموّ است و نموّشان فقط منوط به خوردن غذا نیست بلکه حرکات ورزش است که آنها را چنانکه باید و شاید نشو و نما می‌دهد. مثلا تصور کنید شخصی هرروز بهترین خوراک را بخورد ولی یک پای خود را هیچ حرکت ندهد، آیا آن پا نموّ می‌نماید؟ خیر، نه فقط[۶۲] نموّ نمی‌کند بلکه شاید بزودی خشک شده به کلّی از حرکت می‌افتد. همچنین هریک از اعضای بدن علاوه بر خوراک آب و هوا برای نموّ خود ورزش لازم دارند. ممکن است به واسطه ورزش بازو را خیلی قوی کرد یا به واسطه دویدن و راه رفتن عضلات پا را و مختصراً انسان قادر است بر اینکه هر قسمت بدن خودش را به منتها درجه امکان تقویت نماید.

البته هر قسمت بدن یک قسم ورزش لازم دارد. عضلاتی که فکر کردن به عهده آنهاست به واسطه حرکت دادن سر و گردن تقویت نمی‌یابند، یعنی اگر شخصی روزی هزار بار سر و گردن خود را حرکت دهد فکرش قوی نمی‌شود. ممکن است گردنش قوی شود ولی این در فکرش اثری ندارد و به قول بعضی اگر هم داشته باشد باشد تاثیر معکوس.

برای اینکه فکر انسان پرورش یابد لازم است که انسان فکر کند و هر چیزی که باعث فکر کردن شود آن چیز است که فکر را قوی می‌سازد. جغرافیا، تاریخ، و فیزیک و شیمیو غیره هر کدام به سهم خود یک قسمت فکر را تقویت می‌دهد ولی بیشتر از همه ریاضیات است که محصلین را وادار به فکر کردن می‌نماید. مسائل جبر و هندسه نه فقط[۶۳] محض اینست که به محصلین یاد دهد چطور مجهولی را پیدا کنند یا این که قضیه را اثبات نمایند بلکه مقصود اصلی

19C

این است که فکر آنها را تربیت کرده به آنها بیاموزد که فکر بشر است که هر مشکلی را آسان می‌سازد. ریاضیات به محصلین یاد می‌دهد که از بی فکری اجتناب نموده تفحص و کنجکاوی رااشعار خود ساخته و مسائل اجتماعی را که هر فردی از افراد جامعه با آنها مواجه خواهد شد با فکر بهتری حل نمایند. لذا از ابتدای عالم تا کنون همیشه در مکاتب و مدارس اهمیتی به سزا داشته و بعدها هم خواهد داشت.

فوائد ریاضیات در زندگانی افراد. احتیاج بشر به هیچ علمی‌بیشتر از علم ریاضی نیست زیرا که بدیهی است که انسان هرچه را که زودتر به فکر آن افتاده بیشتر در زندگانی بدان احتیاج داشته، مثلا انسان بیشتر به کاسه احتیاج دارد تا به چنگال، از این

61- Education

۶۲- در اصل: «نفقط».

۶۳- در اصل: «نفقط».

جهت در بادی امر به محض اینکه توانست از گِل لوازم زندگانی تهیه کند کاسه سفالی درست نمود و بعد هزاران سال از این تاریخ گذشت تا این که به فکر ساختن چنگال افتاد. تاریخ دنیا احتیاج بشر را از ابتدای عالم به علم ریاضی نشان می‌دهد و به موجب بعضی از نوشتجات که در مصر کشف شده متجاوز از پنج هزار سال است که علمای عصر در نقاط مختلفه دنیا برای توسعه این علم زحمات بسیار کشیده‌اند.

همه کس در زندگی احتیاج خود را به ریاضی حس می‌نماید و اصول این علم به قدری در زندگانی لازم است که بشر آنها را در کودکی یاد گرفته و تصور آن را هم نمی‌نماید، همانطوریکه شخص هرگز فکر نمی‌کند که زبان مادریش را با وجود اهمیتی که دارد چگونه یاد گرفته، هیچ وقت نیز به فکر آن نمی‌افتد که قوانین اصلی ریاضی چگونه در کله او جایگیر شده. مثلا اگر به طفلی که هفت سال دارد و هنوز به مدرسه نرفته است هشت سیب بدهید که بین چهار نفر بطور مساوی تقسیم کند او به هر یک دو سیب خواهد داد. آیا کسی تقسیم

—◆○◆— 19D —◆○◆—

را به او یاد داده؟ آیا این طفل از مقسوم و مقسوم علیه اطلاعی دارد؟ پس چنانچه بعضی از علماء گفته‌اند ریاضی ذاتی بشر و جزء لاینفک در زندگانی اوست.

بدیهی است که ترقّی هر شخص به واسطه فکر اوست و روابط بین فکر و جامعه لسان می‌باشد، به واسطه نطق و بیان انسان می‌تواند سایرین را از سرّ ضمیر و افکار درونی خود مطلع سازد. در اکثر از مواقع این اطلاع برای این است که سایرین را با خود هم عقیده نموده از مقصود خود استفاده نماید برای اینکه شخصی یک عده ای[۶۴] را با خود هم عقیده نماید و یا اثبات حقی کند لازم است که صحت فکر و عقیده خود را با ادلّه و براهین ثابت گرداند. اگر کسی دارای عقیده بسیار خوبی باشد ولی نتواند خوبی آن را به مردم اثبات کند آیا مردم با او هم عقیده خواهند شد؟ یا اگر نسبت به چیزی حقی داشته باشد ولی نتواند حق خودش را ثابت نماید آیا ادعایش نسبت به آن شئی مقبول است؟ در دنیائی که اگر انسان جزئی غفلت نماید رندان کلاهی بر سرش می‌گذارند اگر شخص عاجز بر اثبات حقوق خود باشد چگونه می‌تواند زندگانی کند؟ پس بر هر کس لازم و واجب است که جدّیت نماید که مطلب خود را به لباس بلاغت جلوه داده به حربهٔ ادلّه و براهین سایرین را به قبول آنها وادار نماید.

ریاضیات بیشتر[۶۵] از هر علمی‌به ما کمک می‌کند که عقاید خود را با دلیل به سایرین ثابت کنیم. ریاضی به ما یاد می‌دهد که از بی معنی صحبت نمودن اجتناب کرده اقوال و افعال خود را قبل از اینکه به عرضه بروز و شهود گذاریم به دقّت سنجیده فکر دفاع از حملات سایرین را نسبت به آنها بنمائیم. ریاضی به ما می‌آموزد که بر گفته‌های پوچ و بی دلیل سایرین پشت پا زده دلائل قلابی را که‌اشخاص برای اثبات ادعای خود اقامه می‌کنند رد نمائیم.

فوائد ریاضی در زندگانی اجتماع. ترقی و تمدن امروزه دنیا مرهون علوم است

—◆○◆— 19E —◆○◆—

که مهمترین آنها فیزیک و شیمی‌می‌باشد. این علوم در قرن اخیر بکلّی دنیا را تغییر داده و وسائل زیبائی و راحتی بشر را فراهم آورده‌اند.

اگر به دیده تحقیق با این علوم بنگریم خواهیم دید که اساس آنها روی ریاضی قرار گرفته و اگر زحمات علمای ریاضی نمی‌بود

۶۴- در اصل: «عدهٔ».

۶۵- در اصل: «بیشر».

پیشرفت در این علوم خیلی صعب و شاید اصلا غیر ممکن بود. تا کنون در دنیا شخصی در فیزیک و شیمی‌دیده نشده که از علم ریاضی بی اطلاع باشد، بلکه اکثر علماء فیزیک از قبیل نیوطن و پاسکال خود متخصص در ریاضی نیز بوده‌اند. همچنین پیشرفت در سایر علوم هم بدون ریاضی ممکن نیست. آیا می‌شود در هیئت و یا مکانیک بدون دانستن ریاضی متخصص شد؟ [آیا] اگر ریاضی نمی‌بود می‌توانستیم مثل امروز از وضعیت ثوابت و سیارات و اوضاع فلکی مطلع باشیم؟ علاوه بر اینها احداث طرق در جبال و اتصال اقیانوس اطلس به اقیانوس کبیر به وسیله تنگهٔ پاناما و ساختن کانال‌ها، پل‌ها، و عمارت آسمانخراش [در] ممالک غربی جز به وسیله ریاضیات ممکن بود؟ پس ریاضیات در ترقی دنیا رُل مهمی‌را بازی کرده و زحمات علمای ریاضی در هر عصر شایان بسی تقدیر بوده است.

آنچه تا کنون از فوائد ریاضی ذکر شد از دریا قطره ای بود و نگارنده به مصداق «عاقل رااشاره ای بس باشد» و برای اجتناب از طول کلام به این موضوع خاتمه داده به ذکر موضوع دیگری که آنهم به نوبه خود خالی از اهمیت نیست می‌پردازد.

علت شکست محصلین در ریاضیات

حال که اهمیت ریاضیات معلوم شد باید بدانیم که همه ساله در ممالک مختلفه دنیا علت شکست عده کثیری از محصلین در این دروس چیست، چرا تقریبا نصف شاگردان در کلاس ریاضی نمره غیر قابل می‌گیرند و سبب اینکه جمعی

19F

از شاگردان مدارس از این علم گریزانند چه می‌باشد. اگر از خود محصلین و بعضی از معلمین سئوال نمائید چه جواب خواهند داد؟ «عدم استعداد»[؟] عجب!! چطور ممکن است که دو سوم اطفال استعداد این علم مهم را نداشته باشند؟

برای اینکه قارئین محترم را از علت شکست محصلین در ریاضیات بهتر مستحضر گردانم لازم است که متذکر شوم که علم ریاضی مثل نردبان است، اگر کسی بخواهد بدون زحمت به بالاترین پله نردبان برسد باید از پله اول شروع کرده پله پله بالا برود. اگر در ضمن راه یک پله را رها کند بالا رفتم قدری سخت می‌شود، اگر بخواهد دو پله را رها نماید سخت تر می‌گردد، اگر سه پله رها شود خیلی سخت تر خواهد شد، و اگر چهار پله رها گردد بکلّی بالا رفتن غیر ممکن می‌شود. محصلی که یک روز از کلاس ریاضی غیبت می‌کند یا درس خود را یاد نمی‌گیرد و یا آنی که در کلاس کوشش نمی‌کند یک پله از نردبان ریاضی را رها کرده و اگر این کار سه و چهار مرتبه متوالی اتفاق بیفتد دیگر یادگرفتن ریاضی با آن کلاس برای آن محصل ممکن نیست. مثلا فرض بفرمائید محصلی به واسطه کسالت یا مسافرت دو هفته از کلاس غایب شود و در مدت غیبت او محصلین دیگر تفریق و ضرب را تمام کرده و شروع به تقسیم کنند، وقتی که محصل مریض یا مسافر به کلاس مراجعت می‌نماید آیا فهمیدن تقسیم برای او ممکن است[؟] پس این محصل تقسیم را نخواهد فهمید یا اگر فوق العاده زرنگ باشد کم و بیش اطلاعی حاصل خواهد کرد. این بیچاره عیب کارش از همین جا شروع شده هر شب ممکن اسن دو برابر سایرین برای حل مسائل حساب زحمت بکشد ولی نتیجه نگیرد. البته پس از اینکه یک محصل مدتی در درس بیش از سایرین زحمت کشید و کمتر نتیجه گرفت علت را عدم استعداد خود در ریاضی تصور می‌کند، هم چنین است وضعیت محصلی در کلاس نهم که چند روز متوالی در کلاس هندسه وقتی که معلم مشغول

19G

بیان مثلث‌های متشابه بوده به دقت گوش نداده است و یا اینکه غیبت کرده - آیا فهمیدن بقیه هندسه برای او ممکن است؟ البته خیر. این بیچاره به واسطه جزئی غفلتی که کرده دیگر هندسه کلاس نهم را نخواهد فهمید و هر شب ممکن است

ساعت‌های متمادی صرف حل مسائل بکند بدون اینکه به حل صحیح آنها موفق گردد. هر روز که معلم درس جدیدی می‌دهد بار سنگین این شخص سنگیت تر می‌شود و بالاخره سنگینی بار طاقت فرسا گشته پشت او خم گردیده شروع به فرار از زیر بار خواهد کرد. از این تاریخ به بعد یا این که این محصل همه ساله در هندسه شکست خواهد خورد و یا این که طوطی وار بعضی قسمت‌های آنرا حفظ کرده و با هزار گونه دسیسه و تقلب هر سال با نمرات خیلی ضعیف آنرا می‌گذراند و علت این همه عدم استعداد خود را می‌داند،[۶۶] چه‌اشتباه بزرگی!!

حال باید دید این‌اشتباه از کجا ناشی شده. به نظر نگارنده علت این‌اشتباه آنست که محصل که یک یا دو هفته از مدرسه غیبت می‌نماید در سایر دروس خود را چندان عقب نمی‌بیند زیرا که اگر کلاس تاریخ در مدت غیبت او سلسله غزنوی را تمام کرده باشند عدم اطلاع این شاگرد بسلسله غزنوی مانع از یادگرفتن سلسله سلجوقی نمی‌شود و محصل عقب افتاده می‌تواند روز به روز درس خود را با کلاس یاد گرفته و سلسله غزنوی را هم کم کم مطالعه نماید. همینطور است در کلاس جغرافیا، کسی که آسیا را نداند می‌تواند اروپا را بفهمد، یا اینکه جبال ایران را نداند می‌تواند رودخانه‌ها را یاد بگیرد. بر عکس در ریاضی اگر محصلی فصلی را نفهمد فهمیدن سایر فصول برای او بسیار مشکل است. چون غیبت از کلاس در سایر دروس محصل چندان تاثیری ندارد محصل گمان می‌کند که در ریاضیات هم اثری نمی‌بخشد، وضعیت خود را در ریاضی دالّ بر بی استعدادی خود می‌داند غافل از اینکه خرابی کارش فقط

19H

به واسطه یکی دو روز تنبلی و یا غیبت از کلاس است! البته ممکن است بعضی‌اشخاص در ریاضیات کم استعداد باشند ولی عدد این‌اشخاص قلیل و گمان نمی‌کنم در صد بیش از ده نفر باشد.

یکی دیگر از علل شکست محصلین در ریاضیات قابل نبودن معلمین اولیه آنهاست، مثلا در ایران که جبرالمقابله را در کلاس هشتم به شاگردان می‌آموزیم، باید در این کلاس معلمین مجرّبِ عالم داشته باشیم که دماغ شاگردان را برای این علم حاضر کرده این درس را در انظار آنها مفید جلوه داده و ایشان را برای فراگرفتن این علم تشویق و ترغیب نماید. اگر معلمین در کلاس هشتم وظیفه خود را خوب انجام دهند بنده یقین دارم که عموم شاگردان تا کلاس دوازدهم با شوق و ذوق ریاضی خوانده و عوض فرار از این درس آنرا بر سایر دروس رجحان خواهند داد، برعکس اگر معلمین در کلاس هشتم محصلین را به اصول علم جبر خوب آشنا ننمایند و آنها را تشویق نکنند و همیشه از سختی ریاضیات و بی استعدادی محصلین سخن گویند نه فقط وقت یک ساله آنها را تلف کرده بلکه حقیقتاً آنها را در تمام دوره مدرسه و شاید مادام العمر بد بخت نموده باشند.

پس برای اینکه عده محصلین که در ریاضی شکست می‌خورند تقلیل فاحشی پذیرد، بر عهدۀ اولیاء امور است که برای کلاس‌هائی که اصول ریاضیات در آنها تدریس می‌شود معلمین دلسوز عالمِ مجرّب انتخاب نمایند، و بر عهده محصلین است که اولا همه روزه در کلاس حاضر شده و در تمام مدت کلاس حواس خود را به درس تمرکز دهند، ثانیا همه شب قسمتی از وقت مطالعه را صرف مراجعه به دروس گذشته نمایند، و ثالثاً تکالیف ریاضی را همه شب بدون استعانت سایرین انجام دهند.

۶۶- شاید مراد به این صورت بوده است: «... و علت این همه را عدم استعداد خود می‌داند، ...».

20

[G.W. Dean]
April 29, 1932.

Thoughts of the Coming Vacation.

Less than six weeks of the school year remain and soon we will again be confronted with the problem of what to do during our vacation. Some of us are planning to attend the College camp in Shimran, others of us hope to take jobs for the summer, and still others, particularly in the Boarding Department are looking forward to returning home and spending a pleasant summer with families and friends. The great majority, however, have no special plans and will soon be suffering that eternal bane of all vacations ---- nothing to do. The real purpose of vacations is not to provide leisure time for the student, but to give him an opportunity to better fit himself to absorb the work of the classroom, either by reading and outside study, or by performing some work complementary to his course of study. Unfortunately however, the tendency of student has not been to avail themselves of this opportunity, but usually to spend the summer in idle amusements of one form or another, with the result that the vacation is a complete waste of time and a detriment rather than an asset to the student. Because our minds are inactive we forget what we have learned in school, and our brains become weak and flabby through lack of use, just as would our bodies if we did not exercise and keep them fit. For the first few days of vacation we enjoy not having to study or go to school and the lack of responsibilities is pleasant for a change, but in a short while time begins to hang heavy on our hands and we are bored. Soon perhaps we wish we were back in school just so we might have something to do. For those who are wont to suffer these pangs every summer I believe I have a suggestion. Why not use this time, which otherwise would be wasted, to travel and see something of Persia?

Last summer Mr. Young and I had the pleasure of making a trip through Azerbaijan and Kurdistan. We were about three weeks on the road and visited such cities as Kasvin, Zenjon, Tabriz, Rezaieh, Soujbulak, Sennandaj, Kermanshah, Malayer, and Hamadan. Every where we were struck by the interesting contrasts and infinite variety of your great country. Leaving Teheran and the desert behind us, as we approached Tabriz we noticed much more vegetation of all kinds, green hills, crops

20A

growing alongside the road, and wildflowers in abundance. In Tabriz itself it was like being in a foreign country -not Persian it was like a Russian or a Turkish city—even the language was foreign to our ears. From Tabriz we went westward, and at the end of our days journey we were greeted by a gorgeous sight as came over a mountain pass and found beautiful Lake Urmia and the Urmia plain, green and fertile, dotted with vineyards and cultivated fields, below us. From there it was a climb again to the mountains, but different mountains, rolling and covered with grass, and a ride through the tobacco and wheat fields or Kurdistan. This section of Persia is absolutely untouched by modern civilization. There are practically no roads, the people wear a strange and very interesting costume, and everything is just as it was two thousand years ago. And again as we neared Kermanshah we saw mountains and desert such as we had left in Teheran. Besides these unusual contrasts there were places of interest to enjoy, such as the Ark in Tabriz, the mosque in Sannandaj, Takt-i-Bustan[67] and the Besitun Rock near Kermanshah.

When we returned to Teheran I was amazed to learn how few of the students had visited this wonderful section of Persia. Perhaps this was due to the hardships and expense of travel that had heretofore been the case. When it was necessary to travel by camel or horse for many days, at great expense and with much difficulty, when there were few comfortable places to pass the night, it was easily understandable why people did not travel. But nowadays things are different. Travel by automobile is easy and cheap, and good roads exist everywhere, as well as comfortable places to stay. Why not take the trip to Meshed and visit the shrine of the Imam Reza? The trip may be accomplished in three days, the road is good, and beautiful scenery and many places of interest are along the way. Demghan is believed to be the seat of the ancient capital of the Parthians, Hecatopolis, and American archeologists are excavating there. At Nishapur is the tomb of your great poet Omar Khayyam. From Meshed one can go to Duzdab and then across the desert to Kerman, Yezd, and Isfahan, visiting points of interest along the way. It is not necessary to enlarge upon the wonders of Isfahan.

20B

What with the Madresseh, the two great mosques, the Chehel Situn, the Ali Copi, the bazaar, the modern cloth factory, and the church in Julfa it is certainly the most interesting city in Persia. On the homeward journey is Kum with another beautiful shrine to visit.

Or why not go to Sultanabad and see the great rug factories? –and from there to Burujird, Dizful, Abadan, and Ahwaz to view the immense oil fields and the new railroad. One can go from[68] there to Bushire and then to the beautiful city of Shiraz, with the tombs of Sa'adi and Hafez. The wonders of Persepolis, the strange city of Yezdekast, and Isfahan and Kum are all interesting sights on the way back to Teheran. Surely with such a wealth of interesting trips to make it is a pity that people in Persia do not see more of their fascinating country. There is nothing quite so broadening as travel and no

۶۷- Tāq Bostān. احتمالا مراد نگارنده «طاق بستان» بوده است.

68- Original: "fron" [*sic*].

education that one can get from school books will compare with that which one derives from visiting strange places and seeing different peoples. To serve one's country best one must have a thorough knowledge of that country, and this is impossible unless he actually sees it with his own eyes. With the opportunity at hand we should certainly take advantage of it.

G.W. Dean.

21

Portrait painting with pencil, artist unknown

22

Portrait painting with pencil, signed by Entekhabi, dated Farvardin 1311 (March/April 1932)

23

Brochure in French, "L'Évolution d'un Laboratoire Pharmaceutique: Les Intraits les Cultures Médicinales L'Hémogénol des Laboratoires Dausse," dated 1922 (1+18pp.)

[Cover of the brochure]

L'HEMOGENOL

DAUSSE

23A

[Watercolor in print]

LA FERME DU ROUSSAY

23B

L'ÉVOLUTION

D'UN LABORATOIRE PHARMACEUTIQUE

LES lNTRAITS

LES CULTURES MÉDICINALES

L'Hémogénol

DES LABRATOIRES DAUSSE

1922

23C

[A portrait of]

AMANS DAUSSE

(1799-1874)

23D

On peut s'étonner, à première vue, lorsque l'on voit les laboratoires DAUSSE, spécialisés depuis si longtemps dans l' étude et la préparation des formes pharmaceutiques d' origine végétale, préparer maintenant, sous le nom d'*Hémogénol*, un sérum hémopoïétique. C'est pourtant l'aboutissement, imprévu, d'une évolution parfaitement logique, et dont l'histoire intéressera peut-être les esprits curieux des conditions actuelles de l'industrie pharmaceutique et de ses rapports avec la science.

Spécialisés d'abord dans la préparation des extraits, les Laboratoires DAUSSE, guidés par les conceptions scientifiques modernes de la Pharmacologie, réalisent pratiquement la *stabilisation* des végétaux et créent une forme nouvelle: les *lntraits*, avec le succès que l'on sait. Ils sont amenés, par les nécessités de cette fabrication, à *cultiver* les plantes médicinales. On s' aperçoit bientôt que la culture des seules plantes médicinales est impossible; il faut, à côté de celles-ci, faire une place aux plantes de grande culture. La ferme pharmaceutique devient une véritable exploitation agricole, dans laquelle les plantes médicinales conservent, évidemment, une position privilégiée. Mais la ferme exige un cheptel..... et les laboratoires se trouvent ainsi amenés à utiliser les conditions uniques, très favorables, où ils se trouvent, pour entreprendre la *préparation du sérum* de cheval. Ainsi s' effectue l'évolution: de l'extrait à la plante stabilisée et à l' intrait, puis à la culture des plantes médicinales et à l'exploitation agricole, enfin, à la préparation des produits biologiques.

I.- Des Extrails aux lntraits.

C' est en 1834 que DAUSSE Aîné crée les Laboratoires qui, dirigés depuis par ses descendants (aujourd'hui ses petits-fils et arrière-petit-fils), portent encore son nom. Les extraits de DAUSSE s'imposent

—◆○◆— 23E —◆○◆—

bientôt par leur qualité; c'est que leur fabrication s'inspire, dès ce moment, des méthodes scientifiques. Elles sont encore bien imprécises à cette époque, et la chimie végétale vient à peine de naitre. Mais déjà, DAUSSE s' applique à déterminer et à réaliser les meilleures conditions pour obtenir, à partir de matières premières irréprochables, des formes pharmaceutiques remarquables par leur qualité: extraits, teintures, alcoolatures.

Les successeurs de DAUSSE Ainé continuent, par la suite, à s'inspirer des mêmes soucis, contrôlent et perfectionnent, à la lumière de la science pharmacologique, leurs fabrications. La valeur de la marque s'affirme.

Avec les progrès de la Chimie, la Pharmacie se transforme; les méthodes d'analyse et de dosage des drogues et des formes qui en dérivent se précisent et se multiplient; puis, l'essai physiologique de la drogue s'ajoute à l'essai chimique. Á mesure que ces progrès se réalisent, les Laboratoires DAUSSE les appliquent, contrôlent leurs fabrications à l'aide des techniques nouvelles, installant laboratoire de Chimie, laboratoire de Physiologie, et, non contents de suivre seulement les progrès de la Pharmacologie, entrent résolument eux-mêmes dans la voie de la recherche scientifique.

Un grand progrès a été réalisé dans la chimie des plantes par la découverte des ferments ou diastases; les recherches des chimistes et des botanistes montrent quel est leur rôle dans la vie du végétal. Les études faites montrent aussi que le végétal, après la cuelliette ou l'arrachage, subit, du fait même de ces ferments, des transformations plus ou moins profondes. Ainsi se trouve expliqué le fait déjà constaté maintes fois empiriquement, que l'action thérapeutique d' une plante varie de la plante fraîche à la plante sèche.

Ces notions; du plus grand intérêt, ne pouvaient laisser le pharmacologue et le thérapeute indifférents. Il convenait d'en tenir compte dans la préparation des médicaménts galéniques. Il appartenait à

—◆○◆— 23F —◆○◆—

MM. les Professeurs PERROT et GORIS de réaliser pratiquement la *stabilisation des végétaux*. Ils réussissent, en soumettant la plante, après la cueillette, aux vapeurs d'alcool, dans certaines conditions, à détruire les ferments hydratants ou oxydants qu'elle contient. La plante ainsi traitée ne subira plus aucune modification.

Les Laboratoires DAUSSE, avec la collaboration des Professeurs PERROT et GORIS préparent, dès ce moment, les *végétaux stabilisés*. La plante stabilisée, desséchée à basse température, est réduite en poudre. Celle-ci se conservera dès lors indéfiniment et sans altération et, après dosage chimique et physiologique, constituera, pour la fabrication des formes galéniques, une matière première de choix, de composition et d'activité constantes.

C'est avec cette drogue que l'on préparera les *Intraits*. Ceux-ci sont des extraits qui doivent leur valeur particulière aux deux facteurs suivants: nature de la matière première (plante stabilisée); technique spéciale de la préparation, qui permet de conserver aux principes chimiques de la drogue les relations mêmes qu'ils possédaient dans la plante fraîche; le principe actif de l'Intrait, ce n'est plus le glucoside, par exemple, mais le *complexe glucosidique* tel qu'il existait dans la plante. Il est inutile d'insister ici sur la valeur des Intraits et sur le succès qu'ils ont obtenu.

Telle est la première étape de l'évolution que nous esquissions tout à l'heure. Voyons la seconde: la création des cultures.

II. - Les Cultures médicinales Dausse.

La stabilisation des végétaux n'a de raison d'être que si l'opération se fait aussitôt que possible après la récolte. C'est ainsi que la racine de valériane, déjà quelques heures après l'arrachage, laisse percevoir une légère odeur; elle doit être stabilisée presque au sortir du

—◆○◆— 23G —◆○◆—

sol. Si toutes les plantes ne sont pas aussi exigeantes que celle-ci, du moins faut-il toujours réaliser la stabilisation le plus tôt possible. Cela ne peut se faire pour les plantes venues de grandes distances. Il faut donc envisager la *culture des plantes médicinales*. Des essais sont faits avec la valériane; les résultats sont concluants. On installe alors, en 1898, les premières cultures à la ferme de Vintué (Etréchy), sur 25 hectares.

[Centerpiece print]

LA FERME DE VINTUE

Disons en passant que cette entreprise a présenté, du point de vue scientifique, le plus grand intérêt: elle a permis d' envisager méthodiquement l'influence des conditions extérieures sur le rendement des cultures et sur la valeur des plantes récoltées: influences du sol, des fumures, des engrais divers, de l' époque de la récolte, etc. Ces observations, que nous n'avons pas cessé de recueillir, constitueront pour la Pharmacologie, un ensemble de documents précieux.

23H

Au point de vue pratique, nous avons pu disposer des plantes nécessaires à nos fabrications dans des conditions de fraîcheur incomparables.

A la valériane, culture initiale de la ferme, se sent ajoutées, par la suite, de nombreuses plantes: bardane, belladone, jusquiame, stramoine (celles-ci par dizaines de *tonnes*); des cultures moins importantes,

[Centerpiece print]

LA FERME DE VINTUÉ

très variées, sent celles de l'absinthe, de l'armoise, de la bourrache, du cassis, de la petite centaurée, du chardon bénit, de l'Euphorbia Peplus, de l'hysope, du lierre terrestre, de la mauve, de la mélisse, des menthes, de la pariétaire, de la sauge, du séneçon, du souci, de la rue, etc. Des essais d'acclimatation ont même été entrepris: Hydrastis, passiflore, Hamamelis, lobélie, Grindelia, Cascara.

Les plantes cultivées ne sont pas toutes utilisées à la préparation

23I

des intraits. On imagine d' ailleurs difficilement ce que serait l'outillage exigé pour la stabilisation de la totalité de nos récoltes. Mais nous avons dû créer l'installation nécessaire pour assurer aux plantes récoltées une dessiccation rapide. Les séchoirs de la ferme de Vintué ont été bien vite insuffisants et nous en avons installé d'autres aux moulins de

[Centerpiece: watercolor print]

LA RÉCOLTE DU BOUILLON BLANC

Chagrenon (Chamarande) sur la Juine. Aux moulins de Chagrenon également nous avons installé la préparation des *tisanes*. Cette vieille forme de la médication par les simples n'a jamais été abandonnée; nous avons pu préparer, grâce à nos cultures et aux soins apportés à la dessiccation de nos récoltes, des tisanes d'excellente qualité.

Si bien qu'à l'heure actuelle, à la suite d'extensions successives, les 25 hectares du début se sont multipliés et nos cultures couvrent 150 hectares: fermes de Vintué et du Roussay, moulins de Chagrenon, s'emploient à leur mise en valeur.

23J

Auteur des fermes s'étendent les cultures des plantes médicinales: champs de bouillon blanc, de mélisse, d'hysope, de valériane, de belladone, dent l'aspect inaccoutumé n'est pas sans élégance à l'époque de la floraison.

A Chagrenon, les six étages du moulin sent disposés pour la des-

[Centerpiece print]

PLANTES POUR TISANES DAUSSE

siccation et l'emmagasinement des récoltes. Nos illustrations donnent une idée de son importance. Actuellement, d'ailleurs, le moulin subit de nouvelles transformations qui permettront d'y installer d'autres services.

Nous venons de voir combien s'est étendue, dans nos exploitations, la superficie cultivée; nous allons voir maintenant comment cet accroissement en surface s'est accompagné d'une transformation des exploitations primitives, d'abord exclusivement réservées aux plantes médicinales, pour aboutir finalement à la création de notre laboratoire sérothérapique d'Etampes.

III. - Des Cultures au Laboratoire sérothérapique:

L'Hémogénol Dausse.

L'extension des cultures DAUSSE n'a pas été due seulement à ce que la quantité de plantes exigée par les fabrications de l'usine

[Centerpiece print]

LE MOULIN DE CHAGRENON

augmentait; elle est due aussi aux nécessités de l'assolement. On avait d'abord songé à créer une ferme de plantes médicinales, mais l'expérience montrait que l'on ne pouvait indéfiniment récolter sur le même terrain la belladone ou la valériane et que les cultures médicinales devaient sacrifier aux nécessités de l'assolement. Dans l'assolement triennal, la plante médicinale prend la place de la plante sarclée et le cycle devient: céréales, fourrages, plantes médicinales.

C'est cette transformation du plan primitif de culture qui a provoqué la création des laboratoires d'Etampes où se prépare maintenant

23L

l'Hémogénol. L'utilisation de la paille et des fourrages récoltés sur nos terres, en même temps que la nécessité d'une cavalerie de travail ont amené la formation du cheptel, - ici cheptel hippique - sans lequel une exploitation agricole est incomplète.

Mais alors, puisque les Laboratoires DAUSSE se trouvent dans des

[Centerpiece print]

LE MONDAGE DE LA BELLADONE

PLANTE POUR EXTRAITS

conditions aussi favorables, pourquoi n'exploiteraient-ils pas une nouvelle branche de l' industrie pharmaceutique: les préparations sérothérapiques ? Beaucoup de médecins nous encourageaient à ce nouvel essai; ils ont fini par nous convaincre.

C' est qu' en effet, si le choix de la plante qui fournit la drogue est important, ii en est de même du choix de l'animal qui fournit un sérum. A celui-ci la vie confinée dans l'écurie des villes ne convient guère. Nous pouvons, à nos chevaux, donner la vie en plein air, le

23M

[Centerpiece print]

NOS CHEVAUX DANS LA PRAIRIE

23N

séjour au pré, coupé par quelques heures d'un travail *modéré*, régulier et surveillé. Et l'on conçoit que nos chevaux de la ferme du Roussay se présentent avec un aspect de santé remarquable. Nous avons donc, pour la production de nos sérums, des animaux *de choix*, comme nous avons des plantes *de choix* pour la préparation de nos extraits et de nos intraits.

[Centerpiece print]

CHEVAUX DE LA FERME DU ROUSSAY

Quant à la "récolte" du sérum, elle se fait à Etampes où nous avons installé un laboratoire moderne, clair, aéré, pourvu de tout le nécessaire. Les chevaux de nos fermes sont amenés trois fois par mois, en série, pour le prélèvement du sérum. Ramenés à la ferme, soumis au régime que nous disions tout à l'heure, ils réparent très vite les pertes subies.

Il n'est pas utile de décrire ici comment on procède à la préparation des ampoules d'Hémogénol, comment on concentre le sérum dans

23O

le vide pour obtenir ces paillettes écailleuses, d'un blond doré, avec lesquelles notre usine d'Ivry prépare les dragées d'Hémogénol ou le sirop. Ce n'est pas ici non plus qu'il convient de dire les propriétés thérapeutiques des sérums ainsi préparés, ce sera l'objet d'autres publications; notre but était ici différent.

[Centerpiece print]

PRÉLÈVEMENT DU SÉRUM

Nous avons voulu expliquer à nos amis du corps médical comment nous envisageons les problèmes de la Pharmacologie moderne, et comment, soucieux d'associer la Science et l'Industrie, de prendre la première comme guide de la seconde, nous avons été logiquement conduits, par le succès même de cette méthode, à créer de nouveaux laboratoires, à entreprendre de nouvelles fabrications.

L'Hémogénol semble être bien loin des premiers extraits préparés par DAUSSE Aîné avec le soin dont témoigne son "Mémoire pour la

23P

préparation de tous les extraits pharmaceutiques par la méthode de déplacement." Pourtant, nous venons de voir par quelle évolution logique les petits-fils de DAUSSE ont été amenés à étendre ainsi le domaine de leurs études et de leur industrie. Et d'ailleurs, "élever" des plantes ou des chevaux pour, des unes comme des autres, *obtenir le maximum d'activité thérapeutique*, appliquer à la concentration des sucs végétaux ou des sérums animaux, les mêmes méthodes qui permettent de *respecter la fragile complexité de leurs constiluants*, c'est rester fidèle aux mêmes principes; comme le disait un des Maîtres de nos Facultés à qui nous exprimions nos scrupules à sortir de la voie ancestrale: "Vous restez fidèles à vous-mêmes puisque vous demeurez dans tous les cas dans le domaine de l' "extractif."

[Print]

GLOBULES SANGUINS

d'un sujet soumis à l'Hémogenol

23Q

HÉMOGÉNOL "DAUSSE"

L'HÉMOGÉNOL DAUSSE

se délivre sous forme

de DRAGÉES, de SIROP et d'AMPOULES

L'administration du sérum hémopoiétique par voie sous-cutanée, sous forme d'ampoules, expose aux accidents redoutables du choc. Aussi utilise-t-on presque exclusivement et de préférence la voie buccale. Pour éviter chez certains dyspeptiques les effets nuisibles de la digestion pepsique, qui détruit une portion du médicament, on aura recours à la forme **dragée**.

LES DRAGÉES d'HÉMOGÉNOL grâce à leur enveloppe de gluten, mettent le médicament à l'abri de l'action du sue gastrique. Elles sont *réservées* au cas où, par suite d'un certain degré de stase gastrique, on peut craindre, même a jeun, un séjour plus ou moins prolongé du médicament dans l'estomac.

LE SIROP d'HÉMOGÉNOL est plus particulièrement indiqué chez les enfants et !es personnes délicates, qui ne peuvent avaler des dragées sans les mâcher. A condition d'être pris en dehors des périodes digestives, le Sirop d'Hémogénol ne séjourne pas dans l'estomac et arrive directement et sans altération notable au contact de la muqueuse intestinale. Il sera le reconstituant de choix pour les convalescents et les enfants.

LES AMPOULES d'HÉMOGÉNOL sont utilisées le plus souvent par voic gastriquc ou rectale, et parfois avec avantage en pansement dans les plaies atones, les brûlures, les métrorragies, etc.

24

A photograph of the poet Mohammad-Reza Mirzadeh Eshqi (1893-1924)

25

Watercolor painting, signed M.T.

25A

Watercolor painting, tulips, no signature.

26

امیر رفیع متحده
معلومم شد که هیچ معلوم نشد

بعضی از سئوالات و مسائل غیر قابل جواب و حل به نظر می‌آیند.
از جمله:۱.۰

۱- آفتاب از کجا طلوع و به کجا غروی می‌کند؟
۲- اگر در روی زمین از یکطرف حرکت کنیم به کجا خواهیم رسید؟
۳- وسط زمین کجاست؟
۴- زمین چه شکل است؟
غیره [و] غیره.

اینک بعضی از سئوالات بدون جواب:

۱- اگر بطرف بالا صعود کنیم بالاخره به کجا خواهیم رسید؟
۲- خلقت یعنی چه؟ عالم چگونه خلق شده؟ کی؟
۳- در این عالم ممکن است درک عالم بعد را کرد؟ عالم دیگری وجود دارد؟
۴- مردن چیست؟ آیا مرگ خواب دائمی‌است بدون خواب دیدن؟
۵- ممکن اسا نززاع و اختلاف از صفحه عالم رخت بر بندد؟
۶- آلتی اختراع خواهد شد که افراد بشر به تنهائی در هوا پرواز کنند حتی مسافرتهای کم راه؟
۷- ماشینی اختراع خواهد شد که بشر بدان وسیله زیر خاک مثل زیر آب حرکت کند؟
۸- برای ازدیاد استعداد ممکن است بشر با دماغ‌اشخاص بازی کند؟

26A

۹- عالم وجود انتهائی دارد؟
۱۰- حقیقت یعنی چه؟
۱۱- بزرکترین شخص دنیا کیست؟
۱۲- آیا انسان می‌تواند اعضاء و جوارح انسانی را متلاشی کند و دوباره ترکیب نماید - مثل تجزیه ادوات یک ماشین و ترکیبش؟
۱۳- ممکن است متدینی متعصب نباشد؟
۱۴- عاقبت هر کس بطور یقین پیشگوئی خواهد شد؟
۱۵- انسان خواهد توانست قوانین طبیعت را لغو کند؟
۱۶- من چکاره خواهم شد؟
۱۷- برای نزدیک کردن راه از محور زمین تونل‌هائی حفر خواهد شد؟

۲۹ اردی بهشت ۱۳۱۱
امیر رفیع متحده

27

نقاشی دو چهره در یک صورت، کار ابوالحسن معدل (شیرازی).

از این طرف خندانم

از این طرف غمناک

۷ مارچ ۱۹۳۲

28

**THE MAN
WHO KNOWS WHERE
HE IS GOING**

There are but two ways of shaping your career: One is to drift with the tide; the other is to have a definite goal – to steer straight for the mark on the farther shore. The world makes way for the man who knows where he is going, but it jostles the dreamer and the drifter to the sidelines. It is your attitude toward the present moment, your realization of its possibilities, which counts more in the fight than any vague, indefinite imaginations about the future. Be thorough. The first step towards the reward of industry is to do the work immediately at hand with all your might. And remember this:

An ounce of determination applied to a specific purpose is worth a ton of genious, which is all latent capacity, without character of ambition.

RAHIM HAKIM-ESHĀQ
AMERICAN COLLEGE
TEHERAN, PERSIA
April 20, 1932.

29

می‌دانم به کجا خواهم رفت

بشر در دوره زندگانی خود فقط دو راهی در پیش دارد که در یکی از آن دو می‌تواند سلوک نماید، در انتخاب هر یکی از این دو مختار است. راه اول اینست که رنگ جماعت را بخود گرفته و مانند کاه در مقابل باد یا قایقی در مقابل امواج دریا بی اراده بوده هر ساعتی بطرفی رانده شود و چنین شخص بالاخره ثمری از عمر گرانبهای خود بر نخواهد داشت. طریق دوم اینست که شخص در جاده مستقیمی‌سالک شده هدف و مقصدی را در نظر بگیرد، برای نیل به آن و هرگونه ناملایماتی را متحمل شده پیش برود تا به مقصود خویش نائل شود و چنین سالکی مانند کسی است که در کشتی سوار و در اقیانوس بی کرانی عبور نموده بطرف ساحل نجاتی کشتی حیات خود را میراند و بقدری میکوشد که تا کشتی خود را به لنگرگاه امن و امان برساند. ما می‌توانیم هر یک از این دو راه را اختیار نمائیم، اختیار با ماست. بدیهی است هرگاه مقصد شخصی ما معلوم باشد خدا برای کمک ما حاضر است و همه چیز را برای خیریّت با ما هم بکار خواهد بریٔ و بالاخره ما را بسر منزل مقصود خواهد رسانید. شخصی که هدف آمال زندگانی او معلوم نیست همیشه دستخوش حوادث غیر مترقبه و تسلیم قضا و قدر بوده از اوج رفعت به حضیض ذلت سرنگون میشود. خوب است قدری در انتخاب یکی از این دو راه را که در پیش ماست هوشیاری و بیداری بخرج دهیم. سعادت آتی و یا شقاوت و بدبختی ابدی منوط و مربوط به انتخاب یکی از این دو راه است. اگر آتیه سعادت‌مندی را طالبیم که راه دوم را در پیش گیریم یعنی برای زندگانی خود هدفی را

29A

تعیین کرده مستقیماً بطرف آن بشتابیم و بچپ و راست نظر نکنیم و بکوشیم تا بآن برسیم و تاج افتخار و گوی سبقت را بربائیم. زیرا اگر سالک طریقت اول باشیم عمر ما بهدر رفته و بدون گرفتن نتیجه مطلوبه بدرود زندگانی گفته بعوض خوشی و سعادت غم و الم نصیب ما خواهد بود. اولین قدمی‌که برای حصول ثمرات زحمت کسب و صنعت برداشته میشود این است که هر وظیفه مرجوعه را خواه کوچک و خواه بزرگ بموقع و با تمام توانائی خود بانجام برسانیم و این سخن را آویزه گوش خود کنیم که:

اندکی قوه اراده و تصمیم با داشتن هدف معین
هزاران مرتبه برای شخص بیشتر از یک خروار استعداد
و کفایت بدون داشتن هدف معین ارزش دارد

رحیم حکیم اسحق
مورخه آوریل ۱۹۳۲ میلادی

30

"God hath planted Beauty in our midst like a flag in the City" –Shabastari

Arthur Upham Pope
Nov. 30, 1932

31

Hello, You!

You, whom I cross on my life is way!
Whoever you are,
I shall not pass you by.
I will give you a present,
And enjoy the giving:
And will receive a present from you,
And enjoy the receiving.

Massud Farzad[69]
From "Moods and Moments"

31A

God Save the Pride!

As my spirits drooped,
And a grayness descended upon men and things;
As refreshing currents stopped their flow,
And I was left alone, wallowing in despair;
As life and all its phenomena
Were on the brink of a plunge into the blank darkness Beyond:
Then came a flashing Pride out of the blue,
Thundering down from the Uppermost Heights,
Frightening me out of the Ditch that was Myself,
And, lifting my soul,
Oh lifting it with a force that

۶۹- مسعود فرزاد (۱۲۸۵-۱۳۶۰ / ۱۹۰۶-۱۹۸۱)، شاعر، نویسنده و مترجم، متولد سنندج و دانش آموخته کالج امریکایی تهران بود. از جمله آثار او می توان به وغ وغ ساهاب (با صادق هدایت، چاپ نخست، تهران، ۱۳۱۳)، ترجمه فارسی هملت (اثر ویلیام شکسپیر، تهران: بنگاه ترجمه و نشر کتاب، ۱۳۳۷)، منظومه خیام وار فیتز جرالد (شیراز، ۱۳۴۸)، حافظ: صحت کلمات، اصالت غزلها (دو جلد، شیراز: انتشارات دانشگاه پهلوی، ۱۳۴۹)، ترجمه فارسی کوهولین: نمایشنامه ای بر اساس روایت ایرلندی رستم و سهراب (اثر ویلیام باتلر ییتس، شیراز: انتشارات محمدی، ۱۳۵۴)، ترجمه فارسی رویا در شب نیمه تابستان (اثر ویلیام شکسپیر، تهران: بنگاه ترجمه و نشر کتاب، ۱۳۵۲)، و سروده های مسعود فرزاد (به کوشش منصور رستگار فسایی، با مقدمه غلامعلی رعدی آذرخشی، شیراز، ۱۳۶۹)، اشاره نمود. برای اطلاعات بیشتر، بنگرید به: علی دهباشی (سر دبیر)، «یادنامه مسعود فرزاد» (بخارا، شماره ۸۷-۸۸، خرداد-شهریور ۱۳۹۱، صص ۴۴۴-۵۷۳)، همچنین:

Ahmad Karimi Hakkak, "FARZĀD, MASʿŪD," *Encyclopaedia Iranica*, Vol. IX/4 (1999), pp. 385-386.

31B

Was both holy and strong,
And dragging along the Highway
Upward,
My panting soul resistless …. ….
And presently the panting soothed down,
And my soul was fresh and eager;
It stood brave and solid,
It could, of its own strength, walk on the Upward Way,
It had a new backbone, – the heavenly Pride, the divine Madness!
And the Ditch had been left far behind, and forever!
God bless the Madness!
God save the Pride!

Massud Farzad
From "Moods & Moments"

31C

From: "Moods & Moments"
The Kiss and the Sting
My lips were kissed tenderly by life's lips;
And I felt that it was sweet.
Anon they were stung by life's harsh sting,
And I felt that that, too, was sweet.
Surely, it is good to sleep on the downy bed;
But surely, the bed of hard brick too, has its own comforts and beauties.

Massud Farzad
Tehran, 15th March 1931

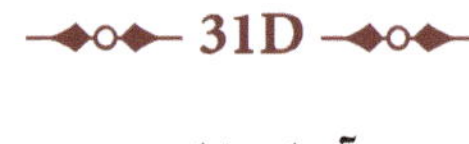

31D

آرمان شاعر

زندگانی خو شست پر همه رنگ   مملو از نیک و زشت و شیب و فراز
شاد و دیوانه وار و آزاده   فارغ از قید و بند ناز و نیاز

گاه‌انـــد حضیـــض ذلـــت و فقـــر	گاه در منتهـــای نعمـــت و نـــاز
گاه بـــی اعتنـــا بـــه ســـینهٔ مـــرغ	گاه محتـــاج نـــان خشـــک و پیـــاز
زندگانـــی چـــو یکنواخـــت شـــود	بـــه کـــه کوتـــه شـــود زمـــان دراز
لـــذت عمـــر در تنـــوّع اوســـت	عمرِ یکسـان - کـم ارزد از یـک غـاز
مـن دل انـدر جهان نخواهـم بست	مگـــر از بهـــر گـــردش و پـــرواز!
دیـــر پائیـــده‌ام دریـــن زنـــدان	پـــای بســـت هـــوی و بنـــدهٔ آز
گاه آن شـد کنـون کـه بـر رویـم	دَرِ زنـــدوان عمـــر گـــردد بـــاز
روم آنجـــا کـــه گویـــدم در گـــوش	آســـمانی دگـــر - دگرگـــون راز
روم آنجـــا کـــه از دهـــان دگـــر	بدگرگونـــه برکشـــم آواز
روم آنجـــا کـــه یـــک نـــوای نویـــن	بشـــنوم از نویـــن نـــوا پـــرداز
هـــان - جوانـــم - مگیـــر خـــرده بمـــن	دارم ار آرزوی دور و دراز!

مسعود فرزاد

32

مدرسه آمریکائی شاگردها را بهتر برای زندگانی حاضر میکند

مدتها در این فکر بودم و در این اندیشه که طرز زندگانی چیست و آموختم آن در کجا ممکن - گاهی تحصیل آنرا در محیط مدرسه تصور و زمانی بواسطه کفایت و لیاقت شخصی حدث میزدم - تا بدانجا فکر کردم که از خود بیخود شده بی تاب و ناتوان گشتم ولی این خستگی روح تأثیرات کلی داشت بمقصود اصلی رسیده مقتضی المرام گردیدم یعنی بخواب عمیقی فرورفتم - در عالم روئیا هیولای آدمی‌را دیدم که در سرزمین وسیعی ایستاده عمارات و بناهای مُعَظّم آنجا را مخاطب ساخته چنین میگوید: این سرزمین مرکز تعلیم و تربیت است - این بنای معظم علامت اقتدار و قدرت است - این آستان عاشقان راه طریقت است - اینجا است که طرز زندگانی و تعالیم آن منظم گشته و اسرار حقایق را بر هر دندانه این بناء بنوشته - این زمینهای تنیس و فوت بال غذای کالبد است و این عمارت معظم محل پرورش روح است - بالاخره این محیط اساس ترقی و تعالی و بنیاد زندگانی است - حال منوط باستفاده شخصی است که دیده بصیرت بگشاید تا حقایق را دریابد - من متحیر و سرگردان ایستاده بودم و در پی مطلوب خود مشغول تفحص بودم - این کلمات بگوشم خوش آیند آمد و خواستم که کاملاً به حقیقت امر نزدیک شوم و از حال واقعه آگاهی یابم تا شاید فرجی بعد از شدت باشد [و] بمطلوب خود نائل کردم. لذا قدمی‌پیش گذاشتم و مراسم تعظیم را بجای آورده سؤال کردم مگر این سرزمین را چه مینامند؟ جواب نشنیدم ولی پس از چند لحظه در آن سکوت و آرامش ندائی بگوشم رسید که تو کی هستی و مرکّب از چه هستی - من بیش از پیش متعجب شدم، علت این سؤالرا نفهمیدم و آنرا بی موضوع پنداشتم - سکوت اختیار کردم - در ثانی سؤال کرد جواب نتوانستم، بالاخره گفت تو ترکیب شدی حاصل ضرب‌های ارثیّتت [؟] و محیط و تربیت، اما از اصل فقط مالک ارثیّت [؟] بودی - ضعف و شدت محیط و تربیت در ترقی و تنزّل تو تأثیر کلی دارد - من غفلتاً بخود آمدم، اسمی‌از محیط و تربیت شنیدم مطلوبم را

32A

در این دو چیز واضح و آشکار میدیدم - دیده بصیرت را گشاده داشتم و با دیده حال درک بسی عجائب و غرائب نمودم. لذا سکوت را از دست دادم و سؤال کردم این دو را کجا می‌یابم و از چه طریقی زودتر کامیاب میشوم - جواب داد مطلوب تو اینجاست. مبهوت و متحیر شدم مگر اینجا کجا است؟ این سرزمین چگونه دخالت کلی در زندگانی آتیهٔ دارد؟ تربیت و محیط

آن چگونه است؟ - که ناگهان از خواب خیالی بیدار شدم، محوطه مدرسه آمریکائی در نظرم مجسم شد و محیط و تربیت فوق الذکر را در آنجا یافتم و با سایر مدارس مقایسه نمودم و برتری آنرا واضح و آشکارا بشناختم و امیدواری کاملی برای زندگانی آتیه خود حاصل نمودم.

سرمقاله فوق را حضرت آقای نخستین معلم مهربانم در کلاس دهم در سال ۱۹۳۲ فرمودند. همکلاسی‌های عزیزم هر کدام در خصوص آن مقاله نوشتند، بنده نیز بنوبه خود این مختصر را برای مشارالیه نوشتم و چون موضوع آن راجع بکالج است بیادگار کالج از خود بیادگار گذاشتم.

۸ می۱۹۳۲

حسین نیک نفس کرمانی

33

تساوی زن و مرد وجود ندارد

در قرون اخیر، مخصوصا قرن حاضر، اختلافات بین زن و مرد افکارمردم رااشغال نموده است. عدّه ای را عقیده بر این است که زن و مرد از ابتدا یکسان خلق شده و در استفاده از حقوق بشری نیز باید یکسان باشند. این فکر کم کم در میان مردم شیوع پیدا کرد و پیروان زیادی نیز یافته است. زنان اروپا و بعضی از زنان مشرقق انقلاباتی بپا کرده و حقوق خود را تا حدّی حفظ نمودند. البته این جنبش تودهٔ نسوان جنبهٔ نیکی داشته و زن را تقریباً از قید اسارت آزاد ساخته است. در اروپا و امریکا تفاوتی برای زن و مرد قائل نیستند ولی همین امروزه در ایران چه بسا زنانی که در خمول[۷۰] بدبختی زندگی مینمایند و قابلیّت اینکه خویش را از این گرداب بیرون آورند ندارند و کسی نیز پیدا نمیشود که دست آنها را گرفته بیرونشان کشد. نسوان ایران لیدر میخواهند و زنان محتاج پیشوایانی هستند تا بتوانند خود را آزاد کنند. ولی متأسفانه ما زنان ایرانی دست را روی دست گذارده و منتظر هستیم تا مردان برای ما کاری بکنند. و البته این بدیهی است که آنها برای حفظ منافع شخصی حتی المقدور از این مساعدت خودداری خواهند نمود. پس این کار بسته بجدّیت و سعی خود ما است. ما باید ...[۷۱] اخلاقی و مفید تشکیل داده کلوپ‌ها تأسیس کنیم و خود را با تمدن امروزه آشنا سازیم. آقایان نیز باید دست از خود خواهی برداشته و با زنان که عضو مهمّ جامعه میباشند بمدارا رفتار کنند.

عدّه ای هستند که مقالات مینویسند، نطق میکنند، تآتر میدهند، و عنوان آنرا «تساوی زن و مرد» و عناوین دیگری که باین معنی هستند میگذارند. ولی بعقیدهٔ بنده این فکر غلط است. چون اساساً در دنیا مساوات وجود ندارد. هیچ دو نفری با یکدیگر از هر حیث مساوی نیستند. بنده با برادرم مساوی نیستم، او خصایصی دارد که من ندارم و در من چیزهائی یافت میشوند که در او وجود ندارد. از حیث فکر و عقل نیز همانطور است. هیچگاه نمیتوانیم بگوئیم که دو نفری عقلشان یکسان است. دو گل که بر روی یک شاخه میرویند و از یکجا آب میخورند مساوی نیستند و در آنها اختلافاتی پیدا میشود. چگونه ممکن است زن و مرد مساوی باشند؟ چه بسا زنان که عقل، فکر، و اخلاق و رفتارشان از مردان بهتر و بسا مردان که از این حیث بر زنان تفوّق دارند.

33A

پس بطور کلّی نمیتوانیم بگوئیم که مرد و زن مساوی هستند، زیرا علاوه بر قوای جسمانی در قوای عقلانی نیز فرق دارند.

از روی عقیدهٔ راجع به تساوی زن و مرد عدّه ای از خانمها در ادارات و کارخانجات داخل شده دوش بدوش با مردان کار میکنند. ولی اصلاً زن برای کارهای خشن و سخت درست نشده و ساختمان بدنی او برای اینگونه کارها آماده نیست. سیاست دنیا را میتوان بر دو قسمت متمایز تقسیم نمود: ۱- سیاست مدُن، ۲- سیاست تدبیر منزل. مرد باید راجع بقسمت اوّل کار کند و زن

۷۰- «خُمول» به معنی گمنامی‌و ناشناختگی است.

۷۱- در اصل یک عبارت ناخوانا است، احتمالا «یونیورسیته‌های».

باید منزل را اداره کند و این خود کار پر زحمت و شیرینی است. طبقهٔ نسوان از هر حیث در جامعه اهمیّت دارند. زیرا مردان دنیا، نوابغ و کاشفین و مخترعین نام نیک خود را به مادرانشان مدیونند، زیرا در دامان آنها پرورش یافته‌اند. مملکت را زنان ترقی میدهند زیرا زنانند که در آغوش مهر و محبّت خویش اطفال را تربیت نموده و با تبسّمات شیرین رموز زندگانی را به آن نونهالان می‌آموزند. ناپلئون سردار نامی‌اروپا گفته است، «دستی که بند گاهواره را تکان میدهد بر دنیا حکومت میکند». پس معلوم شد که مهمترین وظیفهٔ یک خانم پروراندن اولاد است. حال فرض کنید مادری میخواهد کار کند. او طفل خود را در منزل گذارده و از صبح تا غروب در خارج منزل بسر میبرد، آیا پرستار از آن طفل خواهد توانست خوب مواظبت کند و او را برای مبارزه در میدان زندگی آماده نماید؟ پس آنهائی که میروند کار خارج از منزل میکنند اولادشان چه خواهند شد؟ وزرا را کی تربیت خواهد کرد و چه کسی رجال مملکت را بزرگ خواهد نمود؟ موقعی که کسی به تربیت اطفال وقعی نگذارد آتیه مملکت چه خواهد شد؟ البته خانمها تا موقعی که شوهر اختیار نکرده‌اند و دارای اولاد نیستند میتوانند هر کاری میل دارند بنمایند ولی چون تشکیل عائله دادند دیگر وجداناً حق ندارند که اطفال را به امان خدا رها کرده و در عقب کارهای دیگر روند. درست است نباید تمام اوقات یک خانمی‌در منزل صرف شود بلکه باید همانطور که در ابتدا عرض کردم در مجامع داخل شوند، برای حفظ اطفال اقداماتی کنند، بیچارگان را کمک کنند و خدمتی به جامعه نمایند. ولی مادران نباید به هیچ وجه حاضر شوند که اولاد خود را در دست دیگران گذارده و خود تن به کارهای دیگر دردهند.

زیرا طفلی که در دامان مهر و محبت مادر پرورش یافته از هر حیث بر طفلی که در دست[۷۲] پرستاران و دایگان تربیت یافته است برتری دارد. بنا بر آنچه ذکر شد وظیفهٔ زن و مرد با یکدیگر در دنیا فرق دارد. هر یک کاری مخصوص دارد و باید آنرا انجام دهد و سعی نماید تا مملکت را ترقی دهد. ولی اگر خوب مداقّه نمائیم می‌بینیم که وظیفهٔ زن به مراتب مهمتر از مرد است زیرا آتیه مملکت در دست زن است و نیز از هیچ حیث زن با مرد مساوی نیست.

طلیعه صالح[۷۳]
مدرسهٔ اناثیه امریکائی

34

بقلم حسینعلی میرزا اعتضادی
اهمیت صنایع مستظرفه ایران در دنیا

صنایع مستظرفه ایران بطوری که تحقیق شده است از لحاظ تاریخ و ابتدای آن بر یونان مقدم است و همیشه بممالک شرق از قبیل هندوستان و چین و ژاپن رقابت و برتری داشته. اگر بدقّت کامل بصنایع ایران بنگریم خواهیم دید که حقیقتاً چه اهمیت مخصوصی را عهده دار است ولی افسوس ما ایرانیها اکنون نتوانسته‌ایم از صنایع مستظرفه خودمان استفاده کرده و بهره‌ای ببریم. ولی همینکه اروپائیان یک جزئی از ظرافت آن پی بردند از اطراف و اکناف از برای استفاده خودشان به ایران آمده و دائم صنایع ما را بممالک خود ارمغان میبرند، ولی بطور اجمال از این نکته صرف نظر کرده و به اهمیت صنایع مستظرفه ایران میپردازیم. اولاً – نقاشی ایران بواسطه رنگامیزی مخصوص و خالی بودن از حکایات مذهبی، اهمیت مخصوصی دارد و هیچ یک از دول متمدنه نتوانسته‌اند به این خوبی از عهده بربیایند و یکی از اجناس مهمی‌که به مملکت[۷۴] خود حمل میکنند و منافع[۷۵] گزافی

۷۲- در اصل: «درست».

۷۳- طلیعه صالح (۱۲۹۴-۱۳۸۲)، متولد آران و بیدگل (کاشان) بود. از میان برادران او، اللهیار صالح (۱۲۷۶-۱۳۶۰)، علی پاشا صالح (۱۲۸۰-۱۳۶۹)، و جهانشاه صالح (۱۲۸۳-۱۳۷۵)، هریک در سنوات مختلف دانش آموخته کالج امریکایی تهران بودند.

۷۴- در اصل: «بملکت».

۷۵- در اصل: «منابع».

از او میبرند همان قالی است که ما ایرانیها بچشم حقارت بدو مینگریم و همچنین کتابخانه ایران قسمت معظمی‌از صنایع ایران قدیم را نشان میدهد و اروپائیان با نظر احترام بدو مینگرند. بالاخره بطور کلی صنایع ایران دارای صفات مشخصی است که از صنایع مغرب تمیز داده میشود و محققین اینطور گفته‌اند که صنایع شرقی با رنگ مشخص است و صنایع غربی با شکل تمیز داده میشود، و صنایع ایران از هر نقطه جلب توجه

34A

سیاحان اروپائی را کرده و قرفه بازار مکاره که اخیراً در سال ۱۹۳۱ در لندن تشکیل شد شکوه مخصوص بخود گرفته و بطوری که روزنامه [تایمز][۷۶] خبر افتتاح بازار مکاره ایران را از وقایع دنیا میشمارد و در همان مجله نسبت بتمام صنایع ایران مخصوصاً صنایع مستظرفه آن اطلاعات مبسوطی منتشر کرده و گراورهای مختلفه که شامل بناهای تاریخی نقاشی و صنایع از قبیل زره[۷۷] و کلاه خود و حجاری[۷۸] ایران بطبع رسانده، مثلا در تخت جمشید حجاری است که بعد از سه هزار سال هنوز اگر به دقت کامل بدو نگاه کنند[۷۹] عکس انسان در او نمودار است. این میرساند که حجاری ایران چقدر دارای درجه اهمیت در قدیم بوده است و حجاران آنرا با یک اسلوبی حجاری می‌کرده‌اند که سالهای متمادی مثل اینکه امروز روز آن درست شده بسا افتخار از برای ما ایرانیها که توانسته ایم که بوسایل این صنایع خود را بدنیا معرفی کنیم اخیراً در روزنامه [تایمز][۸۰] شرحی راجع بترقیات اخیر ایران که در تحت قیادت **اعلیحضرت پهلوی** انجام گرفته شرح داده [است]. پس بخوبی ملاحظه میشود که اروپائیان بصنایع ما چطور مینگرند و در دنیای امروز چه مقامی‌به او میدهند، در موقع نمایش آثار عتیقه وطن چه در لندن و چه در پاریس جمعیت از گوشه و کنار برخاسته[۸۱] و بطرف آثار عتیقه ما ایرانیها میآمدند [و] وقتیکه در آن قالی‌ها و نقاشی‌ها نگاه میکردند هوش و حواس[۸۲] آنها از دست میرفت و بطوری ازدحام[۸۳] میشده که قابل شرح نیست، مخصوصا در موقع نمایش قالیچه‌هائی که از زمان صفویه باقی مانده و چقدر استادان فن در ظرافت آن میکوشیدند

34B

بقلم حسینعلی میرزا اعتضادی

که پس از پانصد سال چشم صنعتگران دنیا را تیره و تار مینماید و از نظایر خود گوی سبقت را میرباید. مثلاً یکی از آثاری که از زمان صفویه باقی است و نظر صنعتگران دنیا را بخود معطوف گردانیده قالی کار جوشقان است که در زینت مقبره شاه عباس ثانی است. حقیقتاً چه جای خوشحالی است از برای ما ایرانیها که اینقدر در نظر مردم جلوه پیدا کرده ایم که هر دولت و ملتی از ما تقلید کرده و میکند و صنایع ما را بمصرف خود میرساند، ولی بطور اجمال از این مختصر که البته در مقابل صنایع ایران ناچیز است میتوان کلیاتی را درک و حقایقی را فهمید.

(اعتضادی)

نمونه از صنایع مستظرفه ایران

76- *Times.*

۷۷- در اصل: «ذره».

۷۸- در اصل: «هجاری».

۷۹- در اصل: «کند».

80- *Tines.*

۸۱- در اصل: «برخواسته».

۸۲- در اصل: «هواس».

۸۳- در اصل: «ازدهام».

34C

(نمونه از صنایع مستظرفه ایران در موزه لندن)
(اعتضادی)

35

[سیف الدین امامی]
استعداد و قوای اخلاقی

انسان فطرتاً یک مخلوق اخلاقی است. بعبارت دیگر ما با عجیب ترین قوای اخلاقی و لیاقتهای فطری قدم بعالم وجود میگذاریم. طبیعت چنان قوه و استعدادی در وجود ما بودیعت گذاشته که بواسطهٔ آن بخوبی میتوانیم در مقابل انواع مصائب و شدائد و تجارب حیاتی مقاومت ورزیده و در مواقع بروز امتحانات با نهایت پاکدامنی زندگانی کرده عفت اخلاقی و حیثیت انسانی خود را نگاهداری نمائیم.

تاریخ بشریت هم پر از شواهد این مطلب میباشد، بنای حیات و زندگانی ما بر روی اساس همین قوه و استعداد ذاتی نهاده شده. این همه ترقیات و اختراعات عجیبه فقط و فقط در سایه استعداد و لیاقت جبلّی انسان صورت گرفته است. اگر این قسمت یعنی آن استعداد و لیاقت در هر یک از افراد بشر مرکوز نمی‌بود میتوانستیم[۸۴] بگوئیم که انسان دائماً در توحش و بربریت باقی میماند و بهیچوجه نمیتوانست مراحل آتی و تکامل را سیر نماید.

پس واضح است که انسان بواسطه جدیت و فعالیت و قابلیت فطری خویش در برابر انواع مصائب و شدائد طاقت فرسای روزگار تحمل و استقامت بخرج داده و شجاعت خود را در مقابل طبیعت بمنصه ظهور گذاشته و حیات و شئونات شخصی خود را از این قسم تأمین مینماید.

خلاصه برای اثبات این مطلب همین قدر کافی است که دیده میشود امروز بعضی مردم با وجود آنکه در بدبخت ترین محیط ساکن بوده و در میان فامیل بیچاره و فقیر زندگانی کرده باز هم در نتیجه تعلیم و تربیت و در سایه جدیت و فعالیت شخصی بمقامات بزرگی رسیده و مدارج عالیه ای را در زندگانی خود پیموده و ازاشخاص مشهور دنیا خواهند شد. پس بایستی این قوا و استعداد فطری خود را تقویت نموده و آرزوهای قلبی خود را که همانا پاکدامنی و نوع پروری است بوسیله لیاقت خود ابراز نموده و در ضمن امیدواری را تبدیل به یأس ننمائیم.

35A

پس بایستی سعی کرد که همیشه اطفالیکه متولد میشوند و در محیطی که زندگانی میکنند طوری آنان را تربیت نمود که استعداد و قابلیت شخصی او روز بروز ترقی کرده تا بدرد جامعه و محیطی که در آن زندگانی مینماید برسد. چنانکه میدانیم[۸۵] عموماً اطفال یا از روی رفتار و گفتار مادرشان آداب و اخلاق پسندیده و خصال نکوهیده را کاملاً یاد میگیرند و یا از روی اخلاق برادران بزرگتر از خود شروع بیادگرفتن مینمایند، یعنی اگر در فضای خود خواهی و منفعت پرستی و یا تنبلی و تن پروری زیست کرده

۸۴- در اصل: «میتوانم».

۸۵- در اصل: «میدانم».

و استنشاق نمایند بطور حتم در بزرگی دارای صفات مذکوره خواهند شد و اگر بالعکس در محیطی رشد و نمو نماید که کاملاً محبت و نوع پرستی و وطن دوستی در آنجا حکمفرما باشد بالاخره خیر خواه و وطن دوست و نوع پرور خواهد شد و مفید بحال جامعه میگردد: آری این قسم جوانان دارای صفات برجسته انسانی که نشانه استعداد فطری آنها است از قبیل حق شناسی – نوع پرستی – وطن پرستی – دوستی – اجتماع پروری – خیر خواهی – عُلوّ – برتری – اقتدار – شخصیت – اطمینان بنفس – استغنای طبع – تکمیل نفس – محبت – تواضع – فعالیّت – ترحم – عدل – عزم – آزادی طلبی – نیک نفسی – عشق – فکریات – زیبائی – اخلاق – مذهب و احترامات مذهبی را بهتر و بیش از هر چیز مقدم دانسته.

سیف الدین امامی- محصل کلاس پنجم متوسطه

مدرسه عالی امریکائی طهران – بیستم فروردین ۱۳۱۱

۱۱ آپریل ۱۹۳۱[۸۶]

[محمد علی مدرسی طبری]

روزی با یکی از اعضاء محترم انجمن (**نامی‌نیکخواه**) که مراسم وداد و وفاق ما و عوالم عهد و میثاق فیمابین بسرحدّ کمال بود ملاقات افتاد، از هر جانب سخن میرفت؛ ناگاه از مرام آن انجمن دانش گستر و اقدامات شایان تقدیر کارکنان دانشور و ادب پرورش‌اشارت بمیان آمده و دوستدار عزیز مهرانگیز با کلماتی نغز بیان داشتند «که کمال مطلوب، و غاية القصوای آمال انجمن اینست که با مظاهرت[۸۷] و معاضدت دانایان و بزرگان این کشور گامی‌چند در این راه بی انجام پیروزی فرجام برداشته شود که در خور افتخارات ایران تاریخی باشد، و بر طومار مباهات ادبی پیشینیان سطوری با افتخار افزون گردد و برای اجرای متطور[؟] در بادی امر صحیفه ای با طرزی مرغوب و اسلوبی مطلوب ترتیب و تنظیم گشته که آثار شعراء و ادباء عالیمقدار و نویسندگان والا مقام عصر حاضر در آن گردآوری و مدوّن آید؛ تا مگر انجمن را آثاری نیکو و آیندگان را یادگاری گرانبها باشدو بر صفحات ایام مخلّد[۸۸] و باقی ماند. اکنون شما را نیز درین کار همتی باید، و شرکتی شاید، که با آن فکر رسا و کلک توانا صفحاتی چند از مقالاتی سودمند در صحیفه برنگاری و با رشحات و تراوشات قلمی‌خود طومار انجمن را مزیّن داری».

این بیمقدار [از] آن امر خطیر، و دعوت عظیم، سخت متعجب و متحیر ماند و همی‌اندیشید که این بیمایه دون پایه را چه توانا که در برابر فکر نقّاد و طبع وقّاد فضلا و نویسندگان عصر خویش عرض وجود نماید، و نمودی کند؛ از آن که سخن پرداختن، و درّ معنی سفتن هر نادانی را نسزد و در عهده نابخردی چون من نه.

چه فقط از آنان سزاست که برگزیده سخنان سرایند و عالمی‌در الفاظی زیبا زبان عذب البیان پارسی باستان را ارمغان بخشند، و خواستگاران علم و ادب را کالائی نغز و نیکو دهند.

امّا از آنجا که خواهش دوست ارجمند والاتبار رد کردنی نبود ناچار با همهٔ بیمایگی و قلت وقت و گرفتاریهای گوناگون

36A

بقبول دعوت تن داد، و نوید و پیمان نهاد، که اگر عمری باقی و مجالی کافی باشد تا حدّیکه در خود توانائیست بانجام این مهم دست فرا برد و بخدمتگزاری کمر بندد.

۸۶- بر حسب تطبیق تقاویم، بیستم فروردین ۱۳۱۱ خورشیدی برابر است با ۹ آوریل ۱۹۳۱.

۸۷- «مُظاهِرَت» به معنی یکدیگر را یاری رساندن و پشتیبانی کردن است.

۸۸- «مُخلَّد» به معنی پاینده و جاویدان است.

اکنون از خداوند و جهانیان خواهد که درین کار وی را یاری دهد و یاری بخشد تا نگارشاتش مقبول طباع افتد و نزد اربابان خرد و دانش شرمنده و شرمسار نگردد **و بالله التوفیق و علیه التکلان.**

تهران – فروردین ماه ١٣١١ شمسی – س. محمّد علی مدرّسی طبری

«کار»

هر کسی بسهم خود وظیفه ای در زندگانی اجتماعی دارد و میباید در انجام آن خدمت عمومی‌شرکت کند زیرا هر فردی در ظلّ مساعی جامعه زندگانی میکند و او نیز بنوبهٔ خود باید یکقسمت از وظایف و احتیاجاتی [که] ضرورت دارد [را] انجام دهد. امروز مهمترین حوائج اجتماعی ما بسط و تعمیم معارف و اصلاح ادبی و اخلاقی و اقتصادی است و بدیهی است تا شئون اقتصادی ما بر اصلی مستحکم قرار نگیرد سایر عوامل حیاتی مطابق اصول تکامل روح رشد و نموّ نمیکند.

برای تقویت مبانی اقتصادی قویترین اصل هدایت و راهنمائی موجبات سعادت و ارائه طریق موفقیت طرز عمل و کار است. بواسطهٔ کار و زحمت است که بنی نوع بشر توانسته است خود را از درجهٔ پستی بدرجهٔ اعلی سوق داده و بمنتهای کمالات برساند و چنانچه زندگانی قرون ماضیه را با حال سنجیده خواهیم دید که به هیچوجه قابل مقایسه با یکدیگر نیستند. مثلا مردمان اولیّه در سوراخهای غارهای مخوف یا زمینهای مسطور ازاشجار امرار حیات میکردند، از شکار ماهیهای دریا اعاشه میکردند و در تپه‌های بلند مستور از شاخهای درختان تعیش[٨٩] میکردند، با سنگ حیوانات را میکشتند. بعد از مدتی افکارشان توسعه یافته متوجه شدند که اگر سنگها را تیز نمایند و نوک نیز[ه]های پهن را باریک کنند بهتر میتوانند وسایل حیاتی برای خود تهیّه نمایند و پس از انجام و عملی نمودن این فکر که تا حدی کمک بتسهل[٩٠] زندگانی آنها نموده که بدین وسیله موفق بصید طیور و بعضی حیوانات دیگر هم آمدند و بالاخره احتیاجات او را مجبور بسایر اکتشافات از قبیل کشف معادن و بدست آوردن آتش و سایر اکتشافات نموده که روز بروز بر ترقی خود افزوده و سیر تکامل خود را ادامه داده تا مردمان امروزه بوجود آمدند که از نعمت تعاون و تعاضد[٩١] بخصوص کار و زحمت در قطعهٔ چوبی بنشینند و در هوا طیران کنند، از الکتریک نور بوجود آورند، بالاخره نقشه‌های قشنگی تشکیل و ترتیب داده اساس تمدن امروزه را مدوّن نموده و [آنچه] امروز ما بچشم ظاهر می‌بینیم اینها همه در نتیجهٔ کوشش اسلاف و نیاکان ماست که کاشته‌اند و امروز ما درو میکنیم.

از مطالب فوق چنین استنباط میشود که زندگانی ما مرهون خدمات و کارهای آنها است. این تأثیرات از تعلیم زائیده نشده بلکه از افکار آزادانه و از تقلید و تجربه بوجود آمده. یک ملت بملت دیگر علومی‌آموخت و بواسطهٔ پیش آمدها و موانع طبیعی ملّت دیگر نتوانست در اقلیمی‌زندگی کند پس سفر بجوانب خارج کرده آنقوم دیگر را هم به تعلیم خود آشنا کرده و بالاخره چنانچه از تاریخ ملتفت شدیم نور تمدن و معرفت در جمیع اقطار منتشر گردید، اعمال و مشاغل از پدر به پسر رسید، بالاخره خدمت جامعه را مغتنم شمرده اسباب تمدن را بکار انداختند. مبداء تمدن ما بنابراین شامل نیاکان ما است که ثمرهٔ حیات ما شدند و خدمات ایشان را وقتی

٨٩- «تعیّش» به معنی معیشت و زندگی کردن است.

٩٠- «تسهّل» به معنی آسان شدن است.

٩١- «تعاضُد» به معنی یکدیگر را یاری کردن است.

37A

ممکن است قدردانی کرده باشیم که ما هم دنبالهٔ کارهای ایشان را بگیریم. همه باید کار کنند [و] بی کار نمانند. شخص بیکار چون عضو فلج جامعه است، بدون کار زندگانی دشوار است، پژمردگی اخلاقی او را محاصره میکند، در واقع مردان از سن ۲۲ سالگی باید کار کنند. تا سن ۱۱ و ۱۸ ایام خوش گذرانی و در حقیقت فطرت بین بلوغ و طفولیت میباشد. در این سنوات باید تحصیل را باتمام رسانده کار هم در ضمن کرد،اشتباه نشود، مقصود کارهای جبری نیست [بلکه مراد] کار تجربی، بردباری، [و] اصطبار[۹۲] [است] تاااشعهٔ انوار حقیقت و تمدن شایع گردد. البته باید بدانیم طبیعت همیشه به ما کمک میکند و راه سعادت را برای ما باز میکند [و] در هر امری معاضدت مینماید، از طرفی خداوند هم عقل داده و فکر عطا فرموده که هر وقت حسّ کردیم گرفتار بیچارگی و فقر باشیم دست بدامن طبیعت بزنیم او هم با سفارشنامه‌های مخصوص ما را بسمت کار و زحمت سوق خواهد داد. اما انصاف نیست که ما حاضر و آماده برای خوردن باشیم و بیاد پروردگار آفرینندهٔ طبیعت نباشیم. چه خوش سرود سعدی که روانش شاد باد:

ابر و باد و مه و خورشید و فلک در کارند — تا تو نانی بکف آری و بغفلت نخوری
همه از بهر تو سر گشته و فرمانبردار — شرط انصاف نباشد که تو فرمان نبری[۹۳]

دست کار و مهارت که به پستترین‌اشیاء رسید آنها را از حیث قیمت بمراتب ثمین و پر بها گرداند.

ولی افسوس که از طرفی شخص تنبل و بیکار ممکن نیست سعادت را بتواند برای خود پیش بینی نماید. او چون نفس بی روحی است که از احتیاجات عالم طبیعت بکلی بی بهره است، از هیچ چیز خبر ندارد و تمام مایحتاج زندگانی خود را از دیگران طلب میکند، شجری است بی ثمر و درختی است بی بهر. اینطوراشخاص باعث از بین بردن مملکت و ملتی شده و بفوریت توده ای را گرفتار عفریت فقر و فاقّه مینمایند. ما اغلب تیره بختان و بیکاران که دست از تنبلی و بیکاری برنداشته‌اند [را] تهدید میکنیم که منکوب و دستخوش غضب الهی واقع خواهند شد و طولی نخواهد کشید که بسزای خود خواهند رسید.

حال مقتضی است متذکر بثمرات آن گردم. واضح است که انسان دورهٔ وحشیگری و سبعیّت را باتمام رسانیده بلکه در صدد نجات خود از قید فقر برآمده. نجات یعنی چه؟ مقصود از نجات فکر، صنعت، اختراع، و تربیت قوای دماغی درونی است - همانا نجات عالم است که تمدن بشری را واجد[۹۴] گشته نجات و رهائی از هوی و هوس، کارگران را بشاهراه هدایت راهنمائی میکند و ذخیرهٔ تمدن را در کیسهٔ خود حفظ میکند. کار و سرمایه ریشهٔ تمدن عالم را مستقر میگرداند و بالاخره بنیان و اساس عالم بشری و مهد تمدن بر پایهٔ او استوار گشته لذا بر هر فردی از افراد بشر واجب است که تا سعی دارند کار کرده جامعه‌اش را ترقی دهد، معایب را از بین برده، افکار جاهلان و بی عملان را تغییر داده تا هم خود را خوشبخت و هم توده بشر را سرافراز و کامیاب گرداند.

۹۲- «اصطبار» به معنی صبر کردن و شکیبایی است.

۹۳- به نقل از دیباچه «گلستان».

۹۴- در اصل: «واحد».

38

{ بقلم محمد باقر شهامی}

{ اگر متمایل هستی همیشه در عمر خویش مظفّر و موفق باشی کار یا تکلیف امروز خودت را بفردا محوّل منما }

چنانچه شاعر شهیر ایران فردوسی طوسی گوید:

زامروز کار بفردا ممان — که داند که فردا چه گردد زمان
گلستان که امروز گردد بهار — به فردا چنین گل نیاید بکار[۹۵]

چنانچه ما لحظه[ای] تدقیق بنمائیم و اندک قوه عقلیه خودمانرا که در حقیقت حاکم مطلق بر تمام تصوّرات است بادراک معانی‌اشعار شاعر نکته پرداز تسلیم نمائیم، مفاد این اصل یعنی «زامروز کاری بفردا ممان / که داند که فردا چه گردد زمان»، مسلّم و محقق میگردد و چون آنشاعر شهیر فردوسی طوسی مضارّ مسامحه و یا عواقب وخیمه آنرا منظور داشته و اینک جان سخن ما هم بسته بدین مقال است لهذا ما بایراد دلایل و براهینی که شاهد قول این موضوع باشد پرداخته و به بهترین وجهی مضارّ آنرا مجسّم مینمائیم. - چون در اصل طبیعت عالم و طبایع بنی آدم یک نوع تغییری است که لاینقطع آن تغییر رو بارتفاع و بساطت نموّ می‌نماید. از این جهت هم ازمنه متفاوت و مختلف میگردد، از این رو احکام و طبایع و تکالیف انسان هم تغییر کلی پیدا کرده یوماً فیوماً آناً فآناً[۹۶] تغییر شکل میدهند حتی هیکل و شمایل و هیئت و لباس انسانهم تسلیم تغییرات آنی است، چنانچه قوانین ملتّی انتظامات لشکری و پُلتیکات دولتی دیروز تا امروز هزاران فرق حاصل نموده است. بنابراین مقدمه، بدیهی است چون ازمنه بالطبع تغییر پذیر است لهذا عقاید هر یک از افراد هم بی شبهه تغییر پذیر خواهد بود. سپس این اصل مسلّم محقّق میگردد که اگر کسی تکالیف آنی خودش را بروز بعد محوّل نماید و در غیر موقع خودش انجام دهد بسا میشود که ابداً مفید واقع [نمی‌شود] و ضررش بدین تطبیق میشود که کسی بخواهد در این زمان بوضع معیشت و زندگانی هشت هزار سال قبل زیست نماید یا آن تکالیف را امروز انجام دهد. از طرفی دیگر چنانچه ما نظری بصفحات تواریخ ملل مختلفه بنمائیم می‌فهمیم که تنها ترقی و تعالی و سیادت هر ملّت مترقّی مبتی بر عدم مسامحه در انجام تکالیف اوست، و همچنین بعکس مثلاً فتح ایران بدست افاغنه که بجز بعلم دزدی دیگر بهیچ علم و تمدن احتیاج نداشتند و بدون

38A

و بدون[۹۷] هیچ بیمی‌سیل ریزان و آتش سوزان سرازیر خطّه ایران گشتند، خلاصه تمدن هشت هزار سال این مکان مینو سرشت را هبا کردند همانا در اثر غفلت اولیاء امور عصر بود که بعقاید کاسد و فاسد متوسّل گردیدند تا آنکه شاه سلطان حسین بدست مبارک خویش تاج پر افتخار خودش را بر سر محمود افغان نهاده و سریر سلطنت مختصراً تمام نفایس ایرانرا تقدیم مقدم میمنت مسعود یکمشت افاغنه بی لیاقت وحشی نمود. - آنزمان که اعراب ایرانرا تصرف نموده و براهین هندسی و دلایل منطقی و قضایای فیزیکی هشت هزار سال ایرانرا بدل باخبار و احادیث و روایات نمودند علتش همانا غفلت سلاطین معاصر بود. - خلاصه

۹۵- به نقل از «شاهنامه»، بخش ۳، داستان کیقباد؛اشاره است به این ابیات:
گلستان که امروز باشد ببار / تو فردا چنی گل نیاید بکار
از امروز کاری بفردا ممان / که داند که فردا چه گردد زمان
بنگرید به: https://ganjoor.net/ferdousi/shahname/kqobad/sh3/

۹۶- به معنی «روز به روز و آن به آن».

۹۷- «و بدون» در اصل دو بار آمده، بار دوم زاید است.

وقتیکه ملل سابقه را مقایسه نموده و علت و سبب ترقّی و تنزّل و مظفریّت و مغلوبیّت آنها را بخوانیم محقق میگردد که فتح و غلبه همانا در طی عدم غفلت بوده، همان طور که مغلوبیّت ایشان ناشی از بی مبالاتی و مسامحه گردیده است. - پس میتوان گفت هر فردی بقدر اینکه سعادت و نیکبختی خود را بداند و از ضرر و شقاوت آن احتراز کند قوه ادراکیه در او بودیعت گذاشته شده است، ولی این حس و ادراک در وجوداشخاص مسامحه کار هست، نهایت خفته است. - در خاتمه میتوانیم بگوئیم که هرچه از برای بقاء نوع انسان و موفقیت او در این جهان بیشتر از همه چیز لازم میباشد عدم مسامحه در تکالیف اوست، بعکس آنچه منافی و مخالف این اصل است مسامحه و غفلت میباشد که بسا میشود در اثر غفلت جان و حیات شخص مسامحه کار مواجه با هزاران خطرات شده رفته رفته بکلّی ریشه شجره کامیابی و کامرانی او منقطع میگردد.

39

[پندنامهٔ فیثاغورث]

هفتهٔ گذشته بنا بخواهش مدیر محترم «نامه نامی‌نیکخواه» چنین بعهده گرفتم که مقاله ای در موضوعی انتخاب کرده و تقدیم دارم.اشتغالات زیاده از حدّ و اندازه از طرفی و نداشتن مایهٔ قابل از طرف دیگر اجازه نمیداد آنطوریکه شایسته و سزاوار است از عهدهٔ انجام این خدمت برآیم، ولی با مقدمات فوق در نظر داشتم که از گفتار بزرگان آنچه بدست افتد چند سطری انتخاب کرده و دستور گرامی«وفای بعهد» را بعمل آرم. اتفاقاً در ضمن تجسس ورقه ای بدست حقیر آمد که اندرزهائی چند از گفتار حکیم قدیمی**فیثاغورث** در آن درج شده بود و این ترجمه ای بود از زبان یونانی قدیم که پس از نقل بالسنهٔ اروپائی برای دفعه دوم بزبان فارسی ترجمه شده بود. دیدم مقصود مرا عجب مناسب است و جوانان را بی‌اندازه سزاوار که این اندرزهای فیلسوفانه را برای طی طریق زندگی بمنزلهٔ چراغی فراروی داشته و بنور آن قدم سعی و کوشش پیش نهند.

اینک شما و «**پندنامهٔ فیثاغورث**»

(۱ - تزکیه نفس)

[۱] - در فرزندی خوب، در برادری درست، در شوهری با ملاطفت، و در پدری نیکو باش. ۲ - کسی را بدوستی خود برگزین که دوستدار فضیلت است؛ به پندهای شیرین او عمل کن و با زندگانی او خودت را تربیت نما و برای یک خطای سبک او را هرگز ترک مکن تا آنقدر که از دست برآید زیرا یک قانون سخت، قدرت را با ضرورت همراه ساخته است. ۳ - باوجود این، آن قدرت را بتو داده‌اند که با هوسهای دیوانه خود بجنگی و آنها را مغلوب سازی، پس رام کردن اینها را یاد گیر. ۴ - قانع، کار کن و پاکدامن باش و از غضب بپرهیز. ۵ - نه در میان مردم و نه در پنهانی هرگز کار بد مکن و مخصوصا خودت احترام خودت را نگاهدار. ۶ - هیچوقت پیش از فکر کردن حرف مزن و کاریرا انجام مده. ۷ - درستکار باش. ۸ - بیاد بیاور که یک قوهٔ قاهره مردنرا امر میکند و اموال و افتخارها ئی که بآسانی کسب شده بآسانی هم از دست میرود. ۹ - امّا دردهائیرا که تقدیر با خود میآورد بخوبی بسنج و آنها را تحمّل کن و بکوش تا هر قدر میتوانی آنها را تسکین ده. ۱۰ - مانند حقیقت، خطا نیز برای خود مرا ...[۹۸] دارد: مرد فیلسوف هر چیزیرا با احتیاط تصدیق یا توبیخ مینماید و اگر خطا غالب آمد او خودش را بکنار میکشد و منتظر میشود. ۱۱ - گوش کن و حرفهای مرا بخوبی در دل خود حکّ نما: چشم و گوش خودت را بظنیّات بسته نگاهدار: از تقلید دیگران بترس و با قوّه خودت فکر کن؛ مشورت و مذاکره نما ولی آزادانه تصمیم بگیر. ۱۲ - بگذار دیوانگان بدون مقصد و بدون علّت حرکت کنند. ۱۳ - تو در آینه حال، جمال ...[۹۹] را باید تماشا کنی. ۱۴ - چیزیرا که نمیدانی هرگز توانستن آنرا ادّعا مکن. ۱۵ - علم بیاموز:

۹۸- در اصل یک عبارت ناخوانا است؛ احتمالا «مزایائی».

۹۹- در اصل یک عبارت ناخوانا است.

39A

هر چیز با استقامت و زمان اکتساب میشود. ۱۶ - بصحّت خود مواظبت کن: با اعتدال ببدن خود غذا و بروح خود غذا و بروح خود استراحت بده. ۱۷ - از مواظبت بی‌اندازه زیاد و بی‌اندازه کم باید بپرهیزی، زیرا در هر دو[ی] این افراطها، هوس علاقه‌مند است. ۱۸ - اصراف و خسیسی نیز همان نتایج را دارد. ۱۹ - در هر چیز حدّ میانهٔ خوب و درست را برگزین.

(۲ - تکمیل نفس)

[۲۰] - از آندم که بیدار شدی بآرامی‌تدقیق کن و ببین چه چیزها هنوز مانده است که باید انجام بدهی. ۲۱ - هرگز خواب مژگان ترا نبندد پیش از آنکه ازخود بپرسی: آیا چه چیز را فراموش کرده ام و چه چیز را بجا آورده ام. اگر آنچه کرده ای بد بوده پس دیگر از آن بپرهیز و اگر خوب بوده در آن پافشاری نما. ۲۲ - پندهای مرا خوب بذائقه بسپار، اینها را دوست دار و همه آنها را پیروی کن: آنها ترا بفضائل خدائی رهنمائی خواهند کرد. ۲۳ - من قسم میدهم بآنکه در دلهای ما «سه گانه مقدس»[۱۰۰] که علامت پاک و عظیم و منبع طبیعت و مشی خداست حکّ کرده است. ۲۴ - امّا پیش از هر چیز روح تو، با ادای وظیفه خود، باید با حرارت دل باین خدا مناجات کند زیرا یاریهای او تنها میتواند اعمالی را که شروع کرده ای بانجام رساند. ۲۵ - همینکه بوسیله خدا صاحب معرفت شدی هیچ چیز ترا فریب نخواهد داد: تو ...[۱۰۱] همهٔ موجودات مختلف خواهی بود و اساس و سرانجام کلّ را خواهی شناخت. ۲۶ - تو اگر خدا بخواهد خواهی دانست که طبیعت در هر چیز یکی ست و در هر مکان هم همانست: بدینقرار تو بحقوق حقیقی خود آشنا خواهی شد و دل خود را از هوسهای بیهوده تغذیه نخواهی کرد. ۲۷ - تو خواهی دید که آن مصائب که دلهای مردمرا پاره میکند میوه انتخاب خودشانست و این بدبختان نعمتهائیرا که منبع آنها در خودشانست در جاهای دور از خود میجویند. ۲۸ - کمتری از مردم راه خوشبخت شدن را میشناسند: بازیچهٔ هوا و هوس شده و نوبت بنوبت دستخوش امواج متخالف گشته در روی دریائی که ساحل ندارد چرخ میزنند و مانند کوران در مقابل طوفان نه مطاوعت[۱۰۲] میتوانند و نه مقاومت. ۲۹ - ای خدا تو آنها را با بازکردن چشمهایشان نجات خواهی داد. ۳۰ - طبیعت بایشان خدمت میکند. ۳۲ - تو ای مرد عاقل و ای مرد بختیار که بآن طبیعت نفوذ کرده ای، در ساحل نجات تنفس کن. ۳۳ - امّا این اوامر مرا بجا آور و از چیزهائیکه روح تو باید از آن بترسد بپرهیز، آنها را خوب تمیزده و عقل خود را بگذار در بدن تو حکمران شود: تا اینکه خودت را بفضائل انیر [و] درخشان بلند کنی و در آغوش زندگان جاوید تو نیز یک خدا بشوی!

طهران - چهارشنبه ۷ اردیبهشت ماه ۱۳۱۱
ف. دانشور علوی[۱۰۳]

۱۰۰- در این جا ارجاع به تعبیر «سه گانه» ناظر است بر اهمیت نظریه «سه تایی» (Triad) در آرای فیثاغورث و استنتاجات متنوع او از اعداد و روابط آن ها. در سایر ارجاعات به این جمله، عبارت یونانی (τετρακτύς)، به معنای «چهارتایی»، آمده است و در ترجمه های انگلیسی نیز از تعابیر (Tetrad) و (Quaternion) استفاده شده است، بنگرید به: Pythagoras, *The Golden Verses of Pythagoras*, by Faber d'Olivet, p. 120 (line 1), p. 119 (line 25); Pythagoras, *The Golden Verses of Pythagoras and Other Pythagorean Fragments*, by Florence M. Firth, p. 4 (no. 47).

شهرستانی نیز ضمن ارجاع به همین مطلب، تعبیر مشابهی به کار می برد: «ومما ینقل عن فیثاغورس أن الطبائع أربعة، والنفوس التی فینا ایضاً اربعة، العقل و الرأی والعلم و الحواس ثم رکب فیه العدد علی المعدود، والروحانی علی الجسمانی ...»، بنگرید به: الشهرستاني، الملل والنحل، ص ۳۹۱.

۱۰۱- در اصل یک یا دو عبارت ناخوانا است.

۱۰۲- «مطاوعت» به معنی اطاعت کردن است.

۱۰۳- منظور سید فضل الله دانشور علوی (۱۲۸۸-۱۳۷۱)، از خاندان معروف دانشورعلوی اصفهان و از اعقاب حکیم عقیلی علوی خراسانی است که چند نفر آن ها مشهور هستند از جمله سید نورالله دانشور علوی و میرزا مسیح خان دانشور علوی بانی بیمارستان مسیح دانشوری در تهران. دو اثر تصحیح و تالیف نیز از وی موجود است: حاج زین العابدین شروانی، حدائق السیاحه، تصحیح سید فضل الله دانشورعلوی، تهران: دانشگاه تهران، ۱۳۴۸؛ و فضل الله دانشورعلوی (متخلص به فضل)، گلچین گلزار شعر و ادب، گردآورنده شهد آفرین دانشور علوی نعمتی، دنسلینگن، آلمان، ۱۳۷۳. از پژوهنده گرامی علیرضا اباذری برای تشخیص نام نویسنده و دیگر اطلاعات درباره او سپاسگزاری می شود.

40

رباعی

از دیـده سزاسـت تـا ابـد خـون گریم	از فرقـت آن جـمال بیچـون گریـم
ای دل زگریسـتن چـه سـود اسـت اگر	برجـای سرشـک رود جیحـون گریـم

ایضاً

گفتـم ز شراب وصـل سر مسـت شـوم	چون خاک براه حضرتش پسـت شـوم
دردا کـه نشـد دسترسـم روز وصـال	زین پس بشـب فراق همدسـت شـوم

(خاوری)

40A

رباعی

نوبهار است و چمن خرّم و گل خندانست	آنچه پیرار بُد امساله دو صد چندانست
موسم شادی و عیش و طرب رندانست	گرچه بر زاهد بیچاره جهان زندانست

فروردین ۱۳۱۱ - خاوری

41

از نصایح افلاطون باسکندر: موعظه و نصیحت

یاددار و نگاه دار و سخت دار و گرد کن و بخور و بپوش و ببر و بردار و بده و بستان: یعنی یاددار خدا را - نگاه دار وفا را - سخت دار دین را - بخور خشم را - بپوش سرّ را - بردار جور را - بده داد مظلومان را - بستان بهشت را.[۱۰۴]

در اصول معاشرت با خلق - منتخبی از کلمات بزرگان

حتی الامکان با کسی نشین که عاقل و خوش خو و پاکدامن و بزرگ ضمیر و نیک نام و خوش طبع و جهاندیده و کار آزموده باشد. - دوستی را که به گناهی شنیع از نظر انداختی حق خدمت قدیمش را فراموش مکن. - دست عطا تا توانی گشاده دار مگر وقتی که دخل بخرج وفا نکند که بُخل و اسراف هر دو مذمومند. - تفویض کارهای بزرگ بمردم نا آزموده مکن که پشیمانی آورد. - مردم متّهم نا پرهیزکار را بگرد خود مگردان که طبیعتشان در تو اثر کند، اگر نکند از تهمت خالی نباشد. - دو کس رنج بیهوده کشیدند اوّل آنکه مال جمع کرد و نخورد، دوم آنکه علم آموخت و عمل نکرد.[۱۰۵] - هر سّری که داری با دوست مگو،

۱۰۴- در سنت اندرزنامه نویسی گاه در مواردی، مانند نمونه فوق، مفادی منسوب به مثلا افلاطون، ارسطو، و یا سایر حکمای قدیم مستقل از ترتیب زمانی و تاریخی شان به نوعی در هم می آمیختند و به صورت آموزه هایی اخلاقی و عملی بیان می شدند. . مثلا نمونه فوق به همین صورت در برگ آخر از رساله ای کوتاه موسوم به «تجارب الانسان فی النصایح» (گردآوری عباسعلی بن آقا اسدالله خوانساری وتحریر میر علی بن طیفور بسطامی مشهور به میرعلی کاتب، سده یازدهم هجری) هم آمده است. برای بحث بیشتر درباره اندرز نامه های فارسی، مثلا بنگرید به:

S. Shaked and Z. Safa, "ANDARZ,: *Enclyclopaedia Iranica*, II/1 (1985), pp. 11-22.

۱۰۵- ناظر است به سعدی، «گلستان»، باب هشتم در آداب صحبت.

شاید که روزی دشمن گردد. و هر بدی که داری بدشمن مرسان باشد که روزی دوست شود. - خشم زیاده از حدّ وحشت آرد و لطف بیحدّ هیبت ببرد؛ نه چندان درشتی کن که از تو سیر شوند و نه چندان نرمی‌کن که بر تو دلیر شوند. - خبری که دل آزارد مگو تا دیگری بیارد. - دوستی را که بعمری بچنگ آری نشاید که بیک نفس بیاندازی. - هر کس در قفای دیگران بد گفت از وی ایمن مباش و با وی منشین. -

41A

مردمان را عیب نهانی پیدا مکن که ایشان را رسوا و خود را بی اعتماد نمائی. - هرکه در حال توانائی نیکوئی نکند در ناتوانی بسیار رنج و سختی کشد. - چون در امضای کاری مردّد باشی آنطرف را اختیار کن که بی آزارتر است. - از دشمن ضعیف بترس و اندیشه کن که در وقت بیچارگی بجان کوشد، گربه اگرچه ضعیف است چون با شیر درافتد بضرورت بکوشد و بچنگال چشمش درآورد. - تا کسی را در چندین قضیه‌ها نیازمائی اعتماد بر وی مکن. - کژدم که همی‌ترسد و گریزد از طبع جنسیت اوست و گربه که در خانه ایمن میباشد از بی آزاریست. گرگ در صحرا سرگردان است از بدفعلی خویش و گدا در شهر آسوده از سلیمی‌و دزد در کوه سرگردان از بدبختی و حرام خوارگی. - هنرمندان را نیک دار و حرمت کن تا بی هنران راغب شوند و هنر پرورده هنرمند شوند. - با بزرگ مستیز که عاقبت ندارد: «هرآن کهتر که با مهتر ستیزد / چنان افتد که هرگز بر نخیزد».[۱۰۶] «تاتوانی دلی بدست آور / دل شکستن هنر نمیباشد». - با زیر دستان در مراعات و دلسوزی بگشا و سختگیری مکن. - با کسی حتّی القوه نمک مخور و هم نمک مشو چه هم نمک شدی لابّد و ناچار حقّ نمک در هر حال ملاحظه کن که نمک بحرامی‌حرامزادگی است. -

[۱]. دوستی با مردم دانا نکوست — دشمن دانا به از نادان دوست
دشمن دانا بلندت میکند — بر زمینت میزند نادان دوست

[۲]. دوست مشمار که در نعمت زند — لاف یاری و برادر خواندگی
دوست آن باشد که گیرد دست دوست — در پریشان حالی و درماندگی.

[۳]. از صحبت دوستی برنجم — کاخلاق بدم حسن نماید
کو دشمن شوخ چشم بی باک — تا عیب مرا بمن نماید.

[۴]. دوست نبود آنکه در دولت زند — لاف یاری و برادر خواندگی
دوست آن باشد که گیرد دست دوست — در پریشان حالی و در ماندگی.[۱۰۷]

احمد نخستین
۳۰ فروردین ۱۳۱۱

42

(هشتمین عجائب دنیا)

گویند عجائب دنیا هفت است، در صورتیکه قریحه صنعتی و روح ظرافت کاری ایرانی عصر صفوی بتصدیق طبیعت و داوری فکرت چنان جلوه کرد که کران تا کران جهان را روشن ساخت و عروس جمال را چنان آراست که حجله طبیعت در فراخور آن

۱۰۶- از فخرالدین اسعد گرگانی است در «ویس و رامین»، گفتار اندر ستایش سلطان ابوطالب طغرل بک، بنگرید به: https://ganjoor.net/asad/veysoramin/sh3/

۱۰۷- سعدی، «گلستان»، باب اول در سیرت پادشاهان.

نبود. عشق آرایش چنان در دماغ ایرانی پرورده شد که پیوسته با دست فکرت و خامهٔ قدرت بنقاشی آن پرداخت و لوحهٔ گیتی را نمونهٔ زیبائی قرار داد. احساسات رقیقه که صرصر[۱۰۸] قهر بسر منزل فکرت ایرانی میبرد و روح ظرافت و صنعتی را قوت میداد و چنان در ضمیر آنان متمکن میشد که با قلم قدرت آن احساسات لطیفه را مجسم میکردند و طبیعت دلربائی را بلباس زیبائی جلوه میدادند، مقام روح ظرافت چنان بالا گرفت که سر از کیوان بدر کرد و چشم عالم حسن راخیره نمود. روح صنعتی ایرانی مدارج ظرافت را عروج نمود و مراتب جلوه گری را نمایش داد) مظاهر طبیعت را بر پای داشت و بزیباترین لباسشان آراست.

42A

غنچه‌های بوستان ذوق خندان گردیدند، و بگلهای رنگارنگ طبیعت مبدّل شدند، آفتاب درخشان صنعت بهر کجا تابش کرد مظهری از طبیعت بیادگاری نهاد، چون بنقطهٔ کمال رسید و دوران زوال را پیش بینی کرد، ...[۱۰۹] را در نظر گرفت که احساسات[۱۱۰] رقیقه خود را در زیباترین مجالی[۱۱۱] طبیعت درآورده و بایرانی و مقام ایرانیت ودیعه گذارد. اصفهان که از دیرگاهی ذوق ظرافت را استقبال میکرد، و این قریحه را در کانون آب و خاک خود میپرورانید مژده درداد و این ودیعه بزرگ که آینه سراپانمای ایرانیّت و مایهٔ افتخار و آثار ذوق بود بامانت برداشت. ودایعی که قریحه ایرانیّت

42B

درین تربت پاک بیادگار گذارد، هریک بنوبهٔ خود از عجائب دنیا بشمارند، و هرکدام منزلتی بسزا دارند.

پروفسور پوپ اوّلین بار که گنبد شیخ لطف الله را دید و در تحت مداقه آورد انگشت حیرت بدندان گرفت و مقام ذوق ایرانی را بالاتر از آن دانست که گنبد مسجد را در زمرهٔ شکلی ازاشکال هندسی درآرد، و سرحدی برای قریحه ایرانی تصور نکرد که از آن تجاوز نتوان کرد. ایرانی را خلاق صنعت و مبتکر ظرافت خواند و فلسفه آن را چنین یاد کرد که صنایع مستظرفه ایرانی ناشی از علاقهٔ افراطی در مذهب بوده و بهمان اندازه احساسات خود را در مجالی صنعتی و مظاهر ظرافت کاری

42C

در طی مرائی مذهبی بعرصهٔ ظهور آوردند و چنین مصنوعاتی را که از عجائب گیتی و غرائب طبیعت بیادگار نهادند، در هر قرن که پیوند این رشته محکم بود صنایع مستظرفه سیر تکاملی میکرد و چون رشته گسسته شد روح صنعت و ظرافت افسرده و مرده شد و بتدریج از ذوق ایرانی کاست و دیگر صنایع حیرت انگیز از سرپنجه قدرتش بوجود نیامد و چراغ قریحه‌اش رو بخاموشی نهاد. پروفسور مزبور میفرمود هر کاشی شکسته که از حواشی یکی ازین ابنیه بیفتد چنان باشد که جوانی در خون خود دست و پا زند، زیرا این کاشیها مظاهر صنعتگران عصر صفوی، و این نقوش یادگار با افتخار قریحه و سلیقه جوانان آن دورانند. باید ملت ایران برای حفظ ایرانیت و شعار ملیت از این آثار بزرگ حمایت ورزند و ربة النوع ایرانیت صنعتی را پرستش کنند.
{ [۱۱ – ۲ – ۱۱ [۱۱۲]] [ا. ب. رفیعی مهرآبادی] [۵۰ – ۱۲ – ۱۴ [۱۱۳]] }

۱۰۸- «صرصر» به معنی تندباد است.

۱۰۹- در اصل یک عبارت ناخوانا است.

۱۱۰- در اصل «که احساسات» دو بار آمده است.

۱۱۱- «مجالی» به معنی جولانگاه است.

۱۱۲- مراد اول اردیبهشت ماه ۱۳۱۱ هجری شمسی است.

۱۱۳- مراد چهاردهم ذی الحجه ۱۳۵۰ هجری قمری است.

43

بتاریخ ۱۶ محرم الحرام ۱۳۵۱
اول خرداد ماه ۱۳۱۱

شمس الدین رستم پور - محصل کلاس دهم

(بلبل ناکام)

اواسط بهار است - موسم رونق گلزار - طراوت باغ بکمال است - هنگام نزهت جویبار - شمشاد قامت افراخته - چنار پنجه کشیده - بید فخر آخته - چشم نرگس از باده دوشین خمار است - لاله را ایاغ[۱۱۴] سرشار - کلالهٔ سنبل چون طرهٔ خوبان پریشان است - قطرات شبنم چون قطعات الماس[۱۱۵] درخشان - بلبل ترانه ساز کرده - عندلیب هزارداستان آغاز، باد در سایهٔ درختانش گسترانیده فرش بوقلمون و بروی سبزه نیلگون نقش ...[۱۱۶] زده و بتشریف قدوم سلطان گل بهر سو طاقهای نصرت بسته و در سلاله‌های انهار شاخ نبات شکسته.

هنگامی‌که شاهد بازاری فلک نقاب نیلگون شب را دریده - و در افق چهرهٔ عالم آرای خود را نمایان و با ذرات طلائی‌اشعهٔ خود صحن باغرا چون نگارخانهٔ چین آرایش داده بود، جوجه بلبلی اولین بار همراه مادرش از آشیانه پرواز - و به صحن گلستان فرود آمد - از دیدن آنهمه نقش و نگار بدیع که دست ربیع بگلشن داده بود واله و شیدا شد - همه دم از شاخی بشاخی میپرید - و از گلی بر گلی می‌نشست - در تماشای مناظر دلربای باغ - و نظارهٔ چهره گل حظها میبرد و نشاطها ظاهر میساخت - با حنجرهٔ لطیف خود چهچه زنان میسرائید و بناز میخرامید و از حشرات ضعیف براهنمائی مادرش شکار و تغذیه میکرد - ولی متاسفانه این کامرانی برای مرغک بیچاره دوامی‌نداشت و روزگار کامیابی را ثباتی نه - صیاد قضا در کمین بود - تیر حادثه در کمان - ناگاه بدست باغبان گرفتار شد - و عمر کوتاه نشاطش بسر آمد - باغبان فوراً بخانه‌اش برد - برایش قفس آورد - آب و دانه مهیا ساخت و در جنب باغچه‌اش بطاقی بیاویخت - اطرافش را بانواع گلها بیاراست - و به تیمارش پرداخت - شب و روز در فکر آسایش او بود - نوازشش مینمود - تا روزها بگذشت و ماهها سپری شد - مرغک کوچک بلبل قوی گردید - آواز خوش و لحن دلکش او همیشه سامعهٔ باغبان را نوازش میداد - و باغبان هر روز بمراقبت حالش میافزود و بانواع دلجوئی غبار ملالت[۱۱۷] از خاطرش میزدود.

بلبل در عین حال هر دم خاطرهٔ روز نخستِ پرواز خود را بیاد آوردی و گشت و گذار آزادانهٔ آن روز را متذکر شدی

43A

آه سرد از دل برکشیدی واشگ حسرت از دیده فروریختی و رهائی خود را از زندان قفس بصد دل آرزو کردی.

باغبان که مرد هوشیار - و نیک و بد روزگار آزموده بود - از وجنات حال تأثر بلبل را احساس و افکار درونیش را دریافت - زبان بنصیحت بگشود و گفت - بلبلک عزیزم گوشهٔ قفس گرچه بچشم تو تنگ و چاشنی این زندگانی بمذاقت شرنگست و ترا این

۱۱۴- «ایاغ» به معنی پیاله ای که در آن شراب خورند.

۱۱۵- در اصل: «المان».

۱۱۶- در اصل یک عبارت ناخوانا است.

۱۱۷- در اصل «ملالت» دو بار آمده است.

گوشه گیری از[۱۱۸] بلهوسی و هرزه گردی باز[۱۱۹] داشته و مقدورت نیست که هردم با گلی همدم شوی و هر آن بر شاخی بنشینی و یاری تازه گزینی – اگر معاشقه گل و نظارهٔ سنبلت آرزوست، اینک انواع گل و ریاحین و سبزه و یاسمن اطراف قفس موجود و تنها بتو مخصوصند و بمعاشقه تو محصور – باد خزان را بر ورق آنها دست تطاول نیست و ترا با وجود آنها هیچوقت عیش ربیع بطیش خریف مبدل نشود – صیف و شتا را در باغچه و گلخانه و صحن و کاشانه – خرم و شاداب و پیوسته ترا یار وفادارند ولی گل بوستان و نزهت گلزار را ثبانت نیست و این ...[۱۲۰] را وفائی نه – معشوقی را که دل از تو ربوده عهد سست است و پیمان نادرست – دولتش چون هفته ای چند نپاید – و آنچه نپاید دلبستگی را نشاید – گل باغ هردم همدم بلبلی است که خار جفا بدلش خلیده و یا عندلیبی است که بدام بلایش گرفتار کرده – چون موسم بهار بگذرد و باد خریف برخیزد عاشقان دلباخته و بلبلان شیفته را جز آهنگ ندامت و ننگ ملالت اندوخته ای نیست – و جز ترک جان شیرین چاره ای نه.

بلبلک عزیزم زنهار، از این هوس در گذر – و هوای ساعتی را که در خُردی در گلزار بسر بردی از سر بدر کن – و قدر عافیت بشناس – اگر فضای باغ وسیع و صحرا پهناور است هر یک را انواع سوانح و حوادث در بر – در هر گوشه ای از آنها غولی است ...[۱۲۱] و در هر طرفی دیوی است آدمی‌خوار – در هر قدمی‌دامی‌گسترده و در هر سوئی بلائی آماده – اگر ترا تن از آهن و ...[۱۲۲] بازوی برزو – گذشتن از این هفتخوان حوادث صعب است ولو پوردستانی – آرزوئی است که بخاک باید برد و بناکامی‌مرد.

بلبل دلداده که گرم و سرد روزها ندیده و از نیک و بد زمانه تجربتی نیافته بود – نصایح مشفقانهٔ باغبان در مد نظرش ترّهات آمد – و چنان میپنداشت که باغبان بدین سرّ است که با این نیرنگ و فسانه – آواز و ترانهٔ او را بخویشتن محصور – و از اسارت او استفاده کند.

چون این سخنان از باغبان بشنید – آهی سرد از دل پر درد بر آورد – قضا را روزی دریچه قفس باز بود، بلبل فرصتی یافته بپرواز آمد – و بگلزار شتافت. موسم بهار طرف جویبار با انواع ازهار[۱۲۳] آراسته، بلبل که تازه از قفس جسته و از بند رسته بود بشاخی بنشست و از ته دل نوائی درکشید و ترانه ای آغاز کرد و هردم بشاخی میجست و بر گلی می‌نشست و شادمانیها مینمود – و هر لحظه باغبان و قفس را بلعن و نفرین میفرستاد – شب از روز نمیشناخت – همه را با گل ...[۱۲۴] محبت میساخت و چهچه زنان بهرسو میپرید و هردم معشوقی میگزید. نه در فکر لانه بود و نه در غم دانه و آشیانه – تا بهار بگذشت و

43B

تابستان بسرآمد – بساط گلزار برچیده شد – موسم خزان وزیدن گرفت – برف شروع بباریدن کرد – بلبل بیچاره که همه را در هوای گل و سودای بلبل ترانه و آواز مشغول و از چنین روزی غافل بود. چون حال بدین منوال دید و خطر را در پیش چشم مشاهده نمود – نصایح باغبان بخاطر فرا آورد – آه سوزناک از دل برکشید، دست ندامت بهم مالید – ولی افسوس فرصت فوت و تیر از شست بدر رفته بود – ...[۱۲۵] – روی زمین را از برف مستور و راه تحصیل آذوقه را مسدود دید – دوستان ترکش گفته و اقربا اعراض کرده، بیچاره در کار خود حیران و بهر سو پویان – نه یاری که غمخواری کند و نه دوستی که دلداری دهد – چون بنزدیک گلبن رسید جز نیش خار چیزی ندید – قبای سرو دریده – فرش چمن پوسیده و زیر برف پوشیده یافت و این دو بیت

۱۱۸- در اصل: «در».

۱۱۹- در اصل: «بار».

۱۲۰- در اصل یک عبارت ناخوانا است.

۱۲۱- در اصل یک عبارت ناخوانا است.

۱۲۲- در اصل دو عبارت ناخوانا است.

۱۲۳- «ازهار» به معنی شکوفه‌ها.

۱۲۴- در اصل یک عبارت ناخوانا است.

۱۲۵- در اصل چند عبارت ناخوانا است.

را با سوز دل ترنّم نمود:

چو مـن یـک سـوته دل پروانـه ای نه بعـالم همچـو مـن دیوانـه ای نـه
همـه مـاران و مـوران لانـه دارنـد مـن دیوانـه را ویرانـه ای نـه[۱۲۶]

پس از اندیشه بسیار در حالتیکه از سورت[۱۲۷] سرما و گرسنگی جز رمقی در حیاتش باقی نبود چاره در این دید که بباغبان التجاء برد و عذر تقصیر بخواهد - تا مگر بقیّت عمر در کنج قفس بیارامد و قدر عافیت بداند - با حال شرمساری راه خانهٔ باغبان پیش گرفت و چون بدانجا رسید درها را بسته دید و قفس را شکسته یافت -اشگ نومیدی از دیده فروریخت و با نوای سوزناک مترنم شد - ولی از شدت ضعف و انفعال نفسش یاری نکرد - و صدا گلوگیر شد - و بیحال بر زمین افتاد و بناکامی‌جان بداد. در این حال باغبان با قدی خمیده و رنگی پریده در رسید - جسد بلبل را در وسط باغچه افتاده دید - با قلبی مرتعش و پای لرزان پیش رفت - چون نیک بنگرید او را مرده یافت و حال بدانست - جسد را برداشت - بآب دیده غسلش داد و با آه ...[۱۲۸] نمازش کرد و بکفن تأسف پیچید و بقبر ندامت سپرد و بوته ای خار عبرت بر سر خاکش نشانید و این دو بیت بر لوح بنوشت و بر بوته آویخت:

مـن آن بیچـارهٔ بـی خانمانـم بنادانـی بریـدم زآشـیانم
مـن از دسـت کسـی هرگـز ننـالم کـه مـن خـود دشـمنی کـردم بجانـم

شمس الدین رستم پور محصل کلاس دهم - کالج امریکائی

44

(گفتهٔ آقای صبحی[۱۲۹])

چنـد رنـج صحبت اغیار میباید کشـید از احبّـا تـا بکـی آزار میبایـد کشـید
یکزمان با مردمی‌بیدار میباید نشست یکنفـس با زمرهٔ هشـیار میباید کشـید
بهـر تهذیـب بـشر فکر دگـر باید نمود نقشه‌ای بر صفحهٔ افکار میباید کشید
تا که از گیتی بر افتد اختلاف کفر و دین آتـش انـدر خرقه و زنّار میباید کشـید
اهـل تکفیـر و ریـا را بند میبایـد نهاد مفسـدان را بر فراز دار میباید کشـید
تا بدرّد پرده‌های گوش جهل و وهم خلق نعـره‌ای تـا گنبـد دوّار میبایـد کشـید
جان و تن فرسوده شد از ثقل بار عار و ننگ تا کی آخر بار ننگ و عار میباید کشید
تا درین ظلمات روز افزون کند صبحی طلوع انتظـار فرصتـی ناچـار میبایـد کشـید

۱۲۶- از دوبیتی‌های بابا طاهر است، بنگرید به: https://ganjoor.net/babataher/2beytiha/sh255/

۱۲۷- «سورت» به معنی شدت است.

۱۲۸- در اصل یک عبارت ناخوانا است، احتمالا «سرد».

۱۲۹- فضل الله مهتدی (صبحی) (۱۲۷۶-۱۳۴۱ / ۱۸۹۷-۱۹۶۲)، آموزگار و از پیشگامان گردآوری داستان های عامیانه و داستانسرایی برای کودکان بود. خانواده صبحی از بهائیان کاشان بودند ولی خود او در میانسالی از بهائیت خارج گردید. برای اطلاعات بیشتر، بنگرید به:

Moojan Momen, "ṢOBḤI, FAŻL-ALLĀH MOHTADI," *Encyclopædia Iranica*, online edition, 2015, available at http://www.iranicaonline.org/articles/sobhi-fazl-allah-mohtadi (accessed on 27 April 2015).

این کلمات طلائی را در تاریخ ۱۳ محرم الحرام ۱۳۵۱ مطابق با ۲۸ اردی بهشت ماه ۱۳۱۱ از جناب آقای صبحی معلم محترم کالج شنیدم و در سینه خود ضبط کردم.

شمس الدین رستم پور

45

[مرتضی رستم پور]
اردی بهشت ماه ۱۳۱۱

سایهٔ حق بر سر بنده بود | عاقبت جوینده یابنده بود
گفت پیغمبر که چون کو بی دری | عاقبت زان در برون آید سَری[۱۳۰]

(بشر باید امیدوار باشد)

یگانه عامل ترقی و سعادت هر فردی از افراد بشر همانا **امیدواری** است. امیدواری سبب نجات هر ملت و قومی‌خواهد بود. امید است که انسانرا از درجات خیلی پست باوج رفعت و ترقی میرساند. هرگاه شخصی امیدوار نبوده و با ثبات قدم در جادهٔ امل داخل نشود بلاشک بمقاصد عالیهٔ خود نائل نخواهد شد و بهترین وسیله برای نیل بآمال و رسیدن بآرزو همانا داشتن این صفت نیک میباشد. آیا کسیکه بآتیه خود امیدوار نباشد داخل در عملی میشود؟ خیر، غیر ممکن است، و البته هر کس که آیندهٔ درخشانی را در مدّ نظر دارد لازم است ابتدا خود را امیدوار نموده سپس پا بمرحلهٔ عمل گذارده و از هر قسم مانعی مأیوس نشده با جدیّت کامل و در سایهٔ سعی و عمل مشکلات را از پیش برداشته و جلو برود. واضح و روشن است چنین کسی بالاخره بمقام ارجمند رسیده و موفق خواهد شد. امروزه ملاحظه مینمائیم که ملل معظمه دنیا بواسطهٔ امیدواری ترقیات شایان نموده و هنوز هم رو بسیر تکامل میروند. هرگاه نظری بتاریخ گذشته بیفکنیم خواهیم دید رجال بزرگ و علماء واشخاص برجسته و کسانیکه بمناصب عالیه رسیده‌اند در سایهٔ این صفت عظمی‌بوده است، مانند **بناپارت**، **نادرشاه افشار**، **لینکلن**، **واشنگتن**، **بیزمارک**، **ادیسون**، هر یک از اینها بواسطهٔ **امیدواری** توانستند ملت و مملکت خود را نجات داده و نام نیکی از خود در دنیا بیادگار گذارند. **لوتِر** و **کالوَن** از روحانیون بزرگی بودند که توانستند مذهب مسیح را اصلاح نمایند. لوتِر شخصی بود از خانوادهٔ فقیر و بی بضاعت که وسائل تحصیل جهت او فراهم نبود و کسی باو وقعی نمیگذاشت، با وجود این تصمیم گرفت که دیانت مسیح را اصلاح نماید، لذا مجبور شد خودش اقدامات لازمه را بنماید تا اینکه در سال ۱۵۱۱ در سن بیست و هشت سالگی شغل مهمی‌را در دربار پاپ اتخاذ نموده و کم کم بانجام مقاصد خود پرداخت.

45A

اگر چنانچه لوتر امیدوار نمیبود پیشرفت نمیکرد. **کریستف کُلمب** ملاح موقعیکه هنوز بامریکا نرسیده بود همراهانش او را منع نموده حتی خواستند او را بکشند ولی چون امیدوار بود آنها را تسلی داده تا روز هفتادم بامریکا رسید. **ادیسون** مخترع معروف در سایه امید توانست اختراعات محیّر العقول نموده و جامعه را رهین منت خود نماید و اکنون تمام دنیا از پرتو نور او متمتع شده و بهره ور گردیده‌اند. [ویلبر] و [اورویل رایت][۱۳۱] دو نفر برادر بودند که طیاره را اختراع نمودند، روز اول از روی تپه سرازیر شدند و چندین مرتبه هم زمین خورده و ناقص گردیدند اما هنوز امیدوار بودند و امید داشتند تا اینکه موفق شدند بهمین قسم تمام

۱۳۰- از مولانا است، «مثنوی»، دفتر سوم، بنگرید به: https://ganjoor.net/moulavi/masnavi/daftar3/sh228/

131- Wilbur and Orville Wright.

اختراعات و اکتشافاتی که وسائل تسهیل زندگی را فراهم نموده است بستهٔ باین صنعت عالی میباشد. پس هر کس امید داشت مأیوس نشد. خاتمه.

مرتضی رستم پور

رباعی

آن بـه کـه شـب و روز بهم‌پیوندیم | بر گر دلش روزهای چون شب خندیم
تـا چنـد دل انـدر غـم عـالم بندیم | پیداسـت کـه مـا ز اهـل عـالم چندیـم

جهـان یـادگار اسـت و مـا رفتنـی | ز مـردم نمانـد بجـز گفتنـی
بنـام نکـو گـر بمیـرم رواسـت | مـرا نـام بایـد کـه تن مـرگ راسـت[۱۳۲]

تمام شد بتاریخ ۱۰ اردی بهشت ماه جلالی ۱۳۱۱
مرتضی رستم پور - محصل اطاق دهم

46

[عزیز تبدّر شیرازی]

اغلب اسم حافظ را شنیده و از ترانه‌های دلسوز و نغمات روان بخش او تا اندازه ای محظوظ شده اید. وصف چکامه‌های دلپذیر و غزلهای جان پرور حافظ در این صفحه نگنجد، اما ورقی ازین گلزار از صفای تمام گلستان حکایت نماید. اینک بیادگار این برگ گل یا شعر خونبار ویرا بدلداگان اهل طریقت تقدیم و بسوختگان گرداگرد شمع حقیقت تسلیم مینمایم. بعون الله تبارک و تعالی.

(عزیز تبدّر شیرازی)
بتاریخ دهم اردیبهشت سنه ۱۳۱۱

غزل

گـر مـن از سرزنـش مدّعیـان اندیشـم | شـیوهٔ رندی و مسـتی نرود از یادم[۱۳۳]
زهد رندان نو آموخته راهی بدهیست | من که بد نام جهانم چه صلاح اندیشم
شاه شوریده سران خوان من بیسامانرا | زانکه در کم خردی از همه عالم بیشم
برجبین نقش کن از خون دل من خالی | تـا بداننـد کـه قربـان تـو کافر کیشـم
اعتـمادی بنـما و بگـذر بهـر خـدای | تا بدانی که در این خرقه چه نادرویشم
شعر خونبار من ای دوست بر یار بخوان | که ز مژگان سیه بر رگ جان زد نیشم
مـن اگر رندم اگر شـیخ چکارم با کس | حافظ راز خود و عارف وقت خویشم[۱۳۴]

۱۳۲- رباعی دوم از «شاهنامه» است، داستان رستم و اسفندیار (بخش ۲۶)، بنگرید به: https://ganjoor.net/ferdousi/shahname/esfandyar/sh26/

۱۳۳- در اصل غزل: «از پیشم».

۱۳۴- نقل از حافظ با تفاوت‌هایی، غزل شماره ۳۴۱، بنگرید به: https://ganjoor.net/hafez/ghazal/sh341/

46A

ای گل بـه نسـیم اگـر بجانـت بخرنـد　　چون بر تو شـبی گذشـت نامت نبرند
گـه نیـز عزیـز و گاه خـوارت شـمرند　　بـر سر ریزنـد و زیـر پایـت سـپرند[۱۳۵]

(سنائی)

47

[میر عباس میرهادی]
پنجم اردی بهشت ۱۳۱۱

اخلاق در جامعه چه فائده ای دارد

همانطوریکه در مدرسه طفل مشغول تحصیل و کسب اطلاعات و تعلیمات مفیده و سودمند میباشد کوشش دارد که خود را از لحاظ علوم مختلفه و پی بردن بکنه مطالب سعادتمند خود را مورد استفاده قرار دهد همانا در گذارش عمر و اخلاق اجتماعی که بالنتیجه در مراحل زندگی هر فرد از افراد بشر پیش آمد مینماید در اثر مرور ایام با ذوق سلیم و فکر بکر از نقطه نظر تجربه و تجدد و تبادل فکر و مماشات و معاشرت ممکن است که در موقع و هر مقام به نسبت فکر و استعداد و ذوق ذاتی کسب علم اجتماعی نموده دارای خصائص معاشرت گردد، چنانچه فلاسفه و بزرگان و آنهائی که در دنیا توانسته‌اند نامی‌از خود در صفحه روزگار باقی بگذارند اگر به تاریخ زندگانی هر کدام از آنها مراجعه و دقیق باشیم خواهیم دانست که قسمت عمده از عمر خود را در اثر سیر در عالم و سلوک با نوع و دیدن و مصائب و متنوعات زندگانی گذرانیده و همواره در کوچکترین مرحله زندگانی اجتماعی بزرگترین خصائص این قسمت را در نظر گرفته و برای نسل آتیه بشر از خود اثراتی در دنیا باقی و سرمشق نوع بشر قرار داده‌اند.

با اینکه در ضمن مراجعه به تاریخ زندگانی فلاسفه [و] بزرگان خواهیم دید همانطوریکه سالهای متمادی اوقات گرانبهای عزیز خودشانرا صرف بتحصیل و زندگانی در جامعه و سیاحت و شدائد نموده‌اند غالبا بالنتیجه منزوی و بطور تنهائی و تجرّد زندگانی داشته، چرا؟

در حین معاشرت هر شخص فکوری در اجتماعیات و کسب هر گونه اطلاع که ذوقش اقتضا مینماید

47A

بدیهی است بسا اتفاق میافتد که در مقام تجدد و تنوّع افکار عمومی‌به مشکلاتی بر میخورد که حل آن مشکل بر او سخت و ناگزیر است به تنهائی بکوشد و درک مطلب نماید، میتوان گفت کسی که بخواهد در دنیا از مدار زندگانی و پی بردن به خواصّ امور برخوردار شود ناگزیر است و باید در تمام موارد متوجه اخلاق اجتماعی و تهذیب اخلاق خود باشد.

علم الاجتماع و زندگانی در دنیا و سیر و سلوک با هم نوع مدرسه است که پس از طی مدرسه اولیه که محل تحصیل و بینائی و آرامگاه دانائی است برای هر کسی بهترین طریق از حصول نتیجه است، سر مشق زندگانی و اعقابش خواهد بود، البته اخلاق هم در زندگانی موثر است، چنانچه شیخ سعدی علیه الرحمه فرماید:

۱۳۵- از رباعیات سنایی است، رباعی شماره ۱۵۵، بنگرید به: https://ganjoor.net/sanaee/divans/robaee-sanaee/sh155/

پسر نوح با بدان بنشست	خاندان نبوتش گم شد
سگ اصحاب کهف روزی چند	پی نیکان گرفت [و] مردم شد[۱۳۶]

از لقمان حکیم پرسیدند ادب را از که آموختی گفت از بی ادبان که هر چه حرکات بد از آنها بروز کرد آنرا ترک نمودم. پس استعداد و ذوق ذاتی هم در ضمن معاشرت لازم است که مراقب عمل نیک ...[۱۳۷] و ممیز صفات باشد، همانطوریکه در مدرسه بمعیت معلم و توجه به گفتار او و از هر علمی‌برخوردار متمتع شده بدیهی است در معاشرت و زندگی اجتماعی ...[۱۳۸] و گفتار و کردار جامعه میتوان کسب علوم و تهذیب اخلاق نمود که گفته‌اند هیچ کسی در پیش خود چیزی نمیشود. هیچ آهن خنجر تیز هیچ طفلی بخودی خود قبل از دخول در مدرسه یا قدم نهادن در عرصه تحصیلی،[۱۳۹] ممکن نیست دارای مراتب علمیه شود، همینطور تا وارد در جامعه نشود و با مردم نیآمیزد ممکن نیست شخص دارای خصائص زندگانی و آگاه به اوضاع محیط گردد. معاشرت در جامعه و مصرف نمودن اخلاق نیک شخص را در کلیات و جزئیات دقیق و منورالفکر میگرداند.

میر عباس - میرهادی محصل کلاس ۱۱ کالج امریکائی طهران
۲۵ اپریل ۱۹۳۲

48

[غزلی از بدایع نگار لاهوتی، بازنویسی ازهاشم میرهاشمی]

آنخط که بعارض تو برخواسته شد	کردی تو گمان ز حسن تو کاسته شد
قربان تو من روم رخ چون گل تو	بهتر که بهر سبزه نیز آراسته شد
من عاشق آنطلعت و رنگش، مستم	دیوانه آنزلف قشنگش هستم
گه هست بمن صلح و گهی اندر جنگ	مخمور بچشم شوخ و شنگش هستم
از عشق رخت قدم به بین نون شده است	وز هجر تو ایندلم نگر خون شده است
یکشب که بخواب چین زلفت دیدم	تا حال گرفتار شبیخون شده است

از اثر حکیم ربّانی و فقیه صمدانی فیلسوف اعظم
بدایع نگار لاهوتی[۱۴۰]
نگارنده‌هاشم میرهاشمی
مورخه اردیبهشت ماه ۱۳۱۰

۱۳۶- نقل از سعدی، «گلستان»، باب اول در سیرت پادشاهان (حکایت ۴)، مصرع اول به این صورت است: «با بدان یار گشت همسر لوط»، بنگرید به: https://ganjoor.net/saadi/golestan/gbab1/sh4/

۱۳۷- در اصل یک عبارت ناخوانا است.

۱۳۸- در اصل دو عبارت ناخوانا است.

۱۳۹- در اصل تا حدی ناخوانا است، به نظر می‌رسد «تحصیلیه» (؟) باشد، احتمالا مراد نگارنده «تحصیلی» بوده است.

۱۴۰- میرزا مهدی بدایع نگار (و. ۱۳۲۰) متخلص به لاهوتی، فرزند میرزا مصطفی (وکیل لشکر) تفرشی، از ادبا و نویسندگان اواخر قاجاریه بود. برای اطلاعات بیشتر، بنگرید به: امیربانو کریمی، «بدایع نگار میرزا مهدی»، در «دانشنامه جهان اسلام»، تهران، جلد ۲، ۱۳۹۳، http://rch.ac.ir/article/Details/6081

48A

[هاشم میرهاشمی]

هر چند تو عمر من چو گُل می‌مانی لیکن دهمت پند اگرهش داری
لخطی بنما مدارا و کُته خویش ساز زیرا که بدل مراست کنون یک هوسی

از اثر طبع کوتاه‌هاشم میرهاشمی

49

[ابیاتی از فردسی، باز نویسی از احمد پرنده]

فردوسی طوسی

بزرگی سراسر بگفتار نیست دو صد گفته چون نیمکردار نیست
توانا بود هر که دانا بود ز دانش دل پیر برنا بود
میازار موری که دانه کش است که جان دارد و جان شیرین خوش است

اقتباس از گفتار فخر ایران و ایرانی استاد اعظم ابوالقاسم فردوسی علیه الرحمه
احمد پرنده

49A

[ابیاتی از حکیم سنایی، باز نویسی از احمد پرنده]

پایه بسیار سوی بام بلند تو بیک پایه چون شوی خورسند
از پی کارت آفریدستند جامه خلعت بریدستند
مِلک [و] مُلک از کجا بدست آری چون مهی شصت روز بیکاری
روز بیکاری و شب آسانی کی رسی بر سریر ساسانی
تاج و تخت ملوک بی نم میغ دستهٔ گُرز دان و قبضه تیغ[۱۴۱]

اقتباس ازاشعار حکیم فرزانه ابوالمجد مجدود ابن آدم سنائی
احمد پرنده

۱۴۱- ابیات فوق گزینشی است از «حدیقه» حکیم سنایی، باب اول در توحید باری تعالی، بنگرید به: https://ganjoor.net/sanaee/hadighe/hdgh01/sh9/

50

نگارنده: احمد پرنده

از حیوانات توجه فرمائید

[نقاشی در بالا و ابتدای متن:]

The Perry Pictures. Small Size.893 . – Landseer.

SAVED

کلیه حیوانات دارای فوائدی هستند که در حیاتشان بانسان بهتر خدمت مینمایند. از گاو شیر میدوشید، از گوسفند روغن میگیرید، از سگ وفا و امانت می‌بینید. پس آزار و اذیت آنها مروت نباشد.

بهترین طوقیکه بر گردن آنان میآویزید احسان باشد و محبت بالاترین کمندیست که هر حیوان وحشی را رام و مهربان گرداند. بی مناسبت نیست در خاتمه این مختصر چند بیتی از افصح المتکلمین سعدی مبنی بر نیکی و محبت بحیوانات ذکر شود.

50A

(۱)

بـره بـر یکـی پیشـم آمـد جـوان — بـه تـگ در پی‌اش گوسـفندی روان

بـدو گفتـم ایـن ریسـمان اسـت و بنـد — کـه میآیـد انـدر پـی ات گوسـفند

سـبک طـوق و زنجیـر از او بـاز کـرد — چـپ و راسـت پوئیـدن آغـاز کـرد

همــی‌از پــی‌اش بیزبــان میدویــد — کـه خـود خورده بـود از کف او خوید

چـو باز آمد از عیش و شـادی [به] جای — مـرا دیـد و گفـت ای خداونـد رای

نــه ایــن ریســمان میـبرد بــا منــش — کـه احسـان کمندیسـت در گردنش[۱۴۲]

(۲)

یکـی در بیابـان سـگ[ی] تشـنه یافـت — بـرون از رمـق در حیاتـش نیافـت

کلــه دلــو کــرد آن پســندیده کیــش — چـو حبـل اندروبسـت دسـتار خویش

بخدمـت میـان بسـت و بـازو گشـاد — ســگ ناتوانــرا دمــی‌آب داد

خــبر داد پیغمــبر از حــال مــرد — کــه داور گناهــان او عفــو کــرد

دلا گــر جفــاکاری اندیشــه کــن — وفـا پیـش گیـر و کـرم پیشـه کـن[۱۴۳]

اقتباس از کتاب بوستان افصح المتکلمین سعدی شیرازی علیه الرحمه

(احمد پرنده)

۱۴۲- به نقل از سعدی، «بوستان»، باب دوم در احسان، بنگرید به: https://ganjoor.net/saadi/boostan/bab2/sh16/

۱۴۳- به نقل از سعدی، «بوستان»، باب دوم در احسان، بنگرید به: https://ganjoor.net/saadi/boostan/bab2/sh11/

51

[ابراهیم انتخابی]

مقایسه شاعری و نقاشی

پر قیمت ترین و نفیس ترین صنایع مطلوبه و مستظرفه که روح و ذوق انسانی را لذّت بخشد شاعری و نقاشی است. اگر این دو صنعت مهم را با یکدیگر مقایسه نمائیم میبینیم در اغلب موارد که تأثیرات عمده بعالم خارج می‌بخشند متشابه و اثراتی که بروح انسانی میدهند با هم متناسبند.

شاعر و نقاش گاهی آثار شایان دقت طبیعت و گاهی وقایع مهمّه عالم خلقت را بواسطه قلم خود بیادگار میگذارند. شاعر بواسطه قوت کلام و قدرت بیان، نقاش بواسطه مزایا و کیفیات تصویر و ترسیم تمام اوصاف قشنگی‌های طبیعت و عجایب اتفاقات را در انظار صاحبان ذوق مجسّم میسازند.

شاعر برای اینکه‌اشیاء را بهتر تعریف و توصیف کند گاهی از حدّ طبیعت تجاوز نموده متوسّل اغراق و مبالغه میگردد، لیکن نقاش برای صنعت خود سعی میکند که بیشتر و بهتر طبیعت را تقلید کند و از حد اعتدال و تناسب اجزاء از قانون طبیعت خارج نشود.

شاعر سخنور فقط‌اشخاص را میتواند از بیانات دلکش خود محظوظ کند که با او همزبان باشند ولیکن نقاش هنرور تمام بنی نوع بشر را از هر نژاد باشند از موضوع پرده‌های خود میتواند حظی بخشد، از تقریرات شیرین شاعر گوش ارباب عقل سلیم ...[۱۴۴] میگردد اما از تصویرات و ترسیمات طبیعی قشنگ نقاش هر انسان بینا و هر عارف و عامی‌بهره‌مند میشود.

چشم‌اشراف اعضای انسانیست و در نزد تمام ملل متنوعه استعدادش برای درک کیفیت‌اشیاء بیک نحو است. چشم دریچه جسم است که بواسطه آن روح محبوس در جسد عجایب خلقت را از دور و نزدیک تماشا میکند. نقاش چیره دست بهمین وسیله روح انسانی را لذت می‌بخشد اما گوش از قابلیت درک مقصودی در نزد طوائف مختلفه محروم است.

اگر کسی را مجبور باختیار یکی از دو قوه باصره و سامعه نمایند کدام یک از این دو محرومیت را اختیار خواهد کرد؟ حکم آن موکول به عهده قوه ممیزّه شما است.

ابراهیم انتخابی
۴ اردی بهشت ۱۳۱۱

51A

نقاشی سیاه قلم، بدون امضا (احتمالا کار انتخابی)

52

[بی نام]

کودکی و نوجوانی

گل قشنگم ترا دوست میدارم. هیچ چیز نمی‌تواند ترا از من جدا سازد. همه روز بامید تو از خواب شیرین خود بر می‌خیزم، یک سر بسوی تو می‌شتابم، تو را با دستهای خود نوازش میکنم، گرد و غبار از شاخهای کوچک ظریف تو پاک مینمایم، چرا امروز پژمرده ای؟ شکفتگی هر روزت را نمی‌بینم، برگهای شفاف سبزت باطراف با رنگی زرد آویزان است، ترا چه می‌شود؟

۱۴۴- در اصل یک عبارت ناخوانا است، احتمالا «متلذذ».

گل عزیزم تو هنوز جوانی، فصل شادی و خرمی‌تو است، سبزیت چه شد؟ رخساره ات چرا زرد است؟

پیوند قشنگم شاخهای ظریفت خشکیده است، گلهای قرمز شفافت را دست ظالم باد پراکنده نموده است، روحت را متألم نموده، غصهٔ درونیت بیش نبود بر آن افزوده شد، ملول هستی، از زندگانی سیر شدی، طبیعت بی رحم میخواهد ترا از من جدا سازد، کرم ظالمی‌وقت خود را برای نابود کردن تو صرف نموده است، ریشه‌های تو را که باعث زندگانی تو بوده جویده است، دیگر امیدم از تو قطع میشود، گل پژمردهٔ قشنگم بازهم قشنگی خود را از دست نداده ای، افسوس که کرم بی رحم تار و پود زندگانی تو را قطع نمود، باز تو را دوست دارم،اشکم برای تو جاری است.

پیوند قشنگم، میخواهم با تو خداحافظی کنم، تو از بین میروی و پوسیده میشوی، دیگر گل قشنگ نیستی، یک مشت خاکی، دیگر نمی‌توانی روح کسی را جلب کنی، خداحافظ گل قشنگم، خدا حافظ.

بلبل قشنگم بعد از پیوند ظریفم دل بتو بستم، روحم شیفتهٔ تو است، صدای شیرین تو مرا از خواب بیدار میکند، نوای جانفزای تو مرا از خود بیخود میکند، من تو را دوست دارم.

بلبل محبوبم، دست ظالم بشر تو را اسیر ساخته است و در محنت انداخته است، کنج قفس برای تو مکان خوبی نیست، بیرون آی و بآزادی پرواز کن، کنج قفس ترا ملول ساخته است، فرح و نشاطی از تو ظاهر نیست، من تو را رها میکنم، بآزادی پرواز کن، بلبل قشنگم بالهای کوچکت را باز کن، امروز گرفته ای و غمگینی، صدای لطیفت را نشنیده ام.

52A

نادی قشنگ صبحم، آواز تو را نمی‌شنوم، چرا در گوشهٔ قفس خزیده ای؟ بالهایت را چرا گشوده ای؟ چشمهای ریز قشنگت چرا حرکت نمیکند؟ بخواب ابد رفته ای.

بلبل قشنگم - تو را هم طبیعت ازمن جدا نمود، تو وقتی دارای احساساتی بوده ای در دامن طبیعت پرورش یافته ای، طبیعت تو را قشنگ و خوشگل ساخته است، مکان تو در شاخ پیوند گل بوده است، خوابگاهت در دامن لطیف محبوبت جای داشته است، تا صبح از وجد و شعف خوابت نمی‌برده، تو طبیعت را مام مهربان خود می‌پنداشتی، راز و نیاز خود را باو میگفتی، بی خبر که مام گرام تو نیست، دشمن تو است، معشوقه ات را بچنگال باد سپرد، برای اینکه تو او را محبوب خود پنداشتی تو را طبیعت آسوده نگذاشت، بچنگال ظالم بشریت انداخت، ترا برای هوا و هوس خود اسیر ساخت، عشق درونیت قلبت را سوزانید، کنج قفس روحت را متألم نمود، مانند مرغ حق تا بصبح ناله مینمودی، زاری میکردی، بر این انسان ظالم نفرین میکردی، تا اینکه دشمن ظالمت کار خود را خاتمه داد، تو پرندهٔ قشنگم را از من جدا ساخت، فراق تو بر من دشوار است، گل قشنگم مرا وداع گفت، تو محبوبم مرا ترک میکنی، ترا بااشک حسرت غسل میدهم، با کفن ندامت بدن ظریفت را می‌پوشانم و در مزار فراق بخاک می‌سپارم، خدا حافظ پروانهٔ ظریفم، خداحافظ.

جوانی - خیالاتم دگرگون شده است، آمال و آرزویم عوض گشته، گل و بلبل را دوست ندارم، هیچ چیز نظر مرا جلب نمیکند، روحم را متوجه خود نمی‌نماید، افکار پریشان مغزم را فشار میدهد، خیالات زشت میخواهد حاکم من گردد، در پرت گاه هولناک جوانی و زندگانی واقع شده ام، افکار قشنگ طفلانه برای همیشه مرا بدرود گفت.

آنوقت همه کس را دوست میداشتم ولی حالا همه را دشمن، مشاهدات گوناگونم انسان را معرفی میکند همین حیوان ناطقی که انسان نامیده میشود جانور درنده ایست که در موقع خود از هیچ چیز دریغ نمی‌کند، با چنگال مهیب خود تمام بیچارگان را خرد میکند، این انسان‌اشرف مخلوقات نیست، این [آن] انسان کامل[ی] نیست که بدرجهٔ الوهیت میرسد، قوای نفسانیه‌اش او را مطیع خود نموده است و عقل را مخدوم خود، هیچکس نمی‌تواند از دست این اثر سرکش رهائی یابد.

52B

جوانی زمانی است که بیش از همه وقت این قوا میخواهد فرمانفرمای بدن شود، کش مکش عقل و قوای نفسانی را جوانی گویند، جوانی پرتگاهی است بس مهیب که راه باریکی تو را بساحل نجات میرساند، آنهم باید عقل زمامدار بدن باشد که از آن راه باریک تو را بسر منزل سعادت رهبری کند، جوانی ممکن است نجات ...[۱۴۵]، ممکن است بدرجهٔ انسان کامل برساند یا اینکه بآخرین درجهٔ حیوانیت پرتاب کند. تو گودال مهیب و سرازیری ...[۱۴۶] من از تو وحشت دارم، روح جوانان قشنگ زیبائی در دل تو مدفون است. چرا خود را هموار مینمائی، درون تو گودال مهیب مخوفی است، تو انسان را ظالم کردی، تو نفس آمرهٔ انسان را بکارهای زشت ناشایست بازداشتی، قتل - خیانت - خونریزی - آدم کشی را تو باعث هستی، ملیونها نفوس را تو بکشتن دادی، جنگ و نزاع را تو سبب هستی، تو توپ و تفنگ را بعرصهٔ وجود آورده ای، گاز خفه کن، توپهای بزرگ، خمپاره‌های مهیب را تو اختراع کردی و بانسان سپردی، انسان صعب است، تو او را برای مقصود خود قوی و ظالم ساختی، انسان را تو باعث شدی که خود را فراموش کند و خود را نشناسد، پرده را بردار، بیش از این انسان را منزل مده، بگذار تا پی بحقیقت وجود ببرد.

53

تصویر نیمرخ با مداد - بدون توضیح.

54

[احمد کوثر همدانی]

یک گل

گل سفیدی داشتم، هر روز صبح دیدگان خود را بروی این گل قشنگ و معصوم باز کرده و زیبائیهای طبیعت را در چهرهٔ این گل مینگریستم، حقیقتاً بهترین آرایش‌ها و زینت‌ها همان پرورده‌های آغوش طبیعت است، امروز بعادت مألوف نگاه خود را بسمت این بوته گل معطوف کردم امّا چه دیدم؟ برگهای ورق ورق شده گل در اطراف متفرق و گوئیا برف سفید غم نسیم محوطه کوچک را پوشانده بود ولی باز روایح و بوهای خوش خود را منتشر و تا آخرین لحظه و دقایق عمر خود خاصیت نیک خود را از دست نداده بودند، واقعاً تأثیرات این مواقع بقدری است که احساسات غم انگیز تا اعماق روح شخص تأثیر میکند. دیروز غنچه خندانی بود چشمان خود را با شبنم صبحگاهی شست و شو داده و چهرهٔ دلفریب خود را در آب صاف و متلألو جوی کوچک همجوار مینگریست، امروز آن طراوت از بین رفته برگها پژمرده و متفرق شده‌اند و گوئیا پرنده که هر روز در اطراف این گل طواف کرده و رازهای عاشقانه خود را باو افشا میکرد از فقدان محبوب خود مطلع و صحن این باغچه کوچک را ترک و مأوای دیگری برای خود گزیده است. طفل کوچکی با انگشتان ظریف خود محض تفریح خاطر این گل را چید و قلبی را جریحه دار کرد. او خود را مسرور و مرا محزون کرد. آری در این دنیا خوشبختیِ یکی بدبختیِ دیگری است. زحماتی کشیدم تا این بوته گل را پروریدم. تیغهای متعدد در دستم خلید و دستانم را مجروح ساخت تا بالاخره گلی شد و ثمری برآورد. اما هنوز از تماشای آن لذتی نبرده بودم که تفنن یک طفل کوچک تمام زحماتم را بباد داده و دست رنج ایام طویلی را برایگان از دستم ربود. کشتگان جنگ‌های متعدد دنیا را بنظر آورید و اجساد خون آلود شهدا را مجسم سازید، خانواده‌های بی خانمان و چهره‌های محزون اطفال یتیم و قیافه زنهای جوان شوهر مرده را در لباس عزا بخاطر آورید، و بپرسید سبب این بدبختیها کیست؟ علت این ناکامیها کدامست؟ آیا جز میل و بوالهوسیهای یکعدهٔ معدود مسبّب دیگری را میشناسید؟ جوان بیفکری رولور خود را آتش کرد و دنیا را

۱۴۵- در اصل چند عبارت ناخوانا است.

۱۴۶- در اصل یک عبارت ناخوانا است.

54A

غرقه در خون ساخت.

پس ای طفل کوچک، از چیدن یک گل طبیعی و قشنگ و از آزردن یک پرنده ظریف و از تعقیب یک پروانه نحیف خودداری نما زیرا «من و تو در این گلزار طبیعت گلهای کوچکی هستیم که ناگهان روزی دست گلچین طبیعت ما را هم خواهد چید واشخاص را بدرد فراق ما مبتلا خواهد ساخت».

چو بد کردی مشو ایمن ز آفات / که واجب شد طبیعت را مکافات[۱۴۷]

۵ اردیبهشت ۱۳۱۱
احمد کوثر همدانی

55

[عباس آرین پور]

اگـــر پرســی بتـــا از لطـــف حـــالم　　ز دوری رُخــت غـــرق وبـــالم[۱۴۸]
ز هجـــران رُخــت انـــدر مـــلالم　　بیـــا ای بلبـــل بشکســـته بـــالم
کمـــک بنـــما مـــرا در آه و نـــالم
در ایـــن دور حیـــات و زندگانـــی　　چـه بگذشـته بـروزم هیـچ دانـی؟
بعشـــقت پـــای بســـتم در نهانـــی　　تـو خـود ایـن راز عمـرم نیـک دانی
کـه در وصـف جمالـت مـات و لالم
الا ای ماهـــروِیِ سرو قامـــت　　نـــدارم در قبالـــت اســـتقامت
شـــدم آمـــاج پیـــکان ملامـــت　　بـــرون رفتـــم ز اقلیـــم ســـلامت
خمیـده پشـت و نـا زیبـا چـو دالم

بالـــی و درد تـــو جملـــه بجانـــم　　بجـــز عشـــقت بتـــا چیـــزی ندانـــم
بـروز و شـب ز دیـده خـون فشـانم　　کـــه تـــا گیـــرم بـــبر آرام جانـــم
بپرســـم راز از آن بـــی مثـــالم
شـنیدم مـن کـه عاشـق هسـت والـه　　نباشـد همدمـش جـز آه و نالـه
زنـــد میبـــی محابـــا از پیالـــه　　ندانـد فـرق بیـن خـال و خالـه
مـن بیچـاره بـا ایـن وصـف و حـالم
مـــرا انـــدر جوانـــی آرزوهاســـت　　ولیکـن در پـس پـرده عدوهاسـت

۱۴۷- از «خمسه» حکیم نظامی‌است، در «خسرو و شیرین»، بخش ۱۱۹ (اندرز و ختم کتاب)، بنگرید به: https://ganjoor.net/nezami/5ganj/khosro-shirin/sh119/

۱۴۸- «وبال» به معنی سختی و بدفرجامی است.

55A

می‌نامـم بـه بسـیاران سبوهاسـت هوسـهایم اسـیر رنـگ و بوهاسـت

پریـش و والـه و محـوِ جـمالم

جهانـا تیـغ عـدوان تیـز منـما شراب عمـر مـن لبریـز منـما

مـرا ترسـانِ رسـتاخیز منـما تـو ای بیـمار خـون پرهیـز منـما

کـه مـن خـود کشـتهٔ آن خـط و خالم

جوانـی بـار سـنگینی اسـت نـزدم خریّـت چیـز ننگینـی اسـت نـزدم

زمانـه همچـو گل چینـی اسـت نـزدم جهـان چون مـام غمگینی اسـت نزدم

کـه بـا وی دائمـاً انـدر جـدالم

نـه آخـر مـن در ایـن دنیـای فانـی نمایـم بهـر شـادی زندگانـی؟

ندیـدم هیـچ روی شـادمانی شـدم از پسـتی دنیـا فغانـی!

چـرا مـن اینچنیـن افسـرده حـالم؟

ز دنیـا یکـسره بیـزار گشـتم چُـو گل نـزد خسیسـان خـوار گشـتم

دل آزار همـه چـون خـار گشـتم از آن روزی کـه مـن بیـدار گشـتم

همیشـه قائـد صـف نعـالم[149]

هرآنکـس خـر بـود آدم شـمارند مـر او را نـزد خـود محـرم شـمارند

انیـس و مونـس و همـدم شـمارند مـرا دون و دچـار غـم شـمارند

کـه مُنکـر بـر اباطیـل محـالم

خریّـت مایـهٔ اعـزاز گشـته بعـزت هـر خـری دمسـاز گشـته

ره ابـراز شـهوت بـاز گشـته خـر و خرپـرورش ممتـاز گشـته

مـن بیچـاره بـا خـر در جـدالم

هرآنکـس عـالم و آزاده باشـد بکسـب معرفـت آمـاده باشـد

بنـزد جاهـلان بـس سـاده باشـد خـر و بیدانـش و افتـاده باشـد

ز طعـن دشـمنان مـن بـی خیـالم

بـرای نفـع خـود جمعـی تبـه کار بطامـات گروهـی کـرده اقـرار

سراپـا غـرق نادانـی و پنـدار همـه بیدانـش و دون و دلازار

از ایـن مـردم دچـار انفعـالم

کنـد اجـرا هواهـای بـد خویـش کنـد در بنـد خـود مسکین و درویش

چنیـن بیدانـش بیفکـر بـد کیـش پریشـان میکنـد فکـر و خیـالم

۱۴۹- «صف نعال» به معنی درگاه و پایین مجلس است.

55B

بـود دیـن همچـو قانـون خداونـد — تودیـن را بشـکنی از حـرص تـا چنـد؟
نمـا بـا مـردم دیـن دار پیوندهـا — نـه دیـن داری کـه آرد خلـق در بنـد
کـه بیـزار از گـروه بـد سـگالم
خدایـا دیـن فروشـان سـاز نابـود — کـه روز و شـب رونـد انـدر پـی سـود
بهـر جائیکـه نفعـی روی بنمـود — دونـد اینـان بدانجـا دیـر یـا زود
بزیـر پـای ایشـان پایـمالم

عباس آرین پور[۱۵۰]

55C

[کار دستی روی برگه ای چوب نازک - تصویری از یک ساختمان به سبک معابد ژاپنی - بی نام]

56

[حسین‌هاشمیان - نقاشی با مداد و نگارش ابیات و اندرز زیر]

۱۱/ ۲/۱
21 Avril

بـه صنعـان گفـت ترسـا بگـذر از دیـن — تـرا زنـار بخشـم پُـر چیـن
جوابـش داد مـن شـیدای عشـقم — نـه از مذهـب خبـر دارم نـه از دیـن

حسین‌هاشمیان

با زبان بی زبانی میگویم -
«مشروبات اخلاق را فاسد و عقل را زائل مینماید. حتی المقدور پرهیز نمائید».

محصل مدرسه تجارت - اول اردی بهشت ۱۳۱۱
حسین‌هاشمیان

۱۵۰- امیر عباس آریانپور کاشانی (۱۳۶۳-۱۲۸۵)، فرزند ماشاءالله خان کاشی، دانش آموخته رشته تجارت در کالج آمریکایی تهران، نویسنده و شاعر و نیز بنیانگذار مدرسه عالی ترجمه در ایران بود. از جمله آثار او می‌توان به «فرهنگ آریانپور» انگلیسی به فارسی و فارسی به انگلیسی (شامل مجموعه یک جلدی، دو جلدی، و پنج جلدی)اشاره نمود. برای اطلاعات بیشتر بنگرید به: http://www.adabi-blog.blogfa.com/cat-60.aspx

56A

[حسین‌هاشمیان - نقاشی طرح هندسی با مداد و نگارش یادگاری]
بمناسبت یادبود از زمان و دوره‌های تحصیلی ضبط شد.

۱ /۲/ ۱۱
21 Avril
حسین‌هاشمیان

56B

[حسین‌هاشمیان - نقاشی با مداد و توصیه]
تفریح یکی از مایحتاج زندگی است.

حسین‌هاشمیان
۱ /۲/ ۱۱
21 Avril

57

[حسین‌هاشمیان]
انقلاب ادبی
۱۵ / ۲ /۱۱

یکی از بزرگترین عوامل تغییر و تجدید روحیات ملل انقلاب ادبی است، زیرا ادبیات عبارت از روح ملت است و تغییر روح مقدمه انقلابات میباشد.
انقلاب ادبی بزرگترین وسیله تبدل احوال یک ملت و تغییر اوضاع یک مملکت است.

انقلاب سیاسی و غیره که ناشی از تجدید حیات ملّی است در حقیقت میوه درخت انقلاب ادبی است.

تنویر افکار مهیج ارواح است و بهیجان آمدن ارواح تنهای پژمرده و اجسام افسرده بجنبش آمده بمیدان مبارزه حیات میروند.

بر هر فردی از افراد بشر واضح است که جنبش بواسطه ارواح است.

چنانکه انقلاب دینی رسوم و عادات را تغییر میدهد و زنگ اوهام جاهلیت را از آئینه وجود می‌زداید، انقلابات سیاسی که نتیجه انقلاب ادبی است چرخهای وامانده و معطل امور حکومتی را اصلاح و بکار میاندازد. انقلاب ادبی‌اشدّ این تصرفاترا در افکار و احساسات ملت مینماید.

انقلاب ادبی دیده هوش را باز میکند و روح حیات مملکت را بحرکت و جنبش می‌آورد. ملتی که دچار فلج گشت، ملتی که بدرد

سستی اعصاب گرفتار شد، ملتی که خون در عروقش روبسردی نهاد، ملتی که اصول تکاهل و تغافل در اعماق قلوبش جای گزین شده است، ملتی که دائره افکارش محدود گردید، این اخلاق و اوصاف ملت را به پرتگاه عدم سوق داده در شمار و ردیف مردگان درمیآورد، انقلابات ملت جاهل بی بنیاد و اصل است.

توده ملت که اخلاق و افکار و خیالاتش ساده و مصفا[۱۵۱] است کورکورانه تابع شیادان اجتماعی گشته بدون تشخیص مصالح خویش بعملیاتی دست می‌زنند که جز منافع خردی نتیجه و ثمری از آن عاید نخواهد شد.

57A

ملتی بدین صفت که گفته شد، اگر بگفته عوام روزیش بآخر نرسیده و قلم تقدیر بر فنا و زوال وی جاری نشده باشد پای هیجان افکار در آن باز میشود و دست انقلاب ادبی بدامان وی دراز میگردد، فداکارانی بمیدان آمده افکار افسرده ملت را بهیجان میآورند.

این قوم انقلابیون ادبی نامیده میشوند و حزب خود را که دلهای عاشقان وطن باشد چنان آماده کارزار میکنند که اگر روزی گفته شود «وطن در خطر است» همه بیکدل قیام می‌نمایند و خود را بآب و آتش زده وطن را از خطر دور می‌نمایند.

و بالاخره میتوان گفت قوم عاقل که تشخیص مصالح خود را نمود، یعنی بد را از خوب تمیز داد و بین ...[۱۵۲] و خطا فرقی قائل شد البته هیچگاه تسلیم منافع و اغراض دزدان و راهزنان اجتماعی نشده، دانسته و فهمیده در هر کار قدم می‌نهد و در هر امر اقدام می‌کند.

انقلابیون ادبی خدمتگذاران حقیقی قومند و زندگان ابدی و بر پیشانی آرامگاه جاودانی آنها با خط طلائی نوشته میشود «وطن مقروض است بخدمتگذارانش».

اکنون سخن را خصوصی کرده میگوئیم مملکت ما محتاج است بانقلاب ادبی تا بتواند از انقلاب سیاسی بهره‌مند گردد.

تحصیل علم تنها برای سیادت ما کافی نیست، در صورتیکه توأم ...[۱۵۳] افکار و تهذیب اخلاق نبوده باشد و این هر دو ثمره انقلاب ادبی است.

قبل از شروع شدن انقلابات سیاسی در مملکت ما از روی افکار تجدد پرورانی چند مختصراً هیجان ادبی در ملت پدید آمد و اگر دوام کرده بود ممکن بود که ما را بسر منزل سعادت رهبری نماید، ولی بدبختانه زود تصادف کرد با انقلاب ناقص سیاسی و چون ماه یکشبه بسرعت ناپدید شد.

57B

یعنی افکار تجدد خواهان که تازه میخواست نشو و نما کند و هنوز رونق نگرفته بود در انقلاب سیاسی خط سیر خود را تغییر داده از راهی که میرفت بازمانده و در راه دیگر هم که مقصد داشت نرسید - زیرا که انقلاب ادبی زمینه ای برای انقلاب سیاسی حاضر نکرده بود. تألیفات مختصر و مفید، نگارش‌های سهل و ساده، مطبوعات سودمند، ادبیات جدید باقتضای طبع مردم این روزگار، کنفرانسهای ...،[۱۵۴] ادبی، اخلاقی، تاریخی است که میتواند ملت را بیدار کند، میتواند دیده بینائی مردم را بگشاید، میتواند

۱۵۱- در اصل یک عبارت ناخوانا است.

۱۵۲- در اصل یک عبارت ناخوانا است.

۱۵۳- در اصل یک عبارت ناخوانا است، احتمالا مراد «تَهَیُّج» بوده است.

۱۵۴- در اصل یک عبارت ناخوانا است، احتمالا مراد «میهنی» بوده است.

واماندگان در حضیض ذلت را باوج رفعت و سعادت برساند.

در چند سطر قبل گفته شد ادبیات جدید باقتضای طبع مردم این روزگار، بلی، چونکه ادبیات یکی از آثاری است که با تجدد زمان و تبدل افکار باید تبدیل[۱۵۵] یابد، و در هر زمان زنگ و رونقی باقتضای آن زمان بگیرد، لطائف و معانی و مواعظ و کلمه عالی هرگز کهنه نمی‌شود ولی ذوق تازه لفظ تازه را می‌طلبد، بعلاوه آثار ادبی هر قوم در هر زمان معرف اخلاق و عادات [و] رسوم و قواعد بلکه نمایان کننده احوال جاریه آنزمان است.

در هر عصریکه آثار ادبی بیشتر ظهور کرده هیجان فکری رو بازدیاد گذارده بالضروره[۱۵۶] تغییرات عمده و تبدلات بسیار در همه چیز قوم حاصل شده و در اعصار بعد آثار ادبی گذشته معرف عادات و رسوم آنها گشته و بالعکس در اعصاریکه ملت از تجدد افکار و از انقلاب ادبی محروم مانده، آیندگان آنها از عادات و رسوم گذشتگان خود بی خبر مانده‌اند.

پس اگر مقصد از آثار ادبی نمودن اخلاق و عادات قوم باشد ضرورةً باید تجدید شود. و اگر وسیله تهیّج افکار و دمیدن روح حیات تازه در ملت باشد بازهم باید تجدید شود تا باقتضای زمان قابل تاثیر بوده باشد و آن [ا]ندازه تبدل و تجدد که لازمه طبیعت است در این مرحله کافی نیست بلکه محتاج است بفداکاری و اقدامات عملی.

57C

اگر چنانچه ما از ادبیات خود کمتر بهره برداریم برای اینست که فدا کاران ادبی کمتر داشته ایم و اغلب ملاحظه اُنس و عادت را نموده جرأت نمیکردند قدمی‌از دایرۀ تقلید و تبعیت بیرون بگذارند، یعنی از ملامت محافظه کاران و از سرزنش مدعیان نباید ترسید.

دنیای تازه با اینکه به دارائی کهنه خود افتخار دارد باز همه چیز تازه میخواهد.

ادبیات ما یکی از آثار بزرگ عالم بشمار است، کمتر موقعی بدست می‌آید و کمتر مذاکره در فنون فضائل میشود که ما نتوانیم برای آن موقع و در آن مذاکره از آثار ادبی خود شواهد بسیار بیاوریم، درصورتیکه بسیاری از آثار ادبی ما از میان رفته و بسیاری از آنها در پرده خفا مانده و از جُنگها و دفترهای خصوصی تجاوز به دواوین و کتب ننموده است، با وجود این نمیتوان گفت محتاج به ادبیات تازه نیستیم.

بلی چنانچه آلات و ادوات جنگی قرون سابقه به کار میدانهای جنگ امروزی نمی‌خورد، رجزهای میدانهای عهد قدیم هم تهیّجی در افکار سلحشوران امروز نمی‌نماید.

سرودهای وطنی مهیّج باقتضای ذوق امروز لازم است تا تهّیج افکار کند، سرودهائیکه دل مردم این زمان را بتواند از جا بکند - سرودهائیکه در ممالک طعم تلخ مرگ را بکام وطن پرستان شیرین نموده تحمل حرارت آهن و آتش را آسان و قیمت جانهای عزیز را ارزان نماید - بزمها را هم قیاس به رزمها باید کرد - می‌شنویم رباعیات عمر خیام در انگلستان جایگاه نامه آسمانی را گرفته و گلستان سعدی در فرنگستان بنام باغ گل نزهتگاه اندیشه‌های رفیق ارباب ذوق آن سامان شده - روح ادبی و جان کلام معنوی مشرق زمین عموماً و مملکت ادب پرور ایران خصوصاً باندازه[ای] در اوج رفعت و بلندی است که هنوز هم اروپا و آمریکای متمدن به تشریح و خواندن آثار ادبای شرق مفتخر می‌گردند.

۱۵۵- «تبدیل» در اینجا به معنی دگرگونی است.

۱۵۶- در اصل: «بضرّوره».

57D

زحمات طاقت فرسای مستشرقین معروف از قبیل پروفسور برِون[۱۵۷] وهابِک [؟] و غیره در پی بردن بحقایق معنوی و کلمات حقیقی شرق ...[۱۵۸] و این مطلب نزد ارباب کمال و هنر بی قیل و قال ثابت و مبرهن است.

ملاحظه میکنید مستشرقین بزرگ که بزبان ما علاقه بسیار دارند و بدانستن شمّه ای از ادبیات ما افتخار میکنند با اینکه کمتر آثار ادبی گذشتگان ما است که زیر دست آنها نباشد، باز تشنه شنیدن ادبیات جدید میباشند، ادبیات[ی] که در آنها رعایت تقلید و تبعیت از گفتار گذشتگان نشده باشد و با مشرب و مذاق امروز موافق درآید، و بوجود ادبیات جدید ما موجودیت حسّ حیات ایرانیت را اثبات مینمایند.

بسی ملت مرده است آنکه آثار ادبی آن منحصر باشد بآنچه میراث از گذشتگان مانده باشد، مرده است آنکه از دایرهٔ آنچه بر آن عادت نموده جرئت پا بیرون گذاردن نداشته باشد. ملت زنده ای که نماینده قدرت و حیوة خالق حیّ تواناست بصفت خالق خود متصف است که «کُل یوم هُوَ فی شأن».[۱۵۹] ما نباید فراموش کنیم که در یک عالمیزندگانی میکنیم که هر آن در تجدد است و هر لحظه در تبدل و طبیعت بقوه قاهره رو بتکمیل و ترقی میرود و روز نو روزی از نو میطلبد. پس میتوانیم گفت که ادبیات ما مانند همه چیز ما باید رنگ و روی تازه ای بگیرد و باقتضای طبع امروز جهان جلوه گر گردد تا بتواند در تحریک افکار خاص و عام و تهیّج ارواح شیخ و شاب و پیدا نمودن احساسات ملی و گشودن سرچشمه‌های هوشیاری، کارروائی نماید، اعصاب سست شده ملت را قوت بخشیده خون ایرانی که قرنها در منجمد نمودن آن سعی و کوشش شده در عروق آنها جاری سازد و روح حیات در کالبد پژمرده [و] افسرده او بدمد.

این است مراد از انقلاب ادبی، این است داروئی که میتواند یک ملتی را پس از طی نمودن دوره‌های مختلفه زندگانی در مرحله پیری دوباره جوان ساخته بسر منزل حیات جدید و زندگانی تازه بکشاند.

حسین‌هاشمیان

58

[نام نگارنده مشخص نیست[۱۶۰]]
۵ فروردین ماه ۱۳۱۱

اهمیّت اخلاقی ورزش

در شب چهارشنبه ۳ فروردین ماه ۱۳۱۱ بافتخار ورزشکاران اصفهان - تیم ستوارت مموریل کالج[۱۶۱] - مجلس جشنی در عمارت جدید شبانه روزی کالج امریکائی طهران منعقد گردید و از این بنده تقاضا شد راجع باهمیت ورزش نطقی ایراد کنم، این بنده چون تذکار اهمیّت اخلاقی ورزش را از جهات دیگر مهمتر دانستم در این زمینه اظهاراتی کردم که خلاصه آنرا ذیلاً در این ورقه

۱۵۷- مراد ادوارد گرنویل براون (۱۹۲۶-۱۸۶۲ م) ایرانشناس مشهور انگلیسی است.

۱۵۸- در اصل دو عبارت ناخوانا است.

۱۵۹- نقل از «قرآن»، سوره ۵۵ «الرحمن»، آیه ۲۹، «**يَسْأَلُهُ مَن فِي السَّمَاوَاتِ وَالْأَرْضِ ۚ كُلَّ يَوْمٍ هُوَ فِي شَأْنٍ**»، ترجمه فارسی: «هر که در آسمانها و زمین است از او درخواست می‌کند. هر زمان، او در کاری است» (ترجمه فولادوند)، بنگرید به: http://www.parsquran.com/data/show.php?lang=far&sura=55&ayat=29&user=far&tran=1

۱۶۰- احتمالا عبدالامیر زمانیان.

161- Stuart Memorial College (SMC), see Gulnar E. Francis-Dehqani, "GREAT BRITAIN, xv. BRITISH SCHOOLS IN PERSIA," in *Encyclopaedia Iranica*, XI/3 (2012), pp. 290-292.

مینویسم و چون در آخر صحبت خود منظومه ای را در همین زمینه سروده بودم قرائت کردم، آنرا نیز مینویسم؛ اینک خلاصه نطق:

آقایان، خانمها: چون این مجلس بافتخار ورزشکاران اصفهان و بنام ترویج واشاعه روح اسپور تشکیل یافته قبلاً از طرف همشهریهای خود از آقایانیکه با آغوش باز و روح بشاش ورزشکاران اصفهانی را پذیرفته‌اند، تشکر میکنم، و ضمناً خاطر آقایان را بدین نکته متوجه میسازم، که یکی از ارکان سعادت انسانی صحت بدن است و صحت نیز منوط بورزش منظم بلکه نتیجه آن میباشد. ملتی که بورزش اهمیت نمیدهد، حیات صحی وی پیوسته در خطر امراض گوناگون واقع میشود و در نتیجه ابتلای بامراض مختلفه متدرّجاً روح متانت و عزت نفس خود را از کف خواهد داد و چنین ملتی نخواهد توانست مثل ملل زنده به نیروی اراده قوی رشد و نمو کامل حاصل کند.

58A

بعضی تصور میکنند ورزش از امور تفنّنی و یا لااقل از ...،[۱۶۲] غافل از آنکه ورزش در عداد ضروریات حیاتی بشمار میآید، چرا؟ برای آنکه ورزش هرگاه بر طبق قوانین صحیحی بعمل بیاید، سبب انتظام دوران دم و نمو کامل اعصاب و عضلات میشود و انسان را برشد و کمال جسمانی میرساند، این یک حقیقتی است که دانشمندان در هر مملکت متوجه آن شده و با تمام قوا در انتشار واشاعه آن [در] میان ملل خود میکوشند. نظری بزندگانی امریکائیها، انگلیسها، آلمانها و سایر ملل حیّه[۱۶۳] صحت این مطلب را ثابت مینماید. در اینجا لازم است توجه ورزشکاران محترم را باین نکته معطوف سازم که ورزش هنگامی‌نتیجه مطلوبی بما خواهد داد که حکمت و معرفت راهنمای ما در میدان حیات گردد و قدرتی را که در اثر ورزش بدست آورده ایم در همان راهی که حکمت و معرفت بما امر میدهد بمصرف برسانیم، نه آنکه این بدنهای نیرومند را بدست هوی و هوس بسپاریم و از زحمتهای خویش نتیجه معکوس بگیریم. اگر دانش و حکمت راهنمای ما نباشد هرگز نخواهیم توانست از قدرت خویش حسن استفاده کنیم. راست است که اعصاب قوی اراده ما را نیرو بخشیده است ولی زمام این اراده باید بدست حکمت بیفتد تا در قوائی که خداوند در ما بودیعه نهاده بتوانیم استفاده مشروع حاصل کنیم. در خاتمه باید از هر دو کالج، که وسائل ترویج واشاعه ورزش را فراهم آورده‌اند تشگر کنم و نطق خود را بمنظومه [ای][۱۶۴] که قبلا بدان‌اشارت رفت ختم نمایم.

58B

هدف آمال

ابر فرو ریخت ز کف بسکه برف / یافت زمین منظرهٔ بس شگرف
ریزش سیم از فلک زر ستام / کرد سرا پای زمین نقره فام
ابر ز بس سیم فشاند[۱۶۵] بخاک / شد زمین از پرتو آن تابناک
ورزشیانی چو بلند آفتاب / کز دمشان برف شدی دردم آب
از پی ورزش بنشاطی تمام / روی نهادند بمیدان عام
جمله در اندیشه که چون از هنر / گوی ربایند ز چوگان مگر
بر زده صف ورزشیان غیور / تن تهی از جامه و سر پر زشور

۱۶۲- در اصل یک عبارت ناخوانا است.

۱۶۳- «حیّه» به معنی زنده است.

۱۶۴- در اصل در این جا «را» آمده است که زاید است.

۱۶۵- در اصل: «فشان».

پوشش بیفائده انداخته — خویش مهیای هنر ساخته
جوهر خود تا بکنند آشکار — برهنه چون تیغ مهیای کار
از رخ هر یک ز جمال و سرور — موج زنان لطف چو دریای نور
کوه صفت جمله بصف استوار — تا که چه فرمان دهد آموزگار
کز پی یک لحظه درنگ اوستاد — روی بصف لب بتکلم گشاد
گفت ... ...[۱۶۶] — ... پیش گه نام آوری است
هست گه سبقت و فرجام کار — هر که رود راست شود رستگار

58C

هدف آمال

راست روی پیشه هر آنکس نمود — گوی سعادت بتواند ربود
جائزه را میبرد آنکس ز دو — کو بهمه راه شود راست رو
نیست فزونی بشتاب آوری — راست برو جویی اگر برتری
جز بره راست شدن الحذر — نیست چو این راه رهی بیخطر
چونکه شنیدند از او این کلام — جمله دویدند بوجدی تمام
لیک بدیدند چو شد ره بسر — جمله خطا رفته مگر یک نفر
بسکه ز رفتار پریشان شدند — یکسره انگشت به دندان شدند
بعد پی حسرت و خون جگر — روی نهادند بدان یک نفر
کای بخردمندی [و] فضل و کمال — یافته بسی رفعت و جاه و جلال
هست ببالات قبای هنر — راست چو شیرینی بر نیشکر
از سر لطف و هنر ای نیکخو — چون بره راست برفتی، بگو؟
طفل نکو سیرت پاکیزه خوی — یافت چو جان همه در جستجوی
گفت دل از بیهده پرداختم — وز سر این سنگ هدف ساختم
چونکه مرا نقطه مقصود بود — شاهد مقصودم از آن رخ نمود
عمر نشد بیهده زانم تلف — چونکه مرا بود از اول هدف

۱۶۶- در اصل چند عبارت از هر دو مصرع ناخوانا است.

59

[عبدالامیر زمانیان]

نوروز

امروز هوا را دگرگون احساس مینمایم، بوی گل و نسرین میآید، نسیم فرح بخش صبحگاهان، آواز پرندگان در کنار جویباران و ترنم سار و قهقهٔ کبکان در کوهستان و دویدن آهو در دشتستان. اینها همه نوید فصلی جدید را بما میدهند، بلبلان هر یک گل سرخی را مورد نظر ساخته در پس برگهای کوچک پنهان گردیده مشغول عشق بازی میباشد و با آواز روح افزای خود محبت خویش را ثابت نموده میگوید هنگام نوروز است و وقت طرب، خیز و با من اندکی صحبت دار که باید سعادت را یار خود سازیم که از نو سالی جدید بما روی نمود و توانستم جمال دل آرای ترا دفعه دیگر ببینم،[۱۶۷] درختان سبز و خرم‌اند هریک کلاه شکوفه در سر نهاده با زبان بی زبانی تبریک این عید سعید را بما میگویند.

آری این عید که به اسم نوروز جمشیدی در بین ما ایرانیان معمول است یکی از بهترین اعیاد بشمار میرود که هیچیک از ملل عالم آنرا ندارند، حقیقةً چیز غریبیست، در اولین روز این عید تغییر[۱۶۸] هوا کاملًا محسوس میباشد، ایرانیان هم او را مقدس داشته و در این هنگام هر یک مرسومی‌دارند که بچه وسیله سال کهنه را تمام نموده داخل سال جدید بشوند.
گرچه این عید بشارت سالی جدید را بما میدهد اما از آنجائیکه

فلـک را عـادت دیرینـه اینسـت   کـه بـا آزادگان دائـم بکیـن اسـت[۱۶۹]

نخواهد کسی را دقیقه ای خوشحال نبیند[۱۷۰]، یعنی این عید در حالیکه یک انبساطی را برای ما بارمغان میآورد یک حزن و غمی‌دیگر هم برای ما تولید میسازد و آن اینست که ای مردم بدانید یکسال از عمرتان سپری شد، بفهمید کاملاً دقت و مقایسه کنید که این سال جدید چگونه بشما میگذرد، البته با داشتن عقل سلیم و نیروی توانائی میتوانید کوشش نمائید که از حیث اخلاق و کارهای نیکو حتی الامکان از سال قبل جلو بیفتید و اِلّا اگر

59A

اندکی تکاهل نموده و فرصت را غنیمت نشمرید موقع از دست رفته را کی بدست میآورید، چه چیز رفته باز نگردد، و نیز بدانید که عمرتان چون سرعت برق در گذر است، چیزی نخواهد گذشت که دست اجل گریبانتان را گرفته و میگوید دنیا را بدرود گوئید، دیگر بقول رودکی «کی رفته را بزاری باز آری».[۱۷۱]

البته غم و غصه سودی نخواهد داشت و با روحی پر از فساد اخلاق از دنیا رخت برمی‌بندید، پس تا میتوانید این اعیاد را بخوشی و خرمی‌بسر برده پیوسته پیروز و میمون باشید.

ای برادران عزیز و ای نو نهالان وطن بیائید با هم همآواز شده در این موقع سال جدید متحداً بگوئیم «نوروزت پیروز»، تا بلکه امسال را بخوشی و میمنت بسر برده در اعمال پسندیده از سالهای پیش جلو بیفتیم.

۱۶۷- در اصل: «به بینم».

۱۶۸- در اصل: «تغیر».

۱۶۹- بیت فوق از میرزا نصیر اصفهانی (و. ۱۱۹۲ ه.ق.) است.

۱۷۰- احتمالا منظور «ببیند» بوده است.

۱۷۱- به نقل از قصاید و قطعات رودکی (شماره ۱۱۷)، در قصیده ای به مطلع «ای آنکه غمگنی و سزاواری»، بنگرید به: https://ganjoor.net/roodaki/baghimande/sh117/

رباعی

نوروز بیامد تو خوشی خوشتر باش　　　سوی گل و گلزار خرامان میباش
روزی نگهی سوی درختان بفکن　　　می‌نوش تو با لاله رخان و خوش باش

عبد الامیر زمانیان - کلاس دهم ۱۳۱۱

60

[م. ع. افتخاری]
۱۳۱۰ / ۲ / ۱۰

ذوق سرشار خودتانرا بجواب دادن سئوالات ذیل امتحان نمائید

(۱)- کدام یک[۱۷۲] از پادشاهان نزد شما محبوبترند؟
(۲)- از کدام یک از پادشاهان بیشتر متنفرید؟
(۳)- از شجاعان روزگار کدام یک را دوست دارید؟
(۴)- جانی ترین‌اشخاص در تواریخ چه طایفه بودند؟
(۵)- ازاشخاص بزرگ و فیلسوفان کدام یک افکارش در نظر شما بیشتر اهمیت دارد؟
(۶)- شعری که بی‌اندازه دوست دارید و بیشتر از سایراشعار بدو اهمیت میدهید کدامست؟
(۷)- از نقطه نظر تاریخی و سیاسی کدام از زنان شجاع دنیا محبوب شما میباشد؟
(۸)- در اخلاق و آداب پسندیده کدام یک را مهم تر از دیگران میدانید؟
(۹)- بهترین اخلاقی که واسطه شهرت شما شده کدامست؟
(۱۰)- در اعمال و اخلاق رذیله از کدام یک بیشتر متنفرید؟
(۱۱)- کثیف ترین اخلاق شما که سبب انزجار عموم است چیست؟
(۱۲)- مابین کتبی که تا کنون خوانده اید کدام یک بیشتر باعث ...[۱۷۳] خاطر شما شده است؟
(۱۳)- آیا بموسیقی عشق دارید؟ تاثیر کدام نوا و کدام آلت موسیقی در شما بیشتر است؟
(۱۴)- در رنگها کدام یک را بیشتر دوست دارید؟
(۱۵)- چه گلی بیشتر محبوب شماست؟
(۱۶)- با کدام پرنده بیشتر سازش دارید؟
(۱۷)- مابین حیوانات اهلی بیشتر با کدام مأنوسید؟
(۱۸)- در اطعمه مختلفه کدام یک بیشتر بمذاق شما لذیزتر است؟
(۱۹)- گواراترین مشروب شما چیست؟
(۲۰)- در چه فصلی از سال حالات روحی - جسمی‌شما مطابق میل شما است؟

۱۷۲- در اصل: «یگ»، و به همین صورت در طول این فقره.
۱۷۳- در اصل یک عبارت ناخوانا است، احتمالا «هیجان».

(۲۱)- در مشاغل مختلفه کدام یک را بیشتر اهمیت میدهید؟
(۲۲)- شغل آتیه شما چیست؟

م. ع. افتخاری
M. Eftekhari

61

عکس گروهی تیم ورزش

[(Standing: Coach Bobgen (second from right), Ahmad Nakhostin (fifth from right]

62

تصویری از گردش دسته جمعی

63

He becometh poor that dealeth with a slack hand, but the hand of the diligent maketh rich.
He that gathereth in summer is a wise son, but he that sleepeth in harvest is a son that causeth shame.
The soul of the sluggard desireth but hath nothing, but the soul of the diligent shall be make fat.[174]

C. Hagopian
Teheran, 1932 March 12

64

[Harold ...]
My visit to Persia owes much of its enjoyment and enlightenment to the kindness of Dr. Jordan and the members of the American College of Teheran.
It is difficult to leave them their hospitality, which I shall always remember.

Harold ...[175]
Teheran, October 6[176]

174- Proverbs 10:4, 10:5, 13:4.

175- Last name not legible, possibly "Samuel."

176- Probably 1932.

65

[محسن اسدی]

«بر دیگران مپسند هر آنچه بر خود سندی»

بعقیدهٔ بنده این دو ...[۱۷۷] اصل اخلاقی است که هر شخص آزاده و صاحبدلی باید پیروی نموده و در روابط با هم نوعان خود بکار ببرد.[۱۷۸] اگر این پرنسیپ بمرحلهٔ عمل گذاشته شود و بشر لیاقت این را پیدا بکند که اصل اندیشهٔ نیک، گفتار نیک، و کردار نیک و این اصل دیگر را بکار ببرد،[۱۷۹] سعادت بشری تأمین شده و نجات ابدی خواهد یافت.

خیر خواه جوانان نیک خواه
محسن اسدی[۱۸۰]

65A

[M. Assadi]

As I have no contribution of my own worthy of the honorable society of Nickkhah, I will quote the greatest moral principle of all times. The principle of "Good Thoughts, Good Words, and God Deeds," which has emanated from the Great Persian sage Zarathustra.
It is my sincere hope that these great words will form the motto of your society.

M. Assadi, B.S., M.A.

66

[تصویر فیض الله مهتدی (صبحی)][۱۸۱]

۱۷۷- در اصل یک عبارت ناخوانا است، احتمالا «مبیّن».

۱۷۸- در اصل: «به برد».

۱۷۹- در اصل: «به برد».

۱۸۰- محسن اسدی (۱۳۴۵-۱۲۷۴)، فرزند میرزا اسدالله خان، دانش آموخته کالج امریکایی تهران و سپس دانشگاه کلمبیا بود. نظر به تسلطش به زبان انگلیسی و متون حقوقی اسدی جزو همراهان دکتر مصدق در دیوان داوری لاهه بود. برای اطلاعات بیشتر، بنگرید به:
https://fa.wikipedia.org/wiki/%D9%85%D8%AD%D8%B3%D9%86_%D8%A7%D8%B3%D8%AF%DB%8C

۱۸۱- تهیه شده در عکاسخانه محمد جعفر خادم (M. D. Khadem).

66A

بنام خداوند جان و خرد

در سال ۱۳۰۸ که بعد از مسافرت طولانی آذربایجان بطهران وارد شدم و از طرف مدّعیان محبّت و منادیان وحدت عالم انسانیت! تکفیر گشتم، این‌اشعار را در جواب تکفیرنامهٔ ایشان گفتم

چند رنج صحبت اغیار میباید کشید — از احبّا تا بکی آزار میباید کشید
یکزمان با مردمی‌بیدار میباید نشست — یکنفس با زمرهٔ هشیار میباید کشید
بهر تهذیب بشر فکر دگر باید نمود — نقشه‌ای بر صفحهٔ افکار میباید کشید
تا که از گیتی بر افتد اختلاف کفر و دین — آتش اندر خرقه و زنّار میباید کشید
اهل تکفیر و ریا را بند میباید نهاد — مفسدان را بر فراز دار میباید کشید
تا بدرّد پرده‌های گوشِ جهل و وهم خلق — نعره‌ای تا گنبد دوّار میباید کشید
جان و تن فرسوده شد از ثقل بار عار و ننگ — تا کی آخر بار ننگ و عار میباید کشید

تا درین ظلمات روز افزون کند «صبحی» طلوع
انتظار فرصتی ناچار میباید کشید

66B

[فیض الله مهتدی (صبحی)]

بنام خداوند جان آفرین / حکیم سخن در زبان آفرین

ادب چیست و ادیب کیست

موضوع مقالهٔ ما تعریف ادب و ادیبست. یعنی بیان اهمیّت و وسعت ادب و پایه و قدر ادیب. علم ادب را خداوندان این فن گوناگون تعریف کرده‌اند. بعضی برآنند که ریاضت محموده ایست که آدمی‌را بفضائل میرساند، برخی گویند معرفت معنائی است که انسانرا از خطا حفظ میکند، جماعتی بیان کردند که ادب علمیست که بدلالت الفاظ و کتابت مفاهیم مافی الضمیر[۱۸۲] مینماید. و دیگران گفتند مجموع افکار انسانی که با بهترین طرز و اسلوبی از فصاحت و بلاغت و ظرافت نوشته میشود ادبست. و بالجمله علم ادب نظر بوسعتی که دارد بعضی از علماء نظیر ابن خلدون، موضوع مخصوصی برای آن قایل نیستند و گفته‌اند کلیّه عالم معانی موضوع این علمست و غایت آن تهذیب عقل و تزکیهٔ نفس و تحسین اخلاق و پیروی امور شریفه است. و چون دائره‌اش چنانکه گفتیم توسعه دارد در حدود خود با علوم مختلفه ربط پیدا میکند. از جهتی که غایتش تزکیه نفس و قوای نفسیّه است با شعب معرفة النّفس مربوط میشود. و چون تزکیهٔ نفس از راه ملکات فاضله حاصل می‌گردد و تشخیص فضائل از رذائل لازم میاید علم اخلاق را جزو خود میکند. و چون مواد کلیّه‌اش معروضٌ علیه عقلست و عقل از جواهر مجرّده، با فلسفهٔ اولی آشنا می‌گردد. و خلاصة القول مستظرفات عالم بطون و ظواهر و بدایع و ظرائف جهان هستی هیولای ادبست، و شرطست که مواد آن معانی در صور بهترین الفاظ جلوه گر آید تا تأثیر کامل در جمیع قلوب کند و نفوذ و رسوخ تام در نفس نماید و نتیجهٔ کاملهٔ حقیقیّه خود را بدهد. و این صناعت که مُدرک آن قریحهٔ سلیم و ذوق مستقیم است و مبادی آن در بعضی نفوس فطری و طبیعی است، بواسطهٔ ظرافتی که دارد خستگی مغز و دماغ را برطرف میسازد و روح را بوجد و طرب میاورد، مربّی اخلاقست

۱۸۲- «مافی الضمیر» به معنی آنچه در دل است.

و مزگّی نفس و مُنشِط[۱۸۳] جان و روان. قوتّی غریب دارد و شدّت تأثیری عجیب. چندانکه بخیل را کریم و جبون را شجاع و شقی را تقی و ظالم را عادل میکند. و داروئی برای تشفّی صدر[۱۸۴] و تسلّی قلب چون آن نتوان یافت. آدمی‌را در بحبوحهٔ آلام و اَسقام[۱۸۵] با جمیع وسائط مادی و نتائج اختراعات و اکتشافات نتوان راحت نمود امّا با یک مضمون بدیع و نکتهٔ لطیف و بیان نغز ادبی توان بسرور و نشاطش آورد و زنگ تعب[۱۸۶] از دلش زدود.

در وادی سهمگین رذائل اخلاق که علوم ریاضی را دم وقوع خسته است، قلاوز[۱۸۷] ادب باید تا درماندگان بیچاره را بسرمنزل فضائل کشاند. و در غرقاب عالَم طبیعت که عالِم طبیعی گلیم خویش را از موج بدر نتواند کشید ادیب حقیقی شاید تا غریقان را دستگیری کند.

66C

و بالجمله اگر بخواهیم این کلیّات مسائل را با جزئیّات و مثال منطبق کنیم و معجزات و کراماتیکه ازین فن در ازمنه و امکنه و مراتب و مقامات مختلفه بظهور رسیده شرح دهیم مثنوی چندان شود که چهل شتر عاقبت عاجز شود از بار بر. پس بدین قدر اکتفا کرده سخن در ذات و کیفیّت ادیب رانیم و گوئیم ادیب کسی را گویند که حظّ و نصیب کامل از سلسلهٔ معارفی که بادب منسوب و بادبیّات موسومست داشته و از راه اکتساب و قریحه درین رشته فنونی بدست آورده باشد و گذشته از ادب درسی و توغّل[۱۸۸] در آن برموز و نکات ادب نفس پی برده بحقیقت و ثمرهٔ علم یعنی عمل رسیده باشد، که گفته‌اند «ثمرة العلوم العمل بالمعلوم».[۱۸۹] پس ادیب دارای دو جنبه از ادبست، درسی و نفسی، که یکی بدون دیگری تباه و ضایع است و با حفظ این دو مقام ادیب تهمتنی را ماند که با زور بازو و سلاح کامل بمیدان در آید و دیو هواجس[۱۹۰] نفسانی را از پا درآورده مردمانرا از شّر خبائث نفس او آسوده کند و بسعادت و رفاهیّت رساند.

ادیب اَریب[۱۹۱] طبیب لبیبی[۱۹۲] است که بقوّت تشخیص مرض و ادویهٔ بُرءالساعه[۱۹۳] مریضان جهل و ضلالت را نعمت صحّت و هدایت می‌بخشد. ادیب ظریف حکیم لطیفی است که بقوّهٔ ابداع انشاء صور و معانئی کند تا ظرافتش اصحاب استعداد را متأثّر و منقلب کرده اهل مجاز را بعالم حقیقت و راز دمساز نماید. و درین حالت تشبّه بحضرت الوهیّت جوید و از اینحالست که سلطان العارفین و قطب الموحدّین جلال الدّین رومی در مناجات حضرت حق را ادیب میخواند، چنانکه میفرماید:

چند حرفی نقش کردی از رقوم — عقلها از عشق آن شد همچو موم
صادِ چشم و نونِ ابرو جیمِ گوش — بر نوشتی آفت صد عقل و هوش
زین حروفت شد خرد باریک ریس — نسخ میکن ای ادیب خوشنویس[۱۹۴]

۱۸۳- «مُنشِط» به معنی با نشاط و خوش اهل گردیدن است.

۱۸۴- «صدر» در اینجا به معنی سینه انسان است.

۱۸۵- جمع «سُقم» است، به معنی بیماری‌ها.

۱۸۶- «تعَب» به معنی رنجش و خستگی است.

۱۸۷- «قَلاوُز» به معنی راهنما و محافظ است.

۱۸۸- «تَوَغُّل» به معنی فرورفتن در امری، و تعمق و مطالعهٔ بسیار در علم است.

۱۸۹- این عبارت در کتاب «ادب الدنیا و الدین» اثر ابوالحسن ماوردی (و. ۴۵۰ ه.ق.) آمده است.

۱۹۰- جمع «هاجِس» است، به معنی هواهای نفسانی.

۱۹۱- «اَریب» به معنی دانا و خردمند است.

۱۹۲- «لبیب» به معنی فهمیده و عاقل است.

۱۹۳- «بُرءالساعة» به معنای درمان فوری است. همچنین عنوان کتابی است در زمینه پزشکی از محمد زکریای رازی (۲۵۱-۳۱۳ ه.ق.).

۱۹۴- با تغییراتی به نقل از «مثنوی»، دفتر پنجم، بخش ۱۵ – مناجات، بنگرید به: https://ganjoor.net/moulavi/masnavi/daftar5/sh15/

سخن درین موضوع را بهمین‌اشعار ختم میکنیم تا ختامش مُشک باشد، و خارج از موضوع گوئیم که این عبارات هر چند ببداهت فکر بی ارمغان کافی برشتهٔ تحریر در آمد و گاهی عنان سلامت کلام و جمال از دست رفت ولی ربط و نظام معنوی آن تا حدّی محفوظ مانده و خواستیم که رعایت جانب ایجاز و اختصار کاملاً بعمل آید ببیان کلیّات مطالب پرداختیم و ذهن را متوّجه بسط مقاصد نساختیم وگرنه خود دانیم که این متون را حواشی بیشمار و این بیان را شرح بسیار است.

والسّلام - عصر روز جمعه ۳۰ اردی بهشت سال ۱۳۱۱ در کالج امریکائی تهران در اطاق نمرهٔ ۲۹ مرقوم شد.
(فیض الله صبحی)

67

[علی اکبر محصص (دیهیم)[۱۹۵]]

۱

ستایش جهان

جهان گلستانیست کش خار نیست / بجز گل درین نغز گلزار نیست
چمن در چمن سبزه بینی و گل / درین باغ خاری پدیدار نیست
یکی بوی خوش نایدت بر مشام / که خوشبو تر از عطر عطّار نیست
جهان زشت از آنست در چشم تو / که چشم تو را زیب[۱۹۶] دیدار نیست
جهان را نکوهش نباشد سزا / نکوهش بصُنع جهاندار نیست
جهان سربسر خواستهٔ ایزدیست / کس از ایزدی خواست بیزار نیست
جهان را عزیز آفریده خدای / عزیز خدا پیش کس خوار نیست
جهان را بهنجار اگر بنگری / یکی کار او نابهنجار نیست
ترا از جهان بر جنان وعده داد / خلافی بپیمان دادار نیست
جهان آفرین را بس آثارهاست / ولی بهتر از اینش آثار نیست
باسرار این پرده ما محرمیم / که جُز ما درین پرده اسرار نیست
جهان پاک ما مست پاکیزه خوی / که جُز زاده پروردنش کار نیست
برون از شمار است پرورده‌اش / ز بسیارشان دل بآزار[۱۹۷] نیست
چه گویند کاین مام نامهربان / ابرزادگان نیکرفتار نیست
گر از گل برد باغبان دسته‌ای / خود او راست در دست گلزار نیست
چو پژمرده بیند گلی باغبان / ز بُن بر کَنَد چون به از خار نیست

۱۹۵- علی اکبر دیهیم لاهیجی (و. ۱۳۳۴)، معروف به خان دیهیم محصص، در لاهیجان به دنیا آمد و تحصیلات ابتدایی و متوسطه را در رشت دنبال نمود. بعد از آن به تهران آمد و ابتدا در کالج آمریکایی و سپس در دانشسرای عالی و دانشکده حقوق ادامه تحصیل داد. در دوران اقامت در تهران در دبیرستان نظام و دانشکده افسری ادبیات فارسی تدریس نمود. از آثار وی میتوان به «دیوان» شعر، «چکامهٔ آذربایجان» (۱۳۲۵)، و «کعبهٔ عشاق»اشاره نمود. بنگرید به:
http://rasekhoon.net/mashahir/show/584898/%D8%B9%D9%84%DB%8C-%D8%A7%DA%A9%D8%A8%D8%B1-%D8%AF%DB%8C%D9%87%D-B%8C%D9%85-%D9%84%D8%A7%D9%87%DB%8C%D8%AC%DB%8C/

۱۹۶- «زیب» به معنی زینت و آرایش است.

۱۹۷- در اصل: «بازآر».

نشـــاند بجایـــش یکـــی تـــازه گُل — کـزان تـازه تـر طلعـت یـار نیسـت
بـود چـتر زرّیـن بطـاووس[۱۹۸] مسـت — بِبُلبـل بجـز گل بمنقــار نیســت

67A

اگـر دوسـتدارند اگـر دشـمنند — زجـان مامشـان جُـز پرسـتار نیسـت
اگـر جنگجوینـد اگـر آشـتی — پدرشـان بجُـز یـار و غمخـوار نیسـت
تـرا ملـک جاویـد بایـد چـه غـم — گـر امسـال چـو پـار و پیـرار نیسـت
نباشـد گـر آبـاء و گـر امّهـات — موالیـد را در جهـان بـار نیسـت
تـو از آتـش و بـاد و آبـی و خـاک — تو کی هسـت باشی گریز چار نیست
بجُـز گوهـر دانـش آدمـی — متاعـی دریـن چاربـازار نیسـت
زنـار آدمیآیـت نـور شـد — کجـا نـور باشـد اگـر نـار نیسـت
زبادسـت جـان در تـن جانـور — وگر نیسـت یک جم[۱۹۹] جاندار نیسـت
زآبسـت هـر چیـز را زندگـی — کـه بـی آب آبـادی دار نیسـت
گِل آدم از خـاک ایـزد سرشـت — خـرد را دریـن گفتـه انـکار نیسـت
نکوهـش کُنانـش پژوهـش کننـد — فروشـنده هرگـز خریـدار نیسـت
حـرم را نبینـی یکـی از هـزار — کـه در خرقـهٔ شـیخ زنّـار نیسـت
جهـان را کجـا هسـت دسـتاربند — کـه صـد فتنـه در زیـر دسـتار نیسـت
شـود بـر سر مردُمـش سرنگـون — بشـهری کـه یک مغز هشـیار نیسـت
بگفتـار تـرک و بکـردار درک — کـس از کار ایشـان خـبردار نیسـت
زگفتـار کارآگهـان غافلنـد — کـه صـد گفته چون نیم کردار نیسـت
بجـز دانـش مـرد بیـدار دل — بخـواب جهـان چشـم بیـدار نیسـت
ازیـن نکتـه صاحـب نظـر آگهسـت — کـه اکمـه[۲۰۰] در آئینـه نظّـار نیسـت
چـو زیبـا رخ او بخوانیـد زشـت — شـما را دریـن کارگـه کار نیسـت

67B

دو شـاهد بدعـوی کفایـت کنـد — مجـال گواهـان بسـیار نیسـت
چوآئینـهٔ روی زیبـای اوسـت — بخورشـید از آن تـاب دیـدار نیسـت
کدامسـت آن ذرّه کانـدر هـواش — چو خورشـید رخشـان هوادار نیسـت
دگـر آمـدم بـر سر داسـتان — کـه سـیر هرلـب از آب گفتـار نیسـت
جهـان گـر بدسـت از خداوند اوسـت — عـمارت بجـز نقـش معـمار نیسـت
مهنـدس اگـر هسـت در دایـره — وگرنیسـت دوران پـرگار نیسـت

۱۹۸- در اصل: «بطاوس».
۱۹۹- «جُم» به معنی حرکت و تکان آهسته است.
۲۰۰- «اکمه» به معنی نابینا است.

بجانش نباشم چرا عشق باز | جهان غیر عکس رُخ یار نیست
نگه کن بدین طاق بند بلند | که جُز طاق ابروی دلدار نیست
نگه کن بنقّاش مهر و سپهر | که کلکش ز شنگرف و زنگار نیست
ثوابت به اثبات او ثابتند | بجُز سیر سیّاره سیّار نیست
کجا فرش گسترده بر آب خاک | که چون روی آئینه هموار نیست
نگه کن بدین گردش چار فصل | که بی حکمتش طبع هر چار نیست
کجا باغ خندد باردیبهشت | گرش گریه ابر آذار نیست
دل غنچه گردد کجا غرق خون | گرش نالهٔ بلبل زار نیست
نگه کن بنرگس که چون چشم دوست | ز ناز است بیمار و بیمار نیست
نگه کن بسنبل که چون زلف دوست | پریشانتر از او بگلزار نیست
جهان گرچه زندان رنج و بلاست | بجز تو در آن قفل و مسمار[۲۰۱] نیست
جهان را کسی چارهٔ کار کرد | که در چاره خویش ناچار نیست

67C

جهان جنّت ....[۲۰۲] و سجن[۲۰۳] تُست | بنزد من این گفته سُتوار نیست
که تا چشم بر هم زنی بنگری | که از مؤمن و کافر آثار نیست
خوشا جار[۲۰۴] آنان که ابلیس وار | بزندان محنت گرفتار نیست
برآبست نقش جهان پیش تو | چو چشمت بجز نقش دیوار نیست
گر آسان نیاری گذشت از جهان | چو بگذشتی از خویش دشوار نیست
قوافی اگر چند تکرار یافت | در اذکار اثر جز بتکرار نیست
بپوشید از آن خضر آب حیات | که در چشمه‌اش آب اشعار نیست
سخن را معیّر نگیرد عیار | که اکسیر را مرد معیار نیست
سخنهای چون لؤلؤ شاهوار | که آبش بلؤلؤی شهوار نیست
زدیهیم بشنو که جز فرق شاه | بدیهیم شاهی سزاوار نیست

تهران - اردیبهشت ۱۳۱۰
علی اکبر محصّص لاهیجانی متخلّص به دیهیم

۲۰۱- «مسمار» به معنی میخ است.
۲۰۲- در اصل یک عبارت ناخوانا است، احتمالا «کافر».
۲۰۳- «سِجن» به معنی زندان و محبس است.
۲۰۴- «جار» به معنی صدا و بانگ است.

68

[علی اکبر دیهیم]

از باد صبا زلف پریشش چو بتابست — بر هر سر مویش دلی اندر تب و تابست
تا روز حساب ار بکشد هجر چه باکست — مهجور ترا کی خبر از روز حسابست
هر نقشه که ریزیم پی وصل نگاری — بینیم که پایان عمل نقش برآبست
من در پی صید وی و او در پی قتلم — زینروست میان من و آن مه شکرآبست
گویم که گناهست مکُش خسته دلانرا — گوید بر ما آنچه گناهست ثوابست
گفتم بعذابم زغم روی تو گفتا — هر کس که دلی دارد و چشمی بعذابست
گوئی که سرشته است دل سخت وی از سنگ — کز سختی آن لب بعتابست و خطابست
برسوز دلم بنگر هردم که کشم آه — کز آتش هجران تو چون دود کبابست
از نرگس مست تو مرا خواب نماندست — وین در عجبم از چه وی آلوده بخوابست
از مستی مردم طمع هوش نداریم — چشمان تو تامست دو پیمانه شرابست
ملک دل دیهیم بیک غمزه گرفتی — افسوس که از تیغ تو پیوسته خرابست

علی اکبر مُحصص لاهیجانی متخلّص به دیهیم

68A

لب من تشنه و باشد دهانت چشمه سار جان — یکی چون خضر ره پیما یکی چون چشمهٔ حیوان
لبش جان میدمد در تن رُخَش دل میکند روشن — یکی چون مُعجز عیسی یکی چون مُعجز قرآن
دو چشم نیمخواب او دو لعل پر شراب او — یکی چون نرگس شهلا[۲۰۵] یکی چون غنچهٔ خندان
دهان اوست پُر شکّر بیان اوست جان پرور — یکی چون طوطی گویا یکی چون بُلبُل بُستان
سرای من ز روی تو هوای من ز بوی تو — یکی چون جنّت المأوا یکی چون روضهٔ رضوان
زرأیش دین و دولت شد ز امرش ملک و ملّت شد — یکی چون مجلس شوری یکی چون محفل سلطان
دل دیهیم جای تو سرش در خاک پای تو — یکی چون روح در اعضا یکی چون جان بر جانان

علی اکبر دیهیم

69

نقاشی با مداد و آبرنگ - خانواده روستایی در هنگام صرف غذا.

A[mir-]Hossein D[a]rakhshan.

April 29, 1932.

۲۰۵- «نرگس شهلا» به معنی نوعی گل نرگس است که حلقهٔ وسط آن سرخ یا کبود می‌باشد.

69A

امیر حسید درخشان محصّل سال ۱۹۳۲

نقاشی با مداد و آبرنگ - تصویر یک سگ اهلی.

A[mir].H[ossein]. Darakhshan
April 29. 1932.

69B

نقاشی با مداد و آبرنگ - تصویر مردی با کوزه.
بدون امضا - احتمالا این نقاشی نیز اثر امیر حسین درخشان است.

70

امیر حسین درخشان - فروردین ۱۳۱۱

نصایح خواجه عبدالله انصاری

دادن عزّتست و بستدن عار، دوا دادن حکمتست و طالب شفاء بیمار، هر که بر خود بندد بر خود خندد، حق تعالی سخی را مستحق پسندد، طلب علم عزّتست و طلب مال ذلّت، علم بر سر تاج است و مال در گردن غل، اگر میخواهی از آن بخواه که دارد و میخواهد که خواهی و از آن مخواه که ندارد و میترسد که بخواهی، ای درویش در لطف و کرم باز ترا اینهمه غفلت و ناز، تو راه نرفتهٔ از آن ننمودند ورنه که زد این در که درش نگشودند، ای عزیز سری که در سجود نیست صفحهٔ به از آن و دستی که در او جودی نیست کفچهٔ به از آن.

در هیچکس بچشم حقارت نظر مکن — تـا در تـو هـم بدیـدهٔ تحقیـر ننگرنـد
زیرا که هر چه هست ز درویش و پادشاه — چون نیک بنگری ز یکی اصل و جوهرند
تفصیل پس میانهٔ این هر دو جنس چیست؟ — در خورد و خواب چون همه با هم برابرند
جود و سجود چون بگذشتی از این دو راه — باقـی هـر آنچه هسـت ز انعـام کمترند

ای عزیز صحبت خلق را درد سر دان و دوای او تنهائی، نه ما را با خلق صحبت و نه حق را از ما جدائی، ای بسا که از ما هزار فرسنگ دور است و بمعنی در حضور و بسیار کس زانو بر زانو و بهزار فرسنگ دور، خود را در معنی نزدیک آر و راه قربت صوری سپار که نزدیکی ظاهر گرانی دل دوستانست و قربت معنوی از دل گرانی در امانست.

71

[امیرارسلان خلعتبری[۲۰۶]]

در نکو کاری

شاد آنکه بدیگری نکو کاری کرد | خوش آنکه بمردم خدا یاری کرد
باری است گران بدی و هر کس انداخت | در راه بمقصود سبکباری کرد

گفتار خلعت بری (امیر ارسلان)

در علوّ نفس

درون لانهٔ شیر آرمیدن | برهنه پا روی خنجر دویدن
سوی دندان افعی دست بردن | بدیده آهن سوزان کشیدن
بر خلعت بری خوشتر که یک حرف | درشتی از لب ناکس شنیدن

گفتار خلعت بری (امیر ارسلان)

72

[سید علی محسنین]

نوکر حیله گر یا نوکر خائن

کمدی در یک آکت

پیس[۲۰۷] ناقابل خود را که به اسم (نوکر حیله گر) میباشد تقدیم نامه نیکخواه نمودم

سید علی محسنین

سِن[۲۰۸] ۱

آقا - با تغیّر دراطاق قدم میزند - بعد از ششماه که بی نوکری کشیدم بالاخره این پسره تیمور را برای من پیدا کرده‌اند - تمام تعریف‌هائی که دلال در ابتدای دخولش به این خانه کرد و او را درستکار [و] امین [و] پاکدامن معرفی نمود تمام نتیجه بعکس بخشید و الان که یکسال است این متقلّب پیش من است یک کلمه حرف راست نزده [و] یک کاری که باو رجوع شده تا آخر بدون تقلّب و دزدی انجام نداده. چندین مرتبه خواستم بیرون کنم، خانم مانع شد و نگذاشت (صدایش را بشکل زنها در میآورد)

۲۰۶- امیر ارسلان خلعتبری تنکابنی (۱۲۸۳-۱۳۵۵)، فرزند علی قلی خان خلعتبری، در تنکابن به دنیا آمد و تحصیلات مقدماتی را در تنکابن و تهران دنبال نمود و سپس از مدرسه عالی حقوق در تهران لیسانس علوم قضایی دریافت نمود. او سالها عضو هیئت مدیره و نایب رئیس کانون وکلای دادگستری بود. از وی تألیفات متعددی در باره موضوعات حقوقی موجود است، بنگرید به: http://www.ensani.ir/fa/15471/profile.aspx

۲۰۷- Pièce به تلفظ فرانسوی «پی یِس»، به معنی نمایشنامه است.

۲۰۸- Scène به تلفظ فرانسوی «سِن»، به معنای پرده یا صحنه نمایش است.

ای وای تو را بخدا میخواهی نوکری که یکسال است در خونه مونه و امروز حکم محرم را پیدا کرده بیرون کنی و یک مرد اجنبی و گردن کلفتی را بیاری که ما نتونیم رومون را بهش وا کنیم، حالا اگر این هر چی‌اش بده عوضش خوش مزه و خنده روست و مثل بابا مراد اخمو[۲۰۹] و غرغرو نیست (بصدای طبیعی خود) - گذشته از اینها وقتی فکر میکنم می‌بینم اگر بخواهم امروز این پسره را بیرون کنم چه کسی را بیارم که از این دزد تر و متقلّب تر نباشد - نوکرهای امروز هم بقدری از خود راضی و نُنُر هستند که نمیشود به ایشان گفت بالای چشمت ابروست. راستی از صبح تا حالا رفته سر آسیاب، یکبار گندم را آرد بکند هنوز نیامده (ساعت را نگاه میکند) - بله درست شش ساعت و بیست دقیقه [است] که رفته [!] - در این وقت در میزنند - گمان میکنم خودش باشد. تیمور (نو کر است)

تیمور - لنگ لنگان داخل میشود - سلامٌ علیکم.

آقا - تیمور از صبح تا حالا کجا گیر کرده بودی؟

تیمور - (ناله میکند) ای آقا بر پدر این آسیاب بونه لعنت - تقصیر اون بود که ما را تا حالا معطل کرد.

آقا - خوب بگو ببینم[۲۱۰] گندم را آرد کردی؟

تیمور - بله آقا آرد کرد - اما چه آردی [!]

آقا - لابد از اون دفعه بهتر شده - همچو نیست؟

تیمور - بله آقا از اون دفعه خوب تر خیلی هم خوب تر شده بود.

آقا - چطور خوب تر شده بود، مگر حالا نیست [؟]

72A

تیمور - نه خیر آقا حالا اصلاً آرد وجود ندارد.

آقا - چه مزخرفات میگوئی پسره - وجود ندارد یعنی چه [؟]

تیمور - اگر اوقاتتان تلخ نشود و فحش ندهید، قضیه را شرح بدهم.

آقا - «با حال تغیّر» - دِ. زودباش بگو ببینم بدبخت.

تیمور - راست میفرمائید آقا بد بختم، اگر بد بخت نبودم این بلا بسرم نمیآمد.

آقا - دِ، خفه شو بگو ببینم چه دسته گلی آب دادی.

تیمور - شما امروز صبح دو لنگه گندم دادید به چاکر که ببرم[۲۱۱] آسیاب و آرد کنم و بیارم.

آقا - و یکتومان هم اجرت آسیاب بان.

تیمور - و بنده هم بار الاغ کردم و رو به آسیاب هی کردم - وقتی رسیدم که تازه آسیاب بونه در آسیاب را وا کرده بود - منهم فوراً گندم‌ها را از الاغ پائین آوردم و بردم توی آسیاب و سفارش کردم که زود زود آرد بکند تا منهم زود زود برگردم - چون اول کار بود و آب هم زیاد - یکمرتبه چرخ آسیاب بنای گردش را گذاشت، ای گردید و گردید بطوری تند گردید که یک لنگه گندم را همه‌اش گرد کرد و به آسمان برد.

آقا - دست شما درد نکند - خوب یک لنگه که بآسمان پرید، یک لنگهٔ دیگرش چطور شد [؟]

۲۰۹- در اصل: «اخم».

۲۱۰- در اصل: «به بینم».

۲۱۱- در اصل: «به برم».

تیمور - اجازه بدهید باقیش را عرض کنم.
آقا - ای بد جنس لعنتی، بگو.

تیمور - اما بشرطیکه اوقاتتان تلخ نشود - بله منکه دیدم در اثر تندی آسیاب یک لنگه آرد از بین رفت رفتم و یخه[۲۱۲] آسیاب بونه را گرفتم - اوهوی مردیکه، پدر مرا در آوردی، آسیابت را یواش تر کن. آسیاب بونه هم رفت و جلوی آب را بست. در این وقت شنیدم که یکی فریاد میزند آی هوار، تمام یونجه‌های[۲۱۳] مرا خورد، این الاغ صاحب مرده از کیه، بابا برسید - من سراسیمه پریدم بیرون، دیدم الاغ گرسنگی خورده بیچاره چشمش به یونجه‌های تر و تازه افتاده و مشغول خوردن بود، همینکه ما رافتیم او را بگیریم الاغه ملتفت شد که میخواهم از یونجه بیرونش کنم، پا را گذاشت به دویدن، منهم بدنبالش، هر قدر من میدویدم الاغه هم تندتر میدوید - یکمرتبه افسارش بریشه بند شد منهم رسیدم و یک لگد محکم به گُردهٔ الاغ زدم - که خدا روز بد بهتون نشون نده، ناغافل چنان جفتکی انداخت که آخ آخ پدر پایم را درآورد، من دراز دراز روی یونجه‌زار افتادم و غش کردم - یک وقت چشم وا کردم دیدم صاحب یونجه زار بالای سرم ایستاده میگوید من الاغ جنابعالی را نگهمیدارم بابت خسارت یونجه‌ها، وقتیکه خسارات را دادی آنوقت الاغتون را ببرید - من پاشدم و لنگان لنگان راه افتادم که ببینم یک لنگه آرد دیگر در چه حال است - مگر نبود [که] آسیاب بونه جلوی آب را گرفته بود، آب بالا آمده و زود توی آسیاب رفت و تمام آردها را با خودش برد.

72B

بقیه پیسِ نوکر حیله گر

آقا- ای متقلّب بد ذات و ای خائن نمک بحرام، خوب بگو ببینم یکتومان را چکار کردی[؟]
تیمور - اختیار دارید آقا مگر آسیاب بونه پسر خاله بنده بود که مجانی آرد بکند - یکتومان را هم بابت مزدش گرفت و چقدر به او دعوا و مرافعه کردم.
آقا - دِ. گمشو از پیش چشمم - دِ. برو بیرون - من اصلاً نوکر نمیخواهم - غلط کردم - توبه کردم.
تیمور - خوب آقا نوکر نخواستن که دیگر اوقات تلخی ندارد.
آقا - (با حالت عصبانی) بدنبالش میدود - (تیمور هم بدون آنکه بِشَلَد چند دور میزند و بالاخره خارج میشود()].

آقا - الاغ - ۲ بار گندم - بالاخره یکتومان پول - بعد از تمام اینها فقط[۲۱۴] آدم خوب است خودش هم نوکر باشد، هم ارباب.
تیمور - درب را باز میکند و سر را داخل اطاق میکند - آقا ما را ببخشید[۲۱۵] ما که تقصیر نداشتیم.
آقا - دِ. زود برو بیرون وگرنه...
پرده میافتد.

۲۷ اردیبهشت ۱۳۱۱
سید علی محسنین

۲۱۲- مراد «یقه» به معنی گریبان است.
۲۱۳- در اصل: «ینجه‌های».
۲۱۴- در اصل: «وقت».
۲۱۵- در اصل: «به بخشید».

73

تصویری از تیم فوتبال کالج - ردیف پشت، نفر اول از راست: مربی تیم «بابگن».

74

[بتول نخستین]

غم مخور ایدوست که این جهان بنماند

بی نهایت شادم که با قلم ناقص جهت و علل شادمانی دائمی‌و خوشحالی همیشگی خود را که اساس زندگی[۲۱۶] حقیقی من است برشته تحریر در آورده لغت بی اساس غم را (که ابداً در من وجود ندارد) تا اندازه ای از محیط خود بردارم. واضح است که اساس زندگی حقیقی روح شاد و قلب بشاش است و از تاریخچه بشر تابان است که انسان شادمانی را بالاترین نعمتی دانسته برای تحصیل آن از تحمل هیچ گونه مشقتی فروگذار نکرده است. طبیعت از مشقت گریزان و پیوسته من حیث لایشعر[۲۱۷] از رنج و الم اجتناب مینماید. بشر برای بدست آوردن شادمانی جان خود را در معرض خطر می‌اندازد، خونریزی میکند، غیبت مینماید، شهادات دروغ میدهد، دوستان صمیمی‌را بنظر یکدیگر دشمن جلوه داده و پیوسته میکوشد تا شادی دیگرانرا بغم مبدل کند شاید بنائل شدن بمنتهی آمال خود که تقلب و بدجنسی است موفق شده از آنراه شاد گردد. ولی متاسفانه اینها طریق بدست آوردن شادمانی نیست!

گمان نکنید که برای تحصیل شادمانی جنگ و جدال، خونریزی، تحمل رنج و الم و بالاخره زحمات فوق العاده لازم است، خیر، بیشتر شادی من از آن است که متحمل زحمتی نمیشوم، اساس شادمانی من نیز آن است که از اختیار نمودن طرف بد هر چیز اجتناب نموده و طرف خوب آنرا در نظر میگیرم. در خیابان راه میروم، سنگی بسوی من پرتاب شده پای مرا مجروح میکند، در عین تحمل درد شادمانی من از آنست که آن سنگ بر چشم من نخورد و مرا از دیدن مناظر طبیعی محروم ننمود. نزدیک ترین دوستان من که ظاهراً خود را بنظر صمیمی‌جلوه میدهد بر من جفا میکنند، از زبان بی تقصیر من حرفهای دروغ و ناپسند بگوش کسانیکه چنین انتظاراتیرا از من ندارند میرسانند تا شاید

74A

محبت و دوستی که فی مابین ماست زایل گردیده خود بنوائی رسیده از آن راه شاد گردند. در این مورد خوشحالی من از آنست که دیر یا زود بتوسط دوست یا دشمن از حقیقت امر مطلع شده فرصت آنرا دارم که بی گناهی خود را بطرف مقابل ثابت گردانم.

هر وقت دلیل شادمانی دائمی‌خود را برای همقطاران یااشخاص مسنّ تعریف میکنم مرا مخاطب ساخته میگویند «تو جوان هستی، هنوز دوره تحصیلات خود را بپایان نرسانده ای، سردی و گرمی‌ایام را نچشیده، خوب را از بد تمیز نمیدهی، از چه رو غم گین باشی؟» - ولی اگر دقیقتر با فکری عمیق و نظری دقیق ملاحظه کنیم خواهیم دید که مهمترین موقعیکه چیزهای ناسازگار بانسان روی میدهد و انسان طاقت تحمل هر پیش آمدی را ندارد و همیشه همه چیز را موافق میل و آرزوی خود خواسته

۲۱۶- در اصل: «زنده گی».

۲۱۷- «من حَیث لایشعر» یعنی از جایی که انسان متوجه‌اش نیست و انتظارش را ندارد. این تعبیر در قرآن هم آمده است، مثلا در سوره ۱۶ (النحل) آیه ۴۵، و یا در سوره ۳۹ (الزمر) آیه ۲۵.

احساسات خود را بسیار مقدس میداند همان ابتدای جوانی است و در این موقع است که شخص از هر پیش آمدی مکدر شده از کوچکترین حادثه که بر خلاف میل او واقع میشود دلگیر میگردد!

آیا میدانید که روح چه وقتی شاد است؟ چه چیز است که انسانرا خوشحال نگاه میدارد؟ احساسات خوش! قلب راضی فکر راحت اینها نصیب‌اشخاصی است که وظایف خود را آنطور که باید و شاید انجام دهند چون رضایت کامل در آنوقت است. ممکن است بیشتر اوقات انجام وظیفه بضرر نفع شخصی خود انجام گیرد ولی [آن] خوشحالیکه بدست میآوریم بیشتر از رنجی است که متوجه ما میگردد.

اینکه میگویند «در این دنیا کسی بی غم نباشد / اگر باشد بنی آدم نباشد»[۲۱۸] مخصوص‌اشخاصی است که بوظیفه خود آشنا نبوده نمیدانند چه بکنند و بگلشن شادمانی از کدام دریچه داخل شوند، [پس] مرتکب اعمالی میشوند که نباید شد و طبقه حقیقی خود را میان احساسات نفسانی خویش فشرده محو مینمایند.

74B

یا اینکه وظیفه غلطی برای خود قائل شده و از اعمال خود نتیجه بعکس میگیرند. پس برای یافتن شادی کامل اولین قدم شناختن مقام و وظیفه حود شخص است. در هر کاری باید خوض[۲۱۹] و غور نموده پیش از انجام هر امری فکر کنیم آیا کردن این کار لازم است؟ از روی حقیقت است؟ از روی محبت است؟ اگر کاری را که میکنیم موافق سئوالات فوق باشد یقیناً نتیجه خوبی بخشیده عامل خود را خوشحال خواهد کرد.

شخص وظیفه شناس میداند چه بکند، کجا برود، چطور رفتار نماید، از چه‌اشخاصی بگریزد، با چگونه مردمانی طرح دوستی بریزد که باعث ضرر خود و دیگران نشود. شخص وظیفه شناس هرگز خوشحالی همنوع خود را برای بدست آوردن شادی خود زائل نمیگرداند. چون شخص بار سنگین این گناه را بدوش نداشته باشد پیوسته شاد است.

خردمندان دنیا را جهان یعنی جهنده نام نهاده‌اند. ساعات و دقایق آن بدون اینکه حس کنیم میگذرند و بعد از گذشتن وقت از وجود آن مطلع میشویم. مثلا همین دقیقه که من این جمله را مینویسم یا شما آنرا میخوانید گذشت و چون گذشت من دانستم که دقیقه وجود داشته است و اگر خیال انجام کاریرا داریم بایستی منتظر دقیقه آینده باشیم. لغت «الان» در زندگی وجود ندارد، وقت یا گذشت یا میاید! جای هزاران افسوس است که ما دقایق زندگانی خود را مادامیکه در دست ما هستند نمیتوانیم نگاه داریم! پس خوشی و غمناکی که در خود این دقائق پرنده و جهنده هستند بدون اختیار ما از دست میروند و در این دهر فانی خوشحالی و غمگینی، خندیدن و اوقات تلخی کردن، متاسف و شادمان بودن، وجود خارجی نداشته همه از روی احساسات خود ما تولید میشوند. بشر را همانقدر که امکان غمگینی و تاسف است

74C

بهمان اندازه بلکه بیشتر فرصت خوشحال و شادمان بودن مهیا است، چون دنیا را با هر چشم که نگاه کنیم همانطور می‌بینیم. پس جهت ندارد که خوشحالی را کنار گذارده غمگین باشیم و از اتفاقاتیکه پایه و دوامی‌ندارد متاسف بوده شادمانی خود را زائل گردانیم. من شخصاً از کمترین حادثه متاثر و متاسف میشوم ولی یاد ندارم که تاثر من بیشتر از چند دقیقه دوام داشته باشد چون غالباً چشم بد را بسته هر چیز را بچشم خوب مینگرم و پیوسته گذشته را فراموش کرده آینده را در نظر میگیرم. من زندگی خوشحال

۲۱۸- منسوب به خاقانی است.

۲۱۹- «خوض» به معنی به فکر فرو رفتن و درباره امری اندیشیدن است.

و حقیقی را همین میدانم، لذا مطلب خود را با یک رباعی [از] حکیم عمر خیام که تقریباً سرمشق زندگی من است خاتمه میدهم:

ایدوست مخور غم جهان گذران — خوش باش و جهان بشادمانی گذران
در طبع جهان اگر وفائی بودی — نوبت بتو خود نمیرسید از دیگران[۲۲۰]

بتول نخستین

75

بت من نقاب برگیر ز روی همچو ماهت — مگر اوفتد زمانی باسیر خود نگاهت
مفروش اینقدر ناز به بستهٔ کمندت — بنمای رحم بر سائل قاعد براهت
ز حجاب جهل و پستی برهان رخ نکو را — بجهان و ساکنانش بنما عیان وجاهت
شده یک جهان اسیر سر زلف تابدارت — شده عالمی گرفتار دو دیدهٔ سیاهت
سخنان پوچ مفتی ز چه رو بگوش گیری — بنگر چسان فکنده است بسر همی بچاهت
تو حقوق خویش خواهی بکنی اگر حراست — که رسول حق بیاورده ز جانب الهت

75A

ز قیود بندگی خویشتن ای صنم رها کن — برسان ز قدر برماه تو گوشه کلاهت
بگشای چشم و ترکیه ببین و ترک خو کن — تو مگوی یگّه تاز می‌که جهان بود سپاهت
بفکن نقاب از روی و زخانه شو به بیرون — بگذار خلق آیند همیشه در پناهت
ز چه باد راضی[۲۲۱] فریاد و فغان و ناله داری — برسد که شیخ را هم بگرفته دود آهت

...[۲۲۲]
۱۰ / ۱۲ / ۲۵

۲۲۰- با تغییراتی،اشاره است به این رباعی از عمر خیام:
«بر خیز و مخور غم جهان گذران / خوشباش و دمی‌به شادمانی گذران
در طبع جهان اگر وفائی بودی / نوبت بتو خود نیامدی از دگران»
بنگرید به: «ترانه‌های خیام»، ویرایش صادق هدایت، چاپ ششم، تهران، کتابهای پرستو، ۱۳۵۳، رباعی ۱۲۴، ص ۱۰۷؛ همچنین با تغییری در مصرع دوم از بیت نخست، بنگرید به: https://ganjoor.net/khayyam/robaee/sh138/
۲۲۱- در اصل دو عبارت ناخوانا است.
۲۲۲- در اصل امضای این متن ناخوانا است، احتمالا «تقی رئیسی».

76

[کریم ظهیری]

شرارهٔ قلب - گل کوچک

درخت کوچک عزیزم - دوباره نسیم بهاری بتو روح بخشید. باز شاخهای لطیف و قشنگت با شکوفه‌های قرمز زیبا پوشیده شده دوباره طبیعت مادر عزیزت ترا از پستان خود شیر داد و باز تو عمر خود را از سر گرفتی، تو زیبائی حیات را میدانی، از شبنم بهاری لذت میبری، در دامان طبیعت میغلطی - آه بیچاره بشر.

تو عمر خود را با آرامی‌بسر میبری امّا عمر بشر با یکدوره غم و اندوه مخلوط با آمال است که پشت سر هم مانند امواج خروشان دریا ...[۲۲۳] نابود میشوند، امّا هر موجی چندین موج کوچک دیگر تشکیل میدهد. بیچاره اولاد آدم در یک محیطی غوطه ور شده با مرگ خود بتمام اینها خاتمه میدهد.

درخت عزیزم - تو فقط از زیبائی بهار لذت میبری، جوانی تو مخلوط با شادی است، تو در بهار عمر خود خندان هستی، اما بشر اینطور نیست، تو میخندی او گریه میکند - تو شادی او غمناک است، تو آرامی‌او قلبش در طپش است، تو ساکتی او فریاد میکند، جوانی تو فصل طرب است اما جوانی بشر مخلوط با غم است او از جوانی خود لذت نمیبرد، جوانی او بدترین اوقات زندگانی محسوب میشود، همه گونه تحولات

76A

فکری باو روی آور میشود، تو هنوز به جوانی و بدبختی بشر دچار نشده ای، تو هیچکس را دوست نمیداری اما من تو را دوست دارم، تو بکسی اظهار محبت نمینمائی اما من تو را میپرستم، زیر سایهٔ تو می‌نشینم، با تو خندان میشوم، اما باز هم غم باز محیط کدر بشو[۲۲۴]

درخت عزیزم - تو عشق هم نمیدانی چیست، تو شبها تا صبح بیدار نبوده ای، زانوهای لطیفت در اثر صدای کسی نلرزیده قلبت از دیدن کسی بطپش نیامده، اشکت برای بیوفائی یاری[۲۲۵] جاری نشده، از دوری محبوبی نحیف نشده‌ای، چشمت در انتظار دلداری خسته نگردیده. آری تو از هر چیز غافلی - بلبل بیچاره بر شاخسار تو میخواند اما تو جواب نمیدهی، او برای تو درد دل میکند اما تو بتمام عقاید او میخندی، او از عشق شکوه میکند اما تو عشق را هیچ میدانی، او بر روی گلهای قشنگ تو میغلطد اما تو او را در آغوش نمیکشی، او فریاد میکند تو آرامی، او آشیانهٔ خود را در غم شاخهای تو پنهان میکند اما تو او را بدست باد میدهی، تو بدرد او گرفتار نیستی، آری بچنگال عشق دچار نشده ای، گل قشنگم - تو با ناز طبیعت پرورده شده‌ای، همیشه میان سایرین سرافراز بوده ای، به بدبختی دچار نشده ای، هیچکس چنین را برای دوستی خود انتخاب نکرده ای، حق داری، تو میدانی دوستی لعنت موهومی‌است - تو میدانی محبت در دنیا خلق نشده است، تو میدانی هیچکس ...[۲۲۶] ترا دوست نمیدارد، تو خوب دانسته ای که همه تو را فریب میدهند، اما با من صحبت کن، من ترا میپرستم، دلم میخواهد در دامان تو پرورش شوم، میخواهم در شاخسار تو غلط زنم، با من صحبت کن، منهم مثل تو از بشر خسته شده ام، بیا دست بهم داده فریاد میکنیم با هم شادی مینمائیم، با من صحبت کن، مرا دوست بدار، شاید تو اول کسی باشی که مرا دوست دارد،[۲۲۷] آغوش خود را باز نما، یک بدبخت از

۲۲۳- در اصل دوعبارت ناخوانا است، احتمالا «آهسته بر جا».

۲۲۴- در اصل دو عبارت ناخوانا است.

۲۲۵- در اصل قدری خدشه وارد شده است.

۲۲۶- در اصل یک عبارت ناخوانا است.

۲۲۷- در اصل: «دوست داری».

بشر بیزاری را در دامان خود جای ده - اما نه، درخت عزیزم، تو هم بآتش بدبختی بشر خواهی سوخت، تو به تنهائی خود ادامه ده، از هر کسی حتی از منهم که ترا دوست دارم کناره گیری کن، بگذار من بمانم و افکار پریشان.

گل زیبایم - تو گرفتار عدالت موهوم بشر نشده ای، تو در زیر شکنجه‌های[۲۲۸] افراد آدم نیفتاده ای، تو در دام بدبختی دچار نشده ای، تو هیچوقت حاضر نمیشوی خود را انتحار نمائی اما بشر حاضر میشود، تو میخواهی بعمر خودت ادامه بدهی اما او با یک گلوله به اوضاع خود خاتمه میدهد.

تو آخرین دقایق محکومی‌را مشاهده نکرده ای، صورت تو قشنگ است، چون صورت پژمردهٔ دختران ضعیف در جلو چشمت مجسم نمیشود، اما من همهٔ اینها را دیده ام، تو با من هم درد نمیشوی، تو میخواهی شاد باشی، من نیستم، باید از هم دور شویم.

76B

درخت کوچکم - تو نموّ میکنی، شکوفه میدهی، گلهای قشنگت جلوه آرائی مینمایند، خزان میکنی، دوباره سال دیگر عمر خود را از سر میگیری. بشر هم متولد میشود و نشو و نما میکند، گل میدهد، خزان میکند، بالاخره میمیرد. شما هردو در عمر شریک هستید اما در آمال متفاوت. اواشرف مخلوقات است، طبیعت باو حس داده هر چیزیرا می‌بیند، از هر چیز غمگین میشود، اما تو اینطور نیستی. او فکر میکند، خود را ضعیف می‌بیند، دچار بدبختی میشود، در زحمت میافتد، اما تو گل زیبا، تو جلوه آرای چمن طبیعت بهمه چیز بچشم بی اعتنائی نگاه میکنی، بخودت مبال، از بشر بیش نیستی، در خوشی هستی اما حق امتیاز بر سایرین نداری، تو تن پرور بار آمده ای، همیشه با راحتی دست در آغوش بوده ای، اما طبیعت بتو هم مهلت نخواهد داد، هشیار باش، من آنوقت برای تو دیگر گریه نمیکنم چون تو حالا برای بشر غمگین نمیشوی، من آنوقت ترا ترک میکنم چون تو حالا مرا ترک مینمائی، بخود آی، مغرور مباش، من رفتم، خدا حافظ.

کریم - ظهیری
محصل کلاس ۱۱
۲ فروردین ۱۳۱۱

77

[محمد حسین مهذّبی شیرازی]

دست انتقام قوی است

یاد دارم که در فصل بهار که تازه بهار عمرم شروع گردیده بود با جمعی از دوستان بباغی رفتم که منظره‌اش گوئی خلد برین و نسیم لطیفش چون نسیم بهشتی وزان بود، نهر کوچکی در آن جریان داشت که گوئی آب آن از زلالی براشک دیدگان پریچهرگان سبقت میگرفت. درختانش سبز و خرّم و شکوفه‌های[۲۲۹] آن تازه رو بشکفتن نهاده چون تبسّم گلرخان ماه رو قلب ناظرین را مانند مغناطیسی بخود جذب میکردند. گلهای رنگارنگش فضای باغ را معطّر ساخته و آواز پرندگان بر جلوه‌اش افزوده بود، صبحگاهان نسیمی‌روان بخش وزیدن گرفت بطوریکه مرا تحریک نمود که از جا برخاسته[۲۳۰] اندکی بتماشای گلهای سرخ بروم.

۲۲۸- در اصل: «شکنجهای».
۲۲۹- در اصل: «شکوفهای».
۲۳۰- در اصل: «برخواسته».

وقتیکه از جای خود حرکت نمودم بوی گل چنان مرا مست نمود که چیزی نمانده بود از خود بیخود گردم ولی با کمک نسیم ملایمی‌خود را بپای درخت گل سرخی رسانده مشغول نگاه کردن شدم ناگاه بلبلی را دیدم که در کنار گلی قرار گرفته است، همانجا نشسته دیده بردوختم تا از فرجام کار مطلع گردم.

ناگاه دیدم بلبل با نغمات روح افزای خود با معشوقش مکالمه میکند و میگوید ای معشوق دل آرا و ای یار عزیزیکه برای یک لحظه دیدنت خود را بکشتن میدهم، خیز و با من صحبتی دار و اندکی دم از وفا زن و کمتر بمن جفا نما. رسم زمانه چنین

77A

نیست. چند روزی که طراوت جمالت باقی میباشد و هنوز پژمردگی بر تو راه نیافته است تفقدی از یار دل خسته خود بنما. بلبل دل مرده بعد از چند دقیقه ای که مشغول گفتن این الفاظ بود و جوابی نشنید اندکی بر طبیعت پرخاش نمود ولی البته مؤثر واقع نشد. بی اختیار پرواز نموده برفت ولی در عین رفتن میگفت دست انتقام قوی است، مگر روزگار انتقام مرا بگیرد.

من از این منظرهٔ شگفت آور بحیرت آمدم و با خود میگفتم چگونه ممکن است روزگار انتقام او را بگیرد. امّا پس از لحظه ای دیدم بادی تند وزیدن گرفت و آنگل سرخ را از درخت چنان بکند که هر پره‌اش بکناری پرتاب شد.

از این نگاه مرا حالی دگر پدیدار شد. از جا برخاسته و خود را برفقا رساندم و دانستم که این روزگار انتقام مظلوم را از ظالم خواهد گرفت.

الاحقر محمد حسین مهذّبی شیرازی
دوازدهم اردی بهشت ماه ۱۳۱۱

78

[نام نگارنده نیامده است – نوشتاری در باره زیان‌های برخی عادات واعتیادات]

اینان لذّات مادی و موقتی را بر لذات معنوی و دائمی‌ترجیح داده آتیه خود را بمعرض هزاران بدبختی و فلاکت میسازند[۲۳۱] و بالعکس آنها که قیمت اوقات عزیز را دانسته و قدر عمر گرانبها را فهمیده‌اند مختصر کوشش چند ساله را تحمل نموده آینده درخشانی را برای خویش تهیه میکنند.[۲۳۲] اینک ما برای باز شدن افکار و آشنائی اذهان جوانان بیگناه که تنها تکیه گاه این مملکت و پایه امیدواری این ملت باستانی هستند نکاتی چند خاطرنشان نموده و عواقب وخیم برخی ازعادات رذیله و اخلاق وخیمه را که مایه محو و زوال جوانان و خانواده‌های ایشان است متذکر میشویم تا آنان که مُطالب معرفت و جویای سعادت هستند بادیدهٔ باز موانع و خطرات طریق ترقی را در نظر گرفته حتّی المقدور از آنها[۲۳۳] احتراز جوید.

۱ – یکی از عادات شوم و خطرناک که غالب جوانان را دچار سازد استمنا (جَلق) است. مبتلایان باین امراض و عادات پس از اندک زمانی بعواقب وخیم آن از قبیل زردی رنگ – ضعف – لاغری – بی بندگی – بی حوصله گی – کم خوابی – کم غذائی – حالات عصبانی و عوارضات نورستنی تب‌های مزمن و غیره گرفتار شده عاقبت از مردی نیز افتاده و با نهایت فلاکت بدیار نیستی رهسپار میشوند.

۲۳۱- احتمالا مراد «می سپارند» است.

۲۳۲- در اصل: «میکند».

۲۳۳- در اصل سهواً «آزنها» نگاشته شده.

۲ - سوزاک - این مرض که در اثر جزئی غفلتی شخص را مبتلا میسازد گذشته از درد و سوزش دائمی- ورم ...[۲۳۴] - ورم غده پرستاد[۲۳۵] . عقائب آن در سن چهل و پنجاه سالگی - خیارک - ضیق مجری - خشک شدن مفاصل - و باخره کوری و قطع نسل و ورم مثانه و کلیه‌ها و هزاران عوارض دیگر را که ذکر آنها بی مورد است در بر دارد. مخصوصا اگر قبل از معالجه قطعی و حصول اطمینان با دختر بیچاره ای ازدواج شود او را بمراتب سخت تر از خود گرفتار خواهد کرد، چه این مرض موذی در زنان بطور شدیدتری ظاهر میشود و غالباً امراض سختی را در زنان باعث میشود

78A

که منجر باعمال سخت جراحی خواهد گشت.

۳ - سفلیس یا کوفت - این مرض خطرناک که از قدیم الایام نام آن وحشت آور و دهشتناک بوده سه مرحله را طی مینماید. نخستین مرحله آن زخم کوچکی است موسوم به شانکر[۲۳۶] که شبیه به تب خال و اغلب روی آلات تناسلی ظاهر شده و گاهی بدون معالجه آثار ظاهری آن محو شده و از داخل شروع بکار میکند - درجه دوم پس از یک الی شش ماه باشکال مختلفه از قبیل گلو درد - زخم دهان و زبان - گرفتگی صدا - تورم بعضی از غدد و پیدایش دانه‌هائی برنگ مِس ابتداء در پشت[۲۳۷] و سپس در تمام بدن آشکار میشود و ممکن است بخودی خود ظاهراً مرتفع گردد - درجه سوّم پس از محو شدن عوارض درجه دوم از چند ماه الی چند سال بعد بیکی ازاشکال ذیل پدیدار شود - جنون - امراض قلبی مهلک - زخمهای آکله[۲۳۸] - کوری چشمان - و استرخا[۲۳۹] و فلج تمام و یا قسمتی از بدن - حملات و سکته‌های مهلک و غیره - سرایت این مرض بدیگران حتمی‌است و ظهور آثار آن تا پشت سوم و چهارم قطعی است. اغلب در زنها سبب سقط جنین و یا اتلاف طفل پس از تولد شدن [می‌گردد].

۴ - عادت بمشروبات الکلی نیز بنوبت خود مرض سخت و خطرناکی است - زیرا بواسطه تولید عطش کاذب منتهی به شرب مدام (دائم الخمر) میشود. معتادین بمسکرات گذشته از ابتلای بامراض کبد - کلیه - سوءهاضمه، دَوَرانی سر[۲۴۰] - سستی اعصاب و رعشه و غیره غالباً در مستی باعمالی مبادرت میکنند که گاهی منجر [به] قتل و جنایات میشوند (طبق تحقیقات دقیقی که شده است قسمت عمدهٔ قتلها و نزاعها و غیره بدست‌اشخاص الکلی صورت گرفته است).

۵ - استعمال تریاک و اقسام آن - این عادت شوم و پلید که تدریجاً شخص را معتاد [و] بطرف

78B

پست ترین مراحل زندگانی میکشد، بلای خانمانسوزی است که ترک آن جز بوسیله مرگ صورت پذیر نیست. اشخاصیکه [به] تریاک عادت کرده‌اند بواسطه یکی از جهات ذیل[۲۴۱] خود را باین چاه تاریک و ورطهٔ هولناک افکنده‌اند: (۱) تفریح، (۲) معاشرت با تریاکیان، (۳) طبابت پیره زنان - خلاصه این داروی تلخ ولو برای یکبار هم استعمال شود باز خطرات بسیاری را متحمل است

۲۳۴- در اصل یک عبارت ناخوانا است.

۲۳۵- مراد «پروستات» است.

236- *Chancre.*

۲۳۷- در اصل: «پست».

۲۳۸- «آکله» در اینجا به معنی جذام است.

۲۳۹- «استرخا» به معنی سست شدن است.

۲۴۰- مراد «سرگیجه» است.

۲۴۱- «ذیل» به معنی دامن است.

و متضمن و بهتر آنستکه یکباره آنرا[۲۴۲] نادیده انگاشته انگاشته بگفته‌های بیهوده مردان نادان و تن آسان اعتنائی نکرده زیرا بتجربه دیده شده که اوّلین بار استعمال آن غالباً منجر بعادت همیشگی گردیده و زوربروز بی اختیار بر مقدار آن افزوده خواهد گشت - چه پس از مدتی استعمال مقدار معیّن دیگر کیف و یا باصطلاح اهل فن نشئه[۲۴۳] و لذتی نخواهد داد و بالطبع بر مقدار آن علاوه میشود - صفات مختصّهٔاشخاص تریاکی از قرار ذیل است - تنبلی - سست عنصری - پشت هم اندازی - لاقیدی - خانه نشینی - کم خوابی - بی‌اشتهائی - یبوست - سوءهاضمه - بد اخلاقی - تند خوئی و غیره و غیره. در خراسان و بعضی از نقاط دیگر معمل[۲۴۴] است که چوب وافور (نگاری[۲۴۵]) را پس از مدتی استعمال بواسطه جمع شدن جِرم و کثافات در آنی بقیمت گزافی میخرند و هر قدری که این کثافات بیشتر شده و مجرای[۲۴۶] چوب را تنگتر کنند بر قیمت آن افزوده خواهد گشت - ولی باید دانست که با اینهمه تنگی استعداد آنرا دارد که تمام دارائی و جوانی مبتلایان را تبدیل بدود نماید، [و] از میان خود بگذراند. مخدرّات و مکفیّات دیگر از قبیل کوکائین - مرفین و حشیش و غیره و غیره در انهدام بنیان زندگانی و تهیه انواع فلاکت و بدبختی برای مبتلایان کمتر از تریاک نبوده گاهی نیز بر آن برتری دارند.

جوان، این مقاله بیش از این گنجایش شرح و تفصیل ندارد.

78C

بهمین مختصر تذکار قناعت نموده امیدوارم کتاب مفیدی را که مشغول تهیه و طبع آن هستم زودتر بخوانندگان محترم تقدیم دارم و از اینراه بتوانم وظیفه وطن پرستی و خدمتگذاری خود را انجام دهم - این کتاب مجموعه ای است شامل اهمیّت صحّی خانواده و دستورات لازم برای حفظ سلامتی دختر و پسر جوانی که با هم مواصلت نموده و میخواهند اطفال سالم و زندگانی خوش و با سعادتی داشته باشند.

79

ایرج ناصر، نقاشی با آبرنگ.

80

[قهرمانی]

تا دل دیوانه ام دربند گیسوی تو شد — آرزویم بوسهٔ بر خال هندوی تو شد
گشت فصل نو بهار و موجب مستی من — آن دو چشمان سیاه مست جادوی تو شد
بوی سنبل کرد دلهای حزین را پر نشاط — همچو عطر زلفهای عنبرین بوی تو شد
بلبلان در وصف روی گل سرایندی نغم — لیک ذکر من حدیث روی دلجوی تو شد
هردمی‌کردند صحبت در خصوص مهر و ماه — گشتمی‌مدهوش و فکرم بر مه روی تو شد
ریخته شد خون ...[۲۴۷] از قصاص ...[۲۴۸] — باعث این ماجرا شمشیر ابروی تو شد

۲۴۲- در اصل: «آنانرا».

۲۴۳- در اصل: «نعشه» (کذا).

۲۴۴- «مُعمَل» به معنی شیوه و راه آشنا؛ در اصل شاید مراد «معمول» بوده است.

۲۴۵- «نِگاری» به معنی اسبابی است که با آن تریاک می‌کشند، وافور.

۲۴۶- در اصل: «مجری».

۲۴۷- در اصل دو عبارت ناخوانا است.

۲۴۸- در اصل دو عبارت ناخوانا است.

رحمتی بنما مکن خون ریزی و جور و جفا　　　در ره عشق ار کسی دریوزه بر کوی تو شد

قهرمانی

81

نقاشی نیمرخ با آبرنگ - اثر ایرج ناصر

82

[کیانپور]
قطعهٔ ادبی و احساسی، بدون عنوان.

مــرغ دلم در قفــس غــم اسـیر　　　تــازه جــوان گشــته ز انــدوه پیــر

هنوز مراحل عشق را نپیموده،[۲۴۹] شادی وصال و غم هجران را نمیدانستم. هنوز برُموز محبّت پی نبرده، و درجات دوستی را سیر نکرده بودم که بنغمات دلکش بلبلی دل بستگی پیدا نموده و مفتون شدم. قبل از جلوه گری آفتاب بیدار میشدم، نسیم فرح بخش بهاری را استنشاق میکردم، خود را مخفیانه بسمت درخت گلی که مسکن آن عاشق دلباخته بود میکشاندم و در زیر آندرخت بر روی سبزه‌ها تکیه میکردم. اسرار عشق را میشنیدم ولی پی بحقیقت آن نمیبردم. چند روزی گذشت، خیال کودکانه ای در مغزم پیدا شد، در صددگرفتاری آنمرغ برآمدم. بالاخره او را بچنگ آورده، در قفسی محبوسش ساختم. اوّلین روزی که در بند افتاده بود، اطاقم را پر از شور و غوغا نمود. من تصوّر میکردم خوراکهای لذیذ، شربتهای گوارا، اطاق تمیز، قفس قشنگ، ظرفهای چینی، او را بسرور آورده راز خود را آشکار میسازد.

آنروز گذشت و دیگر نغماتی از او ظاهر نشد. خوراک نمیخورد، آب نمیاشامید. درصدد چاره برآمدم. گلهای زیادی از درخت کنده، نثار قفسش نمودم. قدری بخود آمد ولی هیچ نگفت. روز دیگر قفسش را بشاخه ای از درخت گل آویزان کردم و در نزدیک آبشار کوچکی بقرائت کتابی مشغول شدم. چون بجانب بلبل بازگشتم، او را ...[۲۵۰] یافته، درصورتیکه سرخود را از روزنهٔ قفس بیرون آورده و دیدگانش را بغنچهٔ گلی دوخته بود. دلم بسوخت. بآهستگی در قفس را باز کرده او را بملایمت برداشتم و بوتهٔ یاسمنی را تکیه گاهش ساختم. دقیقه ای چند باو نگاه کردم. بی اختیاراشک از چشمهایم جاری شد، راه اطاق خویش را گرفته بر روی تخت خواب[۲۵۱] افتادم. ساعتی نگذشت که ببالین آن بیچاره آمدم، ولی او را ندیده و خبری نیز حاصل نشد.

رموزات اینواقعه بر من مجهول ماند. تا اینکه استاد من یعنی طبیعت از چگونگی آن آگاهم نمود. خودم را دچار کرد و گرفتارم نمود. مرا از آن زندگانی ساده و بی آلایشی که داشتم محروم ساخت. اجازه نداد از جمال طبیعت لذت برم و دست پروردهٔ خود

82A

را در کمال مطلق خویش بینم. احساسات لطیف و روحیات روشن مرا پژمرده و تاریک نمود. مرا در گوشه ای از پایتخت جای

۲۴۹- در اصل: «نه پیموده».

۲۵۰- در اصل نگارش یک عبارت قدری مبهم است، احتمالا «نیممرده».

۲۵۱- در اصل: «تخت و خواب».

داد و با تمدّن جدیدم آشنا نمود. آن احساسات درونیم از این پیش آمد خاموش گشت. [دیگر] آن لطائف آثار طبیعت را مشاهده نمیکنم و لذّتی که باید ببرم نخواهم برد. در بحر غم متفرقم و چون عاقبت [آن] بلبل، فرجام کارم معلوم نیست.

اکنون برادران عزیزم که امروز یا فردا وقت خود را صرف قرائت ترجمهٔ حال من میکنید، شما را بزندگانی ساده، شما را بتماشای مناظر زیبای طبیعت، باستماع صدای دلکش آبشار، بشنیدن زمزمهٔ درختها در موقع وزش نسیم، بدیدن طلوع آفتاب، بمشاهدهٔ الوان مختلفهٔ افق در موقع غروب، بمرغزار، بچمنزار، بکوه، بکوهپایه، بجوی، بجویبار، دعوت میکنم تا احساسات درونی خود را خاموش نکرده، از اسرار طبیعت آگاهی حاصل نمائید. از دنیا لذّت برید و بهشت جاودانی را از برای فردا تهیه کنید، تا مثل من در دام غم اسیر نشده، سرزنش دیگران را نشنوید که:

دریـغ از کیـان پـور کـو شـد پریـش　　　ز ظلـم طبیعـت دلـش گشـته ریـش

83

[تصویر علامرضا رشید یاسمی[۲۵۲]]

83A

[شعری از غلامرضا رشید یاسمی، به خط خود شاعر]

جوانی

جوانـی چیسـت مرغـی بـر سر شـاخ　　　همیشـه مسـت و بـی آرام و گسـتاخ
ازیــن شــاخ بدیگــر شــاخ پــرواز　　　امیــدش عاشــقی و قوتــش آواز
جهـان در چشـم او باغـی کـه آن بـاغ　　　گلـش بـی خـار باشـد لالـه بـی داغ
نـه گل تنهـا بـر او خندان شـب و روز　　　ز گل خنـدان تـر او را بخـت فیـروز
وزو ناگــه خزانــی بــاد پیــری　　　دگرگــون گــردد آن لــذت پذیــری
بمانـد گل بجـای و شـاخ بـر جـای　　　هـمان سرو سـتاده بـر یکـی پـای
ولیکــن آن ضمیــر شــادمان کــو　　　دلـی از بوسـتان شـادی سـتان کـو
میــان شاخســاری از نظــر دور　　　شـود آنمـرغ پیـری دیـده مسـتور
ز بســتان جهــان بربســته دیــده　　　بخــود چــون کــرم ابریشــم تنیــده
همی‌گویــد بگــوش دل نهانــی　　　کـه ای سرچشـمهٔ عشـق و جوانـی
بیـا بـار دگـر خـوش بـاش از آن پیـش　　　کـه نتوانیـم یـاد آوردن از خویـش
چو کرد این خواهش از دل مرغ مأیوس
بگوشـش نالـهٔ آیـد کـه افسـوس ... !

رشید یاسمی

۲۵۲- غلامرضا رشید یاسمی(متولد ۱۲۷۵ در کرمانشاه، وفات ۱۳۳۰ در تهران)، نویسنده، شاعر، و مترجم.

83B

[غلامرضا رشید یاسمی]

فواره

گرنـه آن فـواره از کان گهـر بیـرون شـود
قطره‌هایش هر زمان چون در مکنون چون شـود

چـون هـوا سـاکن شـود باشـد عصائی از بلـور
ور نسیم آیـد ز سـیم تـر یکـی عرجـون[۲۵۳] شـود

لـرز لـرزان اسـت و نامـوزون قـدش در پیش باد
چـون نشـیند بـاد دردم قامتـش مـوزون شـود

بیـد مجنـون راسـتماننـده چو خم گـردد ز باد
بید دیدسـتی که خود گرینده چون مجنون شود؟

همچـو نـور مهـر از گـردون فـرود آیـد بزیـر
همچـو آه دردمنـد از خـاک زی گـردون شـود

راست گوئی سیمگون ماری است ز افسون مانده خشک
آری آری خشـک گـردد مـار چـون افسـون شـود

زو قبـای آبگیـر از سـیم تـر گیـرد سـجاف[۲۵۴]
زو کلاه سـبزه از المـاس و در مشـحون شـود

گرنـه ایـن المـاس و در از خاکـدان گیـرد گریـز
خاکـدان روزی دو از گنـج گهـر قـارون شـود

روی آب از ریـزش او دایـره بنـدد هـزار
هـر یکـی مـر دیگـری را مرکـز و کانـون شـود

ایـن مـرآن را همچـو زندانـی بـود بـر بسـته در
لیـک خـود در بند موج دیگری مسـجون[۲۵۵] شـود

تـا بـدرّد سـجن[۲۵۶] خـود آن یک شـود دایـم فراغ
وسـعت زنـدان ولیکـن همچنـان افـزون شـود

بـاغ را رگـزن مگـر بشـکافت رگ کـو را همـی
مایـهٔ جـان روز و شـب از کالبـد بیـرون شـود

بـاغ را زیـن رفـتنِ خـون ای عجـب نیـرو فـزود
گرچـه تـن سـستی پذیـرد گر دمـی‌زو خون شـود

83C

چـون بـر او خورشـید تابد گـردد از یکسـو پدید
گونه گون قوسی که عقل از دیدنش مفتون شود

کس کمال دیدسـت کآید در نظر بر هفت رنگ
وانگهـی الـوان آن هـر لحظـه دیگرگـون شـود؟

رنـگ گلهـای چمـن گوئـی دراو شـد منعکس
کان چنیـن هـردم برنگـی همچـو بوقلمون شـود

گـه جـمال لالـه گیـرد گاه لـون شـنبلیله
گـه بنفشـه رنـگ گـردد گـه چـو آذریون[۲۵۷] شـود

طـاق نـصرت بسـته گوئـی بـاغ تـا شـاه نسـیم
بـا غنیمت‌هـا ز بـوی گل سـوی‌هامون شـود

ای درخـت شـادمانی ایکـه در بـاغ بهشـت
هـر کـه از تـو روی در طوبـی کنـد مغبـون شـود

آنکـه از تـو دور باشـد دور باشـد از خوشـی
وآنکـه نزدیـک تـو شـد بـا خرّمی‌مقـرون شـود

رشید یاسمی

۲۵۳- «عرجون» به معنی چوب خشک شده و خمیده خوشه خرما است.

۲۵۴- «سجاف» به معنی پارچه یا نوار باریکی است که در حاشیه و کنار جامه دوزند.

۲۵۵- «مسجون» به معنی محبوس و زندانی است.

۲۵۶- «سَجَن» به معنی محبس و زندان است.

۲۵۷- «آذریون» به معنی نوعی گل شقایق است که کنارش سرخ و میانش سیاه باشد، به معنی گل آفتابگردان هم به کار رفته است.

غزل

راهی نشد پدید و دل اندر هوس بماند / خاکستری بجای افروزان قبس[۲۵۸] بماند
شد کاروان شوق و نشاط و امید وصل / گوش امیدوار ببانگ جرس بماند
شادی ز آشیانه برون جست و غم نشست / گوهر بقعر آب فرورفت و خَس بماند
عمری بشد بناله و فریاد و چشم دل / وزانتظار مقدم فریاد رس بماند
آن مرغ آرزو که خیالش بدام بست / پرواز کرد و مشت[۲۵۹] پری در قفس بماند
شهد نشاط را بربودند و پیش خزان / دل دست غم نهاده بسر چون مگس بماند
زآن آه‌های سرد نبردیم هیچ سود / جز پاره‌های آه که اندر نفس بماند

83D

ورزش

بیا تا تن خود نداریم خوار / برآریم از جان سستی دمار
تن ما چو کاخی است در سیل گاه / بر او سیل غرّنده افکنده راه
چو بنیان او گشت نا استوار / نگیرد بر سیل جوشان قرار
بکاخ اندرون هوش و فرهنگ و رای / چو خانه خدایان گزیدند جای
اگر کاخ را سست بنیان کنیم / دل ساکن خانه لرزان کنیم
چو ویران و لرزان بود خانه‌ای / نجوید در او مرد کاشانه‌ای
تکاور که در رزم سستی کند / سوارش چه سود ار که چستی کند!

بیا تا که تن را بنیرو کنیم / ز ورزش دل و جان بی آهو[۲۶۰] کنیم
چو از تن به پیریت نیرو نکاست / بماند ترا رای و گفتار راست
سر از فکر روشن دل از رای پاک / نگردد تهی تا بروز هلاک
همه روز شادان تر از روز پیش / نه دل نا امید و نه خاطر پریش

نگویم که سودی در این زندگی است / که نزدیک من با نبودن یکی است

83E

ولیکن دو روزی که در این جهان / جهان آفرین گفت باش و بمان
چرا زار باشیم و نالان و مست / بدل نا امید و بتن نادرست؟
ز دیدار ماه و زدیدار هور / ز بازیگریهای امواج نور
ز بوی خوش و از خورشهای نغز / که نیرو پذیرد از آن جان و مغز

۲۵۸- «قَبَس» به معنی شعله و پارهٔ آتش است.

۲۵۹- در اصل یک عبارت ناخوانا است.

۲۶۰- «آهو» در این جا به معنی عیب و نقص و بیماری است.

ز گســتردنی‌های راحــت فــزای | ز زیــر و بــمِ صــوت انــدُه ربــای
بجوئیــم لــذت بیابیــم بَهــر | بگیریــم کام دل از خــوان دهــر
شــب و روز شــادان و امیــدوار | بپیچیــم[۲۶۱] طومــار لیــل و نهــار

جهــان چیســت آئینــهٔ حــال مــا | در او منعکــس نقشــش احــوال مــا
بــروی انــدرش گــر بخندیــم شــاد | بخنــدد بمــا بــر چــو گل پیــش بــاد
وگــر پیــش او مویــه کردیــم سر | نبینیــم در وی بجــز چشــم تــر

ازیــن پیــش مــردان فرخنــده پــی | بجُســتند ایــن شــادمانی ز مــی
ولیکــن مــی‌ار شــادمانی دهــد | بدانســان کــه دانیــم و دانــی دهــد
یکــی جــوش در خــون و شــوری بــسر | صُداعــی[۲۶۲] بشــب رنجــی انــدر سحر
چــو روزی دو مانــد لــب از جــام دور | شــود جســم رنجــور و خاطــر نفــور

هــمان بــه کــه از چشــمه زندگــی | زشــادی بجوئیــم پاینــدگــی
ز ورزش بخواهیــم نیــروی جــان | دل خــرّم و شــادی جــاودان

رشید یاسمی

84

[عباس آرین پور – مقاله ای بدون عنوان در باب عشق و دوستی]

دوست من: بهترین سعادت و شادی من مهجور اینست که ترا «دوست» بخوانم و بخیال خود در عالم خیال همیشه با تو راز و نیاز نمایم. آری، هر وقت روحاً متوجه بتو هستم، قوّت قلب دارم، در تنهائی شاد، امّیدوار و بزندگی علاقمند میباشم. کاش من میتوانستم سرّ عشقرا ادراک کنم و بدانم اساساً چرا انسان باید دلبستهٔ ماهروئی چون تو و امثال تو گردد.

عزیزم بعضی عشقرا «جنون» میگویند و عاشقرا «دیوانه»، آه، چه بی انصافیست! عاشق حقایقرا درک میکند؛ عشق مشوّق انسانست بزندگانی و سعی و عمل. برای تثبیت صدق مقال خود اتفاقیرا که در چند روز قبل برایم رُخ داده، برایت شرح میدهم.

یکروزه جمعه بعزم دیدار یکی از آشنایان که تا آنوقت او را ندیده و فقط اسم او را شنیده بودم رفتم، این شخص بوسیلهٔ مکاتبه با من آشنائی حاصل کرده و بیش از دو مراسله از او نرسیده بود که دیگر از او اطلاعی حاصل نکردم. پس از یکی دو ماه بوسیلهٔ یکی از دوستان مطلع شدم که آنشخص در محبس است و منهم بدون اینکه از علت محبوسی او آگاه باشم عزم دیدارش را نمودم. همینکه به محبس عمومی‌که واقع در میدان سپه میباشد، رفتم، معلوم شد که آندوست ناشناس من درآنجا نیست و در قصر قاجار[۲۶۳] محبوس است. با اینکه کار زیاد داشتم، باز در اتومبیلی نشسته بسوی قصر قاجار حرکت کردم. همینکه در نزدیکی قصر از اتومبیل پیاده شدم دو سه نفر را دیدم که آنها هم بطرف قصر رهسپارند و مثل من بدیدن محبوس میروند. پس قدمرا تندتر کرده بمردی که بنظرم فهیمتر از سایرین بود پیوستم و سلامی‌بوی نمودم. جوان مذکور با لهجهٔ ترکی جوابگفت و با هم براه افتادیم. پس از استفسار از حال او معلوم شد که پدرش در قصر قاجار محبوس است. همینکه با هم صحبت

۲۶۱- در اصل: «به پیچیم».

۲۶۲- «صُداع» به معنی دردسر و مزاحمت است، سردرد هم معنی میدهد.

۲۶۳- اشاره به «زندان قصر» در تهران است.

84A

میکردیم بدرب محبس رسیدیم. تمام این اتفاقات برای من تازه بود زیرا تا آنوقت بدیدن محبوسی بقصر قاجار نرفته بودم و بهر چیز بطور کنجکاوی نظاره میکردم.

خلاصه پس از اینکه قراول دم درب اسم و آدرس و شغل مرا پرسید، ورقهٔ اجازهٔ دخول محبسرا بدستم داد و من داخل محبس شدم، ورقه را بشخصیکه پشت پنجره آهنی ایستاده بود، دادم و در انتظار محبوس نشستم. در اینمیان زنی یهودی با طفلی کوچک که گویا چهار پنجسال بیش نداشت وارد شد و زنهم مثل من ورقهٔ خود را داد و منتظر ملاقات فرزند دلبند خویش شد. چون پیدا کردن آشنای من‌اشکال داشت و او را تازه بدانجا آورده بودند، لذا اول محبوس آن زن یهودی را آوردند. زن مذکور تا محبوس خود را دید، مانند سپندی که بر آتش ریزند از جای برخاسته پشت پنجرهٔ آهنین رفت و شروع باحوالپرسی از فرزند دلبند خویش نمود. جوان با چهرهٔ گرفته و رنگ زرد میخواست مادر را مطمئن سازد که در آنجا بوی خوش میگذرد امّا مادر - با آن قلب پر عاطفه، با آن محبّت بی ریا و صمیمی- خوب مطلبرا درک کرد و بنای گریه را گذارد.اشکهای ریزان او بقدری زیاد و مؤثر بود که دل سنگرا آب میکرد و منهم بی اختیاراشگ از چشمم جاری شد زیرا دیدم یکفرد بشر که او هم چون من موجودی زنده، دارای احساسات، قلب، چشم، گوش، و قوّهٔ ادراک میباشد در پشت پنجرهٔ آهنین چون مرغ محبوس گرفتار است و اگر توانائی میداشت در را میشکست و از آن قفس بیرون میآمد و مادر مهربان را در آغوش میکشید و تلافی ایام محبوسی و فراق را[۲۶۴] بیرون میآورد.

در آنهنگام حالت مرغان محبوس و دور از خانه و فرزند بنظرم آمد. آنوقت خوب احساس کردم که محبوس ساختن آنان چه ظلم فاحش و جنایت بزرگیست و ما انسانهای مغرور چگونه برای هوس و میل آنانرا از پدر و مادر دور کرده در قفس آهنین مقیّد میکنیم! آری انسان مغرور و خودخواه است و تا خود بخطری دُچار نگردد نمیتواند حالت زیردستان خود را ادراک نماید!

84B

بهر حال پس از اینکه مادر اندکی گریست و داد دل خود را بدر آورد طفل کوچکیرا که همراه داشت، مخاطب ساخته گفت: «عزیزم، برو پیش پدرت! خجالت نکش!». طفل چون مرغ بال و پر سوخته آهسته آهسته پیش رفت تا دم پنجره رسید و پدر از لای میله‌های پنجره باشکال چند بوسه ای ازسر و روی عزیز خود برداشت. این منظره بیشتر مرا متأثر ساخت، زیرا یکطفل[۲۶۵] بیگناهیرا در پهلوی پدر جنایتکاری دیدم که بواسطهٔ میله‌های آهنین محبس نمیتواند خود را در آغوش پدر اندازد و بر وفق مقتضای طفولیّت با سر و موی پدر بازی کند!

ولی در ضمن این احوال چند قلب آهنین هم در اطراف خود دیدم که این مناظرهٔ حزن آور بهیچوجه در آنها تأثیری نداشت و با خونسردی تمام ایستاده و مواظب محبوس بودند. این‌ها نگهبانان محبس بودند که فقط یکچیز[۲۶۶] در نظر داشتند، یعنی وظیفه! آری دلسوزی و ترّحم برای آنها مفهومی‌نداشت!

بهرحال پس از اینکه این سه نفر کمی‌از لذت ملاقات یکدیگر برخوردار شدند، آژان انقضای مدت ملاقاترا اعلام داشت و محبوس مذکور با خداحافظی مختصری از نظر دور شد، مادر و طفل هم آهسته آهسته از طرف مقابل رفتند. پس از چند ثانیه محبوس مرا آوردند و همینکه من خودم را باو معرفی کردم از آمدن من بملاقات خود اظهار امتنان نمود و پس از چند دقیقه مذاکره از پشت همان پنجرهٔ کذائی، بالاخره موقع خداحافظی در رسید و ما هم مثل دیگران با خداحافظی مختصری از یکدیگر دور شدیم.

۲۶۴- در اصل: «فراغرا» (کذا).

۲۶۵- در اصل: «یگطفل».

۲۶۶- در اصل: «یگچیز».

همینکه مسافتی از محبس خارج شدم، زن و طفل مذکور را دیدم که میروند. قدمرا تندتر کرده و بایشان رسیده و از زن پرسیدم: «چرا فرزند شما محبوس است؟»[۲۶۷] وی پس از کشیدن چند آه، جواب داد: «بواسطهٔ قمار».

84C

من درست نفهمیدم چرا محبوس شده، زیرا فوری در نظرم آمد که هزاران‌اشخاص مرتکب این عمل میشوند و محبوس نمیگردند، ولی چون نمیخواستم با سؤالات خود خاطر آن زنرا رنجه دارم، دیگر چیزی نپرسیدم و در محل عُبور اتومبیل ایستادم. زن فهمید که میخواهم سوار اتومبیل شوم، پس گفت: «آقا ماشاءالله شما جوان هستید و حالا هم که اتومبیلی نیست، اگر پیاده بطرف شهر بروید بهتر است».

دیدم راست میگوید و ممکنست چندین دقیقه منتظر اتومبیل بمانم و آنوقت هم اگر اتومبیلی برسد کاملاً پر باشد، پس تنها براه افتادم و مناظر محبس پیوسته در جلو چشمم دفیله[۲۶۸] میداد.

همینکه قریب پانصد قدم از آنزن دور شدم، در خم جاده اتومبیلی دیدم که مردی آنرا با قوّهٔ خود میبرد، یعنی چون خراب بود با زحمت زیاد بطرف سرازیری شهر آنرا زور میداد، همینکه خسته میشد متوقف گشته نفسی تازه میکرد و باز براه میافتاد. فهمیدم که او بکمک دیگری احتیاج دارد، قدمرا تندتر نموده خود را بوی رساندم بدون اینکه حرفی باو بزنم شروع بمساعدت او در حرکت دادن اتومبیل شدم. شوفر که عرق بشدت از سر و رویش میریخت، با تعجّب نظری بمن نمود و علت اقدام مرا درک نکرد. من ملتفت او شده و فهماندم که جز مساعدت وی مقصودی ندارم. دیدم بیشتر متعجب شد، زیرا هیچ انتظار نداشت که شخص کاملاً بیگانه ای بوی کمک کند. بهر حال بکمک یکدیگر اتومبیل را براه انداختیم و چون مقداری راه پیمودیم یکی از آشنایان شوفر بوی رسید و پس از احوالپرسی با آنکه راهش با ما یکی بود، هیچ بروی بزرگواری خود نیاورد که اصلاً ما در احتیاج هستیم و قدمرا تند تر از ما نموده و در مدت کمی‌از ما دور شد.

من که اینواقعه را دیدم، با کمال تعجب از شوفر پرسیدم: «مگر این آدم رفیق شما نیست؟ پس چرا بکمک شما

84D

اقدامی‌ننمود؟». شوفر سری تکان داده گفت: «آری رفیق من بود، اما رفیقی که در موقع شادی و خوشی هواخواه آدم است و در زمان تنگدستی با او سر [و] کاری ندارد!»

آنوقت بسیاراشخاص زنده و مرده در نظرم آمد که آنها نیز فقط در موقع خوشی هواخواه دوستان خود بوده و در ایام تنگدستی اصلاً او را نمی‌شناخته‌اند. قدری که فکر کردم دیدم اصلاً انسانها کم و بیش اینطور هستند و تا آدم دارد و خوشست، با او خوشند و بهترین محاسن را برای او قائل میباشند، ولی وقتی دستش تهی شد همهٔ معایب در او جمعست و هیچ صفت فاضلی در او نیست. ای انسان، تو کیستی و چرا اینقدر حق ناشناسی؟

بهر حال تا نزدیک شهر یعنی صد قدمی‌پیچ جاده که بدروازه میرود، در بُردن اتومبیل با مرد بیگانه کمک کردم. بازهم میل داشتم او را همراهی کنم که ۶ نفر از دوستان نظامی‌او رسیده و چون سررشته از مکانیک داشتند، بکمک او در تعمیر ماشین پرداختند. منهم با جوان شوفر خداحافظی کرده راه خود را در پیش گرفتم و وارد شهر شدم.

۲۶۷- در اصل علامت تعجب آمده است: «!».

۲۶۸- défilé «دفیله» واژه فرانسوی به معنی راه رفتن آهسته و نمایشی.

آری - عزیزم، همانطور که گفتم عشق انسانرا بسعی و عمل تشویق مینماید، باو جان و توان می‌بخشد و او را آمادهٔ خدمت بنوع میکند. عشق عالیترین مظهر احساسات انسانیست - عشق محرک انسان و حیوان ...[۲۶۹]!

اما بدبخت کسیکه تیر عشقش بهدف مراد نخورد و شاهد مطلوبرا بچنگ نیاورد. آری زندگی برای[۲۷۰] چنین آدم بیمعنی و خالی از شادیست.

ای عشق، چیستی که بهر قلب مُسلّطی! خیلی چیزهاست که انسان از تعریفش عاجز است و عشقهم یکی از آنها میباشد.

عباس آرین پور

85

[قطعه ای بدون عنوان درباب اخلاق و به همراه تصویری از نویسنده[۲۷۱]]

مال اگر رفت امید است بباز آمدنش   عمر اگر رفت بباز آمدنش نیست امید

روزگار شباب که بهار عمر و بهترین ایام زندگانی است در حقیقت پایه و اساس حیات را تشکیل میدهد، جوانانیکه مدارس عالیّه را طی نموده‌اند و یا مشغول بتحصیل هستند وقتی میتوانند درجه سعادت و خوشبختی خویش را ادراک کنند که خود را با جوانان دیگر مقایسه نموده و همسالان خود را در نظر بیاورند که بکارهای سخت و مشاغل پست، مانند حمّالی و نوکری و عملگی و یا شاگرد شوفری و غیره‌اشتغال دارند. پس اکنون

85A

که خداوند آنانرا توفیق کسب سعادت و معرفت بخشیده خود نیز باید قدر ایام زندگانی خصوصاً دوران جوانی را دانسته و از پرتگاه‌های[۲۷۲] عمیقی که در راه آنان موجود است احتراز کنند - باید قبل از هرچیز باین حقیقت مسلّم و معتقد و معرّف شوند که غرض از تحصّل[۲۷۳] و طی مدارج علمی‌تنها گرفتن تصدیقنامه‌های متعدّده نیست بلکه بیش از همه تزکیه نفس و تصفیه اخلاقی بایستی راهنمای آنان بسرمنزل سعادت و نیکبختی شود - تعلیم و تربیت مرادف یکدیگر هستند و غرض اصلی از افتتاح مدارس ...[۲۷۴] آموختن این دو است چه بی وجود یکی دیگری بی معرّف[۲۷۵] بلکه زیان آور است - زیرا که بتجربه می‌بینیم دانشمندانیکه از حلیهٔ اخلاق عاری و از صفات پسندیده بری هستند در جامعه قرب و منزلتی نداشته، گاهگاهی هم مضر واقع میشوند و چنانکه گفته‌اند «اذا فسد العالِم فساد العالَم»، هرگاه دانشمندی در ورطه فساد و بدکاری افتد هزاران هزار دیگر را با خود بگرداب زوال و نیستی فرومیبرد.

۲۶۹- در اصل یک عبارت قدری ناخوانا است، احتمالا «بحیاتست» (به حیات است).

۲۷۰- در اصل «برای» دو بار آمده است.

۲۷۱- احتمالا غلامعلی رعدی آذرخشی (۱۲۸۸-۱۳۷۸)، ادیب و نویسنده. تصویر تهیه شده در عکاسخانه محمد جعفر خادم (M. D. Khadem).

۲۷۲- در اصل: «پرتگاهای».

۲۷۳- احتمالا مراد «تحصیل» بوده است.

۲۷۴- در اصل یک عبارت ناخوانا است.

۲۷۵- در اصل قدری مبهم است، احتمالاً «بی مصرف» هم می‌توانسته مراد باشد هرچند وجود تشدید احتمال «معرَّف» (به فتح راء، به معنی شناسانیده و آگاهانیده شده) را تقویت می‌کند.

خلاصّه دوران جوانی را بتوان براه باریکی تشبیه نمود که یکطرف آن پرتگاه عمیقی خطرناک تر از دوزخ قرار گرفته و از طرف دیگر بمحیط سعادت و نیکبختی راه دارد - جزئی لغزش در این راه کافی است که جوانان بی تجربه و معصوم را بوادی هلاکت و نیستی بفرستند و بر عکس مختصر دقت و مواظبتی میتواند آنانرا برای تمام مدت حیات سرافراز و خوشبخت و خوشوقت[۲۷۶] گرداند.[۲۷۷] یک مقایسه عملی بخوبی موضوع فوق را آشکار میکند. دو نفر جوان را در نظر بگیرید، یکی تریاکی - دائم الخمر - بنگی - و مبتلا بامراض مسری و عوارض آنها، و دیگری نجیب و ملایم، نیکرفتار و ستوده کردار، صاحب خانواده و دارای آسایش مادی و معنوی.

جوانانیکه خیال میکنند چهار روزه عمر را باید خوش بود و از جوانی کامی‌گرفته و با عیش و نوش و لهو و لعب‌اشتغال نمود بکلّی براه خطا میروند.

86

[تصویری از سید احمد ادیب پیشاوری][۲۷۸]

86A

مرحوم سید احمد معروف به پیشاوری فرزند سید شهاب الدین در سنه ۱۳۵۲ هجری در اراضی سرحدی بین افغانستان و پیشاور متولد شده و از هفت سالگی در شهر پیشاور مشغول تحصیل گردیده و تا سن هجده سالگی در آن حدود به تحصیل فارسی و عربی و صرف و نحو و منطق و معانی و ادبیات عربی و فارسی‌اشتغال داشته و در بلوا و شورش هندوستان پس از جنگ با اردوی دولت مهاجم و کشته شدن تمام عشیره پدری و مادریش مجبوراً ترک آن سرزمین را گفته به کابل مراجعت و دو سال در شهر کابل به تحصیل علوم امرار وقت مینمود و بعد به غزنین آمده دوسال در سر مقبرهٔ سنائی و سلطان محمود غزنوی توقف و از محضر ملا اسعد الدین که از علمای بزرگ بود استفاده کرد، پس از آن به هرات آمده هجده ماهی در آنجا اقامت نمود و از هرات به تربت شیخ جام چند ماهی توقف کرد، سپس به خراسان رهسپار و در مشهد سالی چند به تحصیل علوم نزد ملا غلامحسین شیخ الاسلام و امثال ایشان امرار عمر نمود. بعد به سبزوار رفته دو سال در محضر حاجی ملاهادی سبزواری که از فحول علمای آن عصر بشمار میرفت کسب فیض نموده و به تکمیل خویش پرداخت. در پایان سال دوم حاجی سبزواری مرحوم و ایشان از سبزوار به مشهد معاودت و به تدریس علوم عقلیه و فلسفه متعالیه اوقات خود را صرف مینمودند تا در حدود ۱۳۰۶ از خراسان به طهران آمدند و مرحوم میرزا علیخان تفرشی صحبت ایشان را مغتنم و در کتابخانه شخصی خود از ایشان تا ۱۳۲۹ هجری پذیرائی کرد. در سال مذبور قوام الدوله مرحوم و ایشان در ایام هفته در سه محل بسر میبردند، دو شب و دو روز در منزل علیرضا خان بهاءالملک و یحیی خان اعتماد الدوله، و دو شب و دو روز در منزل حاج میرزا حسن خان اسفندیاری محتشم السلطنه، و سه شب و سه روز...[۲۷۹]

۲۷۶- در اصل: «خوشوخت» (کذا).

۲۷۷- در اصل: «گردانید».

۲۷۸- تهیه شده در عکاسخانه آنتوان سوریوگین (Antoin Sevrugin)، تهران.

۲۷۹- برگ بعدی و ادامه این قسمت متاسفانه مفقود شده است.

87

[غزلی از حافظ - نام نگارنده نیامده است.]

گرچـه مـا بنـدگان پادشـهیم — پادشـاهان ملـک صبحگهیـم
گنـج در آسـتین و کیسـه تهـی — جـام گیتـی نمـا و خـاک رهیـم
هوشـیار حضـور و مسـت غـرور — بحـر توحیـد و غرقـهٔ گنهیـم
شـاهد بخـت چـون کرشـمه کنـد — مـاش آئینـهٔ رخ چـو مهیـم
شـاه بیـدار بخـت را هـر شـب — مـا نگهبـان افسـر و کلهیـم
گـو غنیمـت شـمار صحبـت مـا — کـه تـو در خـواب و ما بـه دیده گهیم
شـاه منصـور واقفسـت کـه مـا — روی همـت بهـر کجـا کـه نهیـم
دشـمنان را زخـون کفـن سـازیم — دوسـتان را قبـای فتـح دهیـم
رنـگ تزویـر پیـش مـا نبـود — شـیر سرخیـم و افعـی سـیهیم
وام حافـظ بگـو کـه بـاز دهنـد — کـردهٔ اعـتراف و مـا گَوَهیـم[۲۸۰]

88

[تصویری از عبد الحسین اورنگ[۲۸۱]]

88A

[اشعاری از عبدالحسین اورنگ]

آنان که بعشـق تـو ز خود بی خبرانند — در دیـدهٔ عشّـاق ز صاحـب نظرانـند
خواندند تو را بمثل مهر و مه ایدوست — این نیز خطائیست که این خلق برانند
پاس سر و جان در طلبت شرط ادب نیست — عاقل غـم جان دارد و عاشق دگرانند
مـن شـیفته انـدر رخ تـو محـو تماشا — خلقـی بتماشـا ز پـی مـن نگرانـند
آفاق پر از جلوهٔ آنطلعت زیباست[۲۸۲] — آنـان کـه نبیننـد تـو را بـی بصرانـند
بنـمای ز بـام ای مـه نـو گوشـهٔ ابـرو — خلقـی پـی دیـدار تـو از منتظرانـند

۲۸۰- از غزلیات حافظ است،بنگرید به: https://ganjoor.net/hafez/ghazal/sh381/

۲۸۱- تهیه شده در عکاسخانه محمد جعفر خادم (M. D. Khadem). عبدالحسین اورنگ (شیخ الملک، معین الاسلام) (۱۲۶۷ – ۱۳۴۵)، از شعرا و ادبای اواخر قاجاریه و اوایل دوره پهلوی که چند دوره نیز به نمایندگی مجلس شورای ملی رسید. برای اطلاعات بیشتر و لیستی از تالیفات، به ترتیب بنگرید به:

http://www.iichs.ir/s/1050

http://ensani.ir/fa/article/author/8807?page=1

http://ensani.ir/fa/article/author/8807?page=2

۲۸۲- در اصل: «زیبا است».

88B

قومی‌که نـه آشـفتهٔ آن زلـف دوتایند / انـدر دو جهـان بیهـده از بیخبراننـد
برگیری اگر پره ز رخ یکنفس ایدوست
عشـاق تو اورنگ صفت جامـه درانند

هـر کـه بمصر وجـود صاحـب روی نکوسـت[۲۸۳] / از سرو جـان هـر کسـی در سر سـودای اوسـت
دیـده درون خوابـرا نیسـت گـذر بسـکه دل / بـا غـم او تـا سـحر در سـخن و گفتگوسـت
نیست عجب گر بدل عشق دی[۲۸۴] آتش فروخت / ایـن عجبـی تـر کـه دل سـوختنش آرزوسـت
در شـکن طـرّه‌اش بـاد صبـا برگذشـت / مشـگ فشانگشـت خاک مغز جهان پر ز بوسـت
خانه و دل هر دو سوخت تا که خیالش گذشت / یـار گـر آیـد ز در جـان بـدر آیـد ز پوسـت
جامـه ز گل کـس نکـرد بـر تـن سـنگی مگـر / یـار گل انـدام مـن کش دلی از سـنگ و روسـت
دسـت ز شـوخی مـزن بـر سر زلفـش کـه دل / بـا همـه بشکسـتگی بسـته بـدان تـار موسـت
گرچـه زمانـه بکیـن از سر قهـرم برانـد / شـادم از آنکـه غمـش گشـته مـرا یارودوسـت

88C

آب و گلـم عشـق اگـر داد ببـاد فنـا
سینهٔ اورنگ باز در دو جهان عشق جوست

چنانـم عشـق سر تـا پـا بسـوزد / کـه ترسـم زآتشـم دنیـا بسـوزد
چنـان آتـش بجانـم زد ز جامـی / کـه بـر حـالم دل مینـا بسـوزد
تنـوری انـدرون سـینه دارم / کـه در وی جملـهٔ اشـیا بسـوزد
ز سـودایت اگـر سـوزند خلقـی / مـرا سوزیسـت کـو سـودا بسـوزد
از ایـن سوزنده دل ترسم کـه آهـش / تـن کـوه و دل صحـرا بسـوزد
چنـان عشـقت بعالم آتـش افروخـت / کـه انـدر قـاف هـم عنقـا بسـوزد
اگـر پیوسـته آتـش در گدازسـت / دلـش بـر حـال زار مـا بسـوزد
سـمندر وش خوشـم با آتش ایدوست / خـدا را دامنـی زن تـا بسـوزد
میوشـان چهـره‌ای خورشـید و بگـذار / کـه انـدر روی تـو حربـا[۲۸۵] بسـوزد

۲۸۳- در اصل: «نکو است».

۲۸۴- هر چند بعید است ولی احتمال اینکه در اصل مراد «وی» بوده باشد نیز هست، و هر دو حالت معنی میدهد.

۲۸۵- «حربا» به معنی آفتاب پرست است.

88D

گواه عاشق آن باشد که از شوق   براهت یا دهد سر یا بسوزد
اگر آتش بآبی سرد گردد   دم عاشق دل دریا بسوزد
می‌ار آتش بجان زد میکشانرا   مرا سوزیست کو صهبا بسوزد
گر امروزت غم دلدار اورنگ
نسوزد بیگمان فردا بسوزد

بیخ خرد را ز دل عشق بیک تیشه کند   من نشنیدم ستم هیچ چنین دلپسند
غم که بگیتی نداشت خانه ز ره در رسید   در دل بیصاحبم رحل اقامت فکند
خار جهانم بچشم چونگل سوری برنگ   گشت چو گشتم ز عشق خسته‌دل و دردمند
همّت اگر کوته است دست طلب شد دراز   تاکه بچنگ آورد دامن سرو بلند
دست زآزادگی بازفشاندم چو سرو   تا بکمند بلا گشت دلم پای بند
دفتر دانش همی گر که بشویم رواست   چند ازین قیل و قال تا بکی این چون و چند

88E

خاک صفت تا فشاند بر رهش اورنگ سر
شد همه جا سرفراز در دو جهان سربلند

هستی است همچو کشتی قائم بلنگر عشق   عشق است نوح و راند کشتی بمعبر عشق
هر ذرّه دارد از عشق سرمایهٔ بقا زان   ذرّات جمله پویان برگرد محور عشق
این تیره خاکرا عشق چوگان زنست دائم   سرگشته زان چو گوئیست اندر برابر عشق
از آتش دل عشق برجست یکشراره   خورشید آسمان شد افسرده اخگر عشق
شد این سپهر چون دود پیدا چو سوخت عاشق   دل را سپند آسا باری بمجمر عشق
منظور عشق عشقست داند هرآنکه بیند   زیبنده روی منظور از پاک منظر عشق
عشق ار براه دارد تفتیده آهن ایدل   عاشق بسر شتابد بر تفته آذر عشق
محشر خطر ندارد برعاشقان که دیدند   اندر قیام معشوق غوغا و محشر عشق
برتر ز نه فلک بین پروازگاه عشاق   زیرا که کرد عاشق پرواز با پر عشق

88F

بر جملهٔ قوی عقل[۲۸۶] فرمان خسروی داشت   لیک از میانه بگریخت تا دید لشگر عشق
از بهر عشق زاد است ماراچه مام زانروی   عشق است در خور ما مائیم در خور عشق
دیر و حرم مساویست در چشم عاشقان چون   این گونه مذهب آورد یکتا پیمبر عشق

۲۸۶- به نگارش امروزی به این صورت خوانده می‌شود: «بر جمله ای قوای عقل».

هستی چو بحر و عاشق غوّاص اندرو تا | با جان مگر بیابد زین بحرگوهر عشق
آزرده گردد از وهم بگذر دلا زفکرش | از بس لطیف طبع است پاکیزه دلبر عشق
مصر از شکر فروشان گو دکّه بند و دکّان | قند مکررّ ما تا شد ز شکّر عشق
بر باد چون دهم زود اینکاخ خاک آلود | سیّال آتشم ده آبی ز ساغر عشق

بر تخت و تاج قیصر دیگر نظر ندارد
آراست تا که اورنگ بر فرق افسر عشق

از چه رو این گنبد گردنده را آرام نیست | وین عجائب نقشها را آخر و انجام نیست
گلشنی یابی فلک را گر بشب بینی درست | لیک از این رخشنده گلشن هیچکس را کام نیست

88G

ساقیان بزم گردون هر شبی ساغر بدست | لیک جز زهر هلاهل اندرون جام نیست
برّهٔ گردون اگر اندر فلک بیدست و پاست | خود حریف صولتش سر پنجهٔ ضرغام نیست[۲۸۷]
چون ببد نامی‌کشد انجام خواهشهای نفس | عشق را نازم که با وی هیچکس بد نام نیست
چون بخون عاشقان رنگین بود دیبای عشق | این قبا زیبنده هر قامت و اندام نیست
باغبان این جهان عشقست و عاشق آبیار | میوهٔ این باغ امّا پسته و بادام نیست
خدمت خلق است و خادم آنکه اندر راه خلق | گر خلد خارش بپا دلخسته از آلام نیست
کیش عاشق در جهان خود عاشقی بر عالمست | هر که این مذهب ندارد او نکو فرجام نیست

همچواورنگ‌ازدل‌وجان‌دوست‌بایدداشت‌خلق
که جز این محصول عُمر آدمی‌زایّام نیست

لعبتانیکه بر این بام تو را در نظرند | گرچو اختر همه پاکند ولی بد گهرند
پرده دارند بر این خیمه اگر در شب تار | از رخ شرم و حیا از چه همی‌پرده درند

88H

سخت در بیم ز کردار بد خویشتنند | ور نه از چیست که لرزنده بشب تا سحرند
فتنه جویند و وزین خوی پلیدست که خود | در همه عمر بپاداش عمل دربدرند
جز ره ظلم و ستم هیچ نپویند بعُمر | بخطا گفت کس ار این بچگان دادورند
گر شکوفه فلک از نغز گل این چمنند | جمله بی برگ و نوا چون شجر بی ثمرند
تلخی از تلخیشان وام کند حنظل و زهر | گر گمان کردینشان در زمره چون نیشکرند
جانور را پدرند ارکه برین چرخ چرا | روز و شب در پی خون خوردن مشتی پسرند
همه دژخیم صفت دشنه بکف از پی کین | با رخی همچو سمن جمله اگر سیم برند
هر شری در بشر از کردهٔ اینان بر خواست | خود تو گوئی که بخو دشمن نوع بشرند

۲۸۷-اشاره است به بروج فلکی، برّه (حَمَل) و ضرغام (اسَد).

در عمـل نیسـت خـرد راه نمـای دلشـان — گـول و نـادان همـه چـون مـردم بـی پـا و سرند
واقـف راز جهانشـان تـو گمانکـردی اگـر — گشـت معلـوم کـه چـون مـا و شـما بـی خبرنـد
همگـی گـوی صفـت در خـم چـوگان قضـا — اندریـن عرصـه ز ره بیخبـر و ره سـپرند

88I

حـق چـو منشـور قضـا کـرد رقـم از سر زلطف — بـسر و جـان همـه فرمانـبر آن دادگرنـد
ویـژه کاریسـت ز حـق بهـره هـر کس کـه بجان — از پـی امـر روان جملـه چـو شـمس و قمرنـد
ویـژهٔ مـا و تـو کاریسـت کـه هـم شـمس و قمر — شرح آنـر را سـوی مـا بـاز چـو پیغامبرنـد
هـر شـبی بـر زبـر چـرخ پـی خدمـت مـا — روشـنان فلکـی از پـی هـم در گذرنـد
بـا مـن و تـو همـه گوینـد کـه در خدمـت خلق — کـم نباشـید ازان دسـته خـود باربرنـد

غیـر خدمـت هـنری نیسـت پسـند از مـن و تو
خـرّم آنـان کـه بدیـن خـوی همی‌مشـتهرند[۲۸۸]

گـر بـسر در پیـت چـو خـاک رهیـم — روشـنی بخـش چشـم مهـر و مهیـم
وربـراه طلـب گـدای توئیـم — ملـک جـان را همیشـه پادشـهیم
لشـگر عقـل تـا زبـون سـازیم — خـسرو عشـق را بجـان سـپهیم
کـم ز کاهیسـت در نظرمـان کـوه — بِرَهـت کمـتر آر ز پـرّ کهیـم

88J

بوصالـت اگـر نـه دسـترس اسـت — قانـع از روزنـت بیـک نگهیـم
روسـپیدیم پیـش پیـر مغـان — چـه غـم ار پیـش شـیخ روسـیهیم
زکـرم دوسـت جـرم مـا بخشـید — بـا وجودیکـه غرقـهٔ گنهیـم

همچـو اورنـگ در ممالـک عشـق
صاحـب تخـت و افـسر و کلهیـم

هـر دلـی جویـد بعـالم دلنـواز خویـش را — تـا بـدو گویـد دمی‌بـی پـرده راز خویـش را
چُـون عقاب اندر هوا جولان زند شـاهین عشـق — عقـل را زیبـد کـه بنـدد پـای بـاز خویـش را
عشـق باشـد چاره سـاز ار کار ما بیچاره گشـت — مقبلسـت آن کـو شناسـد چـاره سـاز خویـشرا
بـر فلـک کوبـد ز شـادی پای صوفـی در سـماع — مطـرب ار اینسـان نـوازد بـاز سـاز خویـشرا
گـر بـکاوی دخمـهٔ محمـود می‌بینـی کـه بـاز — چشـم وی بـاز اسـت و میجویـد ایـاز خویـش را
آشـیانهٔ مـرغ دلهـا شـد پریشـان تـا نمـود — یـار مـا کـو تـاه[۲۸۹] زلفیـن دراز خویـش را

۲۸۸- «مُشتَهَر» به معنی شهرت یافته است.
۲۸۹- «تاه» به معنی چین و شکن است.

88K

خرمن صبرم چو ترکان کرد یغما باز من   خواهمش کز سر بگیرد ترکُ تاز خویش را
تا بدامانش زدم دست نیاز از روی کبر   بیشتر دامن کشان بفزود ناز خویش را
از لب لعلش چو خضر آب بقا جو با نیاز   چون سکندر گُم مکُن عجز و نیاز خویشرا
گرنه روی دل بسوی دوست داری در نماز   رنج بیحاصل شِمُر ایدل نماز خویش را

دامن وصلش چسان اورنگ وار آری بچنگ
با حقیقت گر نه بگذاری مجاز خویش را

89A

متفرقه

[سه امضا به انگلیسی، احتمالا از بازدیدکنندگان کالج.]

- David Eugene Smith (10 April 1933)
- Mrs George T. Scott (New York City)
- Ruth Elliott (New York City)

89B

Photograph of one of College buildings, probably a dormitory addition.

89C (i-x)

- Ten pencil drawings, mostly portraits; two of which signed by E. Entekhabi, dated 6 Mordad 1310 (29 July 1931) and Farvardin 1311 (March/April 1932) (10pp.).

90

Blank pages.

نامه نامی نیکخواه

1932 - ۱۳۱۱

فراهم آورنده

(مرتضی قیصری)

کالج امریکائی طهران

The College Memory BOOK

PREPARED BY

M. GHAISARI

AMERICAN COLLEGE OF TEHERAN

مطبعهٔ برادران باقرزاده

بمان که غیر تو از من نشان نخواهد ماند

بنام خداوند جان آفرین

ارزش انسان باندازه کاری است که از او بازمینماید هیچ دوره زندگانی ما کوتاه و دوره تحصیل از آن کوتاه‌تر است معدودی را آن خوشبختی حاصل تواند شد که دامنه تحصیلات خود را ادامه دهند و از خرمن دانش و معرفت خوشه‌هائی بسیار برچینند ولی اغلب افراد را این توفیق رفیق نگردد زیرا پس از اندکی رشته تحصیل را از دست داده داخل زندگانی اجتماعی میشوند اما آنها هم که تجربه تحصیلات خود را بپایان میرسند میتوانند کارهای سودمند بنمایند و کارهائی که از دوره تحصیل از آنها بازمینماید آثاری بس گرانبها و نفیس تواند بود و درجه مهارت و فداکاری آنها را همین آثار (که تنها یادگار زمان تحصیل است) بخوبی نشان خواهد داد و میرساند که آنها تا چه درجه نشو و نما یافته و از نعمت ترقی و تقدم تا چه اندازه بهره‌مند شده است این آثار برای مدرسه‌ها (کالج امریکائی طهران) نیز بسیار قیمتی دیگر آنها میباشد برای اینکه نمونه درس محصلین است و رؤسا و معلمین نیز برای ترقی فکری و معنوی شاگردان خود دامن همت بکمر زده و آماده خدمت شده‌اند

اهمیت هر مدرسه بوجود شاگردانش بازبسته است و اهمیت شاگردان در ارزش ایشان و همچنین هم که در زندگی امر المقصود خود قرار داده‌اند منوط است بازپیشه‌ها و آثاری که از آنها پدیدار میشود و چون هر یک از معلمین محترم و محصلین این دار العلم در فارسی و فرانسه و درجه اطلاعات خود اثری در این مجموعه بیادگار گذاشته میتوان این نمونه کوچکی از فکر و عمل شمرد و چون در فراهم آوردن این رساله جز خیراندیشی و حسن نیت و صداقت نظری دیگر در بین نبوده است پس بی‌مناسبت نیست در آن **نامهٔ نیکخواه** (۱) خوانده شود

و مؤسسین و نویسندگان این مجموعه امیدوارند که همیشه نیکخواهی و خیراندیشی را شعار خود قرار داده و آنرا در طی دوره تحصیل و هم در زندگانی اجتماعی هدف عالی خود قرار دهند

---

(۱) اگرچه نامه نیکخواه بمناسبت نام جمعیت نیکخواهی است که از محصلین کالج تشکیل میابد ولی بطوریکه بر ارباب بصیرت پوشیده نیست غرض و منظوران جمعیت هم جز خیراندیشی و نوع دوستی و تعاون چیز دیگر نبوده است

نامه نامی نیکخواه

و از خدا میخواهم که در این مقصود لاحقین بر سابقین سبقت جویند

این مجموعه یادگاریست از ما به آیندگان و نماینده حس حب و علاقه مفرط ما به بازماندن آثار است و این حس شریف را نیاکان ما نیز داشته اند زیرا عظمت و معنویتی که از آنها در کتب و در خرابه ها و بناهای عظیم باقیمانده مشاهده میکنیم که آن رادمردان پیوسته سعی داشته اند از خود اثری باقی گذارند و ما نیز باید از پی آنان رویم و شعار ایشان را نیز بر خود گزینیم اگرچه جز نگارش چند سطر کاری دیگر نکرده ایم ولی خرسندیم که راه جدیدی پیموده و طریقه تازه را بروی آیندگان گشوده ایم و امید داریم که آنها آثاری گرانبهاتر و بهتر بتوانند بوجود بیاورند و در ظل مجاهدت و فداکاری آنها این دار العلم مراحل ارتقاء و تکامل را طی نماید و نور علم و دانش را بیش از پیش باطراف ایران بلکه باکناف جهان پراکنده چه برای سعادت بشر جز حقیقت جوئی و فداکاری عاملی دیگر مؤثر نیست

مرتضی قیصری

مهر ماه ۱۳۱۱

دو صد گفته چون نیم کردار نیست

مطبعه باقرزاده طهران

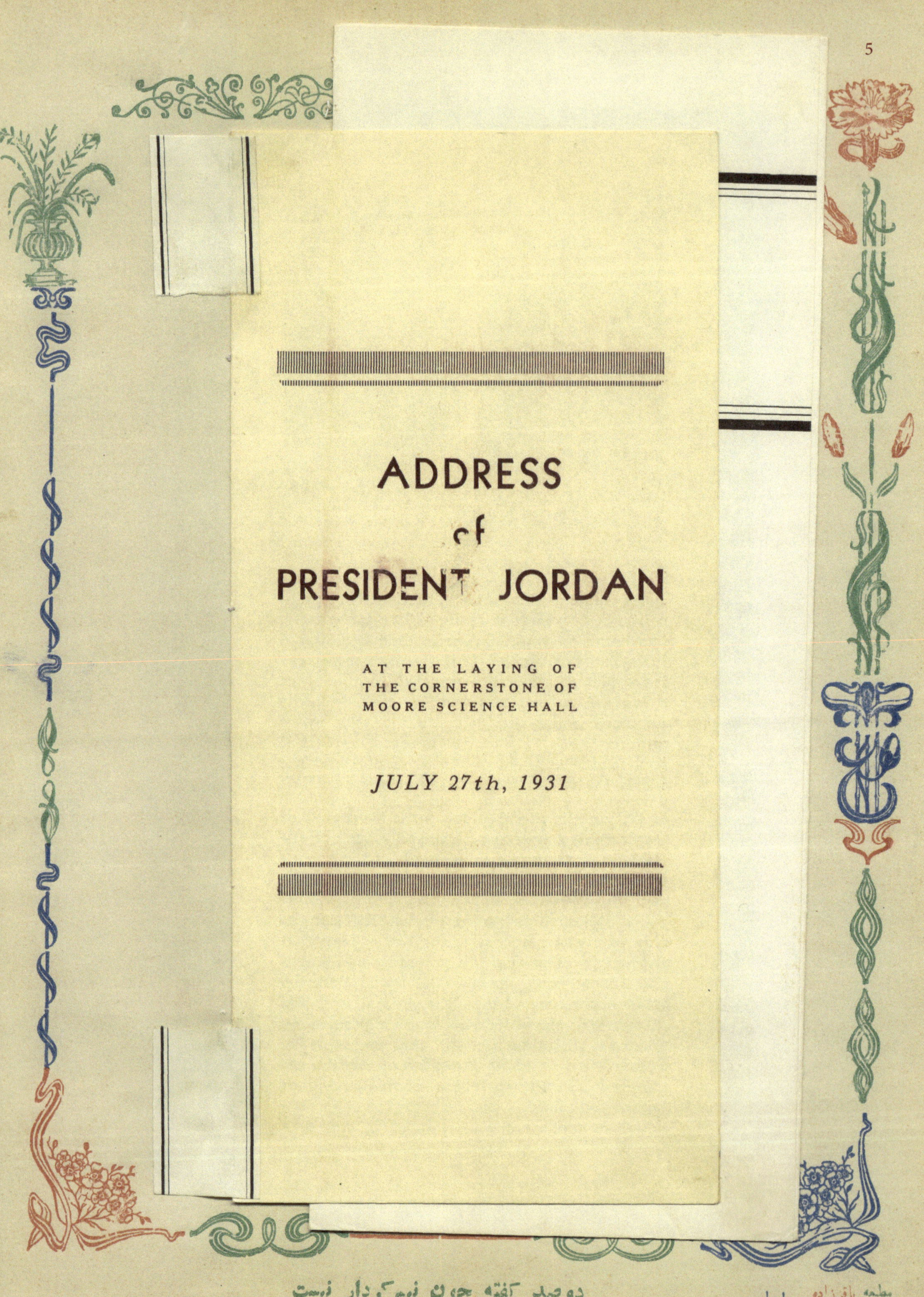

ADDRESS
of
PRESIDENT JORDAN

AT THE LAYING OF
THE CORNERSTONE OF
MOORE SCIENCE HALL

JULY 27th, 1931

Laying Cornerstone Moore Science Hall, July 27, 1931. Left to right — American Minister Hart, Reverend Harry C. Schuler, President Jordan

MILESTONES and cornerstones are alike in this respect; that each is significant not for what it really is but for what it has come to typify. A milestone itself is of little practical value. It is significant because it testifies to a distance traveled, to difficulties overcome, to victories won. A cornerstone is no more important in a building than many another stone. Its real significance is that it is a visible emblem of the principles and the ideals for which the institution stands.

Within the stone, along with a number of lesser things, we have deposited a copy of the Bible in Persian and you have heard Mr. Muller read the 127th Psalm and the parable of the two foundations from the 7th chapter of Matthew. All of this signifies the heartfelt conviction of those responsible for the college that the word of God and the principles and truths therein set forth are the true foundation, the true cornerstone of this Science Hall and this institution; that the gospel of Christ is an adequate solution for all the problems of Persia; that it alone is sufficient for the regeneration and the salvation of this land; that "other foundations can no man lay than that which is laid."

The conflict of science and religion is rather a new idea in Persia. It is a never-ending theme of conversation, or oration, among those who have newly come into touch with modern education. In this institution we recognize no such conflict. Over the entrance to Rollestone Hall on beautiful Persian tiles we have inscribed in graceful Persian script the motto of the college—"Ye shall know the truth and the truth shall make you free." In this college we are not alarmed for God lest He be dethroned and banished from His world by scientific discoveries. We hold that all truths, in biology, chemistry and physics, as well as theology and religion, are His truths. We confidently maintain that when some of the boasted "scientific facts" of today shall have become the exploded theories of tomorrow, and mistaken interpretations of God's word shall have been corrected by a deeper understanding and truer knowledge then all apparent conflicts will have ceased.

But the real cornerstone of any institution is not a material stone. Colleges, administration buildings, science halls, dormitories, are not built of bricks and mortar, of stone and beams of steel, but of men and women who dream dreams and see visions and who have the generosity, the self-sacrifice, the patience and the endurance to labor and if need be to wait to make those dreams come true. Some two years ago an elect lady flew into Teheran, she chanced to visit the college, she saw a vision of the service being rendered to Persia, and she volunteered to do "something big for the college in Teheran." She it is who has supplied the funds for the building whose cornerstone we lay today. In making the gift she said, "I wish you to know that it is a great pleasure to do this for the college in Teheran. I like to feel that I have made some return to the people of the lands which I have visited for the kindness and courtesy they have shown me." Young men who look out from the mountain-tops of youth and see visions of things

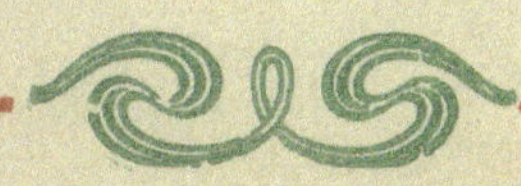

worth while, earnest students seeking opportunities of service to their people and nation, and eager for the training that will equip them for the fray,—students of vision and courage above all else, are the bricks of which colleges are built. They are the true cornerstones.

This is the first building ever erected in Persia exclusively for the teaching of the sciences and so this Science Hall is a milestone in the development of modern education in this land. It is an earnest of the fact that the rule of thumb, the age of approximate knowledge, is passing and that exact knowledge is required for the new age. A few years ago in company with one of the physicians of Teheran I rode out to see the great fortifications near the old city of Veramin. Noticing the huge sun-dried bricks of which the ancient walls are constructed, I dismounted and with a small spring-tape, which I carried along for such emergencies, I measured one of the bricks and said, "It is 17½ inches long." The doctor then took his riding-crop and carefully measured the same brick and further corrected his measurements by spanning it with little finger and thumb and then solemnly announced, "Yes, I would say it is somewhat longer than that, about 19 or 20 inches." I gazed upon the learned doctor with wonder and amazement, lost in admiration of one who could calmly overrule correct measurements by aid of riding-crop and rule of thumb. This building is a visible witness to the fact that the day of the riding-crop as a standard of measurement has passed; that this college believes that microscopes, retorts and carefully graded instruments that give exact results upon which men can rely are required for this new age in Persia; that our students may know the truth and the truth may make them free. In this hope, in this faith, in this confidence, we lay this cornerstone today.

مطبعه باقرزاده طهران

نامه نامی نیکخواه

LAFAYETTE

IN

PERSIA

SKETCH OF THE
HISTORY OF THE
AMERICAN COLLEGE
OF TEHERAN AND
ITS RELATION TO
LAFAYETTE COLLEGE

دو صد گفته چون نیم کردار نیست

مطبعه باقرزاده طهران

نامه نامی نیکخواه

AMERICAN COLLEGE AT TEHERAN

IN 1872 the American Mission was first established in Teheran, the capital of Persia, by the Presbyterian Church in the U. S. A., and the following March a school for boys was opened. This school was at first of only primary grade, but the standards were raised as Persian boys gradually became capable of assimilating modern higher education until in 1928 the first A.B. degrees were given under a temporary charter granted by the Regents of the University of the State of New York. This charter was made permanent in 1932, putting the American College of Teheran on a level with first class American colleges.

For many years the school occupied centrally located but limited quarters within the city. Due largely to President Jordan's foresight and dream of a future college, a new site, now comprising nearly fifty acres; was purchased in 1913. At that time it was waste land of nominal value but today is perhaps the most valuable property in the city. It is located just north of the city walls, overlooking the entire city, and commands a superb view of mountains and plain.

On the property new college buildings have gradually arisen until at present the plant comprises a main building with offices and classrooms for between 600 and 700 students; a fully equipped Science building; two dormitories with a combined capacity of 150 students; an infirmary; and three residences for professors. Several athletic fields have been laid out. Rollestone Hall, the main building, combines American ideas of practical educational efficiency with Persian architectural grace and beauty. It has been called by an authority on Persian art the best modern example of the celebrated Persian architecture.

The college has enjoyed steady growth since its organization and now has an enrollment of nearly 800, including 300 elementary pupils. Fees have increased to the Persian equivalent of approximately $15,000 per annum, and the boarding department is more than self-supporting. The staff now comprises six permanent American families, and five short term men, with nearly fifty Persian professors and instructors.

One of the remarkable things about the college, and especially the boarding department, is the class of pupils enrolled. While pupils of every grade of society and every race and creed are accepted without discrimination, an unusually large number are children of the nobility and other influential families. As in ancient times all roads led to Rome, so today in Persia all roads lead to Teheran. The influential and progressive men from every part of the country flock to the capital. They want the best education for their children. They are sold to the idea that "The Americans have a factory in Teheran where they manufacture men." Thus the sons of practically every petty king of the whole empire have been enrolled in the College in recent years. Each year a large proportion of the student body is composed of sons of members of the Majless, (Persian Parliament), of Cabinet Ministers and of other high officials. It is not surprising, therefore, that already the more than a thousand graduates and former students in the school are exerting an influence out of all proportion to their number. They are found throughout the length and breadth of the empire in positions of honor and trust. They include members of the Majless, high officials in the departments of the government, directors of finances and post and telegraph and customs in various provinces, chiefs of police in numerous cities, officers in the army, physicians, educators, editors. In every walk of life they have a deservedly high reputation for efficiency and honesty. The influence of this school has been one of the important factors in the awakening of Persia and the establishing of free institutions and constitutional government.

The cooperation of Lafayette College with the school began when S. M. Jordan '95, and his fiancee, Mary Park, sister of S. R. Park '84, both of them experienced teachers, were appointed to Teheran with a view to their taking charge of the school, since the former superintendent had resigned and returned to America. They arrived in Teheran in November of that year and Dr. Jordan immediately took charge of a number of classes in English while Mrs. Jordan took charge of music lessons and gave regular vocal music lessons to the whole student body. In September 1899, Dr. Jordan became superintendent. C. W. Harris '95 was appointed that year to join the school but for health reasons was compelled to withdraw. At some time during that same year W. C. Isett '01, wrote on behalf of the Brainerd Society asking for information about the school and for suggestions as to how Lafayette College could cooperate. The students and faculty sent a contribution that year and have continued to do so almost every year since then. When the Jordans were back at Lafayette in 1906, the enthusiasm of the students and faculty and alumni was aroused; A. C. Boyce '07 volunteered to come out as the first short term man; a campaign was put on by the students and several hundred dollars was contributed, and Boyce went out with the Jordans in August, 1907.

In September 1913 F. L. Bird '13 arrived in Teheran as a short term man. A few months after his arrival, he wrote a letter to THE LAFAYETTE describing the journey and his impressions of the school. Among other things he said, "I did not have a high opinion of the scholastic efficiency of mission schools in general and so I had the surprise of my life when I found I was connected with the best high school that I had ever come in contact with, both from the viewpoint of classroom work and of

دوصد گفته چون نیم کردار نیست

مطبعه باقرزاده طهران

نامه نامی نیکخواه

administration." Bird's enthusiastic cooperation contributed much to the development and advancement of the school.

In 1913 the standard of the school was raised to that of a junior college. Boyce, who had returned to America in 1910 and had taken four years of advanced work in Education in Illinois and Chicago universities with his wife, went back to Persia in 1915 as a permanent addition to the staff. Mrs. Boyce, formerly Miss Annie W. Stocking, a Wellesley graduate, had previously served in Persia in the Teheran girls' school and has since taught various classes in the boys' institution. Boyce was immediately made associate principal and later became vice-president of the college. During the absence of the president he has repeatedly taken full charge. Bird, who had fallen in love with the work from the time of his arrival, changed from a short-termer to a permanent man.

The world war centered the interest of Lafayette men elsewhere, and the next Lafayette reinforcement was not until April 1921, when W. N. Wysham '13 arrived with his bride. Meanwhile Bird in 1918 because of ill health had been compelled to return to America and later became a professor of Social Sciences in Occidental College, Los Angeles.

In anticipation of the erection of Rollestone Hall and the expansion to full college grade, in June 1923 the Board of Trustees of Lafayette College on the recommendation of President MacCracken formally adopted the American College of Teheran as the special interest abroad of Lafayette, thus making official the connection between the two institutions. In May 1925, R. C. Hutchison '18 and W. A. Groves '19 both with the degree of Doctor of Philosophy from the University of Pennsylvania, with their brides, arrived in time to be of the greatest assistance in drafting and putting into operation the regular standard college courses which were initiated with the transfer of college and middle school students to the new quarters in September 1925. Hutchison was later elected dean of the college.

J. H. Hill '28 joined the college staff in September 1928; S. L. Rambo ex-'30 in September 1929; G. W. Brainerd '30 in 1930; and W. C. McNeill '31 in 1931; all as short term teachers.

In May 1931 Dean Hutchison was compelled to return to America because of the continued ill health of Mrs. Hutchison. Since then he has become president of Washington and Jefferson College. Groves was chosen in his place as dean.

In the spring of 1932 the following Lafayette men were connected with the college:

Jordan '95—President and Professor of History and Social Science

Boyce '07—Vice President and Professor of Education and Psychology

Groves '19—Dean and Professor of Philosophy and Ethics

Wysham '13—Professor of Religion and Sacred Literature

Brainerd '30—Instructor in Biology

McNeill '31—Instructor in Chemistry and Physics

Kennedy '32—Instructor elect

This list would be incomplete without the name of Mrs. Jordan, who always maintains that she is "A Lafayette Man." From the time of her arrival until the present she has borne a goodly share both in teaching and administration. Much of the high reputation and success of the institution are due to her.

"Lafayette-in-Persia" is something of which every Lafayette man may well be proud,—something in which he should be warmly interested,—something which he should habitually support.

دو صد گفته چون نیم کردار نیست

مطبعه باقرزاده طهران

Alex. L. Pach EASTON, PA.

دوصد گفته چون نیم کردار نیست

چه خوش گفته رابندرانات تاگور: "نوری در آسمان را فرا گرفته در قطره شبنم خود را محدود می‌نماید". در راه و نیازی که روز شنبه ۲۴ اردیبهشت ۱۳۱۱ (۱۴ مه ۱۹۳۲) برای پیروی ضمیر داشته در دل پیدا شد جمله فوق که عبارت از شکسپیر است در مقام به نوشته محبت بهره واقعی ما مظهر یک حقیقت است و هر فرد حق بر به نور و مال و استعداد نفس و صفای خود آن حقیقت را در خود جلوه می‌دهد حقیقت یکی و نور است و ما که مانند قطرات شبنم هستیم و جلوه‌گاه و منعکس آنیم. هر که صفای بیشتر حقیقت در او بهتر جلوه‌گاه است. عالم گذشته از اینکه از ذرات و اجزاء مرکب است وحدت هم دارد ولی در واقع شبیه است بنوری که ظاهراً منقسم است و در اشکال چراغ و شمع و ستاره و ماه و آفتاب ظهور می‌نماید ولی در واقع طبیعت نور یکی است. یا مثل آب است که گاهی شکل باران و گاهی برف و گاهی یخ و گاهی دریا واقع شده است ولی اصل آب یکی است. بشر عالم مظهر یک حقیقت است و در تمام تمدن‌های بشری حقیقت عالم در شکل روح انسانیت و صفای لاهوتیت تجلی می‌کند. انسانیت کمال مقام انسانی را میخواهد، هر انسان نور کمال انسانی را در خود منعکس کند باید منعکس نماید. تکالیف حیات هر انسان این است که خود را بهتر و بیشتر مظهر انسان کامل قرار دهد. ولی وقتی میسر است که شخص جسم خود را و روح خود را تربیت نماید. تربیت جسم آنست که قوای طبیعی آن بدرستی رشد و نمو نماید تا اعضای صحیح و سالم شود و برای آن هم حفظ لطیف حیات صحی گردد ولی آفات امراض و عفونت جراحات ضعف و کسالت و دیگر معایب بحران شود و اینها مقصود نیست. امساک و رعایت ورزش و پاکی در ترتیب لازم است. تربیت معنوی با نمو و حس جمال و رشد صحیح قوای روحی مانند عاقله و حافظه و فاعله انجام می‌یابد. شخص باید با علم تحصیل و تدریس و تفکر طبیعی و مناسب لطف در حیات روح خود را اظهار ارزد قوای باطنی را نارس و درشت و محجوب نماید. شخص روح باید در مراحل اخلاقی و ورزش نماید یعنی باید در تمام دقایق ادای حقوق دوستی و مهربانی کرده [illegible] باشد. شخص باید برای رسیدن به حقیقت از دروغ و تنبلی تا حق جوئی و حق خواهی و حقگوئی عادت دهد و همیشه در فکر احقاق حق دیگران و اغماض از حق خویش باشد و دائماً خاطر محبت پرور باشد. محبت بهترین صفت ادبی است و لازمه مرد خوشبین را باید به اینکه محبت اداره نماید. مقصود از محبت عشق های ریائی و هوس های دنیوی بر خود و انسان در ذات دیگر نیست زیرا آن ترکیبات و لذت هوس و فرسوده از عشقهائی که پایدار نبود عشق نبود عاقبت ننگ بود. مقام انسان کامل مستلزم محبت پاک و دوستی عمیق است. شخص باید آزادی جان و دل خود را برای خدمت و محبت آزاد و نوع حقیقی پاک و درست تربیت نماید. بزرگترین مجاهدت و جهاد راه وصال بحق آنست که ما از نخست اعمال و افکار و اقوال خود را که ممکن است برای اتیان حق و تقرب نام حق کسر را باطل کرد قدمی باطل برداریم دروغ و جاه پرستی پیشه نگیریم برای چند روز زندگی خوش جسمانی مرتکب گناه و جنایت نشویم و الزام در این راه و رحمت شده هر شکر کرد. و بقول سعدی بگوئیم الحمدلله که بمعصیت گرفتاریم نه بمعصیتی. در فعل آزار بغیر از نفوس نبایستیم تنها آگاه دوست این شاه شه خوبی در حق آنها روا داریم و بگوئیم: نمیخواهم که باشد خار من بنه در پای کسی مگر آنانی که خار در راه من افکنند بپای!

اگر تمام انسانها خود را مظهر یک حقیقت دانسته و بکمال جسمانی و روحانی کوشیده و کوشش در خدمت و دستگیری هم روح تعاون و محبت و انکار در غرور تربیت نمایند در هر کدام انسان مانند قطره‌ای از شبنم با کمال صفا آئینه نور حق بنمایند انشاالله از نفاق و شقاق در خدمت و وقف روح و مهر و عاقبت رسیده و عاقبت و رفاه و آسایش است.

روز عاشورا ۱۳۵۱ قمری
۱۸ اردیبهشت ۱۳۱۱
دکتر رضازاده شفق

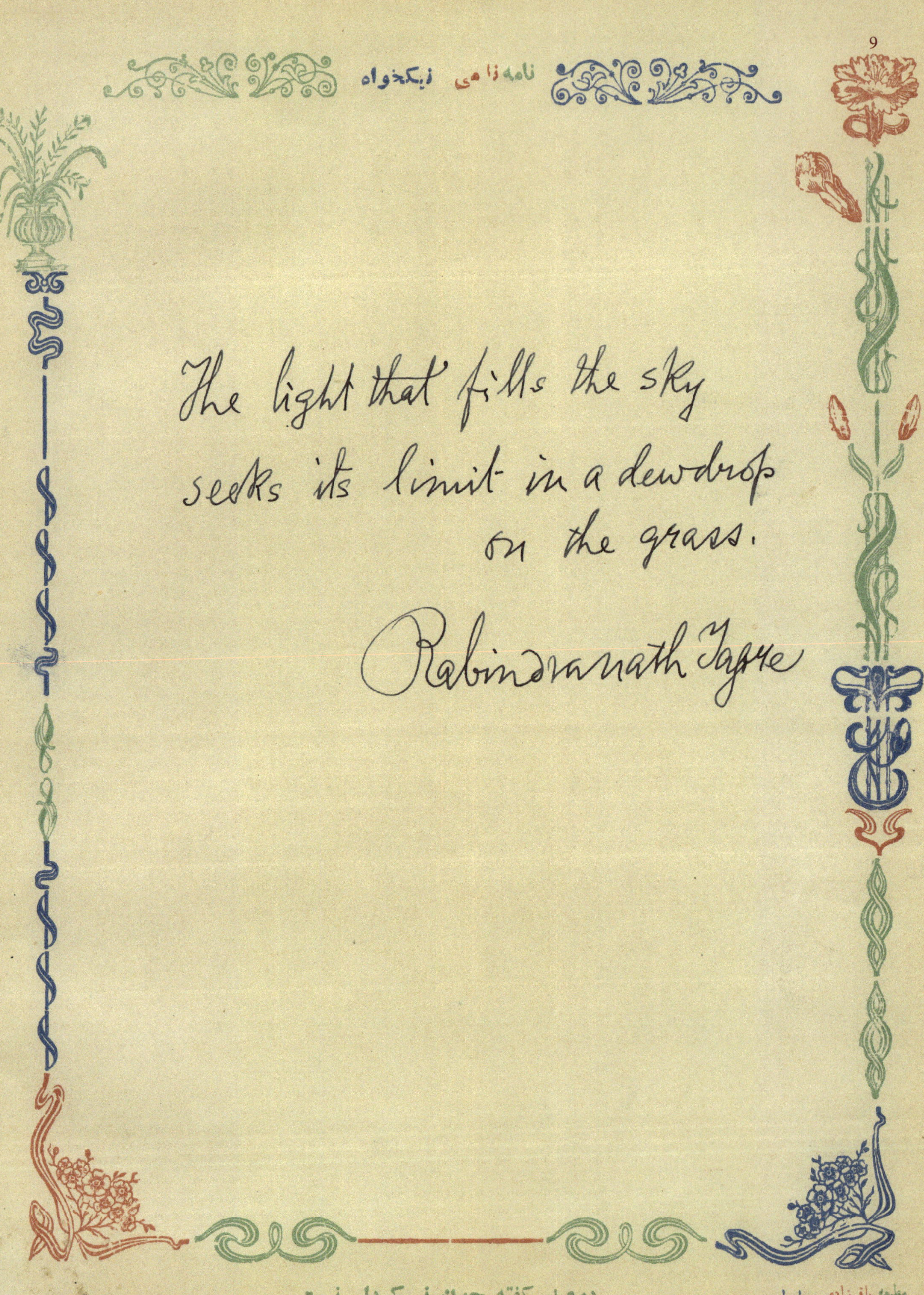

The light that fills the sky
seeks its limit in a dewdrop
on the grass.

Rabindranath Tagore

دوصد گفته چون نیم کردار نیست

مطبعه باقرزاده طهران

9A
Rabindranath Tagore

نامه نامی نیکخواه

دوصد گفته چون نیم کردار نیست

مطبعه باقرزاده طهران

9C

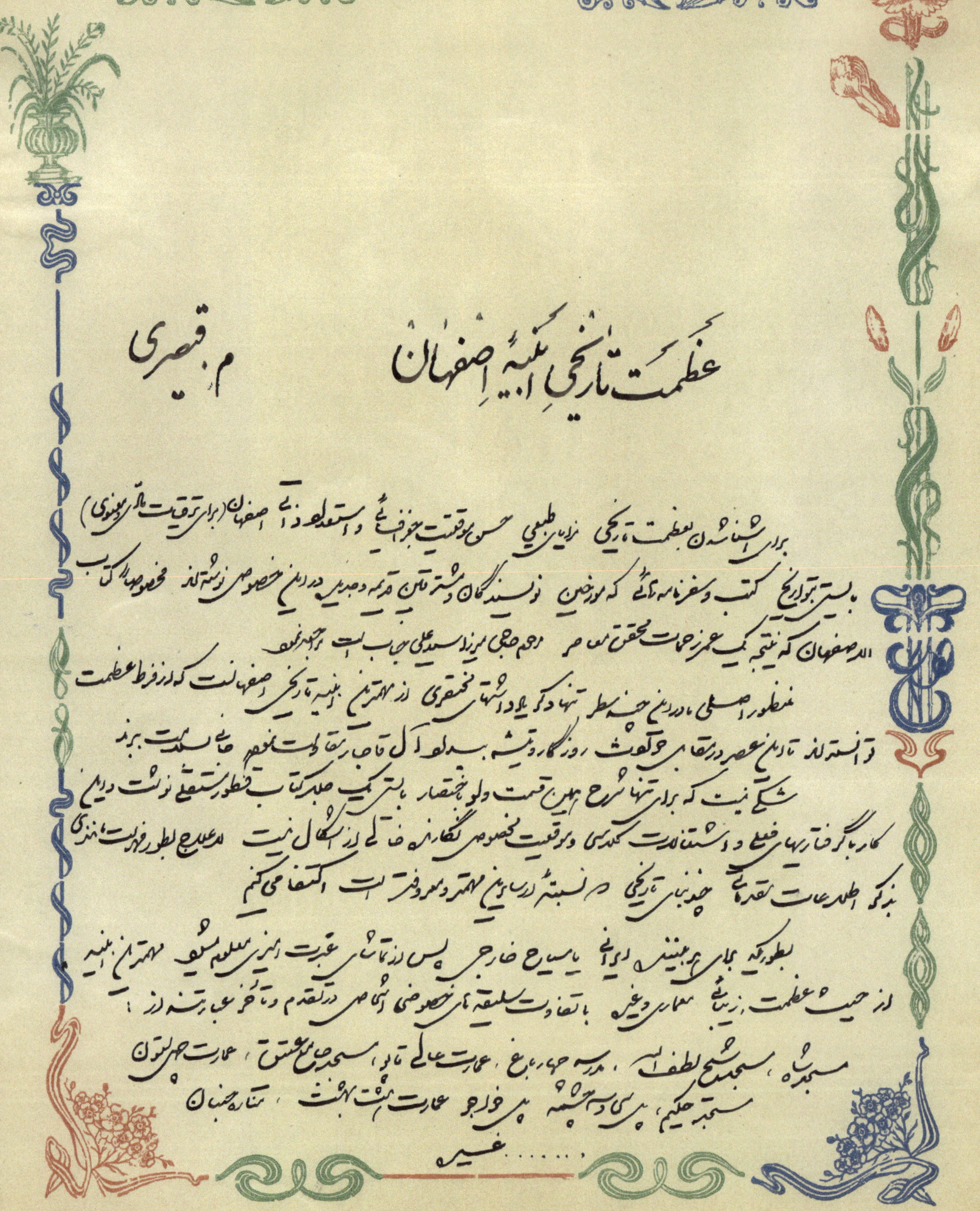

عظمت تاریخی ابنیهٔ اصفهان

م. قیصری

برای آشنا شدن بعظمت تاریخی، مزایای طبیعی، حسن موقعیت جغرافیائی و استعداد ذاتی اصفهان (برای ترقیات مادی و معنوی) بایستی بتواریخ، کتب و سفرنامه‌هائی که مورخین و نویسندگان و مستشرقین قدیم و جدید در این خصوص نوشته‌اند مخصوصاً بکتاب «الاصفهان» که نتیجه یک عمر زحمات محقق معاصر مرحوم حاجی میرزا سید علی جناب است مراجعه نمود.

منظور اصلی ما در این چند سطر تنها ذکر یادداشتهای مختصری از مهمترین ابنیهٔ تاریخی اصفهانست که از فرط عظمت توانسته‌اند تا این عصر در مقابل حوادث روزگار و تیشهٔ بیدادگر آل قاجار مقاومت نموده جان سالم بدر برند. شکی نیست که برای تنها شرح همین قسمت ولو باختصار بایستی یک جلد کتاب قطور مستقلی نوشت و این کار با گرفتاریهای فعلی و نداشتن ادوات عکاسی و موقعیت مخصوص نگارنده فعلاً خالی از اشکال نیست لاعلاج بطور فهرست مانند بذکر اطلاعات مقدماتی چند بنای تاریخی که نسبتاً از سایرین مهمتر و معروفتر است اکتفا می‌کنم.

بطوریکه برای هر بیننده ایرانی یا سیاح خارجی پس از تماشای عبرت انگیز معلوم میشود مهمترین ابنیه از حیث عظمت، زیبائی، معماری وغیره با تفاوت سلیقه‌های مخصوص اشخاص در تقدم و تأخر عبارتند از:

مسجد شاه، مسجد شیخ لطف الله، مدرسه چهارباغ، عمارت عالی قاپو، مسجد جامع عتیق، عمارت چهلستون، مسجد حکیم، پل سی و سه چشمه، پل خواجو، عمارت هشت بهشت، منار جنبان

غیره ....

نامه نامی نیکخواه

در اینجا بذکر چند سطری در خصوص هرکدام جداگانه ذیلاً قناعت میکنیم

مقدمه مختصر — مسجد بنقشه اصفهان معلوم میدارد در میدان شاه یا میدان نقش جهان با طولی در حدود پانصد و عرضی نزدیک بصد و پنجاه متر با مساحتی قریب بهشتاد هزار ذرع مربع در ناحیهٔ مرکزی اصفهان قدری مایل بطرف جنوب قرار دارد — اطراف میدان را دو طبقه اطاقهای قشنگی (مخصوص سکونت چند فوج قشون در قدیم تا اواسط حکومت ظل السلطان) احاطه نموده و در نتیجه عدم سکونت و سالها عدم حفظ و خرابی سقفهای طبقه فوقانی امروز فقط ایوانهای بالا و طاقنماهای طبقه تحتانی (مخصوصاً پس از مختصر تعمیر اخیر بلدیه) تا اندازه زینت بخش صفحه مصفای میدان میباشد تا سال پیش نهر بزرگ سنگی با یک دسته درختهای سرو و اقاقیا درون از چهار طرف خیابان داخلی کنارهای اولا از قسمت وسط (که تا این اواخر مخصوص مشق نظام بود) جدا میکرد ولی در معماری بی سلیقه اخیر بلدیه نهر مزبور را کور کردند

میدان نقش جهان — از بناهای شاه عباس کبیر و اطراف آن بازارهای مخصوص اصناف مختلفه (مانند صفارها — سراجها — کلاهدوزان — صباغها — چیت سازها — قنادها — یخ سازها — حرفان — طوافان لوافان — آهنگران — کفاشها — کبابها و غیره) قرار دارد مخصوصاً در طرف جنوب آن مسجد شاه و در طرف شرق آن مسجد شیخ لطف الله و در طرف غرب عمارت عالی قاپو و در طرف شمالی سر در قیصریه قرار دارد

مسجد شاه — نسخه جامع نمایندهٔ کاملی از نمونه و اوج هوش ترکیب، ذوق، معماری، مهندسی، نقاشی کاشیکاری خطاطی حجاری دقت طلاکاری و منبت کاری ایرانی در قرن یازدهم هجری مسجد شاه یا جامع عباسی است ببینید. در این راه هر رهنورد و کمی بطواف این کعبه افتخارات ایرانی و دینی میاید در گفتن و هم در قدم در حریم صفوفان سر در ب این معبد عالی بنا (که تا چندی پیش بزرگترین ایستگاه عمومی بود) میگذارد یکمرتبه محو تماشای شاهکارهای هنرمندان چند قرن پیش شده از حس بهجت و در گرداب بهت و حیرتی مخلوط بتحسین و تقدیس غوطه ور میشود.

ارتفاع بنا و رنگ و متن کتیبه های خوشخط و تابش کاشیهای زیبا دیوارها بطوری مشغول میکنند در تا ید هزار بهیچ حرکت و کاری حق ایستاده

مطبعه باقرزاده طهران

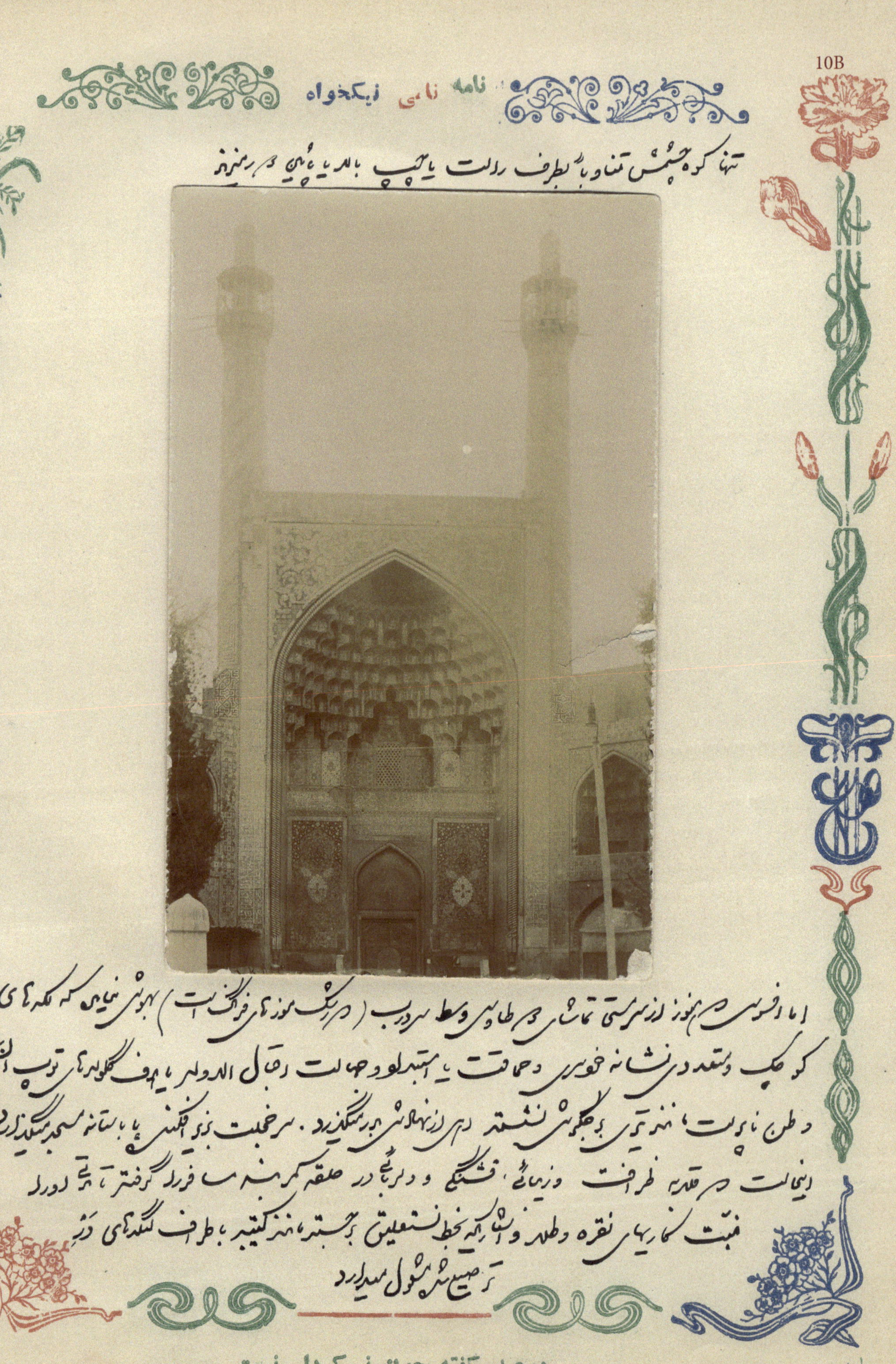

نامه نامی نیکخواه

تنها که چشمش تناوباً بطرف راست یا چپ بالا یا پائین در رفته‌اند

اما افسوس هنوز از سرمستی تماشای در طاووسی وسط سر درب (در رنگ موزه‌های فرنگ است) بهوش نیامده که لکه‌های کوچک و متعدد در نشانه خونریزی و حماقت و استبداد و جهالت رجال الدوله یا بهتر گلوله‌های توپ آن وطن ناپرست، هنوز تیری بر چشمش نشسته دلی از نهادش بر میگذرد. سر خجلت بزیر افکنی با استانه مسجد میگذارد اینحالت در مقابل ظرافت و زیبائی، قشنگی و دلربائی در حلقه کمربند فرار گرفته، همه دور را قبت نگارهای نقره و طلا و آیه بخط نستعلیق برجسته، هنر کتیبه با طرف لنگه‌های در ترصیع شده شمول میدارد

دوصد گفته چون نیم کردار نیست

مطبعه باقرزاده طهران

بیچاره پس از لمحهٔ که دو ل گویان خود را از طلسم جذابیت در ورود الان تمام بنا رها نموده وارد صحن مسجد شیخ این جاذبت در گوی یک همهمه به گوش جان خطاب فاخلع نعلیک انک بالواد المقدس طوی میشود سراپا لرزان در هر آن بند استقامت نمیدانسته از هر طرف نگاه کند.

چهار طرف حیاط وسیع مسجد را از وسط چهار ایوان بزرگ بلند عالی در بر تعلیک میکشد با ایوانهای کوچکتری در طرفین هر یک دو طرح میکند در عقب ایوانهای شرقی و غربی دو گنبد بزرگ در مقرنس کتابه ها مانند تمام در و دیوار مسجد از کاشیهای عباسی پوشیده شده قرار دارد و مهمتر از این هر دو گنبد بزرگ و معروف سمت جنوبی است در از جلو با ایوان فلک جرمش و از طرفین بجهت شبستان وسیع و جهت ستونهای محدود میشود. گنبد مزبور از درون سقف سنگین شده در ۱۲ متر از سنگ فاصله دارد و در وسط جوشهای عجیب و غریبی با تیرهای به قطر یک متر آنها را بیکدیگر وصل میکند سطح مقعر زیرین (در ۲۴ متر ارتفاع دارد) با سطح محدب گنبد فوقانی (در ۴۶ متر ارتفاع دارد و از فاصله چند فرسخی شهر نمایان است) از کاشی پوشیده شده

اما در خصوص توصیف آب و رنگ تلألؤ و ظرافت این بنا قلم لنگ است از تشریح خصوصیات یک یک عاجز است توضیح و تجسم کیفیات یک از تزئینات آن بخصوص با علاقه مفرطی که به اختصار این مقاله دارم تا صرف است لذا از توضیح شخصی آن که دیده اند به مطالعه کتب مستشرقین فرنگی از سالها به آن طرف واگذار می کنم

مطبعه باقرزاده طهران

نامه نامی نیکخواه

همین قدر معتقد که بگویم که سطح داخل مسجد (بضمیمه تمام سطوح داخل دهلیز و ایوانها و گنبدها و چهل ستون)
ابتدا از زمین تا دو متر ارتفاع از سنگهای مرمر تراشیده (ازاره) در مساحت آنها را در حدود (۳۵۰۰)
متر تخمین نموده اند پوشیده شده و از آن ببالا تماماً از کاشیهای مزبور و کتیبها که از بزرگترین شاهکارهای
هنرمندان درجه اول ایران است مانند علیرضای عباسی عبدالباقی دانشمند محمدرضا امامی محمد صالح وغیره
پوشیده شده است علاوه بر این سطح محدب گنبد بزرگ و سطح داخل که نسبتاً بزرگی در بدو فاصله متصل
بمسجد و در زوایای جنوب شرقی و غربی مسجد قرار دارند با سطوح خارجی چهار مناره بلند دو با ارتفاع ۴۲
متر در دو تای آن در طرفین سردرب و دو تای دیگر در داخل مسجد در طرفین ایوان جنوبی گنبد بزرگ
قرار دارد همگی از همین نوع کاشی پوشیده شده است گلدسته یا مئذنه در بالای ایوان غربی قرار دارد

مساحت سطح زیر مسجد در حدود ۱۷۰۰۰ متر مربع و بنا به تخمین در ذخیره اسناد عده آجرهای مسجد در حدود
۱۸ میلیون و آجر کاشی در حدود (۴۷۲۵۰۰) جام گچ نزدیک پنج میلیون من تبریزی آهک قریب یک میلیون
من تبریزی است

چند قطعه کاشیهای نفیسی از قبیل طاوسهای سردرب وغیره در مسجد موجود است در برای شرح بیشتر بایستی
بکتب مستشرقین رجوع شود درخاتمه محض احتیاط ناگفته نمیگذارم در این مسجد جایکه باسمش معلوم است
(جامع عباسی) از بناهای شاه عباس کبیر است

مسجد شیخ لطف الله — در طرف شرق میدان نقش جهان تقریباً بجنوب مسجد شیخ قرار
قرار دارد این مسجد را شاه عباس کبیر برای شیخ عبدالله شوشتری بنا نمود ولی بمناسبت اینکه شیخ عبدالله
امامت مسجد جامع را داشت امامت آن بشیخ لطف الله محول شد از خصوصیات این مسجد
یکی اینکه برخلاف اکثر مساجد دارای حیاط سرباز نیست بلکه بطور کلی عبارتست از یک گنبد بزرگ
عالی در از حیث عظمت با گنبد مسجد شاه لاف همسری میزند. از حیث کاشی کاری اغلب و رنگ
و صحت بالتی آنچه را در مسجد شاه ذکر شده در اینجا نیز تکرار کنیم تنها ببقیه یکی در نقوش

از مستشرقین دخیره

مطبعه باقرزاده طهران

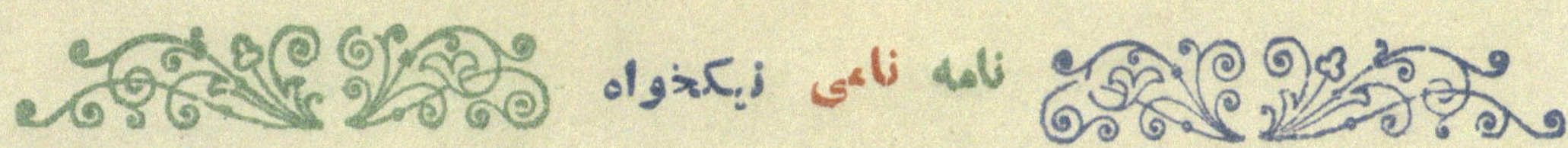

در این مسجد قطعاتی از کاشی یافت میشود که شاید حتی در مسجد شاه هم نظائر آنها دیده نشود

دیگری از خصوصیات آن اینکه این مسجد دارای دو طبقه است بطوریکه در زیر صحن گنبد شبستانی قرار دارد که از حیث استحکام بی نظیر و بواسطه درب و پنجره های مخصوص با خارج مربوط میشود و نیز بوسیله دریچه مخصوصی زیر گنبد با طبقه فوقانی مسجد مربوط میشود که در موقع ازدحام امام جماعت در این شبستان زیرین ایستاده صفوف صحن زیر گنبد که در بالای آن قرار دارد بواسطه همین دریچه (که نزدیک محراب است) با صفوف طبقه تحتانی متصل میشود. دیگر از خصوصیات بزرگی درب و دالان است

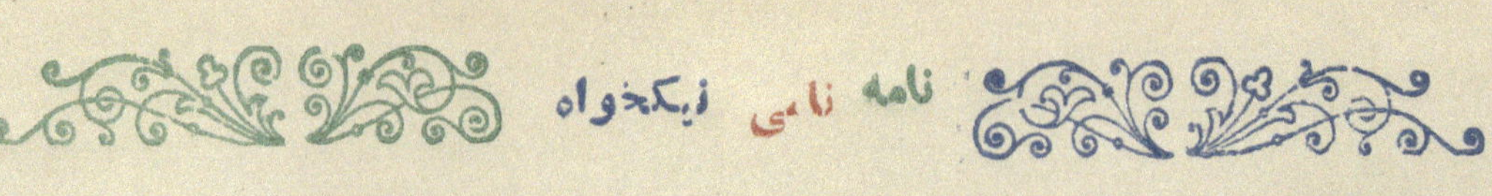

که چند پله بالای سطح زمین قرار دارد و برای ورود بمسجد بایستی از چند پله طرف سنگ مرمر بالا رفته وارد میشوند

درب این مسجد هم از حیث ظرافت صنعت معروف طول هر لنگه ۳٫۵ متر عرض آن ۱٫۱ متر و قطر ۱۲ سانتیمتر مقعر تحتانی و سطح خارجی گنبد از کاشیهای مستغنی الوصف پوشیده شده و در منطقه کتیبه های ممتاز بخط علیرضای عباسی (نویسنده معروف) و نیز کتیبه های دیگری بخط دیگران در داخل مسجد دیده میشود از یک کتیبه که بخط علیرضای عباسی است معلوم میشود در این مسجد را شاه عباس کبیر قبل از استیلاء بخراسان و گرجستان بنا نموده

مطبعه باقرزاده طهران

عمارت عالی قاپو - این عمارت که بطوریکه از اسمش معلوم میشود (عالی قاپو - باب عالی Porte Sublime) در دو دورهٔ مختلف دربار چند نفر از سلاطین عظیم الشان ایران را تشکیل میداده است.

این عمارت بنائی است که مکعب با ارتفاع ۳۳ متر مرکب از سه طبقه و هر یک بنوبه خود از دو یا سه طبقه جزء تشکیل شده است. طبقه اول هشت و دالان با شکوه صلیب مانند را تشکیل میدهد با ارتفاع ۱۲٫۵ متر با طاقچه‌ها در اطراف آن - طبقه دوم عبارتست از طاق بزرگی در وسط و طاقهای کوچکی نسبتاً کوچکتری در طرفین و هر یکی از جلو بوسیله درهای قشنگشان با دیوان بزرگ یا طالار معروف آن مربوط میشوند

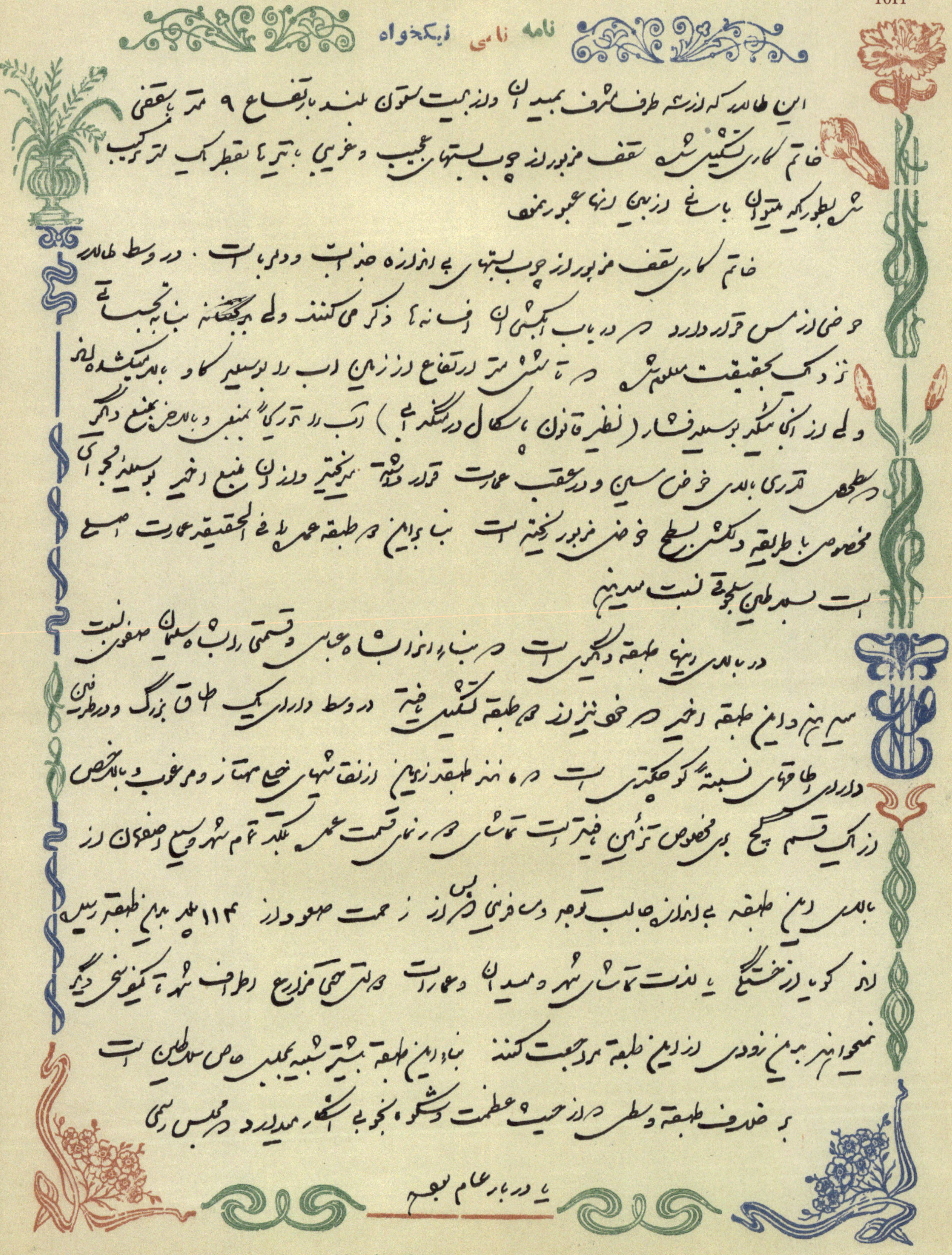

نامه نامی نیکخواه

این طالار که از سه طرف مشرف بمیدان و از بیست ستون بلند با ارتفاع ۹ متر با سقفی
خاتم کاری تشکیل شده سقف مزبور از چوب بستهای عجیب و غریبی با ترتیبات بقطر یک متر ترکیب
شده بطوریکه میتوان باسانی از بین آنها عبور نمود

خاتم کاری سقف مزبور از چوب بستهای به اندازه جذاب و دلربا است. در وسط طالار
حوضی از مس قرار دارد که در باب آبکشی آن افسانه‌ها ذکر میکنند ولی بگفته بنا به تحقیقات
نزدیک بحقیقت معلوم شده که تا شش متر ارتفاع از زمین آب را بوسیله گاو بالا میکشیده‌اند
ولی از آنجا ببعد بوسیله فشار (بنظیر قانون پاسکال در لگدها) آب را تا ترکیبهای منبعی در بالاخره بمنبع دیگر
در سطحی قدری بالای حوض مسین و در عقب عمارت قرار داده میریختند و از آن منبع اخیر بوسیله لوله‌های
مخصوص با طریقه دلکشی بسطح حوض مزبور ریخته است بنابراین دو طبقه عمارت فی الحقیقه عمارت اصلی
است سلاطین سلجوقی نسبت میدهند

در بالای این طبقه دیگری است که بنای آنرا بشاه عباس و قسمتی را بشاه سلیمان صفوی نسبت
میدهند در این طبقه اخیر که حوضی نیز از دو طبقه تشکیل یافته در وسط دارای یک طاق بزرگ و در طرفین
دارای طاقهای نسبتاً کوچکتری است که در طبقه زیرین از نقاشیهای خیلی ممتاز و مرغوب و بالاخص
از یک قسم گچ بری مخصوص تزئین یافته است تماشای دورنمای قسمت عمده بلکه تمام شهر وسیع اصفهان از
بالای این طبقه به اندازه جالب توجه و دلفریب است که پس از زحمت صعود از ۱۱۴ پله بدین طبقه رسیده
اند گوئیا از خستگی با لذت تماشای شهر و میدان و عمارات و باغات و مزارع اطراف شهر تسکین یافته دیگر
نمیخواهند باین زودی از این طبقه مراجعت کنند بنابراین طبقه بیشتر شبیه مجلس خاص سلاطین است
برخلاف طبقه وسطی که از حیث عظمت و شکوه بخوبی آشکار میدارد که مجلس رسمی
یا دربار عام بوده

دوصد گفته چون نیم کردار نیست

مطبعه باقرزاده طهران

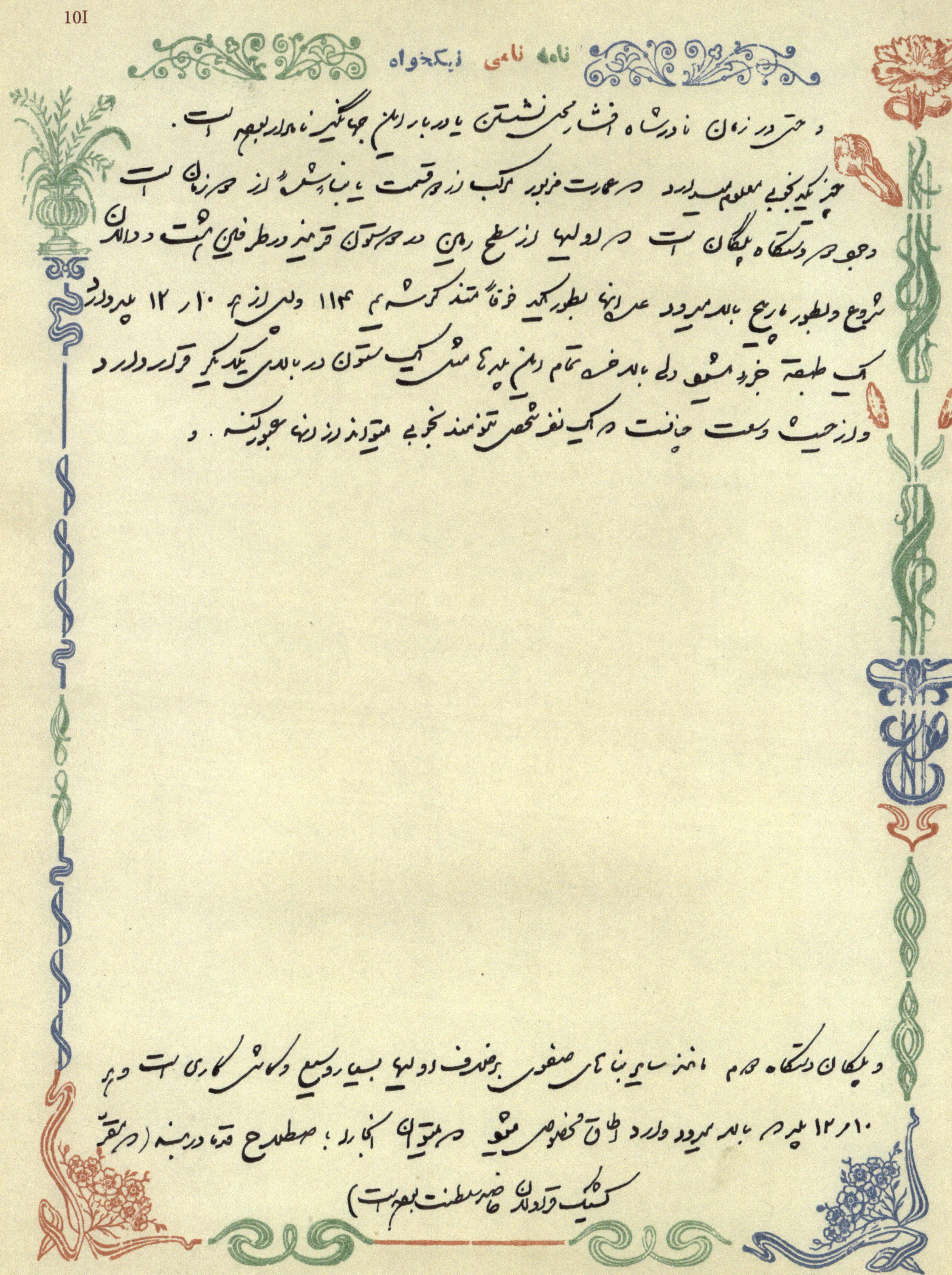

نامه نامی نیکخواه

و حتی در زمان نادرشاه افشار محل نشستن یا دربار این جهانگیر نامدار بوده است.

چنانکه بخوبی معلوم میشود در عمارت مزبور مرکب از دو قسمت یا بنا پیش گرد از دو زمان است
و جلو در دستگاه پلکان است در دولبه از سطح زمین در دو ستون قرینه در طرفین هشت و دالان
شروع و بطور مارپیچ بالا میرود عده این پله‌ها بطوریکه خودم شمردم ۱۱۴ ولی از هر ۱۰ ار ۱۲ پله دارد
یک طبقه جزو مشبک ولی بالاخره تمام این پله‌ها مثل یک ستون در بالای یکدیگر قرار دارد
و از حیث وسعت جانمیت در یک نفر شخص تنومند بخوبی میتواند از آنها عبور کند. و

و پلکان دستگاه دوم مانند سایر بناهای صفوی برخلاف دولبه بسیار وسیع و گشاده کاری است و هر
۱۰ ار ۱۲ پله در بالا میرود وارد اطاق مخصوص مثمن در میتوان انکار را باصطلاح قدما دربند (در مقر
کشیک قراولان حضور سلطنت بوده است)

و بیشتر اوقات سیاحان خارجی و مسافرین و غیره مکرر با جعبه‌های عکاسی در مقابل این بارگاه عظمت ایستاده از تماشای آن لذت میبرند – در خصوصیات باب درب نقرهٔ آن از حیث طلا و منبت کاری و کتیبه‌های خیلی خوش خط بالتبع آنچه را در باب درب مسجد شاه گفته‌ایم تکرار کنیم منتها بواسطه اینکه آن تا حد اختتام بنا مدرسهٔ چهارباغ از مسجد شاه

عبور کند بطوریکه یک نفر در صورتیکه میخواست وارد مجلس شاه شود بطرق فوق الذکر
بایستی از این شش هفت دربند (در تحت کشیک قراولان خاصه سلطنت بوده است)
عبور کند نظر بملاحظهٔ که باختصار این مجموعه داریم از ذکر خصوصیات بنائی مهندسی و بعضی کاشیها و
غیره صرف نظر نموده سخن را در این خصوص بپایان میرسانیم

قسمت دوم — عمارت چهار باغ

مقدمه. — مهمترین خیابان مشجر و باشکوهی که با عرض ۴۳ متر از سه قرن پیش در شهر اصفهان بلکه در تمام مملکت ایران ساخته شده و بیادگار مانده خیابان چهار باغ اصفهانست در نزد دروازه دولت شروع و در امتداد شمالی و جنوبی به پل سی و سه چشمه ختم میشود. این خیابان اکنون منقسم به پنج معبر متمایز است سه معبر پیاده رو و دو معبر سواره (در دو طرف جهت یکدیگر) دو جوی آب دائماً در طرفین معبر وسطی (پیاده رو) جاری و چهار رشته بیشه یا درختهای چنار کهن سال یادگارهای عهد صفوی و غیره معابر مزبور را از یکدیگر جدا میکنند بواسطه خوبی و صفا و دلکشی و وضعیت فوق العاده خود خیابان مزبور مهمترین گردشگاه شهر را در تمام فصول مختلف سال تشکیل میدهد از عمارات مهمه تاریخی این خیابان که تا کنون بخوبی باقیمانده است مدرسه چهار باغ (یا سلطانی) عمارت هشت بهشت و پل سی و سه چشمه است

مدرسهٔ چهار باغ — در سمت شرقی تقریباً وسط خیابان چهار باغ واقع است سر درب بلند و عالی و باشکوه آن از حیث کاشی و معرق کاری (حتی طاوس بالای درب) خیلی شباهت بسر درب مسجد شاه دارد عجب اینکه پس از سه قرن هنوز در نهایت تازگی و ظرافت بدون هیچ عیب و نقص باقیمانده و باندازهٔ جذابست که حتی اهالی شهر هم که اغلب دیده‌اند برای گردش بدانجا میروند از تماشای آن سیر نمیشوند

صحن بزرگ تمام سنگی که در طول طرفین آن شش ردیف پله‌های ظریف ساخته شده حیاط مدرسه را در امتداد مشرق و مغرب بدو قسمت متساوی تقسیم میکند هر یک از این دو قسمت بوسیله خیابانهای عمود بر هم بدو قسمت دیگر منقسم میشود که در نتیجه چهار قطعه باغچه در چهار گوشه مدرسه تشکیل میدهند و عموماً دارای چنارهای بزرگ شاه عباسی (بقطر ۱/۱۵ متر) میباشند حیاط مدرسه را از چهار طرف دو طبقه حجرات خیلی ظریف که در جلو دارای ایوانهای مخصوص و کاشیکاری است احاطه میکند در وسط هر ضلع مسجد ایوانهای بزرگ و باشکوهی قرار دارد مهمتر از همه در وسط ضلع جنوبی ایوانی که بنایش در طرفین آن دو مناره و در عقبش گنبد بزرگ و معروف مدرسه چهار باغ (که تقریباً نظیر مسجد شاه که کوچکتر است) قرار دارد در قسمت کاشیکاری درون و بیرون گنبد و تمام سطح داخل مدرسه و سردرب و غیره عیناً آنچه را که در باب مسجد شاه و مسجد شیخ لطف‌الله گفته شد بدون کم و زیاد بایستی در اینجا تکرار نمود. علاوه براینکه کاشیکاریهای این بنا نسبت تا آخر زمان خاقان (چنانچه در پیش اشاره کرده‌ام) هنوز طراوت و ظرافت و تلألو خود را بخوبی حفظ نموده و [illegible]

عدهٔ حجرات قابل سکونت مدرسه متجاوز از یکصد و [illegible] تقریباً با تمام مسکون است. فضای هر حجره تقریباً ۵۰ متر مکعب و همگی خشک و روشن است و هر یک بخوبی گنجایش سکونت دو تا چهار نفر محصل را دارد مساحت زیر بنای مسجد ۱۲۰۰۰ متر است در زوایای مدرسه چهار خلوت کوچک مسدسی از یک طرف به حیاط مدرسه مربوط است. با مهندسی مخصوصی ساخته شده عقب زاویه جنوب غربی حوضخانه مفصلی وسیع و عقب زاویه جنوب شرقی آشپزخانه بزرگ و مجللی است که برای پذیرائی چندصد نفر بخوبی کافی است قرار دارد.

10M

نامه نامی نیکخواه

تمام خصوصیات درب مانند کیفیات سردرب و کاشیها و غیره در کمال خوبی و تازگی محفوظ
مانده چنانچه گوئیا بتازگی از زیر دست بناهای ماهر یا مینا کاران زبردست یا مینا کاران یا نویسندگان خوشخط
خارج شده

بموجب کتیبه‌های سردرب و داخل مدرسه این بنای سحرانگیز به شاه سلطان حسین صفوی منسوب است چنانچه
یک قطعه اشعار که در دهلیز مدرسه روی صفحات کاشی نزدیک بسقف کتیبه شده در مدح شاه سلطان حسین
مؤید همین قسمت است

دوصد گفته چون نیم کردار نیست

مطبعه باقرزاده طهران

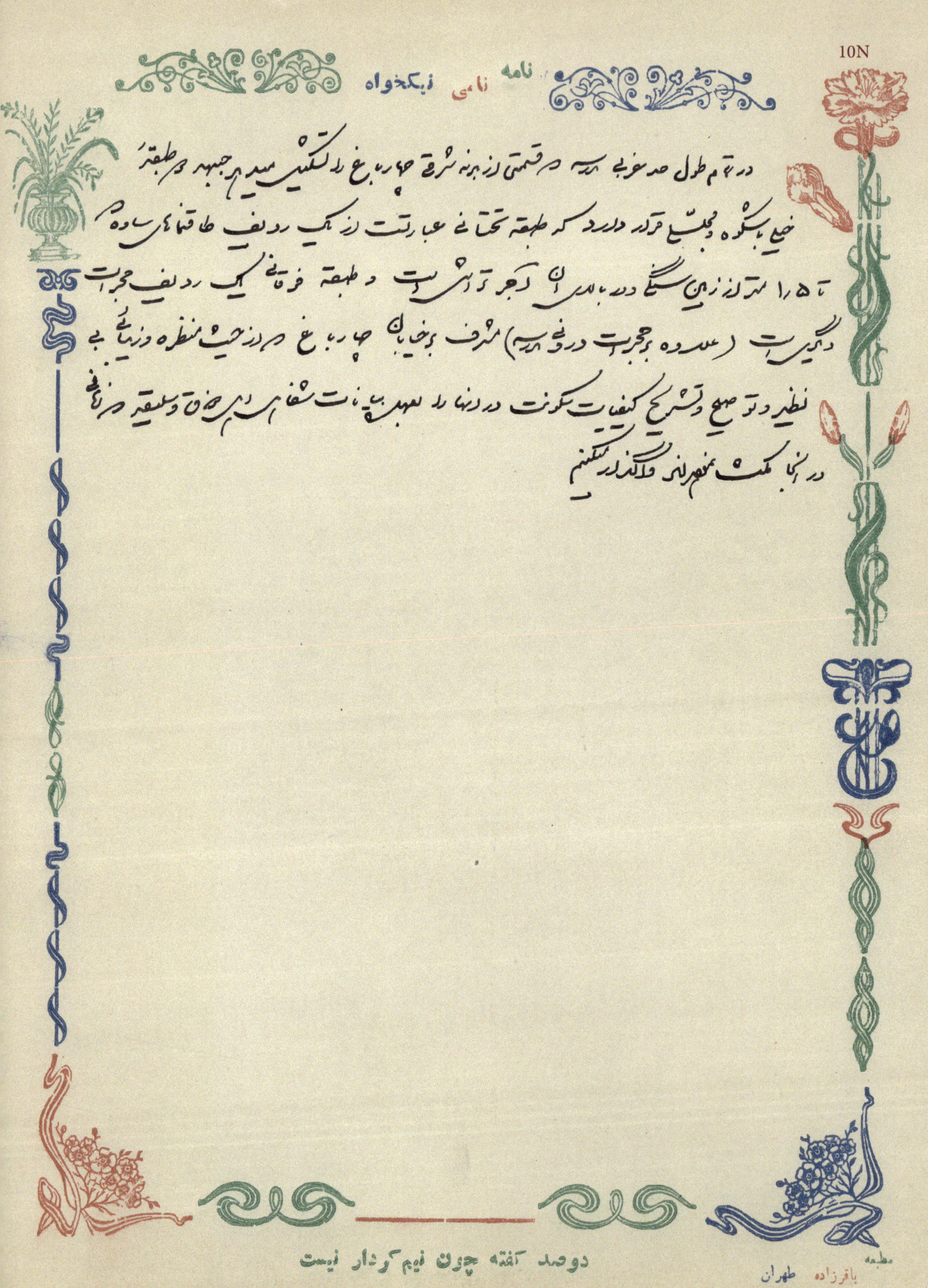

نامه نامی نیکخواه

در تمام طول حد غربی مدرسه در قسمتی از جبهه شرقی چهارباغ را سکوئی سیدی جبهه در طبقه
حجره‌ها با شکوه و مجللی قرار دارد که طبقه تحتانی عبارتست از یک ردیف طاقنماهای ساده
تا ۱٫۵ متر از زمین سنگ و در بالای آن آجر تراشی است و طبقه فوقانی یک ردیف حجرات
دیگری است (علاوه بر حجرات درونی مدرسه) مشرف به خیابان چهارباغ در از حیث منظره و زیبائی بی
نظیر است توضیح و تشریح کیفیات سکونت در اینها را بعهده بیانات شفاهی این حقیر و سلیقه در اتاقی
در اینجا مکث مختصری واگذار میکنیم

دوصد گفته چون نیم کردار نیست

مطبعه باقرزاده طهران

عمارت چهلستون

عصر صفوی عصر تجلی روح صنعتی ایران است، در این عصر نورانی قریحه فنی و طبع مبتکر ایرانی برای یادگار دیگر پرتو افشانی کرده و چشم عالم متمدن را از انوار باهره جمال جمیل خود خیره نموده است و در حجله‌گاه طبیعت و در میان برایای عالم خلقت، هیچ عروسی همچون عروس جمال دلربائی کردن نتواند، تنها زیبائی نیست که تارهای لطیف روح را باهتزاز آورده و دل صاحبدلان و ارباب ذوق را سراپا سر تا از سر جان مجذوب جلوه‌های جذاب آن شاهکارها کند که آنچه بدر دو عالم باشد قیمتش نشود، از پرفسور پوپ پرسیدند چرا غربیان ویژه امریکائیان فلان قطعه کاشی شکسته یا قالی کهنه و فرسوده را بقیمتهای گزاف خریداری میکنند، با آنکه هزاران اشیاء بدیع در دسترس دارند؟! پرفسور دانشمند تبسمی نموده گفت تمام آن اشیاء تا جائی که در نظر دارید نمیتواند دمی روح را تسلیت دهد، و لذتش آنی و فانی است، و ما در نظر صاحب‌نظران همین کاشی شکسته رشته دلبستگی است؟! امریکائیها عشق ثروت خود را از کف نه دهند پول میدهند و جان میخرند این صنعتهای شگرف پرتو جان است، آنهم جانی که جمال را درک کرده

مطبعه باقرزاده طهران

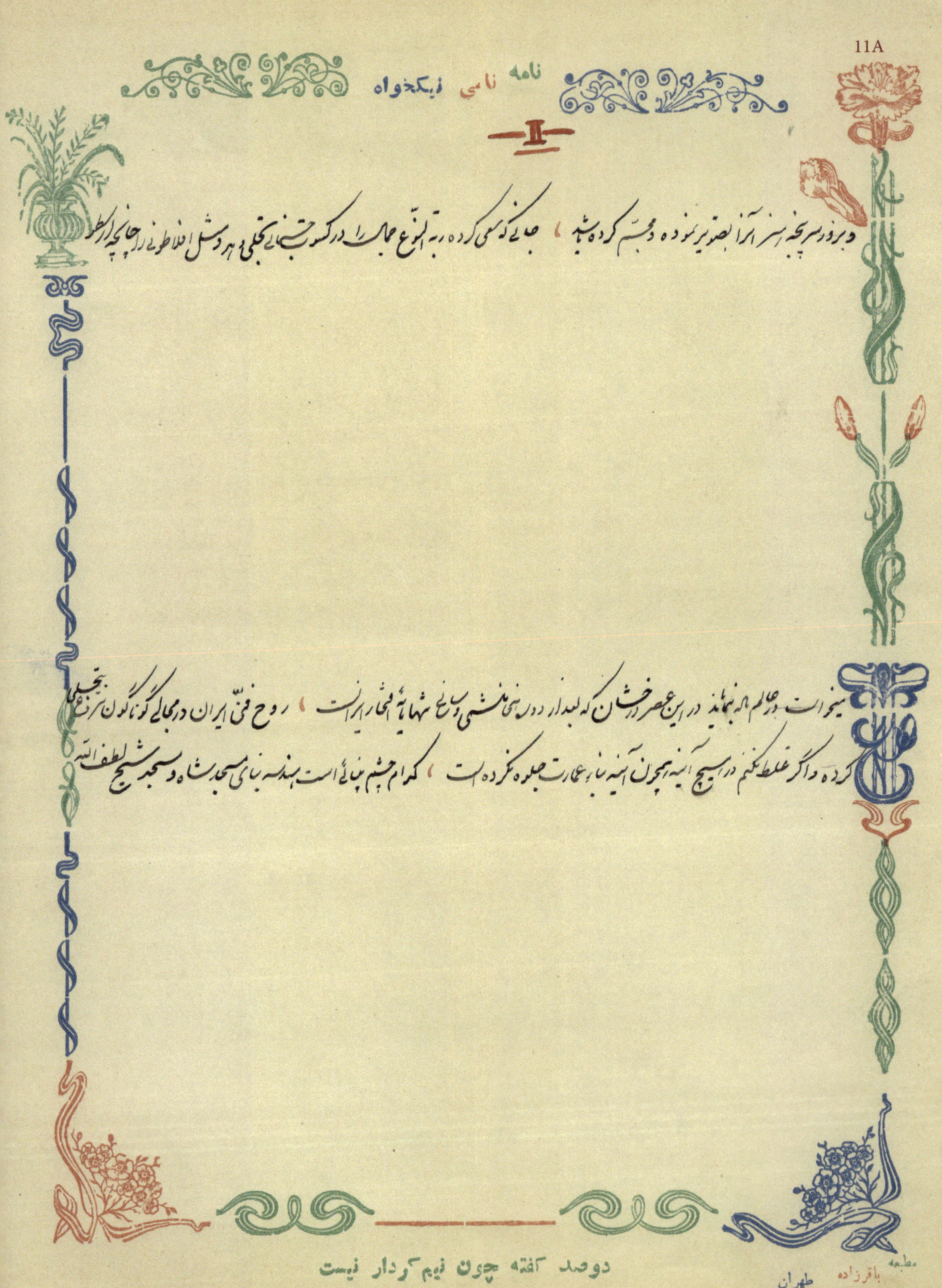

— II —

و برود سرپنجه هنر آنرا تصویر نموده و مجسّم کرده باشد ، جائی که سعی کرده به انواع حجابها را در کسوت تجلّی هر دو مثل افلاطونی را آنچه از لطف

میتوان گفت در عالم باقی نماند در این عصر درخشان که بیدار دوره‌های نقاشی و صنایع شهابه افتخار ایران است ، روح فنّی ایران در مجالی گوناگون [illegible] تجلّی

کرده و اگر غلط نکنم در هیچ آینه همچون آینه بنا و عمارت جلوه نکرده است ، کدام چشم بینائی است هندسه بنای مسجد شاه و مسجد شیخ لطف الله

مطبعه باقرزاده طهران

نامه نامی نیکخواه

III

وقتی از طرف میدان نقش جهان بطرف عالی قاپو و چهلستون را ببینند از فرط اعجاب انگشت حیرت بدندان بگزند؟

بطرف عمارت چهلستون روان میشوید در اولین وهله بنای مجلل و باشکوهی در برابر چشم تان مجسم میشود که برپایهای ثابت استاده

و با آنکه صدمات درشکست بنظر میرسد باز هنر آن یادگار از قریحه هنرمندان صفوی و ذوق خلاق صنعتگران ایرانی سخن میراند و جذبات تمام لطایف ساحه باشکوهش

عشق جمال را بیاد داشته و از سرچشمه رحم رنگ آمیزی میرسانند و آنکه میبینی برای آنکه آیات باهره حسن العالمی زندانم بر چهل ستون

«که از انعکاس بیست ستون در آب حاصل میشود» ایستاده ام ، من عبث سرگردان بر سر نوشته ام مسیحا هم عظمت مقام زیبائی را مجسم کنم ،،

اگر بابکه سالها از عمر من بگذرد و هنوز فروغ نقاط درخشنده سینه و نقشهای بدیع بر رو پیکرم جسم را روح زیبائی جنبش کرده شده ام اگر

ساختمان طاقهای باشکوهم تماشاچیان را غرق دریای حیرت کنند عجب مدارید ، در زمانی و مدت بر دوامی نساخته ام که پای بند فرهنگهای بی روح طبیعت

نشده ، و پیوسته ناظر جمال به انواع جمال بوده اند ،

دوصد گفته چون نیم کردار نیست

طهران

مطبعه باقرزاده

نامه نامی نیکخواه

-VI-

ای ناظرین عزیز، مرا سنگی و چوبی مپندارید، و تصور نکنید از مشتی چند خاک و سنگ ساخته شده‌ام، من بنای حسن و جمالم،

مرا بچشم دل و دیده ذوق تماشا کنید، تا ببینید چگونه انوار زیبائی از اطراف سیما و سینه و برم باهر و ظاهر است، این نقوش عالی که زینت

افزای پیکر و پیکرم شده نمایندگان گویای ذوق و قریحه ارجمند بنای چیره دست شماست، که با عشق پاک قلم بدست گرفته و با جاذبه عشق آنرا نقش آورده‌اند

این ستونهای عالی و عظیم، ثبات و استقلال پدران شما را با زبانی فصیح تقریر میکنند و نشان میدهند چگونه برای استقامت خود سیاله و کاخ تمدن

شگرف را بانی شده‌اند، تا قدرت و قوت فعال روح خود را بنسلهای آینده یعنی شما و فرزندان شما نمایانده باشند، سنگهای پی

و شالوده من از ریشه مطلب و اصل حقیقت سخن میرانند و میگویند:

برای برافراشتن کاخ استقلال و عظمت باید بر پای خود ایستاد و بر بازوی خود تکیه زد آنهم با پایه سنگین و بازوان آهنین ، ، ،

۱۴-۹-۹- طهران - ۵۰

President's Home
12
Chrysanthemums
Dec 11, 1928
Mary Park Jordan
دوصد گفته چون نیم کردار نیست
مطبعه باقرزاده طهران

contributed by Mary Park Jordan

12A

نامه نامی نیکخواه

Moore Science Hall under construction

دوصد گفته چون نیم کردار نیست

مطبعه باقرزاده طهران

نامه نامی نیکخواه

دوصد گفته چون نیم کردار نیست

مطبعه باقرزاده طهران

نامه نامی نیکخواه

Dr. Groves, Dr. Hutchison, and Mr. Young go to Isfahan Nó Ruz 1926

Mr. Young and Mr. Hoffman

دو صد گفته چون نیم کردار نیست

مطبعه باقرزاده طهران

نامه نامی نیکخواه

First Chemistry Equipment Arrives 1926

Mr. Young at Lashkarak 1926

دوصد گفته چون نیم کردار نیست

مطبعه باقرزاده طهران

نامه نامی نیکخواه

Prof. Gurney and his Chemistry Class
1930

دو صد گفته چون نیم کردار نیست

مطبعه باقرزاده طهران

نامه نامی نیکخواه

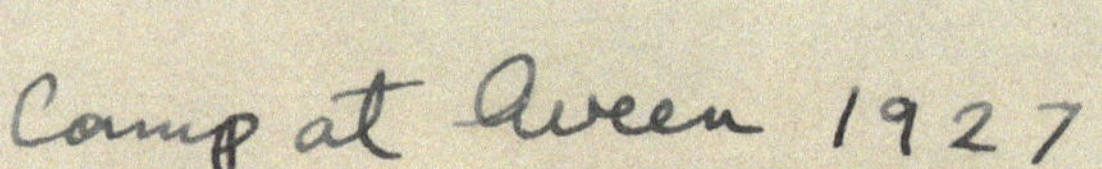

Mr. Tucker 1926-27

دوصد گفته چون نیم کردار نیست

مطبعه باقرزاده طهران

The Boarding Dept. in 1915

The Beginning of Athletics – 1912

PURPOSE OF THE COLLEGE.

It is the purpose of the American College of Teheran to prepare young men to enter every phase of life in Persia with an intelligent understanding of the new conditions and new problems in all sections of the country, and at the same time to develop in them an integrity of character which shall insure the stability so essential for progress.

Persia needs men trained within their own country to serve the land of their birth. The newly organized departments of Education and Commerce, the Pre-Medical Course, and the projected plans for the departments of Agriculture and Engineering are an indication of the manner in which the College is attempting to meet these growing needs of the country.

It is the belief of those who are responsible for the College that every student should be well-grounded in the fundamental elements of character and integrity. For this reason the courses in ethics are given a prominent place in the curriculum. Definite character education is emphasized not only in the class-rooms of ethics but also in other courses and in the extra-curricular activities. The Persians say: «The Americans have a factory in Teheran where they manufacture men,» and it is the aim of the College to give every student the training that will make for manhood. The changing conditions brought about by the new progress in Persia demand more than ever that young men be trained to meet the need for just, strong, enlightened, and patriotic citizens. The College has a rare opportunity to co-operate in a unique way in filling this great educational need in Persia by bringing the best from the west to supplement the great good in Persian culture.

College Faculty 1929-30

دو صد گفته چون نیم کردار نیست

نامه نامی نیکخواه
دو صد گفته چون نیم کردار نیست
مطبعه باقرزاده طهران

دوصد گفته چون نیم کردار نیست

مطبعه باقرزاده طهران

نامه نامی نیکخواه

دوصد گفته چون نیم کردار نیست

مطبعه باقرزاده طهران

American Faculty 1929-30

نامه نامی نیکخواه

دوصد گفته چون نیم کردار نیست

مطبعه باقرزاده طهران

نامه نامی نیکخواه

Dr. Groves and 9th class Ettiec 1928

دوصد گفته چون نیم کردار نیست

مطبعه باقرزاده طهران

Dr. Hutchison Mr. Young M. Adeeb K. Dadgar Miss Pomeroy Mrs. Hutchison Mrs. Groves Dr. Groves

Fall - 1925

"Hammie" - Dr. Groves

Spring - 1926

مطبعه باقرزاده طهران

نامه نامی نیکخواه

Top Row: { Mr. Sherk Sukias K. Gharami Galustian Arakelian Ziaian
Grigorian Assadi M.G. Gharami Dehesh Davitian Farzanegan
Aivazian
A. Lazarian Charlos

School Football Team – 1926-1927

Lalezar – 1926

دوصد گفته چون نیم کردار نیست

مطبعه باقرزاده طهران

نامه نامی نیکخواه

دوصد گفته چون نیم کردار نیست

مطبعه باقرزاده طهران

نامه نامی نیکخواه

McNeil, Hutchison and Geddes

Mostly

W. C. McNeil

دو صد گفته چون نیم کردار نیست

مطبعه باقرزاده طهران

نامه نامی نیکخواه

Mr. Young and Mr. Dean 1931

Mrs. Young 1931

Jack Young
1931

دوصد گفته چون نیم کردار نیست

مطبعه باقرزاده طهران

14K

نامه نامی نیکخواه

Dormitory 1927

دو صد گفته چون نیم کردار نیست

مطبعه باقرزاده طهران

نامه نامی نیکخواه

American Faculty 1928-29

دوصد گفته چون نیم کردار نیست

طهران

مطبعه باقرزاده

نامه نامی نیکخواه

دوصد گفته چون نیم کردار نیست

مطبعه باقرزاده طهران

نامه نامی نیکخواه

دو صد گفته چون نیم کردار نیست

مطبعه باقرزاده طهران

دو صد گفته چون نیم کردار نیست

مطبعه باقرزاده طهران

نامه نای نیکخواه
شوم
شدم
هستم
فرستاده بودید رسید
خداوند
استدعا دارم بزیارت
محترم
دوصد گفته چون نیم کردار نیست
مطبعه باقرزاده طهران

دوصد گفته چون نیم کردار نیست

مطبعه باقرزاده طهران

THE

VALUE OF COMPULSORRY MILITARY

TRAINING.

Compulsorry military is an expression which we often hear in these days. By compulsorry military training we mean that every male citizen should be trained in the use of arms, so that in case of need he may be able to defend his fatherland from attack from without or disorder from within.

Military training a reserve army is necessary step for preparedness. Preparedness is a big thing. It means gun ammunition. But above all else it means trained men. Untrained men can not resist trained soldiers any more than untrained football eleven can defeat a well trained team, the members of which play together as a unite team. (the members of which play together as a unite)

Every nation needs to be prepared for defence because circumstances over which it has no control may force it into war. A nation needs a sufficient and efficient preparedness, because she has a country and a flag to defend.

Compulsorry military training is a very good thing thing for young men.

(Cont. next page).

نامه نامی نیکخواه

1. It is a good physical training.

2. It teaches young men to obey. Every nation is suffering from lack of discipline, and from lack of obedience to law. Young men do not know how to obey because they have not been made to obey. The schools are without effective discipline, and the average home has little or none.

3. Physical training and discipline breed efficiency for business. In the training camp men learn to do their appointed task with energy, promptly and cheerfully, whether they like them or not. The training camp if widely conducted would become a great a school, whence many usefull lessons besides the use of arms could be taught. Men are gathered together from every province and every village of the land and are taught to act together for the welfare of the whole nations, and cease to think merely for their own little village or district as it is common. On that training camp men from all parts of the land meet and become friends so a national sympathy and a true national spirit is fastened.

April 16, 1932.

Y. Simon

Y. Simon

دوصد گفته چون نیم کردار نیست

مطبعه باقرزاده طهران

بقلم م. زندی

مورخه ۲۱ فروردین ۱۳۱۱

فواید ریاضیات

اکر با دیده تحقیق و بصیرت بصفحات تاریخ تمدن دنیا نظر افکنیم خواهیم دید که یکی از عوامل بزرکی که باعث پیشرفت بشر کردیده و انسان را از بادی بربریت بشاهراه ترقی و تعالی سوق داده همانا علم ریاضی بوده است اکر تاریخ ریاضیات را مطالعه نمئیم واثار ریاضیون هر عصر را با اثار سایر علماء آن عصر مقایسه کنیم و بعد نتایج وفوائدی که از آن اثار

عاید بشر گردیده بسنجیم آنوقت است که ملتفت خواهیم شد که ریاضی است که باعث توسعه فکر بشر گردیده ریاضی است که پایه علوم مفیده برآن قرار گرفته واین علم شریف است که در بیشتر صنایع رل مهم را عهده دار است.

بدیهی است که هر شخصی که جزئی بهره از دریای بی پایان علم نصیب اوگشته اهمیت وفوائد ریاضی را میداند ولی برای این که قارئین معظم ومحصلین محترمی که ساعات متمادی عمر گرانبهای خود را صرف این علم مینمایند بیشتر بفائده آن آشنا شده وتماسی آنرا بازندگانی خود وتمدن عالم بفهمند لازم دانستم که با قلم عاجز خود مختصرا شرحی از نظر مشار الیهم بگذرانم.

<u>فوائد ریاضیات درمدارس</u> چون علوم ریاضی درکلیه مدارس ابتدائی و متوسطه دنیا وتقریبا در هر کلاس از حیث اهمیت مرتبه اول را داراست بهتر است که اول بذکر فوائد این علم درمدارس پرداخته وبه بینیم که آیا این علم مستحق مقام فعلی خود میباشد یا خیر برای این منظور باید دید که علت فرستادن اطفال بمدرسه چیست.

مقصود از فرستادن اطفال بمدرسه فقط یاد گرفتن زبان ــ تاریخ جغرافیا ــ شیمی ــ فیزیک وغیره نمیباشد بلکه مقصود اصلی از فرستادن اطفال بمدرسه پرورش قوای روحی وفکری آنها است وبعبارت دیگر نمو و پرورش استعداد هائیکه خداوند درکله آنها بودیعه گذاشته چنانکه ریشه لغت لاتینی Education که دربعضی السنه اروپائی بمعنی تعلیم وتربیت است صحت این مدعا رابخوبی ثابت میکند یاد گرفتن علوم فوق الذکر بمنزله کاه است وتقویت قوای فکری طفل بمنزله گندم هیچ دیده شده زارعی گندم را برای محصول کاه بکارد؟ مقصود اصلی زارع ازکاشتن

گندم بدست آوردن گندم است وچون گندم بدست آمد کاه فرعاً بدست خواهد آمد حال باید دید که قوای دماغی وفکری چگونه قوی میشوند وبرای تقویت آنها چه لازم است .

بدیهی است که قسمتهای مختلفه بدن انسان قابل نمو است ونموشان فقط منوط بخوردن غذا نیست بلکه حرکات وورزش است که آنها را چنانکه باید وشاید نشوونما میدهد مثلا تصور کنید شخصی هرروز بهترین خوراک را بخورد ولی یک پای خود را هیچ حرکت ندهد آیا آن پا نمو مینماید ؟ خیر نفقط نمو نمیکند بلکه شاید بزودی خشک شده بکلی از حرکت میافتد همچنین هر یک از اعضاء بدن علاوه بر خوراک آب وهوا برای نمو خود ورزش لازم دارند ممکن است بواسطه ورزش بازو را خیلی قوی کرد یا بواسطه دویدن وراه رفتن عضلات پارا ومختصراً انسان قادر است بر اینکه هرقسمت بدن خودشرا بمنتها درجه امکان تقویت نماید .

البته هر قسمت بدن یک قسم ورزش لازم دارد عضلاتیکه فکر کردن بعهده آنهاست بواسطه حرکت دادن سروگردن تقویت نمییابند یعنی اگر شخصی روزی هزار بارهم سروگردن خود را حرکت دهد فکرش قوی نمیشود ممکن است گردنش قوی شود ولی این در فکرش اثری ندارد وبقول بعضی اگرهم داشته باشد تاثیر معکوس .

برای اینکه فکر انسان پرورش یابد لازم است که انسان فکر کند وهر چیزیکه باعث فکر کردن شود آن چیز است که فکر را قوی میسازد جغرافیا تاریخ وفیزیک وشیمی وغیره هرکدام بسهم خود یک قسمت فکر را تقویت میدهد ولی بیشتر از همه ریاضیات است که محصلین را وادار بفکر کردن مینماید مسائل جبر وهندسه نفقط محض اینست که به محصلین یاد دهد چطور مجهول را پیدا کنند یا اینکه قضیه را اثبات نمایند بلکه مقصود اصلی

آنها این است که فکر آنهارا تربیت کرده به آنها بیاموزد که فکر بشر است که هر مشکلی را آسان میسازد ریاضیات بمحصلین یاد میدهد که از بی فکری اجتناب نموده تفحص وکنجکاوی را اشعار خود ساخته ومسائل اجتماعی را که هر فردی از افراد جامعه باآنها مواجه خواهد شد با فکر بهتری حل نمایند پس علم ریاضی مقصود اصلی تعلیم وتربیت را بهتر از سایر علوم منظور مینماید لذا از ابتدای عالم تاکنون همیشه در مکاتب ومدارس اهمیتی بسزا داشته وبعد ها هم خواهد داشت .

فواید ریاضیات در زندگانی افراد احتیاج بشر به هیچ علمی بیشتر از علم ریاضی نیست زیرا که بدیهی است که انسان هرچه راکه زودتر بفکر آن افتاده بیشتر در زندگانی بدان احتیاج داشته مثلا انسان بیشتر بکاسه احتیاج دارد تا بچنگال از این جهت در بادی امر بمحض اینکه توانست از گل لوازم زندگانی تهیه کند کاسه سفالی درست نمود وبعد هزاران سال از آن تاریخ گذشت تا اینکه بفکر ساختن چنگال افتاد تاریخ دنیا احتیاج بشر را از ابتدای عالم بعلم ریاضی نشان میدهد وبموجب بعضی از نوشتجات که در مصر کشف شده متجاوز از پنجهزار سال است که علمای عصر در نقاط مختلفه دنیا برای توسعه این علم زحمات بسیار کشیده اند

همه کس در زندگی احتیاج خود را بریاضی حس مینماید واصول این علم بقدری در زندگانی لازم است که بشر آنهارا در کودکی یاد گرفته وتصور آنرا هم نمینماید همانطوریکه شخص هرگز فکر نمیکند که زبان مادریش را باوجود اهمیتی که دارد چگونه یاد گرفته هیچ وقت نیز بفکر آن نمیافتد که قوانین اصلی ریاضی چگونه درکله او جایگیر شده مثلا اگر بطفلی که هفت سال دارد وهنوز بمدرسه نرفته است هشت سیب بدهید که بین چهار نفر بطور تساوی تقسیم کند او بهر یک دو سیب خواهد داد آیا کسی تقسیم

را بما یاد داده ؟ آیا این طفل از مقسوم ومقسوم علیه اطلاعی دارد ؟ پس چنانچه بعضی از علماء گفته اند ریاضی ذاتی بشر وجزء لاینفک در زندگانی اوست .

بدیهی است که ترقی هر شخص بواسطه فکر اوست ورابط بین فکر وجامعه لسان میباشد بواسطه نطق وبیان انسان میتواند سایرین را از سر ضمیر وافکار درونی خود مطلع سازد در اکثر ازمواقع این اطلاع برای این است که سایرین را با خود هم عقیده نمود (۱) ویا اثبات حقی کند لازم است که صحت فکر وعقیده خودرا با ادله وبراهین ثابت گرداند اگر کسی دارای عقیده بسیار خوبی باشد ولی نتواند خوبی آنرا بمردم اثبات کند آیا مردم باو هم عقیده خواهند شد ؟ یا اگر نسبت بچیزی حقی داشته باشد ولی نتواند حق خودش را ثابت نماید آیا ادعایش نسبت به آن شئی مقبول است؟ در دنیائی که اگر انسان جزئی غفلتی نماید رندان کلاهی برسرش میگذارند اگر شخص عاجز بر اثبات حقوق خو باشد چگونه میتواند زندگانی کند ؟ پس بر هر کس لازم وواجب است که جدیت نماید که مطالب خود را به لباس بلاغت جلوه داده بحربه ادله وبراهین سایرین را بقبول آنها وادار نماید

ریاضیات بیشتر از هر علمی بما کمک میکند که عقاید خود را با دلیل بسایرین ثابت کنیم ریاضی بما یاد میدهد که از بی معنی صحبت نمودن اجتناب کرده اقوال وافعال خود را قبل از اینکه بعرصه بروز وشهود گذاریم بدقت سنجیده فکر دفاع از حملات سایرین را نسبت بآنها بنمائیم ریاضی بما میآموزد که برگفته های پوچ وبی دلیل سایرین پشت پا زده دلائل قلابی را که اشخاص برای اثبات ادعای خود اقامه میکنند رد نمائیم.

<ins>فوائد ریاضی در زندگانی اجتماع</ins> ترقی وتمدن امروزه دنیا مرهون علم است

(۱) از مقصود خود استفاده نماید برای اینکه شخص ...

که مهمترین آنها فیزیک وشیمی میباشد این علوم در قرن اخیر بکلی دنیا را تغییر داده ووسائل زیبائی آن وراحتی بشر را فراهم آورده اند اگر بدیده تحقیق باین علوم بنگریم خواهیم دید که اساس آنها روی ریاضی قرار گرفته واگر زحمات علمای ریاضی نمیبود پیشرفت در این علوم خیلی صعب وشاید اصلا غیر ممکن بود تاکنون در دنیا متخصص در فیزیک وشیمی دیده نشده که از علم ریاضی بی اطلاع باشد بلکه اکثر از علماء فیزیک از قبیل نیوطن وپاسکال خود متخصص در ریاضی نیز بوده اند همچنین پیشرفت در سایر علوم هم بدون ریاضی ممکن نیست آیا میشود در هیئت ویا مکانیک بدون دانستن ریاضی متخصص شد ؟ اگر ریاضی نمیبود میتوانستیم مثل امروز از وضعیت ثوابت وسیارات واوضاع فلکی مطلع باشیم ؟ علاوه براینها احداث طرق در جبال و اتصال اقیانوس اطلس باقیانوس کبیر بوسیله تنگه پاناما وساختن کانالها پلها وعمارت آسمانخراش ممالک غربی جز بوسیله ریاضیات ممکن بود ؟ پس ریاضیات در ترقی دنیا رُل مهمی را بازی کرده وزحمات علمای ریاضی در هر عصر شایان بسی تقدیر بوده است .

آنچه تاکنون از فوائد ریاضی ذکر شد از دریا قطرهٔ بود ونگارنده بمصداق "عاقل را اشارهٔ بس باشد" وبرای اجتناب از طول کلام باین موضوع خاتمه داده بذکر موضوع دیگری که آنهم به نوبه خود خالی از اهمیت نیست میپردازد .

علت شکست محصلین در ریاضیات

حال که اهمیت ریاضیات معلوم شد باید بدانیم که همه ساله در ممالک مختلفه دنیا علت شکست عده کثیری از محصلین در این درس چیست چرا تقریبا نصف شاگردان در کلاس ریاضی نمره غیر کافی میگیرند وسبب اینکه جمعی

ازشاگردان مدارس از این علم گریزانند چه میباشد اگر ازخود محصلین یا بعض از معلمین سئوال نمائید جواب خواهند داد عدم استعداد عجب !! چطور ممکن است که دو سوم اطفال استعداد این علم مهم را نداشته باشند ؟

برای اینکه قارئین محترم را ازعلت شکست محصلین در ریاضیات بهتر مستحضر کردانم لازم است که متذکر شوم که علم ریاضی مثل نردبان است اگرکسی بخواهد بدون زحمت به بالاترین پله نردبان برسد باید از پله اول شروع کرده پله پله بالا برود اگر در ضمن راه یک پله را رها کند بالا رفتن قدری سخت میشود اگر بخواهد دو پله را رها نماید سختتر میکردد اگر سه پله رها شود خیلی سخت خواهد شد واگرچهار پله رها کردد بکلی بالا رفتن غیرممکن میشود محصلی که یک روز ازکلاس ریاضی غیبت میکند یا درس خود را یاد نمیکرد ویا اینکه درکلاس کوشش نمیدهد یک پله از نردبان ریاضی را رها کرده واگر این کار سه وچهار مرتبه متوالی اتفاق بیفتد دیکر یاد کرفتن ریاضی با آن کلاس برای آن محصل ممکن نیست مثلا فرض بفرمائید محصلی بواسطه کسالت یا مسافرت دو هفته ازکلاس غایب شود ودر مدت غیبت او محصلین دیکر تعریف وضرب را تمام کرده وشروع بتقسیم کنند وقتی که محصل مریض یا مسافر بکلاس مراجعت مینماید آیا فهمیدن تقسیم برای او ممکن است پس این محصل تقسیم را نخواهد فهمید یا اکر فوق العاده زرنک باشد کم وبیش اطلاعی حاصل خواهد کرد این بیچاره عیب کارش از همین جا شروع شده هر شب ممکن است دوبرابر سایرین برای حل مسائل حساب زحمت بکشد ولی نتیجه نکیرد البته پس از اینکه یک محصل مدتی در درس بیش از سایرین زحمت کشید وکمتر نتیجه کرفت علت را عدم استعداد خود در ریاضی تصور میکند هم چنین است وضعیت محصلی در کلاس نهم که چند روز متوالی در کلاس هندسه وقتی که معلم مشغول

میان مثلثهای متشابه برده بدقت گوش نداده است ویا اینکه غیبت کرده آیا فهمیدن بقیه هندسه برای او ممکن است؟ البته خیر این بیچاره بواسطه جزئی غفلتی که کرده دیگر هندسه کلاس نهم را نخواهد فهمید وهر شب ممکن است ساعتهای متمادی صرف حل مسائل بکند بدون اینکه بحل صحیح آنها موفق گردد هر روز که معلم درس جدیدی میدهد بار سنگین این شخص سنگینتر میشود وبالاخره سنگینی بار طاقت فرسا گشته پشت او خم گردیده شروع بفرار از زیر بار خواهد کرد ازاین تاریخ ببعد بااینکه این محصل همه ساله درهندسه شکست خواهد خورد وبااینکه طوطی وار بعضی قسمتهای آنرا حفظ کرده وبا هزارگونه دسیسه وتقلب هرسال بانمرات خیلی ضعیف آنرا میگذراند وعلت این همه عدم استعداد خودرا میداند چه اشتباه بزرگی !!

حال باید دید این اشتباه ازکجا ناشی شده بنظر نگارنده علت این اشتباه آنست که محصلی که یک یا دو هفته ازمدرسه غیبت مینماید در سایر دروس خود را چندان عقب نمیبیند زیراکه اگر کلاس تاریخ درمدت غیبت او سلسله غزنوی را تمام کرده باشند عدم اطلاع این شاگرد بسلسله غزنوی مانع ازیاد گرفتن سلسله سلجوقی نمیشود ومحصل عقب افتاده میتواند روز بروز درس خود را با کلاس یاد گرفته وسلسله غزنوی راهم کم کم مطالعه نماید همینطور است درکلاس جغرافیا کسیکه آسیارا نداند میتواند اروپا را بفهمد یا اینکه جبال ایران را نداند میتواند رودخانه هارا یاد بگیرد برعکس در ریاضی اگر محصلی فصلی را نفهمد فهمیدن سایر فصول برای او بسیار مشکل است چون غیبت ازکلاس در سایر دروس محصل چندان تأثیری ندارد محصل گمان میکند که در ریاضیات هم اثری نمیبخشد وضعیت خودرا در ریاضی دال بر بی استعداد خود میداند غافل از اینکه خرابی کارش فقط

مطبعه باقرزاده طهران

براسطه یکی دو روز تنبلی ویا غیبت از کلاس است ؟ البته ممکن است که بعضی اشخاص در ریاضیات کم استعداد باشند ولی عده این اشخاص قلیل وکمان نمیکنم درصد بیش از ده نفر باشد .

یکی دیگر از علل شکست محصلین در ریاضیات قابل نبودن معلمین اولیه آنهاست مثلا در ایران که جبرالمقابله را در کلاس هشتم بشاکردان میآموزیم باید در این کلاس معلمین مجرب عالم داشته باشیم که دماغ شاکردان را برای این علم حاضر کرده این درس را در انظار آنها مفید جلوه داده وایشان را برای فرا کرفتن این علم تشویق وترغیب نماید اکر معلمین در کلاس هشتم وظیفه خود را خوب انجام دهند بنده یقین دارم که عموم شاکردان تا کلاس دوازدهم باشوق وذوق ریاضی خوانده وعوض فرار از این درس آنرا بر سایر دروس رجحان خواهند داد برعکس اکر معلمین در کلاس هشتم محصلین را باصول علم جبر خوب آشنا ننمایند وآنهارا تشویق نکنند وهمیشه از سختی ریاضیات وبی استعدادی محصلین سخن کویند نه فقط وقت یکساله آنهارا تلف کرده بلکه حقیقتاً آنهارا در تمام دوره مدرسه شاید مادام العمر بدبخت نموده باشند .

پس برای اینکه عده محصلین که در ریاضی شکست میخورند تقلیل فاحشی پذیرد برعهده اولیاء امور است که برای کلاسهائیکه اصول ریاضیات در آنها تدریس میشود معلمین دلسوز عالم مجرب انتخاب نمایند وبرعهده محصلین است که اولا همه روزه در کلاس حاضر شده ودر تمام مدت کلاس حواس خود را بدرس تمرکز دهند ثانیاً همه شب قسمتی از وقت مطالعه را صرف مراجعه بدروس کذشته نمایند وثالثاً تکالیف ریاضی را همه شب بدون استعانت سایرین انجام دهند .

April 29,1932.

Thoughts on the Coming Vacation.

Less than six weeks of the school year remain and soon we will again be confronted with the problem of what to do during our vacation. Some of us are planning to attend the College camp in Shimran,others of us hope to take jobs for the summer,and still others,particularly in the Boarding Department are looking forward to returning home and spending a pleasant summer with families and friends. The great majority,however,have no special plans and will soon be suffering that eternal bane of all vacations---- nothing to do. The real purpose of vacations is not to provide leisure time for the student,but to give him an opportunity to better fit himself to absorb the work of the classroom,either by reading and outside study,or by performing some work complementary to his course of study. Unfortunately however, the tendency of studenst has not been to avail themselves of this opportunity,but usually to spend the summer in idle amusements of one form or another,with the result that the vacation is a complete waste of time and a detriment rather than an asset to the student. Because our minds are inactive we forget what we have learned in school,and our brains become weak and flabby through lack of use,just as would our bodies if we did not exercise and keep them fit. For the first few days of vacation we enjoy not having to study or go to school and the lack of responsibilities is pleasant for a change,but in a short while time begins to hang heavy on our hands and we are bored. Soon perhaps we wish we were back in school just so we might have something to do. For those who are wont to suffer these pangs every summer I believe I have a suggestion. Why not use this time,which otherwise would be wasted,to travel and see something of Persia?

Last summer Mr.Young and I had the pleasure of making a trip through Azerbaijan and Kurdistan. We were about three weeks on the road and visited such cities as Kasvin,Zenjon, Tabriz,Rezaieh,Soujbulak,Sennandaj,Kermanshah,Malayer,and Hamadan. Every where we were struck by the interesting contrats and infinite variety of your great country. Leaving Teheran and the desert behind us,as we approached Tabriz we noticed much more vegetation of all kinds,green hills,crops,

growing alongside the road,and wildflowers in abundance. In Tabriz itself it was like being in a foreign country---not Persian it was like a Russian or a Turkish city---even the language was foreign to our ears. From Tabriz we went westward,and at the end of our days journey we were greeted by a gorgeous sight as we came over a mountain pass and found beautiful Lake Urumia and the Urumia plain, green and fertile,dotted with vineyards and culitvated fields,below us. From there it was a climb again to the mountains,but different mountains,rolling and covered with grass,and a ride through the tobacco and wheat fields of Kurdistan. This section of Persia is absolutely untouched by modern civilization. There are practically no roads,the people wear a strange and very interesting costume,and everything is just as it was two thousand years ago. And again as we neared Kermanshah we saw mountains and desert such as we had left in Teheran. Besides these unusual contrasts there were places of interest to enjoy, such as the Ark in Tabriz,the mosque in Sennandaj,Takt-i-Bustan and the Besitun Rock near Kermanshah.

When we returned to Teheran I was amazed to learn how few of the students had visited this wonderful section of Persia. Perhaps this was due to the hardships and expense of travel that had heretofore been the case. When it was necessary to travel by camel or horse for many days,at great expense and with much difficulty,when there were few comfortable places to pass the night,it was easily under-standable why people did not travel. But nowdays things are different. Travel by automobile is easy and cheap,and good roads exist everywhere,as well as comfortable places to stay. Why not take the trip to Meshed and visit the shrine of the Imam Reza? The trip may be accomplished in three days,the road is good,and beautiful scenery and many places of interest are along the way. Demghan is believed to be the seat of the ancient capital of the Parthians,Hecatopolis, and American archeologists are excavating there. At Nishapur is the tomb of your great poet Omar Khayyam. From Meshed one can go to Duzdab and then across the desert to Kerman, Yezd,and Isfahan,visiting points of interest along the way. It is not necessary to enlarge upon the wonders of Isfahan.

مطبعه باقرزاده طهران

نامه نامی نیکخواه

What with the Madresseh, the two great mosques, the Chehel Situn, the Ali Copi, the bazaar, the modern cloth factory, and the church in Julfa it is certainly the most interesting city in Persia. On the homeward journey is Kum with another beautiful shrine to visit.

Or why not go to Sultanabad and see the great rug factories? and from there to Burujird, Dizful, Abadan, and Ahwaz to view the immense oil fields and the new railroad. One can go fron there to Bushire and then to the beautiful city of Shiraz, with the tombs of Sa'adi and Hafez. The wonders of Persepolis, the strange city of Yezdekast, and Isfahan and Kum are all interesting sights on the way back to Teheran. Surely with such a wealth of interesting trips to make it is a pity that people in Persia do not see more of their fascinating country. There is nothing quite so broadening as travel and no education that one can get from school books will compare with that which one derives from visiting strange places and seeing different peoples. To serve one's country best one must have a thorough knowledge of that country, and this is impossible unless he actually sees it with his own eyes. With the opportunity at hand we should certainly take advantage of it.

G.W.Dean.

دوصد گفته چون نیم کردار نیست

طهران مطبعه باقرزاده

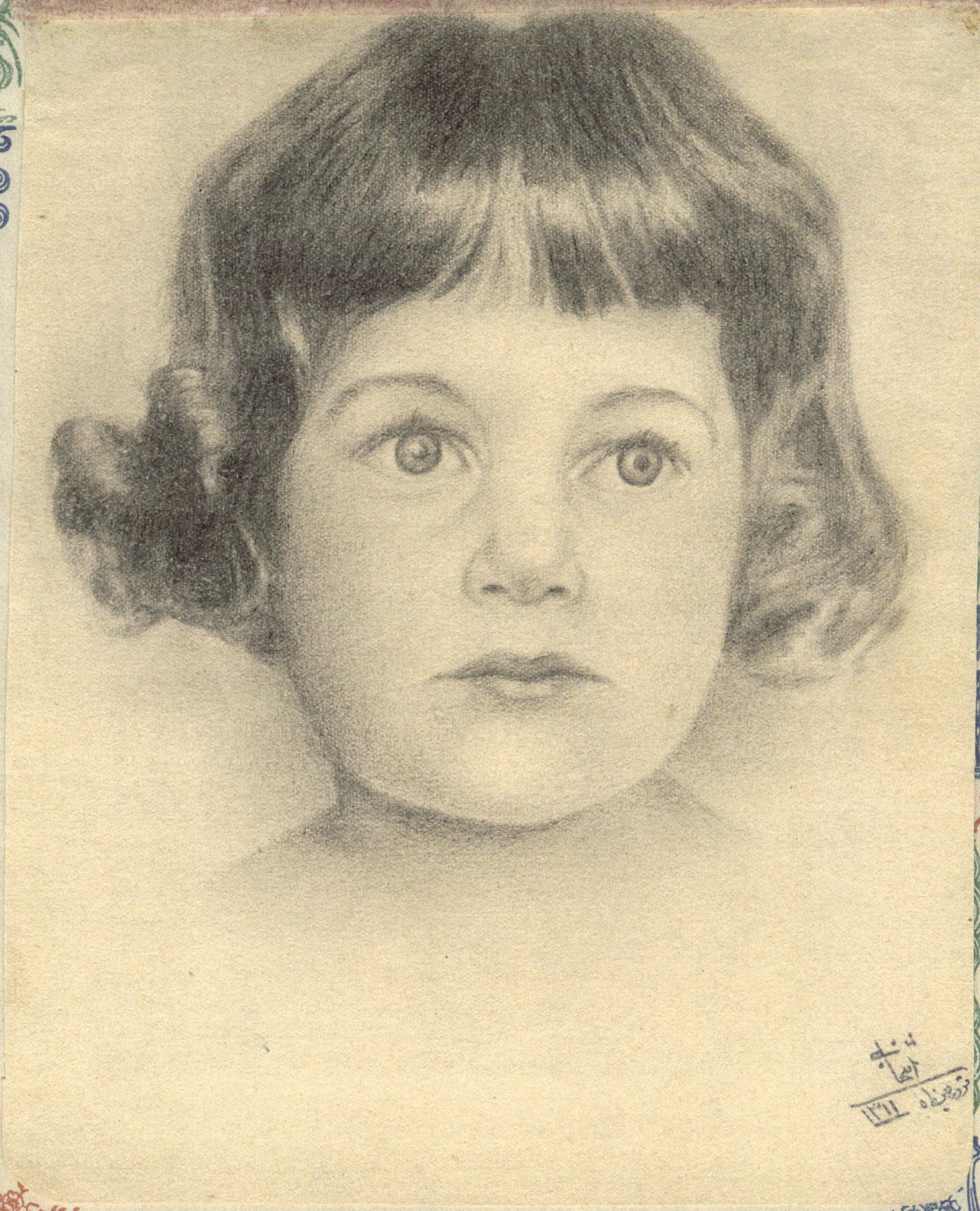

دو صد گفته چون نیم کردار نیست

مطبعه باقرزاده طهران

L'HEMOGENOL DAUSSE

R. PAILLE

نامه نامی نیکخواه

LA FERME DU ROUSSAY

دوصد گفته چون نیم کردار نیست

مطبعه باقرزاده طهران

نامه نامی نیکخواه

L'ÉVOLUTION

D'UN LABORATOIRE PHARMACEUTIQUE

LES INTRAITS

LES CULTURES MÉDICINALES

L'Hémogénol

DES LABORATOIRES DAUSSE

1922

دو صد گفته چون نیم کردار نیست

مطبعه باقرزاده طهران

نامه نامی نیکخواه

Amans DAUSSE
(1799-1874)

دوصد گفته چون نیم کردار نیست

مطبعه باقرزاده طهران

ON peut s'étonner, à première vue, lorsque l'on voit les Laboratoires DAUSSE, spécialisés depuis si longtemps dans l'étude et la préparation des formes pharmaceutiques d'origine végétale, préparer maintenant, sous le nom d'*Hémogénol*, un sérum hémopoïétique. C'est pourtant l'aboutissement, imprévu, d'une évolution parfaitement logique, et dont l'histoire intéressera peut-être les esprits curieux des conditions actuelles de l'industrie pharmaceutique et de ses rapports avec la science.

Spécialisés d'abord dans la préparation des extraits, les Laboratoires DAUSSE, guidés par les conceptions scientifiques modernes de la Pharmacologie, réalisent pratiquement la *stabilisation* des végétaux et créent une forme nouvelle : les *Intraits*, avec le succès que l'on sait. Ils sont amenés, par les nécessités de cette fabrication, à *cultiver* les plantes médicinales. On s'aperçoit bientôt que la culture des seules plantes médicinales est impossible ; il faut, à côté de celles-ci, faire une place aux plantes de grande culture. La ferme pharmaceutique devient une véritable exploitation agricole, dans laquelle les plantes médicinales conservent, évidemment, une position privilégiée. Mais la ferme exige un cheptel..... et les laboratoires se trouvent ainsi amenés à utiliser les conditions uniques, très favorables, où ils se trouvent, pour entreprendre la *préparation du sérum* de cheval. Ainsi s'effectue l'évolution : de l'extrait à la plante stabilisée et à l'intrait, puis à la culture des plantes médicinales et à l'exploitation agricole, enfin, à la préparation des produits biologiques.

I. — Des Extraits aux Intraits.

C'est en 1834 que DAUSSE Aîné crée les Laboratoires qui, dirigés depuis par ses descendants (aujourd'hui ses petits-fils et arrière-petit-fils), portent encore son nom. Les extraits de DAUSSE s'imposent

مطبعه باقرزاده طهران

bientôt par leur qualité ; c'est que leur fabrication s'inspire, dès ce moment, des méthodes scientifiques. Elles sont encore bien imprécises à cette époque, et la chimie végétale vient à peine de naître. Mais déjà, DAUSSE s'applique à déterminer et à réaliser les meilleures conditions pour obtenir, à partir de matières premières irréprochables, des formes pharmaceutiques remarquables par leur qualité : extraits, teintures, alcoolatures.

Les successeurs de DAUSSE Aîné continuent, par la suite, à s'inspirer des mêmes soucis, contrôlent et perfectionnent, à la lumière de la science pharmacologique, leurs fabrications. La valeur de la marque s'affirme.

Avec les progrès de la Chimie, la Pharmacie se transforme ; les méthodes d'analyse et de dosage des drogues et des formes qui en dérivent se précisent et se multiplient ; puis, l'essai physiologique de la drogue s'ajoute à l'essai chimique. A mesure que ces progrès se réalisent, les Laboratoires DAUSSE les appliquent, contrôlent leurs fabrications à l'aide des techniques nouvelles, installant laboratoire de Chimie, laboratoire de Physiologie, et, non contents de suivre seulement les progrès de la Pharmacologie, entrent résolument eux-mêmes dans la voie de la recherche scientifique.

Un grand progrès a été réalisé dans la chimie des plantes par la découverte des ferments ou diastases ; les recherches des chimistes et des botanistes montrent quel est leur rôle dans la vie du végétal. Les études faites montrent aussi que le végétal, après la cueillette ou l'arrachage, subit, du fait même de ces ferments, des transformations plus ou moins profondes. Ainsi se trouve expliqué le fait déjà constaté maintes fois empiriquement, que l'action thérapeutique d'une plante varie de la plante fraîche à la plante sèche.

Ces notions, du plus grand intérêt, ne pouvaient laisser le pharmacologue et le thérapeute indifférents. Il convenait d'en tenir compte dans la préparation des médicaments galéniques. Il appartenait à

مطبعه باقرزاده طهران

MM. les Professeurs PERROT et GORIS de réaliser pratiquement la *stabilisation des végétaux*. Ils réussissent, en soumettant la plante, après la cueillette, aux vapeurs d'alcool, dans certaines conditions, à détruire les ferments hydratants ou oxydants qu'elle contient. La plante ainsi traitée ne subira plus aucune modification.

Les Laboratoires DAUSSE, avec la collaboration des Professeurs PERROT et GORIS préparent, dès ce moment, les *végétaux stabilisés.* La plante stabilisée, desséchée à basse température, est réduite en poudre. Celle-ci se conservera dès lors indéfiniment et sans altération et, après dosage chimique et physiologique, constituera, pour la fabrication des formes galéniques, une matière première de choix, de composition et d'activité constantes.

C'est avec cette drogue que l'on préparera les *Intraits*. Ceux-ci sont des extraits qui doivent leur valeur particulière aux deux facteurs suivants : nature de la matière première (plante stabilisée) ; technique spéciale de la préparation, qui permet de conserver aux principes chimiques de la drogue les relations mêmes qu'ils possédaient dans la plante fraîche ; le principe actif de l'Intrait, ce n'est plus le glucoside, par exemple, mais le *complexe glucosidique* tel qu'il existait dans la plante. Il est inutile d'insister ici sur la valeur des Intraits et sur le succès qu'ils ont obtenu.

Telle est la première étape de l'évolution que nous esquissions tout à l'heure. Voyons la seconde : la création des cultures.

II. — Les Cultures médicinales Dausse.

La stabilisation des végétaux n'a de raison d'être que si l'opération se fait aussitôt que possible après la récolte. C'est ainsi que la racine de valériane, déjà quelques heures après l'arrachage, laisse percevoir une légère odeur ; elle doit être stabilisée presque au sortir du

مطبعه باقرزاده طهران

sol. Si toutes les plantes ne sont pas aussi exigeantes que celle-ci, du moins faut-il toujours réaliser la stabilisation le plus tôt possible. Cela ne peut se faire pour les plantes venues de grandes distances. Il faut donc envisager la *culture des plantes médicinales*. Des essais sont faits avec la valériane ; les résultats sont concluants. On installe alors, en 1898, les premières cultures à la ferme de Vintué (Etréchy), sur 25 hectares.

LA FERME DE VINTUE

Disons en passant que cette entreprise a présenté, du point de vue scientifique, le plus grand intérêt : elle a permis d'envisager méthodiquement l'influence des conditions extérieures sur le rendement des cultures et sur la valeur des plantes récoltées : influences du sol, des fumures, des engrais divers, de l'époque de la récolte, etc. Ces observations, que nous n'avons pas cessé de recueillir, constitueront pour la Pharmacologie, un ensemble de documents précieux.

Au point de vue pratique, nous avons pu disposer des plantes nécessaires à nos fabrications dans des conditions de fraîcheur incomparables.

A la valériane, culture initiale de la ferme, se sont ajoutées, par la suite, de nombreuses plantes : bardane, belladone, jusquiame, stramoine (celles-ci par dizaines de *tonnes*) ; des cultures moins importantes,

LA FERME DE VINTUÉ

très variées, sont celles de l'absinthe, de l'armoise, de la bourrache, du cassis, de la petite centaurée, du chardon bénit, de l'Euphorbia Peplus, de l'hysope, du lierre terrestre, de la mauve, de la mélisse, des menthes, de la pariétaire, de la sauge, du séneçon, du souci, de la rue, etc. Des essais d'acclimatation ont même été entrepris : Hydrastis, passiflore, Hamamelis, lobélie, Grindelia, Cascara.

Les plantes cultivées ne sont pas toutes utilisées à la préparation des intraits. On imagine d'ailleurs difficilement ce que serait l'outillage exigé pour la stabilisation de la totalité de nos récoltes. Mais nous avons dû créer l'installation nécessaire pour assurer aux plantes récoltées une dessiccation rapide. Les séchoirs de la ferme de Vintué ont été bien vite insuffisants et nous en avons installé d'autres aux moulins de

LA RÉCOLTE DU BOUILLON BLANC

Chagrenon (Chamarande) sur la Juine. Aux moulins de Chagrenon également nous avons installé la préparation des *tisanes*. Cette vieille forme de la médication par les simples n'a jamais été abandonnée ; nous avons pu préparer, grâce à nos cultures et aux soins apportés à la dessiccation de nos récoltes, des tisanes d'excellente qualité.

Si bien qu'à l'heure actuelle, à la suite d'extensions successives, les 25 hectares du début se sont multipliés et nos cultures couvrent 150 hectares : fermes de Vintué et du Roussay, moulins de Chagrenon, s'emploient à leur mise en valeur.

Autour des fermes s'étendent les cultures des plantes médicinales : champs de bouillon blanc, de mélisse, d'hysope, de valériane, de belladone, dont l'aspect inaccoutumé n'est pas sans élégance à l'époque de la floraison.

A Chagrenon, les six étages du moulin sont disposés pour la dessiccation et l'emmagasinement des récoltes. Nos illustrations donnent une idée de son importance. Actuellement, d'ailleurs, le moulin subit de nouvelles transformations qui permettront d'y installer d'autres services.

PLANTES POUR TISANES DAUSSE

Nous venons de voir combien s'est étendue, dans nos exploitations, la superficie cultivée ; nous allons voir maintenant comment cet accroissement en surface s'est accompagné d'une transformation des exploitations primitives, d'abord exclusivement réservées aux plantes médicinales, pour aboutir finalement à la création de notre laboratoire sérothérapique d'Etampes.

دو صد گفته چون نیم کردار نیست

مطبعه باقرزاده طهران

III. — *Des Cultures au Laboratoire sérothérapique : l'Hémogénol Dausse.*

L'extension des cultures DAUSSE n'a pas été due seulement à ce que la quantité de plantes exigée par les fabrications de l'usine

LE MOULIN DE CHAGRENON

augmentait ; elle est due aussi aux nécessités de l'assolement. On avait d'abord songé à créer une ferme de plantes médicinales, mais l'expérience montrait que l'on ne pouvait indéfiniment récolter sur le même terrain la belladone ou la valériane et que les cultures médicinales devaient sacrifier aux nécessités de l'assolement. Dans l'assolement triennal, la plante médicinale prend la place de la plante sarclée et le cycle devient : céréales, fourrages, plantes médicinales.

C'est cette transformation du plan primitif de culture qui a provoqué la création des laboratoires d'Etampes où se prépare maintenant l'Hémogénol. L'utilisation de la paille et des fourrages récoltés sur nos terres, en même temps que la nécessité d'une cavalerie de travail ont amené la formation du cheptel, — ici cheptel hippique — sans lequel une exploitation agricole est incomplète.

Mais alors, puisque les Laboratoires DAUSSE se trouvent dans des

LE MONDAGE DE LA BELLADONE
PLANTE POUR EXTRAITS

conditions aussi favorables, pourquoi n'exploiteraient-ils pas une nouvelle branche de l'industrie pharmaceutique : les préparations sérothérapiques ? Beaucoup de médecins nous encourageaient à ce nouvel essai ; ils ont fini par nous convaincre.

C'est qu'en effet, si le choix de la plante qui fournit la drogue est important, il en est de même du choix de l'animal qui fournit un sérum. A celui-ci la vie confinée dans l'écurie des villes ne convient guère. Nous pouvons, à nos chevaux, donner la vie en plein air, le

NOS CHEVAUX DANS LA PRAIRIE

séjour au pré, coupé par quelques heures d'un travail *modéré*, régulier et surveillé. Et l'on conçoit que nos chevaux de la ferme du Roussay se présentent avec un aspect de santé remarquable. Nous avons donc, pour la production de nos sérums, des animaux *de choix*, comme nous avons des plantes *de choix* pour la préparation de nos extraits et de nos intraits.

CHEVAUX DE LA FERME DU ROUSSAY

Quant à la " récolte " du sérum, elle se fait à Etampes où nous avons installé un laboratoire moderne, clair, aéré, pourvu de tout le nécessaire. Les chevaux de nos fermes sont amenés trois fois par mois, en série, pour le prélèvement du sérum. Ramenés à la ferme, soumis au régime que nous disions tout à l'heure, ils réparent très vite les pertes subies.

Il n'est pas utile de décrire ici comment on procède à la préparation des ampoules d'Hémogénol, comment on concentre le sérum dans

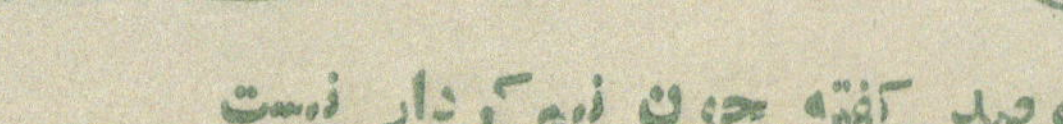

مطبعه باقرزاده طهران

le vide pour obtenir ces paillettes écailleuses, d'un blond doré, avec lesquelles notre usine d'Ivry prépare les dragées d'Hémogénol ou le sirop. Ce n'est pas ici non plus qu'il convient de dire les propriétés thérapeutiques des sérums ainsi préparés, ce sera l'objet d'autres publications ; notre but était ici différent.

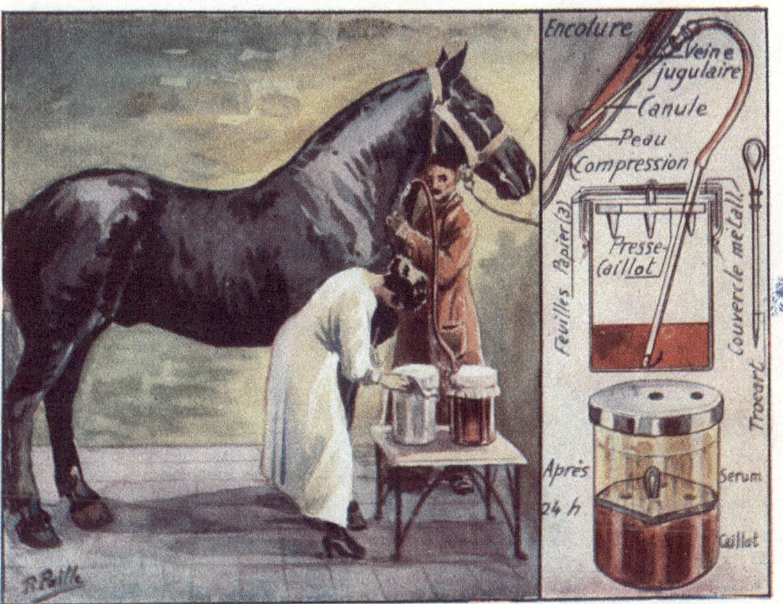

PRÉLÈVEMENT DU SÉRUM

Nous avons voulu expliquer à nos amis du corps médical comment nous envisageons les problèmes de la Pharmacologie moderne, et comment, soucieux d'associer la Science et l'Industrie, de prendre la première comme guide de la seconde, nous avons été logiquement conduits, par le succès même de cette méthode, à créer de nouveaux laboratoires, à entreprendre de nouvelles fabrications.

L'Hémogénol semble être bien loin des premiers extraits préparés par DAUSSE Aîné avec le soin dont témoigne son "Mémoire pour la préparation de tous les extraits pharmaceutiques par la méthode de déplacement ". Pourtant, nous venons de voir par quelle évolution logique les petits-fils de DAUSSE ont été amenés à étendre ainsi le domaine de leurs études et de leur industrie. Et d'ailleurs, " élever " des plantes ou des chevaux pour, des unes comme des autres, *obtenir le maximum d'activité thérapeutique*, appliquer à la concentration des sucs végétaux ou des sérums animaux, les mêmes méthodes qui permettent de *respecter la fragile complexité de leurs constituants*, c'est rester fidèle aux mêmes principes; comme le disait un des Maîtres de nos Facultés à qui nous exprimions nos scrupules à sortir de la voie ancestrale : " Vous restez fidèles à vous-mêmes puisque vous demeurez dans tous les cas dans le domaine de l' " extractif ".

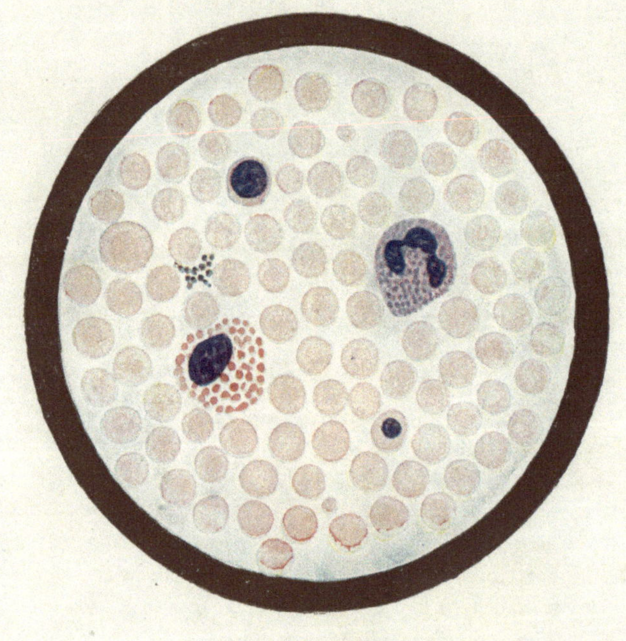

GLOBULES SANGUINS
d'un sujet soumis à l'Hémogénol

مطبعه باقرزاده طهران

HÉMOGÉNOL “DAUSSE”

L'HÉMOGÉNOL DAUSSE
se délivre sous forme
de *DRAGÉES*, de *SIROP* et d'*AMPOULES*

L'administration du sérum hémopoiétique par voie sous-cutanée, sous forme d'ampoules, expose aux accidents redoutables du choc. Aussi utilise-t-on presque exclusivement et de préférence la voie buccale. Pour éviter chez certains dyspeptiques les effets nuisibles de la digestion pepsique, qui détruit une portion du médicament, on aura recours à la forme **dragée.**

LES DRAGÉES d'HÉMOGÉNOL grâce à leur enveloppe de gluten, mettent le médicament à l'abri de l'action du suc gastrique. Elles sont *réservées* au cas où, par suite d'un certain degré de stase gastrique, on peut craindre, même à jeun, un séjour plus ou moins prolongé du médicament dans l'estomac.

LE SIROP d'HÉMOGÉNOL est plus particulièrement indiqué chez les enfants et les personnes délicates, qui ne peuvent avaler des dragées sans les mâcher. A condition d'être pris en dehors des périodes digestives, le Sirop d'Hémogénol ne séjourne pas dans l'estomac et arrive directement et sans altération notable au contact de la muqueuse intestinale. Il sera le reconstituant de choix pour les convalescents et les enfants.

LES AMPOULES d'HÉMOGÉNOL sont utilisées le plus souvent par voie gastrique ou rectale, et parfois avec avantage en pansement dans les plaies atones, les brûlures, les métrorragies, etc.

نامه نامی نیکخواه
میرزاده عشقی
دو صد گفته چون نیم کردار نیست
مطبعه باقرزاده طهران

M · T

دوصد گفته چون نیم کردار نیست

مطبعه باقرزاده طهران

دو صد گفته چون نیم کردار نیست

مطبعه باقرزاده طهران

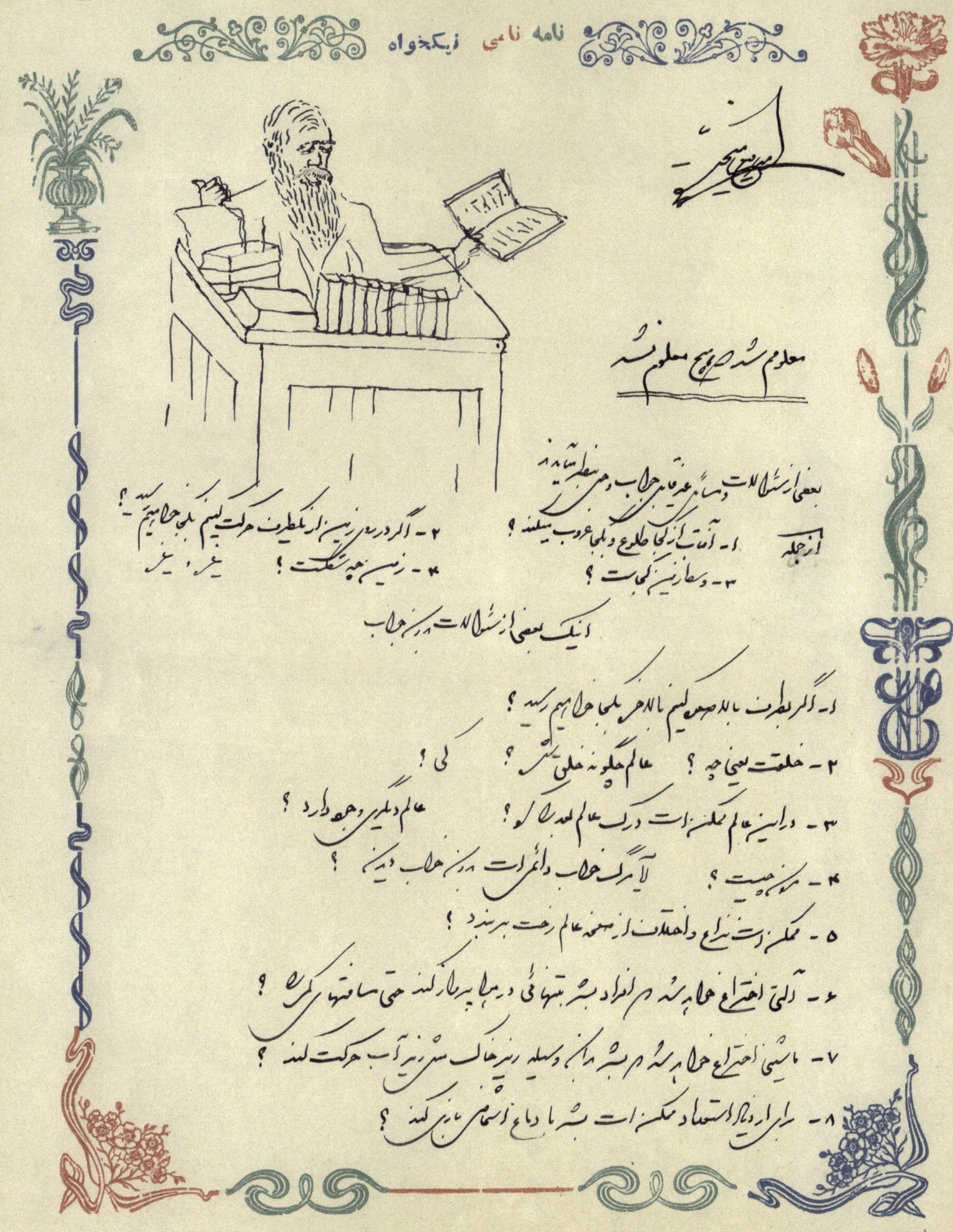
معلم شد هیچ معلوم نشد
بعضی از سؤالات و مسائلی که هنوز جواب درستی بنظر نرسیده از جمله
۱- آفتاب از کجا طلوع و بکجا غروب میکند ؟
۲- اگر در روی زمین از یکطرف حرکت کنیم بکجا خواهیم رسید ؟
۳- وسط زمین کجاست ؟
۴- زمین چه شکلست ؟
غیره و غیره
اینک بعضی از سؤالات بدون جواب
۱- اگر بطرف بالا صعود کنیم بالاخره بکجا خواهیم رسید ؟
۲- خلقت یعنی چه ؟ عالم چگونه خلق شد ؟ کی ؟
۳- در این عالم ممکن است درک عالم بعد را کرد ؟ عالم دیگری وجود دارد ؟
۴- مرگ چیست ؟ آیا مرگ خواب دائمی است بدون خواب دیدن ؟
۵- ممکن است نزاع و اختلاف از صفحه عالم رخت بربندد ؟
۶- آلتی اختراع خواهد شد که افراد بشر بتنهائی در هوا پرواز کنند حتی مسافتهای کم ؟
۷- ماشینی اختراع خواهد شد که بشر بدان وسیله زیر خاک و زیر آب حرکت کند ؟
۸- برای ازدیاد استعداد ممکن است بشر با دماغ اشخاص بازی کند ؟

نامه نامی نیکخواه

۹ - عالم وجود انتهائی دارد ؟

۱۰ - حقیقت یعنی چه ؟

۱۱ - بزرگترین شخص دنیا کیست ؟

۱۲ - آیا انسان میتواند اعضاء و جوارح انسانرا متلاشی کند و دوباره ترکیب نماید مثل تجزیه ادوات ماشین و ترکیبش ؟

۱۳ - ممکن است متدینی متعصب نباشد ؟

۱۴ - عاقبت هر کس بطور یقین نیکوئی خواهد شد ؟

۱۵ - انسان خواهد توانست قوانین طبیعت را لغو کند ؟

۱۶ - من چکاره خواهم شد ؟

۱۷ - برای نزدیک کردن راه از محور زمین تونلهائی حفر خواهد شد ؟

۲۹ اردیبهشت ۱۳۱۱

امیر رفیع سنجری

دوصد گفته چون نیم کردار نیست

مطبعه باقرزاده طهران

نامه نامی نیکخواه

THE MAN
WHO KNOWS WHERE
HE IS GOING

There are but two ways of shaping your career: One is to drift with the tide; the other is to have a definite goal--to steer straight for the mark on the farther shore. The world makes way for the man who knows where he is going, but it jostles the dreamer and the drifter to the side-lines. It is your attitude toward the present moment, your realization of its possibilities, which counts more in the fight than any vague, indefinite imaginations about the future. Be thorough. The first step towards the reward of industry is to do the work immediately at hand with all your might. And remember this:

An ounce of determination applied to a specific purpose is worth a ton of genious, which is all latent capacity, without char-acter of ambition.

R A H I M   H A K I M - E S A G H

A M E R I C A N   C O L L E G E
T E H E R A N , P E R S I A

April 20, 1932.

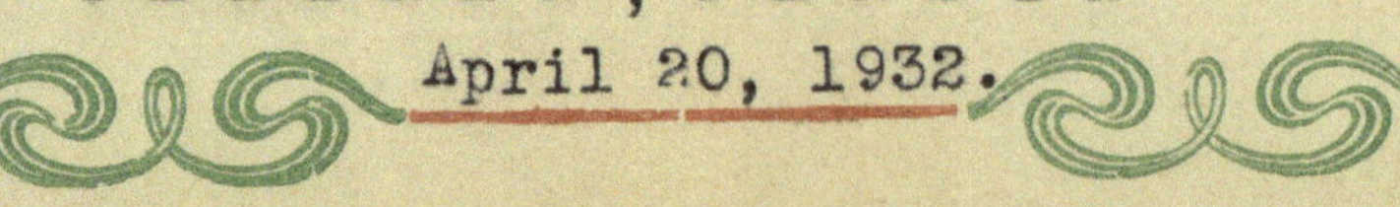

دوصد گفته چون نیم کردار نیست

مطبعه باقرزاده طهران

میدانم بکجا خواهم رفت

بشر در دوره زندگانی خود فقط دو راهی در پیش دارد که در یکی از آن دو میتواند سلوک نماید در انتخاب هر یکی از این دو مختار است راه اول اینست که رنگ جماعت را بخود گرفته و مانند کاه در مقابل باد یا قایقی در مقابل امواج دریا بی اراده بوده هر ساعتی بطرفی رانده شود و چنین شخص بالاخره ثمری از عمر گرانبهای خود بر نخواهد داشت طریق دوم اینست که شخص در جاده مستقیم سالک شده هدف و مقصدی را در نظر بگیرد برای نیل بآن و هرگونه ناملایماتی را متحمل شده پیش برود تا بمقصود خویش نائل شود و چنین سالکی مانند کسی است که در کشتی سوار و در اقیانوس بی کرانی عبور نموده بطرف ساحل نجاتی کشتی حیات خود را میراند و بقدری میکوشد که تا کشتی خود را بلنگرگاه امن و امان برساند ما میتوانیم هر یک از این دو راه را اختیار نمائیم اختیار با ماست بدیهی است هرگاه مقصد شخصی ما معلوم باشد خدا برای کمک ما حاضر است و همه چیز را برای خیریت با ما هم بکار خواهد برد و بالاخره ما را بسر منزل مقصود خواهد رسانید شخصیکه هدف آمال زندگانی او معلوم نیست همیشه دستخوش حوادث غیر مترقبه و تسلیم قضا و قدر بوده از اوج رفعت بحضیض ذلت سرنگون میشود خوب است قدری در انتخاب یکی از این دو راه را که در پیش ماست هوشیاری و بیداری بخرج دهیم سعادت آتی و یا شقاوت و بدبختی ابدی منوط و مربوط به انتخاب یکی از این دو راه است اگر آتیه سعادتمندی را طالبیم که راه دوم را در پیش گیریم یعنی برای زندگانی خود هدفی را

تعیین کرده مستقیماً بطرف آن بشتابیم و بچپ و راست نظر نکنیم و بکوشیم تا بآن برسیم و تاج افتخار و کوی سبقت را بربائیم زیرا اکر سالک طریقت اول باشیم عمر ما بهدر رفته و بدون کرفتن نتیجه مطلوبه بدرود زندکانی کفته بعوض خوشی و سعادت غم و الم نصیب ما خواهد بود اولین قدمی که برای حصول ثمرات زحمت کسب و صنعت برداشته میشود این است که هر وظیفه مرجوعه را خواه کوچک و خواه بزرگ بموقع و با تمام توانائی خود بانجام برسانیم و این سخن را آویزه کوش خود کنیم که :

اندکی قوه اراده و تصمیم با داشتن هدف معین
هزاران مرتبه برای شخص بیشتر از یک خروار استعداد
و کفایت بدون داشتن هدف معین ارزش دارد

رحیم حکیم اسحق

مورخه آوریل ۱۹۳۲ میلادی

مطبعه باقرزاده طهران

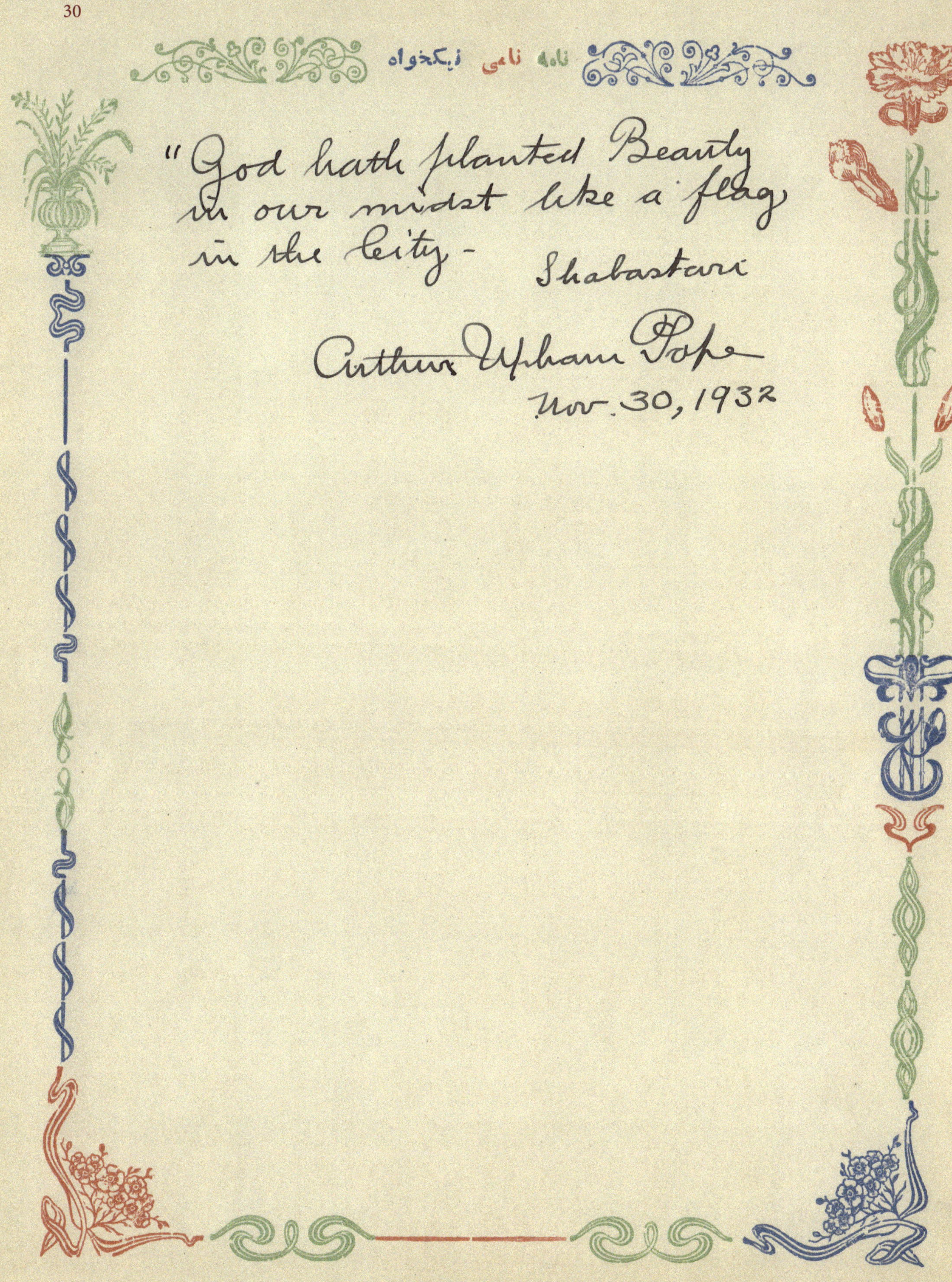

نامه نامی نیکخواه

"God hath planted Beauty in our midst like a flag in the City -

Shabastari

Arthur Upham Pope

Nov. 30, 1932

دو صد گفته چون نیم کردار نیست

مطبعه باقرزاده طهران

Hello, You!

You, whom I cross on my
life's way!
Whoever you are,
I shall not pass you by.
I will give you a present,
and enjoy the giving:
and will receive a present
from you,
and enjoy the receiving.

Massud Farzad

From "Moods & Moments"

مطبعه باقرزاده طهران

نامه نامی نیکخواه

God Save the Pride!

As my spirits drooped,
and a grayness descended upon
men and things;
As refreshing currents stopped
their flow,
and I was left alone, wallowing
in despair;
as life and all its phenomena
were on the brink of a plunge
into the blank darkness Beyond:
Then came a flashing Pride out
of the blue,
Thundering down from the
Uppermost Heights,
Frightening me out of the ditch
that was Myself,
And, lifting my soul,
Oh lifting it with a force that

مطبعه باقرزاده طهران

نامه نامی نیکخواه

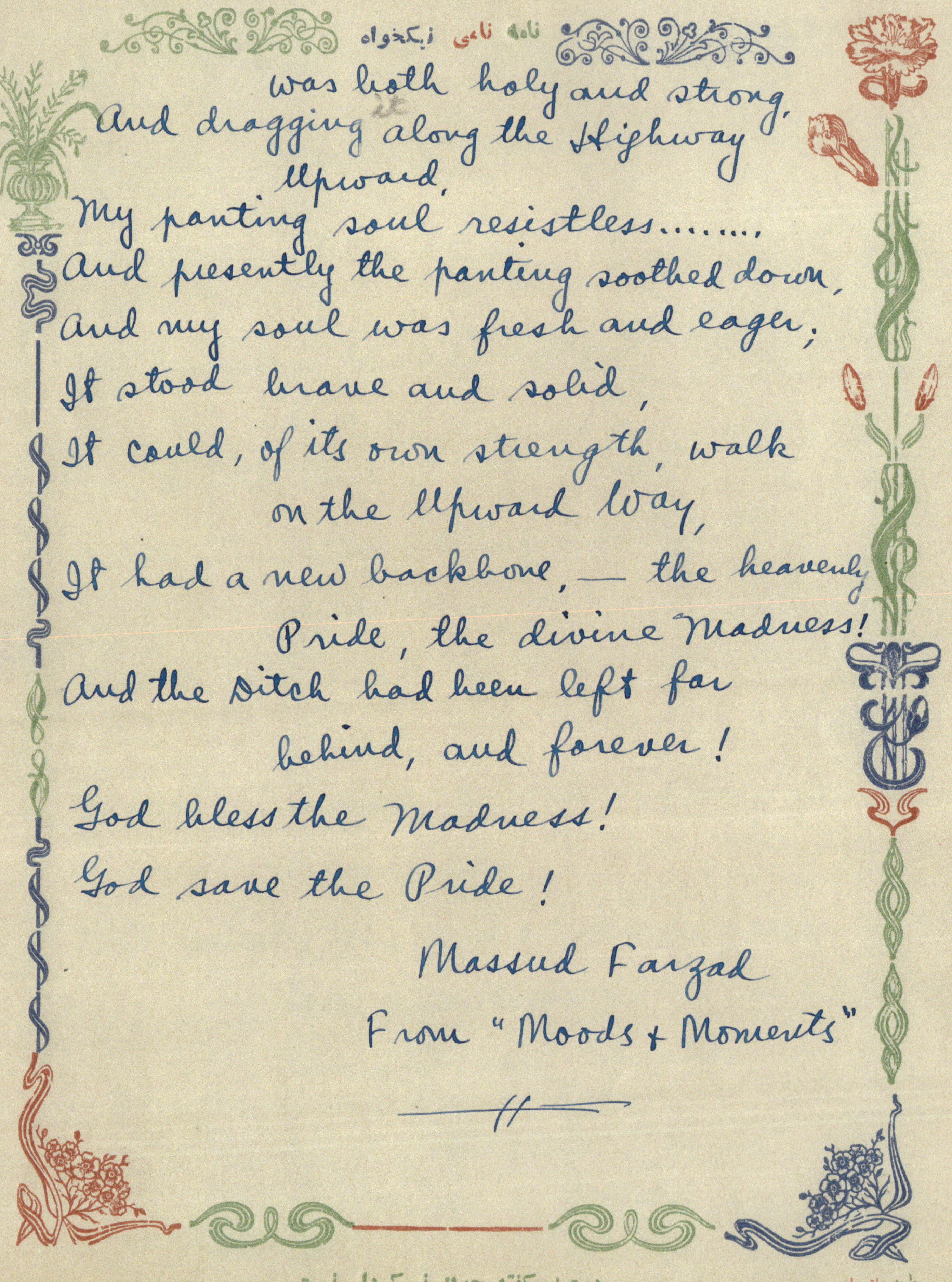

was both holy and strong,
And dragging along the Highway
Upward,
My panting soul resistless.......
And presently the panting soothed down,
And my soul was fresh and eager;
It stood brave and solid,
It could, of its own strength, walk
on the Upward Way,
It had a new backbone, — the heavenly
Pride, the divine Madness!
And the Ditch had been left far
behind, and forever!
God bless the Madness!
God save the Pride!

Massud Farzad

From "Moods & Moments"

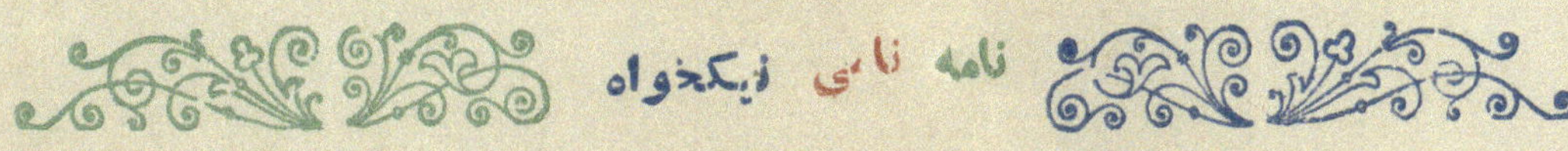

From: "Moods & Moments"

The Kiss and the Sting

My lips were kissed tenderly by
life's lips;
And I felt that it was sweet.
Anon they were stung by life's
harsh sting,
And I felt that that, too, was
sweet.
Surely, it is good to sleep on the
downy bed;
But surely, the bed of hard brick
too, has its own
comforts and beauties.

Massud Farzad
[Tehran, 15th March 1931]

نامه نامی نیکخواه

ارمان شاعر

زندگانی خوشست پر همه رنگ - مملو از نیک و زشت و شیب و فراز
شاد و دیوانه وار و آزاده - فارغ از قید و بند ناز و نیاز
گاه اندر حضیض ذلت و فقر - گاه در منتهای نعمت و ناز
گاه بی اعتنا به سینهٔ مرغ - گاه محتاج نان خشک و پیاز
زندگانی چو یکنواخت شود - به که کوته شود زمان دراز
لذت عمر در تنوّع اوست - عمر یکسان - کم ارزد از یک غاز
من دل اندر جهان نخواهم بست - مگر از بهر گردش و پرواز!
دیر پائیده ام درین زندان - پای بست هوی و بندهٔ آز
گاه آن شد کنون که بر رویم - در زندان عمر گردد باز
روم آنجا که گویدم در گوش - آسمانی دگر - دگرگون راز
روم آنجا که از دهان دگر - بدگرگونه برکشم آواز
روم آنجا که یک نوای نوین - بشنوم از نوین نوا پرداز
هان - جوانم - مگیر خرده بمن - دارم ار آرزوی دور و دراز!

مسعود فرزاد

مطبعه باقرزاده طهران

مدرسه آمریکائی شاگردها را بهتر برای زندگانی حاضر میکند

مدتها در این فکر بودم و در این اندیشه که طرز زندگانی چیست و آموختن آن در کجا ممکن - گاهی تحصیل را از اثر محیط پدید آمده تصور و زمانی بواسطه کفایت ولیاقت شخصی حدس میزدم - تا بالاخره فکر کردم که از خود بیخود شده بی تاب و ناتوان گشتم ولی این خستگی روح تأثرات کلی داشت مقصود واصلی رسید مقتضی المرام گردیدم یعنی بخواب عمیقی فرورفتم - در عالم رؤیا این هیولای آدمی را دیدم که در سرزمین وسیعی اشاره بعمارات و بناهای معظم انجا را مخاطب ساخته چنین میگوید این سرزمین مرکز تعلیم و تربیت است این بنای معظم علامت اقتدار و قدرت است - این آستان عاشقان را طریقت است - اینجا است که طرز زندگانی و تعالیم آن منظم گشته و اسرار حقایق را بر سر دروازه این بنا نوشته - این زمینهای تمیز و درختهای سبز غذای کالبد است و این عمارات معظم محل پرورش روح است - بالاخره این محیط اساس ترقی و تعالی و بنیاد زندگانی است - حال منوط باستفاده شخص است که دیده بصیرت بگشاید تا حقایق را دریابد - من متحیر و سرگردان ایستاده بودم و در پی مطلوب خود مشغول تفحص بودم - این کلمات خوش آیند آمد خواستم که کاملا بحقیقت امر نزدیک شوم و از حال واقعه آگاهی یابم تا شاید فرجی بعد از شدت باشد بمطلوب خود نائل گردم لذا قدمی پیش گذاشتم و مراسم تعظیم و تکریم را بجای آوردم سؤال کردم مگر این سرزمین را چه مینامند؟ جوابی نشنیدم ولی پس از چند لحظه در آن سکوت و آرامش ندائی بگوشم رسید که تو کی هستی و مرکب از چه هستی من بیشتر از پیش متعجب شدم علت این سؤال را نفهمیدم و از این موضوع بیم داشتم - سکوت را اختیار کردم - در ثانی سؤال کرد جواب نتوانستم بالاخره گفت تو ترکیب شده ای از حاصل ضرب کمی از نیت و محیط و تربیت اما از اصل فقط مالک ارثیت بودی - ضعف و شدت محیط و تربیت در ترقی و تنزل تو تأثیر کلی دارد - من عقلاً بخود آمدم اسمی از محیط و تربیت شنیدم مطلوبم را

در این دو چیز واضح و آشکار میدیدم — دیده بصیرت را گشاده داشتم و با دیده‌های درک این عجائب و غرائب نمودم. لذا سکوت را از دست دادم و سؤال کردم این دو را کجا بیابم و از چه طریقی زودتر کامیاب بشوم — جواب داد مطلوب تو اینجا است مبهوت و متحیر شدم مگر اینجا کجا است؟ این سرزمین چگونه و حالت کلیه در زیر [illegible] دارد؟ تربیت و محیط آن چگونه است؟ — که ناگهان از خواب خیالی بیدار شدم محوطه مدرسه امریکائی را در نظرم یافتم مجسم شد و محیط و تربیت فوق الذکر را در آنجا یافتم و با سایر مدارس مقایسه نمودم و برتری آنرا واضح و آشکار شناختم و امیدواری کامل برای زندگانی آتیه خود حاصل نمودم.

مقاله فوق را حضرت آقای نخستین معلم مهربانم در کلاس دهم در سال ۱۹۳۲ فرمودند همکلاسیهای عزیزم هر کدام در خصوص آن مقاله نوشتند منهم نیز به نوبه خود این مختصر را برای شارالیه نوشتم و چون موضوع آن راجع بکالج است بیادگار کالج از خود بیادگار گذاشتم. ۸ می ۱۹۳۲

حسین نیک النفس کرمانی

تساوی زن و مرد وجود ندارد

در قرن اخیر بخصوص در این عصر اختلافات بین زن و مرد افکار مردم را مشغول نموده است. عده‌ای را عقیده بر این است که زن و مرد از ابتدا یکسان خلق شده و در استفاده از حقوق بشری باید یکسان باشند. این فکر کم کم در میان مردم شیوع پیدا کرده و بر اثر آن زنهای زیادی برخاسته اند زنان اروپا و بعضی از زنان مشرق العلقه برخاسته و حقوق خود را تا قدری حفظ کردند. البته این جنبش توده مردان عقب نیامده داشته و زن را تا اندازه‌ای از قید اسارت آزاد کرده است. در اروپا و امریکا تفاوتی برای زن و مرد قائل نیستند ولی همین امروزه در ایران هم بسیار زنانی که در جلوی بحث زندگی میایستند و قابلیت اینکه خویش را از این گرداب بیرون آورند ندارند و کسی نیز پیدا نمیشود که دست آنها را گرفته بیرونشان کشد جوانان ایران لیدر میخواهند و زنان محتاج پیشوایانی هستند تا بتوانند حق را ادا کنند. ولی متأسفانه ما زنان ایرانی دست را روی دست گذارده و منتظر هستیم که مردان برای ما کاری بکنند. والبته این بدیهی است که آنها برای حفظ منافع شخصی حق الملکه در راه ایشان مساعدت و حفظ داری خواهند نمود. پس این کار تنها بجدیت و سعی خود ماست. ما باید برخیزیم و با اخلاق و ... تشکیل داده کلوپ‌ها تأسیس کنیم و حق را با تمدن امروزه کرشناسانیم که آقایان نیز باید دست از حق خواهی برداشته و با زنان که مخصوصاً هم جنس میباشند همراهی و اتفاق کنند.

عده‌ای هستند که مقالات مینویسند، نطق میکنند، تئاتر میدهند، و عنوان آن را «تساوی زن و مرد» یا «مساوات زن و مرد» وعناوین دیگری که به این معنی است میگذارند. ولی عقیده بنده این فکر غلط است. چون اساساً در دنیا مساوات وجود ندارد. هیچ دو چیزی با یکدیگر از هر حیث مساوی نیستند. بنده با برادرم مساوی نیستم او حق بیشتری دارد که من برادرم در این چیزهائی یافت میشود که در او وجود ندارد. از حیث فکر و عقل نیز به همین طور است هیچگاه نمیتوانیم بگوئیم که دو نفری عقلشان یکسان است که کمال برابری پیشرفته دیده و از یکجا کسب نموده اند مساوی نیستند و در آنها اختلافاتی پیدا میشود. چگونه ممکن است زن و مرد مساوی باشند؟ چه بسا زنان که عقل، فکر و اخلاق و رفتارشان از مردان بهتر و به مردان که از این حیث بر زنان تفوق دارند.

نامه نامی نیکخواه

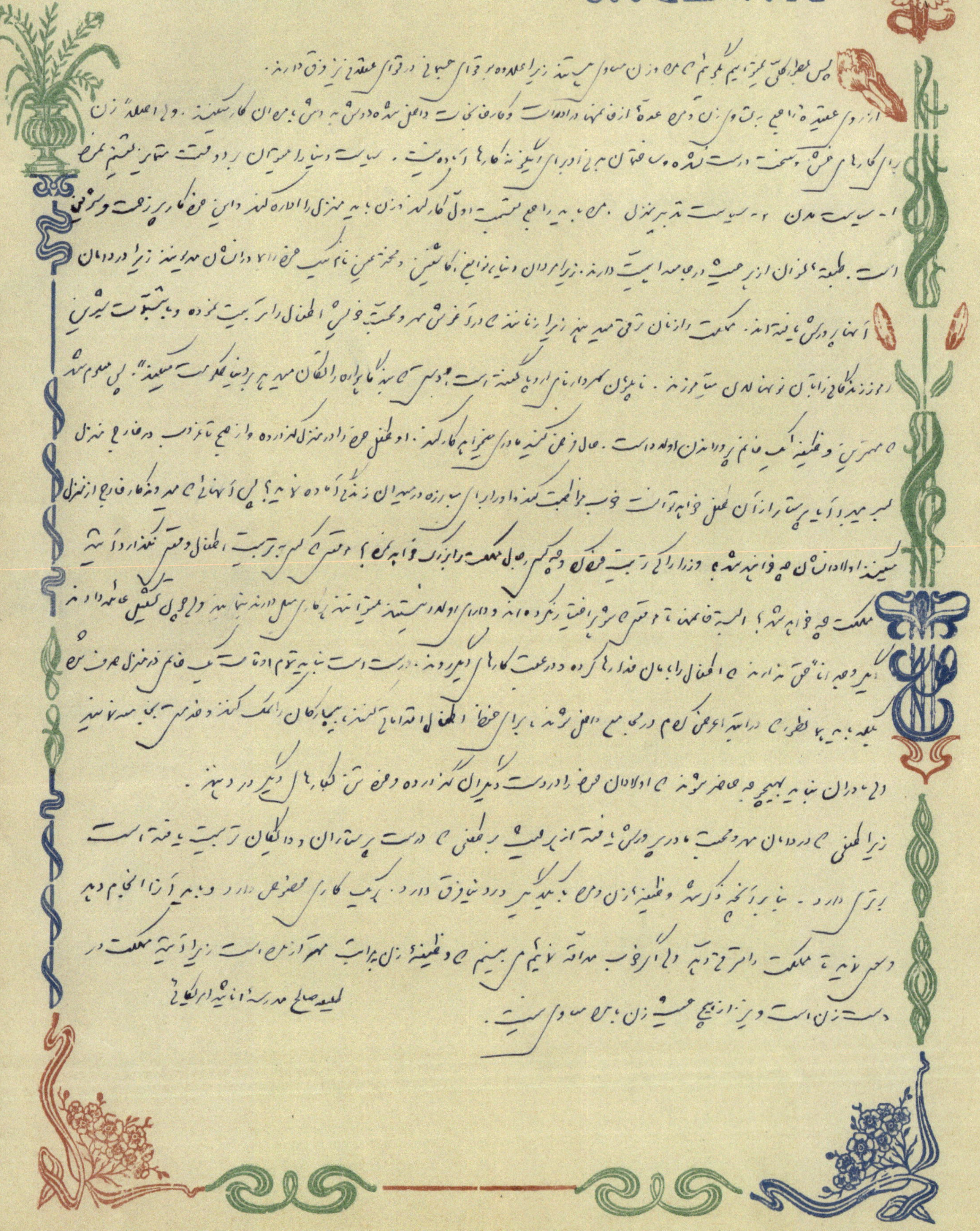

پس بطور کلی نمی‌توانیم بگوئیم که مرد و زن مساوی هستند زیرا علاوه بر قوای جسمانی در قوای عقلانی نیز فرق دارند.

از روی عقیده راجع به تساوی زن و مرد عده‌ای از زنها در ادارات و کارخانجات داخل شده دوش بدوش مردان کار میکنند. ولی اصلاً زن برای کارهای خشن و سخت درست نشده و ساختمان بدنی او برای اینگونه کارها آماده نیست. سیاست دنیا را مردان در دو قسمت [illegible] نموده

۱- سیاست مدن ۲- سیاست تدبیر منزل. مرد باید راجع به قسمت اول کار کند و زن باید منزل را اداره کند و این هم کار پر زحمت و مشکلی است. طبقه نسوان از هر حیث در جامعه اهمیت دارند. زیرا مردان دنیا، نوابغ، کاشفین، مخترعین نامی همه [illegible] دامان مادران مدیونند زیرا در دامان آنها پرورش یافته‌اند. مملکت را زنان ترقی میدهند زیرا زنانند که در آغوش مهر و محبت خویش اطفال را تربیت نموده و با تبلیغات شیرین روز بروز گلهای زیبای آن نونهالان را سیراب میسازند. ناپلئون که مرد دانائی از اروپا گفته است "مادری که با یک دست گهواره اطفال را میجنباند با دست دیگر دنیا را حکومت میکند". پس معلوم شد که بهترین وظیفه یک خانم پرورش دادن اولاد است. حال فرض کنید مادری بخواهد کار کند. او طفل خود را در منزل گذارده و از صبح تا غروب در خارج منزل بسر میبرد. آیا پرستار از آن طفل خواهد توانست خوب مواظبت کند و او را با [illegible] در میدان زندگی آماده نماید؟ پس آنهائی که مرد [illegible] کار خارج از منزل هستند اولادان آنها چه خواهند شد؟ وزرا را کی تربیت خواهد کرد و چه کسی رجال مملکت را بار خواهد آورد؟ وقتی که کسی به تربیت اطفال وقعی نگذارد آتیه مملکت چه خواهد شد؟ البته خانمها تا وقتی که شوهر اختیار نکرده‌اند و دارای اولاد نیستند میتوانند بکارهائی مشغول باشند ولی [illegible] خانه‌داری دیگر وقت انجام آنها را ندارند که اطفال را با آن فداکاری کرده در عقب کارهای دیگر بروند. درست است نباید تمام اوقات یک خانم در منزل صرف شود بلکه باید بطوری در اداره [illegible] اوقات صرف کنند، برای حفظ اطفال اقدامات کنند، بیچارگان را کمک کنند و خدمتی به جامعه نمایند

ولی مادران نباید بهیچ وجه حاضر شوند که اولادان خود را در دست دیگران گذارده و خود مشغول کارهای دیگر [illegible].

زیرا طفلی که در دامان مهر و محبت مادر پرورش یافته از هر حیث بر طفلی که در دست پرستاران و دایگان تربیت یافته است برتری دارد. بنابر آنچه ذکر شد وظیفه زن و مرد با یکدیگر در دو چیز فرق دارد. هر یک کاری مخصوص دارند و باید آن را انجام دهند و [illegible] مملکت را ترقی دهند ولی اگر خوب ملاحظه نمائیم می‌بینیم که وظیفه زن بمراتب مهمتر از مرد است زیرا آتیه مملکت در دست زن است و نیز از هیچ حیث زن با مرد مساوی نیست.

لطیفه صالح مدرسه ثانویه امریکائی

بقلم حسین میرزا اعتضادی

اهمیت صنایع مستظرفه ایران در دنیا

صنایع مستظرفه ایران بطوری که تحقیق شده است از لحاظ تاریخ و ابتدای آن بر یونان مقدم است و همیشه بممالک شرق از قبیل هندوستان و چین و ژاپن رقابت و برتری داشته اگر بدقت کامل بصنایع ایران بنگریم خواهیم دید که حقیقتاً چه اهمیت مخصوصی را عهده دار است ولی افسوس ما ایرانیها اکنون نتوانسته ایم از صنایع مستظرفه خودمان استفاده کرده و بهره ببریم. ولی همینکه اروپائیان یک جزئی از ظرافت آن پی بردند از اطراف و اکناف از برای استفاده خودشان به ایران آمده و دائماً صنایع ما را بممالک خود ارمغان میبرند ولی بطور اجمال از این نکته صرف نظر کرده و به اهمیت صنایع مستظرفه ایران میپردازیم. اولاً- نقاشی ایران بواسطه رنگامیزی مخصوص و خالی بودن از حکایات مذهبی اهمیت مخصوص دارد و هیچ یک از دول متمدنه نتوانسته اند به این خوبی از عهده بر بیایند و یکی از اجناس مهمی که بمملکت خود حمل میکنند و منابع گزافی از او میبرند همان قالی است که ما ایرانیها بچشم حقارت بدو مینگریم و همچنین کتابخانه ایران قسمت معظمی از صنایع ایران قدیم را نشان میدهد و اروپائیان بانظر احترام بدو مینگرند بالاخره بطور کلی صنایع ایران دارای صفات مشخص است که از صنایع مغرب تمیز داده میشود و محققین اینطور گفته اند که صنایع شرقی با رنگ مشخص است و صنایع غربی باشکل تمیز داده میشود و صنایع ایران از هر نقطه جلب توجه

مطبعه باقرزاده طهران

سیاحان اروپائی راگرده و فریفته بازار مکاره که اخیراً در سال ۱۹۳۱ در لندن تشکیل
شد شکوه مخصوص بخود گرفته و بطوری که روزنامه times خبر افتتاح بازار مکاره ایران
را از وقایع مهم دنیا میشمارد و در همان مجله نسبت بتمام صنایع ایران مخصوصاً صنایع مستظرفه آن
اطلاعات مبسوطی منتشر کرده و گراورهای مختلفه که شامل بناهای تاریخی نقاشی و صنایع
از قبیل ذره و کلاه خود و حجاری ایران بطبع رسانده مثلاً در تخت جمشید حجاری است که بعد از سه
هزار سال هنوز اگر بدقت کامل بدو نگاه کنند عکس انسان در او نمودار است این میرساند که حجاری
ایران چقدر دارای درجه اهمیت در قدیم بوده است و حجاران آنرا با یک اسلوب حجاری میکرده اند
که سالهای متمادی مثل اینکه امروز روز آن درست شده باعث افتخار از برای ما ایرانیها که توانسته ایم
که بوسیله این صنایع خود را به دنیا معرفی کنیم اخیراً در روزنامه times شرحی راجع بترقیات
اخیر ایران که در تحت قیادت اعلیحضرت پهلوی انجام گرفته شرح داده پس بخوبی
ملاحظه میشود که اروپائیان بصنایع ما چطور مینگرند و در دنیای امروز چه مقامی به او میدهند در
موقع نمایش آثار عتیقه وطن چه در لندن و چه در پاریس جمعیت از گوشه و کنار برخواسته و بطرف
آثار عتیقه ما ایرانیها میآمدند وقتیکه در آن قالی ها و نقاشی ها نگاه میکردند هوش و حواس آنها از
دست میرفت و بطوری ازدهام میشده که قابل شرح نیست مخصوصاً در موقع نمایش قالیچه هائی
که از زمان صفویه باقی مانده و چقدر استادان فن در ظرافت آن میکوشیده اند

34B

بقلم حسینعلی میرزا اعتضادی

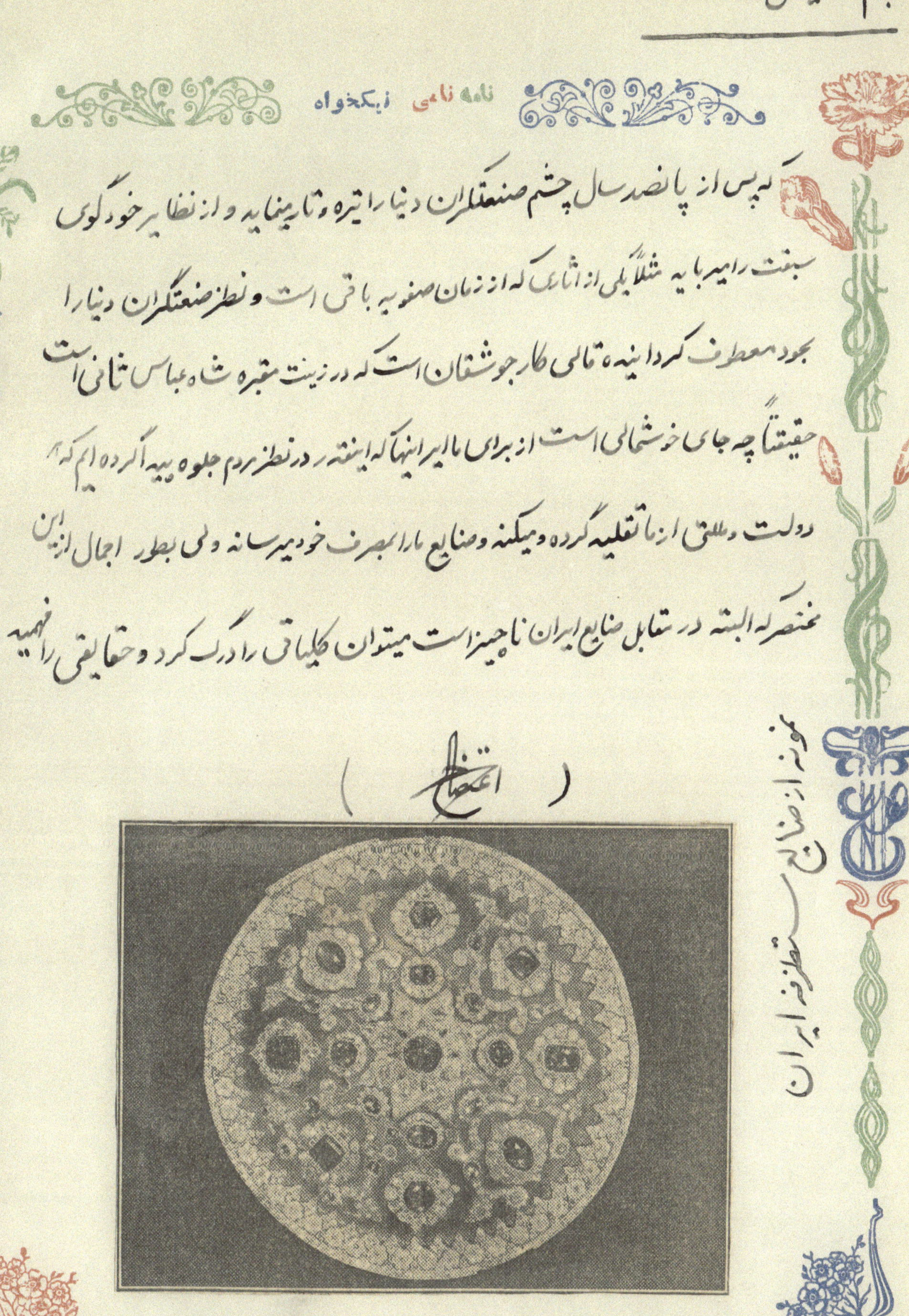

نامه نامی نیکخواه

که پس از پانصد سال چشم صنعتگران دنیا را تیره و تار مینماید و از نظایر خود گوی
سبقت را میرباید مثلاً یکی از آثاری که از زمان صفویه باقی است و نظر صنعتگران دنیا را
بخود معطوف گردانیده تمامی کار جوشقان است که در زینت مقبره شاه عباس ثانی است
حقیقتاً چه جای خوشحالی است از برای ما ایرانیها که اینقدر در نظر مردم جلوه پیدا کرده ایم که هر
دولت و ملتی از ما تقلید کرده و میکنند و صنایع ما را بمصرف خود میرسانند ولی بطور اجمال از این
مختصر که البته در مقابل صنایع ایران ناچیز است میتوان کلیاتی را درک کرد و حقایقی را فهمید

(اعتضادی)

نمونه از صنایع مستظرفه ایران

دوصد گفته چون نیم کردار نیست

مطبعه باقرزاده طهران

(نمونه از صنایع مستظرفه ایران در موزه لندن)

(اتمه خاج)

مطبعه باقرزاده طهران

استعداد و قوای اخلاقی

انسان فطرتاً یک مخلوق اخلاقی است بعبارت دیگر ما با عجیب‌ترین قوای اخلاقی و لیاقتهای فطری قدم بعالم وجود می‌گذاریم طبیعت چنان قوه و استعدادی در وجود ما بودیعت گذاشته که بوسیلهٔ آن بخوبی میتوانیم در مقابل انواع مصائب و شدائد و تجارب حیات مقاومت ورزیده و در مواقع بروز امتحانات بنهایت پاکدامنی زندگانی کنیم عفت اخلاق و حیثیت انسانی خود را نگاهداری نمائیم

تاریخ بشریت گواه بارز و شاهد این مطلب میباشد بنای حیات و زندگانی ما بروی اساس همین قوه و استعداد ذاتی نهاده شده این همه ترقیات و اختراعات عجیبه فقط و فقط در سایهٔ استعداد و لیاقت جبلی انسان صورت گرفته است اگر این قسمت یعنی آن استعداد و لیاقت در هر یک از افراد بشر مرکوز نمیبود میتوانیم بگوئیم که انسان دائماً در توحش و بربریت باقی میماند و بهیچوجه نمیتوانست مراحل ترقی و تکامل را سیر نماید

پس واضح است که انسان بواسطه جدیت و فعالیت و قابلیت فطری خویش در برابر انواع مصائب و شدائد طاقت فرسای روزگار تحمل و استقامت بخرج داده و شجاعت خود را در مقابل طبیعت بمنصه ظهور گذاشته و حیات و شئونات شخصی خود را از این قسمت تأمین مینماید

خلاصه برای اثبات این مطلب همین قدر کافی است در دنیا مشهود امروز بعضی مردم با وجود آنکه در بدبخت‌ترین محیط ساکن بوده و در میان فامیلی بیچاره و فقیر زندگانی کنند بازهم در نتیجهٔ تعلیم و تربیت و در سایهٔ جدیت و فعالیت شخصی بمقامات بزرگی رسیده و مدارج عالیه را در زندگانی خود پیموده و از رجال مشهور دنیا خواهند شد پس بایستی این قوا و استعداد فطری خود را تقویت نمائیم و دارائی‌های قلبی خود را که همانا پاکدامنی و نوع‌پروری است بوسیله لیاقت خود ابراز نموده و در ضمن امیدواری را نسبت به یأس نمائیم

نامه نامی نیکخواه

پس بایستی سعی کرد در همهٔ اطفالیکه متولد میشوند و در محیطی در زندگانی میکنند طوری آنان را تربیت نمود در استعداد و قابلیت شخصی آنها روز بروز ترقی کرده تا تا بهبود جامعه و محیطی در درک زندگانی میتوانند برسد چنانکه میدانم عموماً اطفال یا از روی رفتار و گفتار مادرشان آداب و اخلاق پسندیده و خصال نکوهیده را کاملاً یاد میگیرند و یا از روی اخلاق برادران بزرگتر از خود شروع بیاد گرفتن مینمایند یعنی اگر در فضای خود احترام و شفقت پرستی و یا تتبع و تن پروری رذیلت کرده و استنشاق نمایند بطور حتم در بزرگی دارای صفات مذکوره خواهند شد و اگر بالعکس در محیطی رشد و نمو نمایند در کاملاً محبت و نوع پرستی و وطن دوستی در ارکان حکمفرما باشد بالطبع خیرخواه و وطن دوست و نوع پرور خواهند شد و مفید بحال جامعه میگردد : آری این قسم جوانان دارای صفات برجستهٔ انسانی در نتیجهٔ استعداد فطری آنها است از قبیل

حق شناسی - نوع پرستی - وطن پرستی - دوستی - اجتماع پروری - خیرخواهی - علو برتری - اقتدار - شخصیت - اطمینان نفس - استغنای طبع - تمکین نفس حجب - تواضع - فعالیت - ترحم - عدل - عزم - آزادی طلبی نیک نفسی - عشق - فکرهای - زیبائی - اخلاق - مذهب و احترامات مذهبی را رهبر خویش از هر چیز مقدم داشته.

سیف الدین امین محصل کلاس پنجم متوسطه

مدرسه عالی امریکائی طهران بیستم فروردین ۳۱۱

۱۱ اپریل ۱۹۳۲

دوصد گفته چون نیم کردار نیست

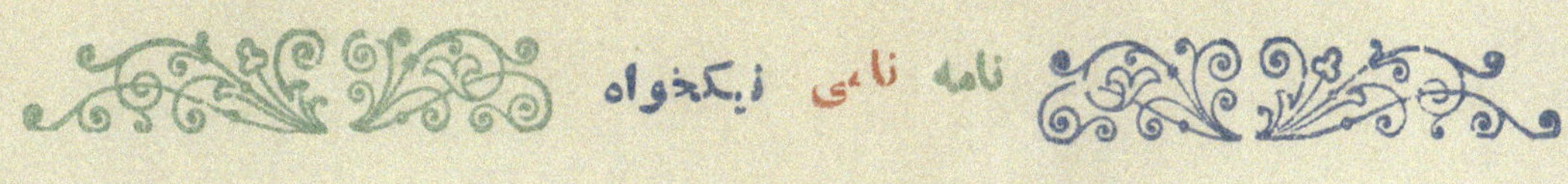

نامه نامی نیکخواه

روزی با یکی از اعضاء محترم انجمن (انسانی نیکخواه) که در رسم وداد و وفاق، و عوامل عهد و میثاق فیمابین فرقد
کمال بود ملاقات دست داد، از هر جانب سخن می‌رفت؛ ناگاه از مرام آن انجمن دانش گستر و اقدامات شایان تقدیر کارکنان دانشور
و ادب پرورش اشارت بمیان آمد و دوست دانا و عزیز مهرانگیز با کلماتی نغز بیان داشت که «کمال مطلوب، و غایة القصوای
آمال انجمن اینست که با نظارت و معاضدت دانایان و بزرگان این کشور گامی چند در این راه بی انجام پیروزی فرجام برداشته شود
که در خور افتخارات ایران تاریخی باشد، و در طومار هنرها؛ شادی بخشیان سطوری با افتخار افزون گردد و برای اجرای منظور در بادی
امر صحیفه‌ای با طرزی مرغوب و اسلوبی مطلوب ترتیب و تنظیم گشته که آثار شعراء و ادباء و علماء عالیمقدار و نویسندگان و اهل قلم عصر حاضر
در آن گرد آوری و مدون آید؛ تا مگر انجمن را آثاری نیکو و آیندگان را یادگاری گرانبها باشد و بر صفحات ایام مخلد و باقی ماند.
اکنون شما را نیز در این کار همتی باید، و شرکتی شاید، که با آن فکر رسا و کلک توانا چندی از مقالاتی سودمند در صحیفه برنگاری
و با رشحات و تراوشات فکر خود طومار انجمن را مزین داری.»
این بنده از آن امر خطیر، و دعوت عظیم، سخت متعجب و متحیر ماند و همی اندیشید که این بی‌مایه دون پایه را چه توانا که در برابر
فکر نقاد و طبع وقاد فضلا و نویسندگان عصر خویش عرض وجودی نماید، و نمودی کند؛ از آنکه سخن پرداختن، و در معنی سفتن هر نادانی را
نسزد و در عهده نابخردی چون من نه.
چه فقط از آنان سزاست که برگزیده سخنان سرایند و عالی معنی در الفاظ زیبا زبان عذب البیان پارسی باستان را ارمغان بخشند،
و خواستگاران علم و ادب را کالائی نغز و نیکو دهند.
اما از آنجا که درخواست (خواهش) ارجمند والاتبار رد کردنی نبود ناچار با همهٔ بی‌مایگی و قلت وقت و گرفتاریهای گوناگون

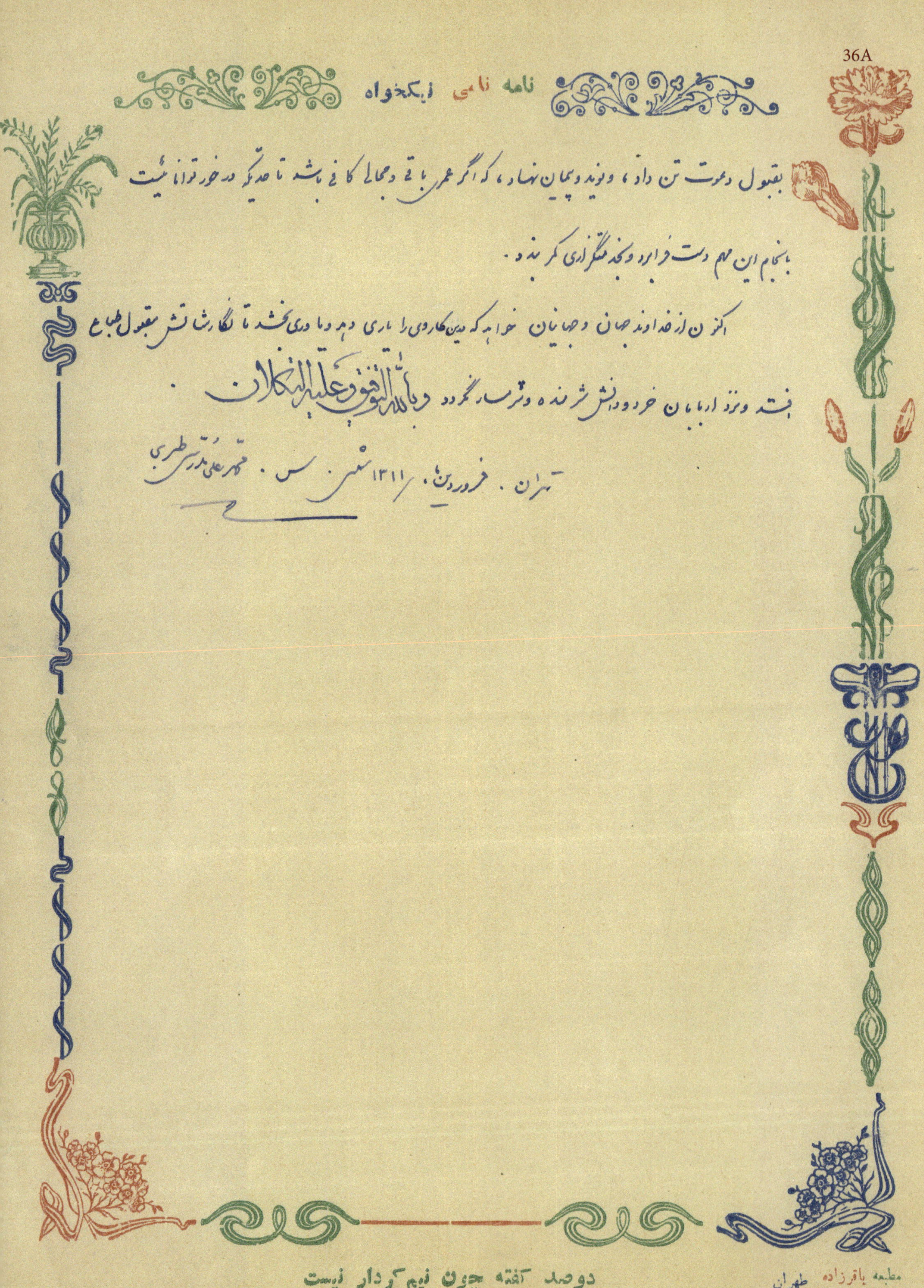

نامه نامی نیکخواه

بقبول دعوت تن داد، و نوید و پیمان نهاد، که اگر عمری باقی و مجالی کافی باشد تا حدی که در خور توانائیست

بانجام این مهم دست فرا برد و بخدمتگزاری کوشد.

اکنون از خداوند جان و جهانیان خواهد که دین کاروی را یاری دهد و یاوری بخشد تا نگارشش بقبول طباع

افتد و نزد ارباب خرد و دانش شرمنده و شرمسار نگردد و بالله التوفیق و علیه التکلان.

تهران. فروردین ماه ۱۳۱۱ شمسی. س. مهرعلی مدرسی طبری

دوصد گفته چون نیم کردار نیست

مطبعه باقرزاده طهران

.:. کار .:.

هر کس بسهم خود وظیفهٔ در زندگانی اجتماعی دارد ومیباید در انجام آن خدمت عمومی شرکت کند زیرا هر فردی در ظلّ مساعی جامعه زندگانی میکند واو نیز بنوبهٔ خود باید یک قسمت از وظایف واحتیاجات ضروری را انجام دهد امر در مهمترین حوائج اجتماعی مانند بسط وتعمیم معارف واصلاح ادبی واخلاقی واقتصادی است وبدیهی است تا شئون اقتصادی ما بر اصلی مستحکم قرار نگیرد سایر عوامل حیاتی مطابق اصول تکامل بروح رشد ونمو نمیکند.

برای تقویت مبانی اقتصادی قویترین اصل هدایت وراهنمائی موجبات سعادت وارائه طریق موفقیت طرز عمل وکفایت بواسطهٔ کار وزحمت است که بنی نوع بشر توانسته است خود را از درجهٔ پستی بدرجهٔ اعلی سوق داده وبمنتهای کمالات برساند وچنانچه زندگانی قرون ماضیه را باحال سنجیده خواهیم دید که بهیچوجه قابل مقایسه با یکدیگر نیستند مثلاً مردمان اولیه در سوراخهای غارهای مخوف یا زیر بنهای مستور از اشجار امرار حیات میکردند از شکار ماهیهای دریا اعاشه میکردند ودر تپه‌های بلند میوه را از شاخهای درختان تعیش میکردند با سنگ حیوانات را میکشتند بعد از مدتی افکارشان توسعه یافته متوجه شدند که اگر سنگها را تیز نمایند ونوک نیزهای چوبی را باریک کنند بهتر میتوانند وسایل حیاتی برای خود تهیه نمایند وپس از انجام وعمل نمودن این فکر که تا حدی کمک مستقل زندگانی آنها نموده که بدین وسیله موفق بصید طیور وبعضی حیوانات دیگر هم آمدند وبالاخره احتیاجات اورا مجبور بسایر اکتشافات از قبیل کشف معادن وبدست آوردن آتش وسایر اکتشافات نموده که روز بروز بر ترقی خود افزوده وسیر تکامل خود را ادامه داده تا مردمان امروزه بوجود آمده‌اند که از نعمت تعاون وتعاضد بخصوص کار وزحمت در قطعهٔ چوبی نشینند ودر هوا طیران کنند از الکتریک نور بوجود آورده‌اند بالاخره نقشه‌های قشنگی تشکیل وترتیب داده اساس تمدن امروزه را مدون نموده وامروز ما بچشم ظاهر می‌بینیم اینها همه در نتیجهٔ کوشش اسلاف ونیاکان ما است که کاشته‌اند وامروز ما درو میکنیم.

از مطالب فوق چنین استنباط میشود که زندگانی ما مرهون خدمات وکارهای آنها است این تأثیرات از تعلیم زائیده نشده بلکه از افکار آزادانه واز تقلید وتجربه بوجود آمده یک ملت بملت دیگر علوم آموخت وبواسطهٔ پیش آمدها وموانع طبیعی ملت دیگر نتوانست در اقلیم زندگی کند پس سفر بجوانب خارج کرده آن اقوام دیگر را هم بتعلیم خود آشنا کرده وبالاخره چنانچه از تاریخ خلقت شده هم نور تمدن ومعرفت در جمیع اقطار منتشر گردید اعمال ومشاغل از پدر بپسر رسید بالاخره خدمت جامعه را مغتنم شمرده اسباب ترقی را بکار انداختند مبداء تمدن ما بنابراین شاغل نیاکان ما است که ثمرهٔ حیات ما شده‌اند وخدمات ایشان را دقتی

طهران مطبعه باقرزاده

نامه نامی نیکخواه

ممکن است قدردانی کرده باشیم که ماهم دنباله کارهای ایشان را بگیریم همه باید کار کنند بی کار مانند شخص بیکار چون عضو فلج
جامعه است بدون کار زندگانی دشوار است پژمردگی اخلاق او را محاصره میکند در واقع مردان از سن ۲۲ سالگی باید کار کنند
تا سن ۱۱ و ۱۸ ایام خوش گذرانی و در حقیقت فطرت بین بلوغ و طفولیت میباشد و در این سنوات باید تحصیل را با تمام رسانده
کاهم دو هنر کرد اشتباه نشود مقصود کارهای جبری نیست کار تجربی ، بردباری ، اصطبار تا اشعهٔ انوار حقیقت
و هنر شایع گردد البته باید بدانیم طبیعت همیشه برما کمک میکند و راه سعادت را برای ما باز میکند در هر امری مساعدت مینماید از
طرفی خداوند بما عقل داده و فکر عطا فرموده که هر وقت حس کردیم گرفتار بیچارگی و فقر باشیم دست بدامن طبیعت بزنیم او هم با
سفارشنامه های مخصوص ما را بسمت کار و زحمت سوق خواهد داد اما انصاف نیست که ما حاضر و آماده برای خوردن باشیم و
بیاد پروردگار آفرینندهٔ طبیعت نباشیم چه خوش سرود سعدی که روانش شاد باد.

ابر و باد و مه و خورشید و فلک در کارند — تا تو نانی بکف آری و بغفلت نخوری
همه از بهر تو سرگشته و فرمانبردار — شرط انصاف نباشد که تو فرمان نبری

دست کار و مهارت که به پستترین اشیاء رسید آنها را از حیث قیمت بمراتب ثمین و پربها گرداند.
ولی افسوس از طرف شخص تنبل و بیکار ممکن نیست سعادت را بخواهد برای خود و بیش بینی نماید او چون نفس بی روحی است که از احتیاجات
عالم طبیعت بکلی بی بهره است از هیچ چیز خبر ندارد تمام مایحتاج زندگانی خود را از دیگران طلب میکند شجری است بی ثمر و در حقیقت
بی بهر ابطه راشخاص باعث از بین بردن مملکت و ملت شده و بطوریت تودهٔ را گرفتار عفریت فقر و فاقه مینمایند عاقبت
تیره بختان و بیکاران که دست از تنبلی و بیکاری برنداشته اند تهدید میکنم که منکوب و دستخوش غضب الهی واقع خواهند
شد و طولی نخواهد کشید که بسزای خود خواهند رسید.
حال مقتضی است تذکر بثمرات آن گردم و واضح است که انسان دورهٔ وحشیگری و سبعیت را با تمام رسانده بلکه
در صدد نجات خود از قید فقر برآمده نجات یعنی چه؟ مقصود من النجات فکر، صنعت، اختراع، در سبب قوای دماغی درونی
است — همانا نجات عالم است که تمدن بشری را واجد گشته نجات در حالی از هوی و هوس کارگران را با شاهراه هدایت راهنمائی
میکند و ذخیرهٔ تمدن را در کیسهٔ خود حفظ میکند کار و سرمایه ریشهٔ تمدن عالم را مستقر تر گردانه و بالاخره بنیان و اساس عالم بشری
را نهد تمدن بر پایهٔ اداسه وار گشته لذا بر هر فردی از افراد بشر واجب است که تا سعی دارند کار کرده جامعه اش را ترقی
دهد معایب را از بین برده افکار جاهلان و بیعلمان را تغییر داده تمام خود را خوشبخت و هم تودهٔ بشر را سرافراز و کامیاب
گرداند.

نامه ز

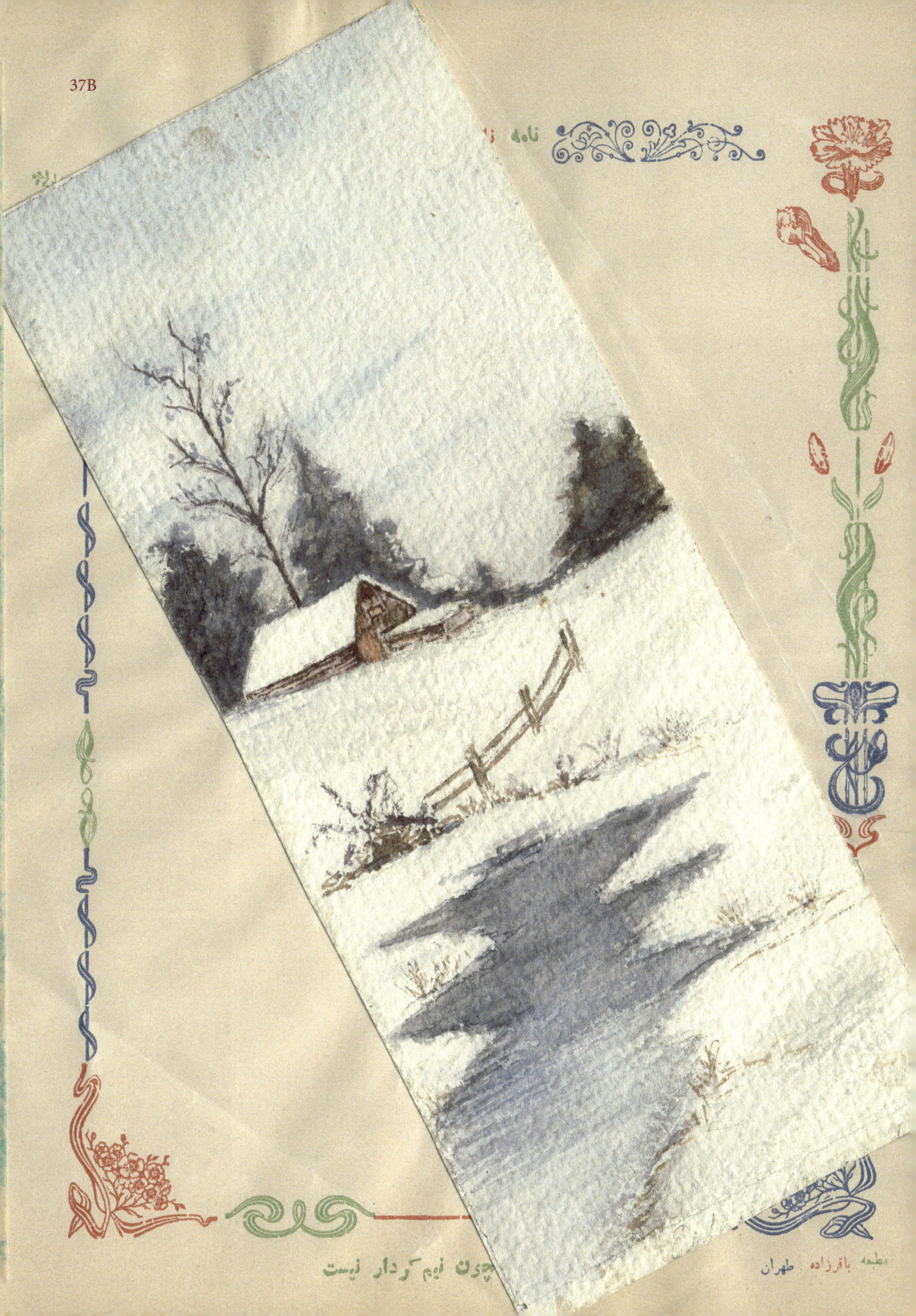

چون نیم کردار نیست

مطبعه باقرزاده طهران

تاریخ ۲ اردیبهشت ۱۳۱۱ — ۲۲ می ۱۹۳۲

38

نامه نامی نیکخواه

{بقلم محمد باقر شهامی}

{اگر تمایل بهستی همیشه در عمر خویش مظفر و موفق شوی کار یا تکلیف امروز خود را بفردا محول منما}

- چنانچه شاعر شهیر ایران فردوسی طوسی گوید -

ز امروز کاری بفردا ممان · که داند که فردا چه گردد زمان - گلستان که امروز گه بهار · ز فردا چیدن گل نیاید بکار

چنانچه با لحظه تدقیق بنمائیم و ادراک قوه عقلیه خود را در حقیقت حاکم مطلق بر تمام تصورات است با دراک این اشعار شاعر نکته پرداز تسلیم نمائیم مفاد این اصل ملحوظ یعنی «ز امروز کاری بفردا ممان که داند که فردا چه گردد زمان» مسلم و محقق میگردد و چون اشعار شهیر فردوسی طوسی مشعر بر مسامحه و یا عواقب وخیمه از انظور داشته و ابیات چنان سخن را هم بسته بدین مقال است لهذا ما با ایراد دلایل و براهینیکه شاهد قول این موضوع باشد پرداخته و به تعیین وجهی مختصر از آن اقدام مینمائیم.— چون در اصل طبیعت عالم و طبایع بنی آدم یک نوع تغییری هست و لاینقطع این تغییر رو بارتقاع و بساطت نمو می نماید از این جهت هم ازمنه متفاوت و مختلف میگردد از این رو احکام و طبایع و تکالیف انسان هم تغییر کلی پیدا کرده یوماً فیوماً آناً فآناً تغییر شکل میدهند حتی اشکال و شمایل و هیئت و لباس انسانها هم تسلیم تغییرات آنی است چنانچه قوانین مملکتی انتظامات لشکری و تشکیلات دولتی دیروز تا امروز هزاران فرق حاصل نموده است بنابراین مقدمه بدیهی است چون ازمنه بالطبع تغییر پذیر است لهذا عقاید هر یک از افراد هم بشر تغییر پذیر خواهد بود پس این اصل مسلم محقق میگردد که اگر کسی تکالیف آنی خودش را بروز بعد محول نماید و در غیر موقع خودش انجام دهد ابداً بهیچوجه مفید واقع نشده ضررش بدین تطبیق میشود که کسی بخواهد در این زمان بوضع معیشت زندگانی هشت هزار سال قبل زیست نماید یا آن تکالیف را امروز انجام دهد از طرفی دیگر چنانچه با نظری بصفحات تواریخ ملل مختلفه بنمائیم می فهمیم در تنها ترقی و تعالی و سیادت هر ملت مترقی مبتنی بر عدم مسامحه در انجام تکالیف اوست و همچنین بالعکس مثلاً فتح ایران بدست افاغنه در نتیجه بجز بعلم دزدی دیگر بهیچ علم و تمدن احتیاج نداشتند و بدون

مطبعه باقرزاده طهران

و بدون هیچ بیمی سیل ایران و آتش سوزان سرار خطهٔ ایران گشتند. خلاصه تمدن هشت هزار سال این ملت مینو سرشت را هبا کردند همانا در اثر غفلت اولیای امور عصر بود و بر تعاقب کاسه و فاسد متوسل گشته تا آنکه شاه سلطان حسین بدست مبارک خویش تاج پر افتخار خودش را بر سر محمود افغان نهاده و سریر سلطنت مخصوص آن تمام نفایس ایرانرا تقدیم مقدم میمنت مسعود نکبت افاغنه بی لیاقت وحشی نمود. — از زمان هم اعراب ایرانرا تصرف نموده و برهمن هندی و دلایل منطقی و قضایای تاریخی هشت هزار سال ایرانرا بدل باخبار و احادیث و روایات نمودند عیش همانا بغفلت سلاطین معاصر بود. — خلاصه وقتیکه ملل سالفه را مقایسه نموده و علت و سبب ترقی و تنزل و مظفریت و مغلوبیت آنها را بخواهیم محقق میگردد که فتح و غلبه همانا در ظل عدم غفلت بوده همان طور هم مغلوبیت ایشان ناشی از جهالت و مسامحه گردیده است. — پس میتوان گفت هر فردی بقدری که سعادت و نیکبختی خود را داند و از ضرر و شقاوت آن احتراز کند قوه ادراکیه در او بودیعت گذاشته شده است ولی این حس و ادراک در وجود اشخاص مسامحه کار بحالت نهایت خفته است. در خاتمه میتوانم بگویم هر ارجح از برای بقاء نوع انسان و موفقیت او در این جهان بیشتر از همه چیز لازم میباشد عدم مسامحه در تکالیف اوست. بسکه آنچه منافی و مخالف این اصل است مسامحه و غفلت میباشد هر ملتیکه در اثر غفلت جان و حیات شخص مسامحه کار مواجه با هزاران خطرات شده رفته رفته بطالع بد شجره کامیابی و کامرانی او منقطع میگردد. ——

هفته گذشته بنا بخواهش مدیر محترم «نامه نامی نیکخواه» چنین لازم گرفتم که مقاله‌ای در موضوعی انتخاب کرده و تقدیم دارم. استعداد زیادی که از حد و اندازه از طرفی و نداشتن مایه کافی از طرف دیگر اجازه نمیداد از نظر تهیه شایسته و سزاوار است از عهده انجام این خدمت برآیم ولی باینکه مدتها غرق در نظر داشتم که از گفتار بزرگان آنچه که بدست افتد چند سطری انتخاب کرده و دستور گرامی «دوفای عهد» را انجام کرده. اتفاقاً در ضمن تجسس ورقه‌ای بدست حقیر آمد که اندرزهائی چند از گفتار حکیم قدیمی معروف فیثاغورث داشت که درج شده بود و این ترجمه که از زبان یونانی قدیم بیکی از زبانهای اروپائی برای دفعه اول بزبان فارسی ترجمه شده بود دیدم مقصود را خیلی مناسب است و چون آنانرا لایق اندازه سزاوار دیدم این اندرزهای فیلسوفانه را برای طی طریق زندگی بمنزله چراغی فرا روی داشته و نیز از آن متن عالی و گرانبها بهره‌مند نهند.

اینک آنرا در «پندنامه فیثاغورث»:

(۱- تزکیه نفس)

۱- دوستان خوب را در برادری درست باش، در نیکوئی با ملاطفت و در بهره‌ای نیکو باش. ۲- کسی را بدوستی خود برگزین که در درستکاری فضیلت است باو بپیوند؛ از شیرین‌کاری او پیروی کن و بازنده‌گی او دوست را تربیت نما و برای یک خطای سبک او را ترک مکن تا اندازه‌ایکه از دستت برآید زیرا که قانون گفته، قدرت را با ضرورت همراه ساخته است. ۳- با وجود این، آن قدرت را تو در اندرون با هر کسی دیدی از خودگذشتگی و آنها را مغلوب سازی: پیروی از شکم، تنبلی را زیر گیر. ۴- قانع، نگاه کن و پاکدامن باش و از غضب بپرهیز. ۵- نزد دیگران میان مردم و نزد تنهائی هرگز کار بد مکن و محضر خاطر خودت احترام خودت را نگاهدار. ۶- هیچوقت بیش از اندازه گون حرف نزن ولی برای انجام مده. ۷- در کارها درست باش. ۸- بیاد بیاور که یک قوه قاهره مردن را از رسیدند و اموال و آنچه را که اکتساب کنی کسب شده با سانی هم از دست میرود. ۹- اما درد آنرا هم بقدر تحمل کن و در دیگر لب بسخن و انهار تحمل کن و بکوش تا هر چه در دست الهی است از آن بکن. ۱۰- مانند حقیقت، خطا نیز برای خود مراحل اخلاقی دارد: مرد فیلسوف هر چیزی را با احتیاط تصدیق یا ترجیح بنماید و اگر خطا غالب است که او چه شر آنرا بشناسد و منتظر شود. ۱۱- گوش کن و حرفهای مرا که برای در دل نگاهداری تا: چشمی و گوشی خودت را لایق و شایسته نگاهدار: از تقلید دیگران بترس و بافکر خود متوسل شو؛ ساکن باش و نیز آگاه باش و آزاد از تعصب. ۱۲- نگذار دیگران بدون مقصد و بدون علت حرکت کنند. ۱۳- تو در آینه خیال ما مانند استعداد را باید تماشا کنی. ۱۴- چیزی را هم بمیدان هرگز تو را بلندی از آزادی اخلاقی. ۱۵- علم بیاموز:

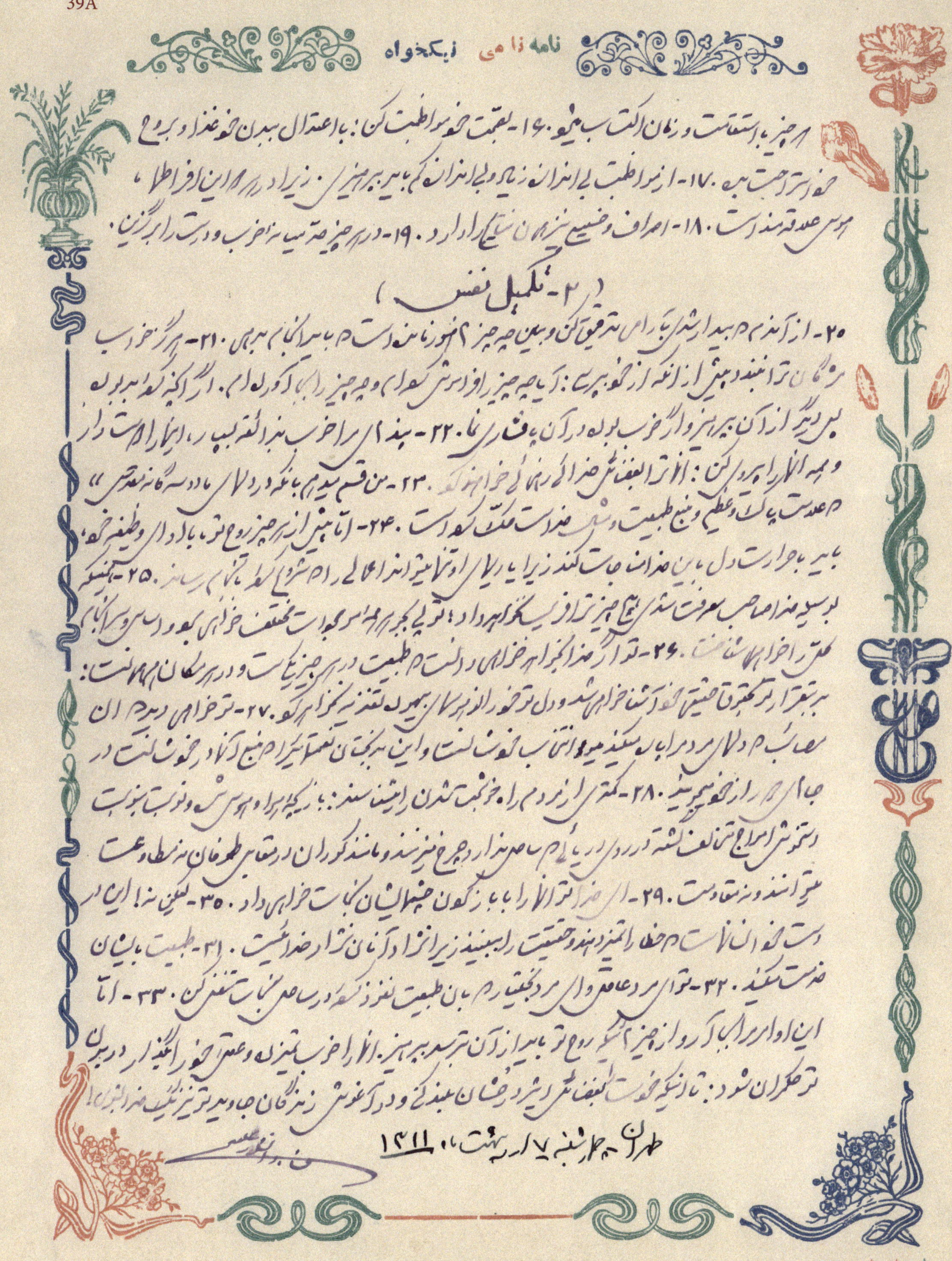

نامه نامی نیکخواه

هر چیز با استقامت و زمان اکتساب میشود. ۱۶- بصحت خود مراقبت کن: با اعتدال ببدن خود غذا و بروح خود استراحت بده. ۱۷- از مراقبت بی اندازه زیاد و بی اندازه کم باید پرهیز کنی. زیرا در هر دو این افراطها هوس علاقه‌مند است. ۱۸- اسراف و ضایع نمودن زمان تباهی را آرد. ۱۹- در هر چیز حد میانه را خوب و درست را برگزین.

(۲- تکمیل نفس)

۲۰- از آینده هم بیدار شدی برای ترقی کن و ببین چه چیز؟ امروز نامه است هم باید اکنون ببری. ۲۱- هرگز خواب بزرگان تر انبند ده بیش از آنکه از خود بپرسی: آیا چه چیز را و از پرسش کرده‌ام و چه چیز را یاد گرفته‌ام. اگر آنکه کرده‌ای بد بوده پس دیگر از آن بپرهیز و اگر خوب بوده در آن پافشاری نما. ۲۲- بندهای پر از خوب بنده الفت بپرس، ایثار را است دار و همه آثار را پیروی کن: آثار العقلانی هر آنکه رهائی خواهد که. ۲۳- من قسم میدهم با آنکه در دلهای ما دوستگانه بعد حس هم عدست پاک و عظیم و منبع طبیعت و شرف خداست ملک کرده است. ۲۴- اما هنر از هر چیز روح تو، باد دل وظیفه خود باید با حرارت دل باین خداست جابت کند زیرا یاری او تا نیز ابد اعالی را هم شروع کرده تا تمام رساند. ۲۵- همیشه بوسیله خداست صاحب معرفت شدی هیچ چیز را از یاد نگاه داد؛ تو لیکن بر هر کس جوابات مختلف خواهی بود و اساس رابطه کمتر اخراجها شناخت. ۲۶- تو اگر خدا اکبر را هم خواهی دانست هم طبیعت در هر چیزی است و در هر مکان نمایان است: هر تعبیر از ترکیب حقیقی که آشنا خواهی شد و دل تو خود را از هر کار بیهوده تنفذ نگه دار. ۲۷- تو خواهی دید هم ان تصاویر هم دلهای مردم را به سکینه میوه‌ها آسمان تو خوش گشت و این برکت‌ها نعمتها که از منبع آن‌ها در خوش گشت در جای [illegible] از خود میپوشد. ۲۸- کمتری از مردم راه خوشبخت شدن را میشناسند: با ریختن در راه هوس شهوت بنوبت دستخوش امراض تالف گشته در ردیف [illegible] ساحل [illegible] و مانند کوران در مقابل طوفان [illegible] و عست میترسند و مقاومت. ۲۹- ای خدا اکبر الا را با ز کون چنینها شان نجات خواهی داد. ۳۰- لیکن بنا این در دست که ان ذات هم خدا را تمیز دهند و حقیقت را ببینند زیرا آنها از آنها نژاد خدا هست. ۳۱- طبیعت با بیان خدمت نکنید. ۳۲- تو ای مرد عاشق و ای مرد نجیب ... با طبیعت نفوذ که در ساحل نجات تنفس کن. ۳۳- اما این اوامر را با کردار از هر چیز آنکه روح تو باید از آن ترسد بپرهیز. الا را خوب بشنوند و عشق خود را بگذار در بدن تو حکمران شود: تا آنکه خودت لطف‌نش را در خشان ببندی و در آغوش زندگان جاوید تر نزدیک خدا ببرن!

طهران چهارشنبه ۷ اردیبهشت ۱۳۱۱

[illegible]

دو صد گفته چون نیم کردار نیست

طهران

مطبعه باقرزاده

رباعی

از دیده سزاست تا ابد خون گریم　　از فرقت آن جمال بیچون گریم

ای دل ز گریستن چه سود است اگر　　بر جای سرشک رود جیحون گریم

ایضاً

گفتم ز شراب وصل سرمست شوم　　چون خاک براه حضرتش پست شوم

دردا که نشد دسترسم روز وصال　　زین پس بشب فراق همدست شوم

(خاوری)

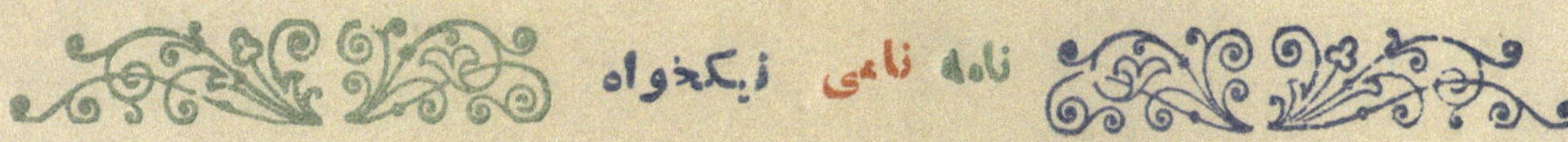

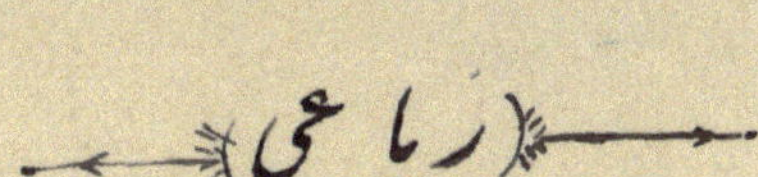

نوبهار است و چمن خرم و گل خندانست
آنچه پیرار بد امساله دو صد چندانست
موسم شادی و عیش و طرب رندانست
گر چه بر زاهد بیچاره جهان زندانست

فروردین ۱۳۱۱ - خاوری

از نصایح افلاطون باسکندر : موعظه و نصیحت

یاد دار و نگاه دار و سخت دار و گرد کن و بخور و بپوش و ببر و بردار و بده و بستان : یعنی یاد دار خدا را - نگاه دار وفا را - سخت دار دین را - گرد کن علم را - بخور خشم را - بپوش ستر را - ببر همنشین بد را - بردار جور را - بده داد مظلومان را - بستان بهشت را .

در اصول معاشرت با خلق - منتخبی از کلمات بزرگان

حتی الامکان با کسی نشین که عاقل و خوش خو و پاکدامن و بزرگ نفس و نیک نام و خوش طبع و جهاندیده و کار آزموده باشد . — دوستی را که به گناهی شنیع از نظر انداختی حق خدمت قدیمش را فراموش مکن . — دست عطا تا توانی گشاده دار مگر وقتی که دخل بخرج وفا نکند که بخل و اسراف هر دو مذموم‌اند . — تفویض کارهای بزرگ بمردمان ابله مکن که پشیمانی آورد . — مردم متهم را در هیچ کار بگرد خود مگردان که طبیعت او در تو اثر کند اگر نکند از تهمت خالی نباشد . — هر کس رنج بیهوده کشید اول آنکه مال جمع کرد و نخورد دوم آنکه علم آموخت و عمل نکرد . — هر سرّی که داری با دوست مگو شاید که روزی دشمن گردد . و هر بدی که داری بدشمن مرسان باشد که روزی دوست شود . — خشم بیش از حدّ وحشت آرد و لطف بیحدّ هیبت ببرد ؛ نه چندان درشتی کن که از تو سیر شوند و نه چندان نرمی کن که بر تو دلیر شوند . — خبری که دل آزارد مگو تا دیگری بیارد . — دوستی را که بعمری بچنگ آری نشاید که بیک نفس بیازاری . — هر کس در قفای دیگران بدگفت از وی ایمن مباش و با وی منشین . —

مردمان را عیب نهانی پیدا مکن که ایشان را رسوا و خود را بی اعتبار نمائی. — هرکه در حال توانائی نیکوئی نکند در ناتوانی بسیار رنج و محنت کشد. — چون در انجام کاری مردد باشی آن طرف را اختیار کن که بی آزارتر است. — از دشمن ضعیف بترس و اندیشه کن که در وقت بیچارگی بجان کوشد گربه اگرچه ضعیف است چون با شیر در افتد بضرورت بکوشد و بچنگال چشمش درآورد. — هرآنکس که از تو ایمن نباشد از وی ایمن مباش که مار از بیم آسیب تو قصد هلاک مردم کند. — تا کسی را در چندین قضیه آزمایش ننمائی اعتماد بر وی مکن. — دل دوستان آزردن مراد دشمنان برآوردن است. هرکه کسی را برنجاند و از کسی نترسد گو ایمن مباش. کژدم همی ترسد و گریزد از طبع خبیث او است و گربه که در خانه ایمن میباشد از بی آزاریست. گرگ در صحرا سرگردان است از بد فعل خویش دگر اندر شهر الحمد از سلیمی و دزد در کوه سرگردان از بدبختی و حرام خوارگی. — هنرمندان را نیک دار و حرمت کن تا بی‌هنران راغب شوند و هنر پرورده هنرمند شوند. — با بزرگ ستیز که عاقبت ندارد:

هرآن کهتر که با مهتر ستیزد چنان افتد که هرگز برنخیزد. — تا توانی دلی بدست آور دل شکستن هنر نمیباشد. — با زیردستان در مراعات و دلسوزی بکوش و دستگیری کن. — با کسی حتّی القدره نمک بخور و هم نمک مشو چه هم نمک شدی لابدّ و ناچار حقّ نمک در هر حال ملاحظه کن و نمک بحرامی از نادانا است

۱. دوستی با مردم دانا نکوست دشمن دانا به از نادان دوست دشمن دانا بلندت میکند بر زمینت میزند نادان دوست

۲. دوست مشمار آنکه در نعمت زند لاف یاری و برادرخواندگی دوست آن باشد که گیرد دست دوست در پریشان حالی و درماندگی

۳. از صحبت دوستی برنجم کاخلاق بدم حسن نماید کو دشمن شوخ چشم بی باک تا عیب مرا بمن نماید.

۴. نشنیدم دوست نبود آنکه در دولت زند لاف یاری و برادرخواندگی دوست آن باشد که گیرد دست دوست در پریشان حالی و درماندگی

مورخه ۲۰ فروردین ۱۳۱۱

هشتمین عجائب دنیا

گویند عجائب دنیا هفت است ، در صورتیکه قریحه صنعتی و روح ظرافت کاری ایرانی عصر صفوی بتصدیق طبیعت و داوری فکرت چنان جلوه کرد که گردن تماشاگران جهان را از روش سحر و عروس جمال را چنان آراسته که حجله طبیعت در خور آن نبود ، عشق آرایش چنان در دماغ ایرانی پرورده شد که پیوسته با دست فکرت و خامه قدرت بنقاشی آن پرداخته و لوحه گیتی را نمونه زیبائی قرار داد ، احساسات رقیقه که مرصع فهر بستر اول فکرت ایرانی بود روح ظرافت و صنعتی را تقویت داد و چنان در ضمیر آنان متمکن شد که با قلم قدرت آن احساسات لطیفه را مجسم ساخت و در طبیعت دلربا را لباس زیبائی جلوه میداد مقام روح ظرافت چنان بالا گرفت که سر از کیوان بر کرد و چشم عالم حسن را خیره نمود ، روح صنعتی ایرانی مدارج ظرافت را عروج نمود و مراتب جلوه گری را نمایش داد ، مظاهر طبیعت را بر پای داشت و زیباترین لباسشان آراست

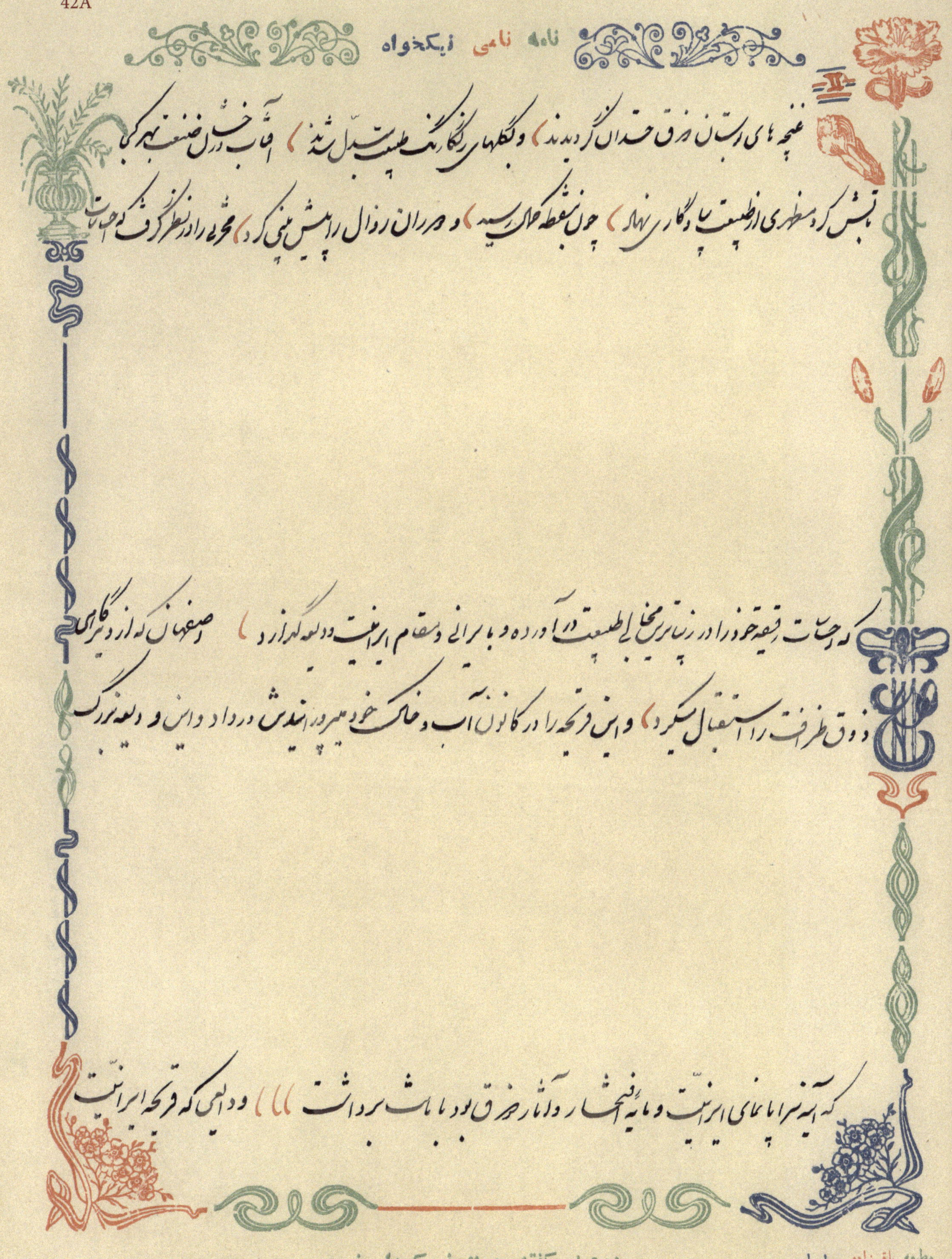

نامه نامی نیکخواه

غنچه های زرستان ذوق حقداران گردیدند) و گلهای رنگارنگ طبیعت تبدیل شدند) آفتاب خزان در اثر ضعف بهرگی

تابش کرد مظهری از طبیعت پایدار بهار) چون بنقطه کمال رسیده) و دوران زوال را پیش بینی کرد) محیط را از نظر گرفت که حیات

که حیات رقیقه خود را در زیباترین مخایل طبیعت در آورده و با برازندگی و مقام ایرانیت ودیعه گذارد) صفهانی که از دیرگاهی

ذوق ظرافت را استقبال میکرد) و این قریحه را در کانون آب و خاک خود میپروراندیش درداد و این ودیعه بزرگ

که آینه سراپا نمای ایرانیت و مایه افتخار و آثار ذوق بود باباش برداشت))) و دلیلی که قریحه ایرانیت

دو صد گفته چون نیم کردار نیست

مطبعه باقرزاده طهران

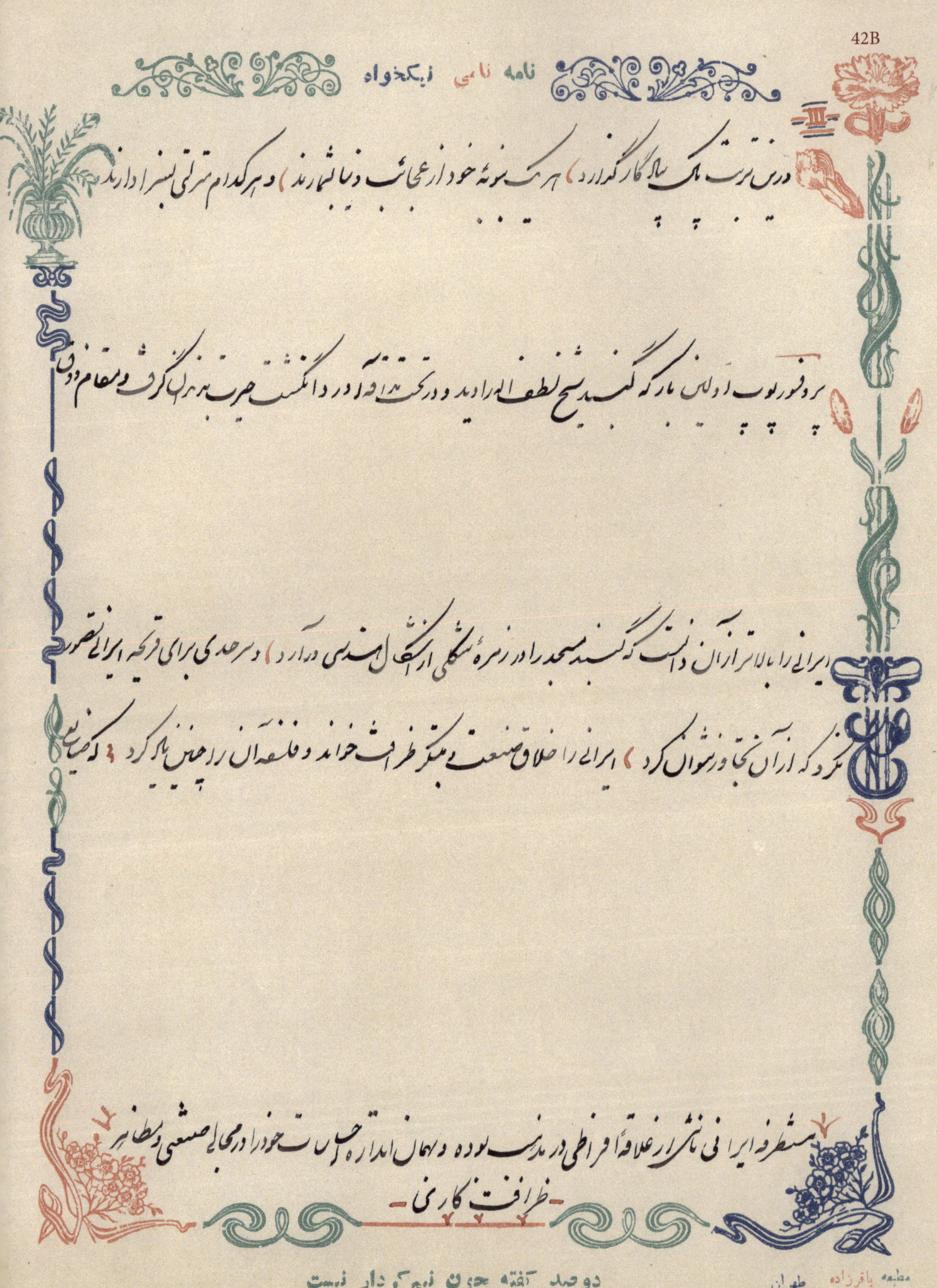

در این تربت پاک یادگار گذارده‌اند، هر یک بنوبهٔ خود از عجایب دنیا بشمار روند، و هر کدام ترتیبی بسزا دارند

پروفسور پوپ اولین بار که گنبد شیخ لطف‌الله را دید و در تحت تأثیر آن در آمد انگشت حیرت بدندان گرفت و مقام ذوق

ایرانی را بالاتر از آن دانست که گنبد مسجد را در زمرهٔ شکلی از اشکال هندسی در آورد، و سرحدی برای قریحهٔ ایرانی تصور

نکرد که از آن تجاوز نتوان کرد، ایرانی را خلاق صنعت و مبتکر ظرافت خواند و فلسفهٔ آن را چنین یاد کرد: که صنایع

مستظرفهٔ ایرانی ناشی از علاقهٔ افراطی در مذهب بوده و بهمان اندازه احساسات خود را در مجالی صنعتی و مظاهر

ظرافت کاری

مطبعه باقرزاده طهران

نامه نامی نیکخواه

VI

در طی مراثی تاریخی بعرصهٔ ظهور آوردند و چنین مصنوعاتی را که از عجائب گیتی و غرائب طبیعت شد بیادگار

نهادند) در هر قرن که پیوند این رشته محکم تر بود صنایع مستظرفه سیر تکامل میکرد و چون رشته گسسته شد روح صنعت و ظرافت

افسرده و مرده شد و بتدریج از ذوق ایرانی کاست و دیگر صنایع حیرت انگیز از پنجه قدرتش بوجود نیامد و چراغ قریحه اش رو بخاموشی نهاد))) پروفسور مزبور سپس فرمود) هر کاشی شکسته که از حواشی یکی ازین ابنیه بلند جدا شد یا که جوانی در خون

خود دست و پا زند) زیرا) این کاشیها مظاهر صنعتگران عصر صفوی) و این نقوش یادگار یا منتخب روح و سلیقه جوانان آن آن دوران است) یا ملت ایران برای حفظ این هنر و شعار ملیت از این آثار بزرگ حمایت ورزند و به انواع این صنعتی را پرستش گسترد

-{[-۱-۱-۲-۱۱] [(آ. ب. رفیعی مهرآبادی)] [-۵۰-۱۲-۱۴]}-

مطبعه باقرزاده طهران

دو صد گفته چون نیم کردار نیست

نامه نامی نیکخواه

بتاریخ ۱۶ محرم الحرام ۱۳۵۱ — اول خرداد ماه ۱۳۱۱

شمس الدین رستم‌پور — (بلبل ناکام) — محصل کلاس سوم

اواسط بهار است – موسم رونق گلزار – طراوت باغ کمال است – هنگام زینت جویبار – شمشاد قامت افراخته – چنار پنجه گشوده – بید مجنون آشفته – چشم نرگس از باده سرشکین خمار است – لاله را ایاغ سرشار – کلاله سنبل چون طره خوبان پریشان است – قطرات شبنم چون قطعات الماس درخشان – بلبل ترانه ساز گشته – عندلیب هزار دستان آغاز بانگ در سایه درختان گسترانیده فرش بوقلمون و بر روی سبزه نیلگون نقش الگلیون زده و بتشریف قدوم سلطان گل هر سو طاقهای نصرت بسته و در شلاله‌های انهار شاخ نبات شکسته.

نهالهای درخت هر بار بازی فلک نقاب نیلگون شب را دریده – و در افق چهره عالم آرای خورشید نمایان و با ذرات طلائی اشعه خود صحن باغ را چون نگارخانه چین آرایش داده بود. جوجه بلبل اولین بار همراه مادرش از آشیانه پرواز – و به صحن گلستان فرود آمد – از دیدن آن همه نقش و نگار بدیع و روئیت ربیع گلشن دلخوش بود و واله و شیدا شد – هر دم از شاخی بشاخی میپرید و از گلی بگلی می‌نشست – در تماشای مناظر دلربای باغ – و نظاره چهره گل حظها میبرد و نشاط اظهار میداشت – با حنجره لطیف خود چهچه زنان میرائید و بناز میخرامید و از حشرات ضعیف که با مهربانی مادرش شکار و تغذیه میکرد – ولی متأسفانه این احوال برای مرغک بیچاره دوامی نداشت و روزگار ناسازگار بر او تاب نیاورد – صیاد قضا در کمین بود – تیر حادثه در کمان – ناگاه بدست باغبان گرفتار شد – و عمر کوتاه نشاطش بسر آمد – باغبان مغرور او را بخانه‌اش برد – برایش قفسی آورد – آب و دانه مهیا ساخت و در حقیقت بجهت اثر لطف و مهربانی – اطراف قفس را با انواع گلها بیاراست – و به تیمارش پرداخت – شب و روز در فکر آسایش او بود – و از نشاطش میشد – تا روزها گذشت و ماهها سپری شد – مرغک کوچک بلبل قوی گردید – آواز خوش و لحن دلکش او همیشه سامعه باغبان را نوازش میداد – و باغبان هر روز بمراقبت حالش میافزود و با انواع دلجوئی عند ملالت ملالت از خاطرش میزدود.

بلبل در عین حال هر دم خاطره روز نخست ولادتش را بیاد آورد و گشت و گذار از لانه آن روز را مانند گذشتی

نامه نامی نیکخواه

آه سرد از دل پر درد برکشیدی و اشک حسرت از دیده فرو ریختی و رهائی خود را از زندان قفس به صد دل آرزو کردی
باغبان که مرد هوشیار - و زیرک و دیر روزگار آزموده بود - از وجنات حال تأثر بلبل را احساس و اظهار درونیش را
دریافت - زبان به نصیحت بگشود و گفت - بلبلک عزیزم گوشهٔ قفس گرم چشم تو تنگ و چاشنی این زندانی بذائقت
شور گشت و ترا این گوشه گیری در بلهوسی و هرزه گردی باز داشته و مقدور نیست که در باغ مردم سوی و بر آن شاخ بنشینی
و یاری تازه گزینی - از معاشقه گل و نظارهٔ بنفشه آرزو داشت اینک انواع گل و ریاحین و سبزه و یاسمن اطراف قفس تو
دستها بتو تحفه میدهند و معاشقه تو محصور - باد خزان را بورق آنها دست تطاول نیست و ترا با وجود آنها هیچ وقت عیش
ربیع بطیش خریف مبدل نشود - صیف و شتا را در باغچه و گلخانه صحن و مأمن نه - جمع و شراب و پیوسته ترا یار وفادار اند
ولی گل بوستان و زینت گلزار را ثباتی نیست و این یار بیمهر دلبر را وفائی نه - معشوقی را که دل از تو ربوده عهد سست است و پیمانش نا
درست - و هستی چون غنچه چند نپاید - و آنکه نپاید دلبستگی را نشاید - گل باغ مردم همدم بلبل است در خار جفا دل خلیده
و یار عندلیبی است در دام بلا گرفتار کنم - چون موسم بهار بگذرد و باد خریف بضرر عاشقان دلباخته و بلبلان شفته ترا
جز آهنگ نهایت و گلگشت حالت اندوخته نیست - و جز ترک جان شیرین چاره ای نه.

بلبلک عزیزم زنهار از این هوس درگذر - و برای ساعتی راه وجود در گلزار بسر مبر بلکه از سر هر کن - و قدر عافیت بشناس - اگر
فضای باغ وسیع و صحراها پهناور است هر یک را انواع سوانح و حادثات در بر - در هر گوشه از آنها غولی است زیر آن و در هر طرفی
دیو رسته آدمی خوار - در هر قدمی دامی گسترده و در هر سوئی بلائی آماده - اگر ترا تاب از این دو رست و روزنه بازوی که زود
گذشتن از این پیچ کن حلاوت صعب است دلو بود دستانی - آرزوئی است در نگاه که بهریحه و جا امّا مرد.

بلبل دلداده در گرم و سرد روزگار ندیده و از سنگ و هر زمانه تجربتی نیافته بود - نصایح مشفقانهٔ باغبان در دل او اثر
ترهات آمد - و چنان می‌پنداشت که باغبان در این سرا است با این نیرنگ و فسونها - آواز و ترانهٔ او را گوش تن محصور
و لذا اسارت او را التعاطم کند.

چون این سخنان از باغبان بشنید - آهی سرد از دل پر درد برآورد - قضا را روزی دریچه قفس باز ماند بلبل فرصتی یافته
بیرون آمد - و دیگر ارتفاق. موسم بهار و طرف جویبار با انواع ازهار آراسته بلبل هم تازه از قفس جسته و از بند رسته بود
بر شاخ نشست و از ته دل نوائی درکشید و ترانه آغاز کرد و مردم با کمال بهجت دور او گرد می‌آمدند و شادمانیها میکرد و
لحظه باغبان دقیق را العن و لغزش نیز ستد - شب از روز نمیشناخت - همه را با گل تردیب میساخت و هیچ زبان
هر بوییر هر دم مردم معشوق میگزید. نه در فکر لانه بود و در غم دانه و آشیانه - تا بهار بگذشت و

43B

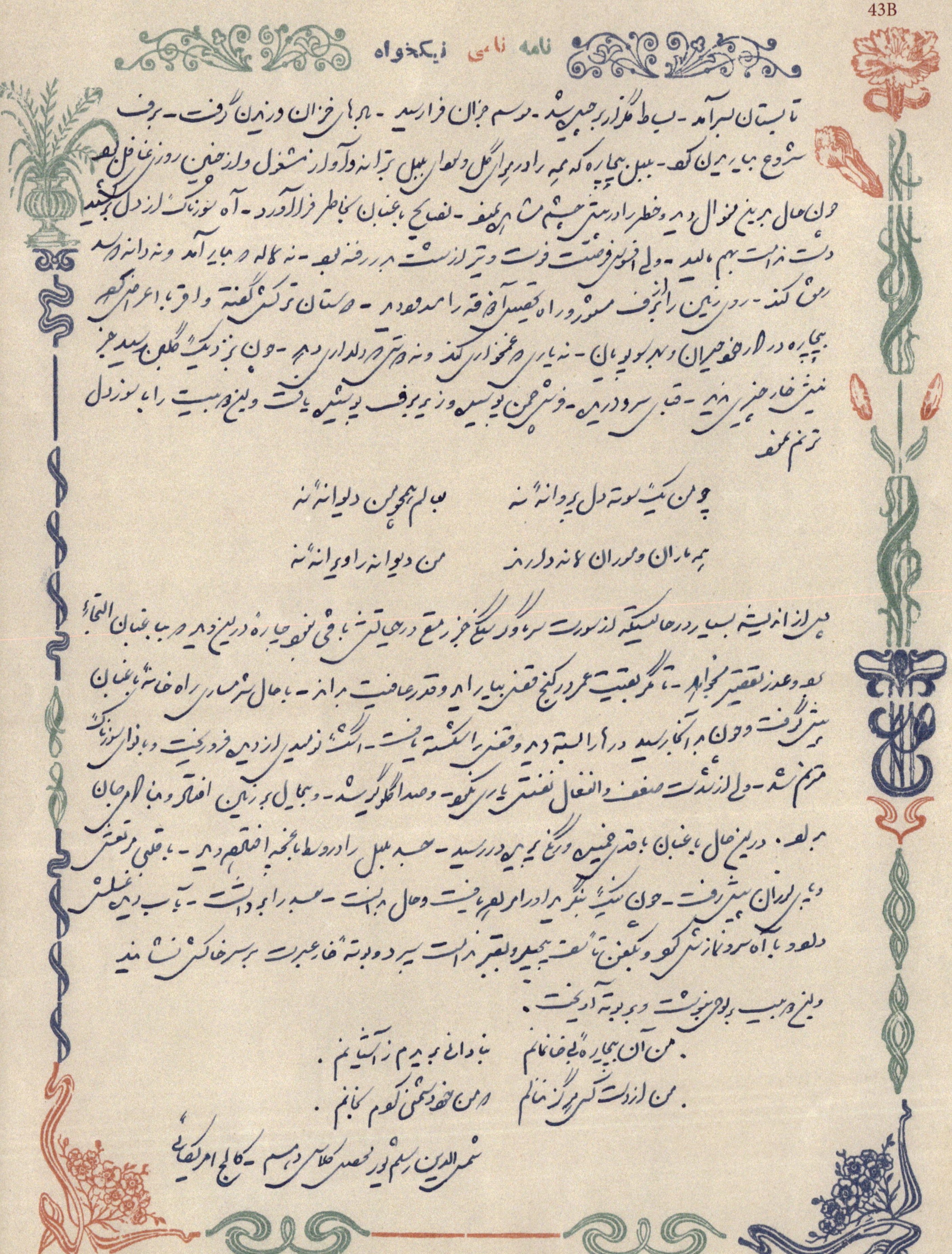

نامه نامی نیکخواه

تابستان بسر آمد - بساط گلزار برچیده شد - موسم خزان فرا رسید - بادهای خزان وزیدن گرفت - برف شروع بباریدن کرد - بلبل بیچاره که همه روزه در هوای گل و تماشای چمن بترانه و آواز مشغول و از جمع روزی غافل بود چون حال بدین منوال دید و خطر را در پیش چشم مشاهده نمود - نصایح باغبان بخاطر فرا آورد - آه سوزناک از دل برکشید دست ندامت بهم مالید - ولی افسوس فرصت فوت و تیر از شست بدر رفته بود - نه کاه بدست آمد و نه دانه بدسترس کند - روی زمین را از برف مستور و راه تحصیل آذوقه را مسدود دید - داستان ترکش گفته و اوقات با اعراض گهی بیچاره در اطراف حیران و سرگردان - نه یاری که غمخواری کند و نه دستی که دلداری دهد - چون بنزدیک گلبن رسید جز نیش خار چیزی ندید - قبای سرو دریده - فرش چمن پوسیده و زیر برف پوشیده یافت - و این دو بیت را با سوز دل ترنم نمود

چو من یک سوخته دل پروانه نه | بعالم همچو من دیوانه نه
همه ماران و موران لانه دارند | من دیوانه را ویرانه نه

پس از اندیشه بسیار در حالتیکه از سورت سرما و رنگ جز رمقی در حیاتش باقی نبود چاره در این دید در باغبان التجا کند و عذر تقصیر بخواهد - تا مگر بقیت عمر در کنج قفس بیارامد و قدر عافیت بداند - با حال شرمساری راه خانه باغبان پیش گرفت و چون بآنجا رسید در را البته دید و قفس را شکسته یافت - اشک نومیدی از دیده فرو ریخت و بنوای سوزناک مترنم شد - ولی از شدت ضعف و انفعال نفسش یاری نکرد - و صدا گلوگیر شد - و بحال بیزبانی افتاد و بنا کرد جان بدهد. در این حال باغبان با قدی خمیده و رنگی پریده در رسید - جسد بلبل را در وسط باغچه افتاده دید - با قلبی مرتعش و دستی لرزان پیش رفت - چون نیک بنگریست از عالم رفته و جان داده است - جسد را برداشت - آب دیده غلطش داد با آه سرد نمازش کرد و کفنش تافته بپیچید و بقبر گذاشت سپس دو بوته خار عبرت بر سر خاکش نشانید و این دو بیت را روی سنگ نوشت و به بوته آویخت.

من آن بیچارهٔ بیخانمانم | بنادانی بدور از آشیانم.
من از دست کسی هرگز ننالم | که من خود دشمنی کردم بجانم.

شمس الدین رستم پور محصل کلاس دهم - کالج امریکائی

مطبعه باقرزاده طهران

(گفته آقای صبحی)

چند رخ صحبت اغیار بپا برکشید | از اجه تا بکی زنگار بپا برکشید
یکزمان با مردمی بیدار بپا برنشست | یکنفس با زمرهٔ هشیار بپا برکشید
بهر تهذیب بشر فکر دگر باید نمود | نقشه بر صفحهٔ افکار بپا برکشید
تا که از گیتی برافتد اختلاف کفر و دین | آتش اندر خرقه و زنار بپا برکشید
اهل علم و رای را باید بپا بنهاد | مفسدان را بر فراز دار بپا برکشید
تا برد دیهیم از کشور جهل و وهم خلق | نعره تا چند و در آر بپا برکشید
جان و تن فرسوده شد از ثقل بار عار و ننگ | تا کی آخر بار ننگ و عار بپا برکشید
تا در این ظلمات روز افزون کند صبحی طلوع | انتظار صبحی ناچار بپا برکشید

این کلمات طلائی را در تاریخ ۱۴ المحرم الحرام ۱۳۵۱ مطابق با ۲۸ اردیبهشت ماه ۱۳۱۱ از جناب آقای صبحی معلم محترم اخلاق شنیدم و در سفینهٔ خود ضبط کردم

شمس الدین رستم پور

مطبعه باقرزاده طهران

۱۳۱۱
اردیبهشت ماه

سایهٔ حق بر سر بنده بود — عاقبت جوینده یابنده بود
گفت پیغمبر که چون کوبی دری — عاقبت زان در برون آید سری

(بشر باید امیدوار باشد)

یگانه عامل ترقی و سعادت هر فردی از افراد بشر همانا امیدواری است. امیدواری سبب نجات هر ملت و قومی خواهد بود امید است که انسان را از درجات پست باوج رفعت و ترقی میرساند. هرگاه شخص امیدوار نبوده و با ثبات قدم در جادهٔ امید در حرکت نباشد بدیهی است بمقاصد عالیهٔ خود نائل نخواهد شد و بهترین وسیله برای نیل بآمال و رسیدن بآرزو همانا در تحت لوای صفت نیک میباشد آیا کسیکه بنتیجهٔ خود امیدوار نباشد داخل در عمل میشود؟ خیر غیر ممکن است. البته هرکس در آتیهٔ خود چیزی را در نظر دارد لازم است ابتدا خود را امیدوار نموده پس پا بمرحلهٔ عمل گذارده و از هر قسم ناگواریها نترسد با جدیت کامل در سایهٔ سعی و عمل مشکلات را از پیش برداشته و جلو برود. واضح و روشن است چنین کسی بالاخره بمقام ارجمند رسیده و موفق خواهد شد. امروزه ملاحظه مینمائیم که ملل معظمهٔ دنیا بواسطهٔ امیدواری ترقیات شایان نموده و هنوز هم رو بسیر تکامل میروند هرگاه نظری بتاریخ گذشته بیفکنیم خواهیم دید رجال بزرگ و علماء و اشخاص برجسته و کسانیکه بمناصب عالیه رسیده‌اند در سایهٔ این صفت عظمی بوده است مانند بناپارت نادرشاه افشار لینکلن واشنگتن بیسمارک ادیسون هریک از آنها بواسطهٔ امیدواری توانستند ملت و مملکت خود را نجات داده و نام نیکی از خود در دنیا بیادگار گذارند. لوتر و کالون از روحانیین بزرگی بودند که توانستند مذهب مسیح را اصلاح نمایند. لوتر شخصی بود از خانوادهٔ فقیر و بی‌بضاعت که وسائل تحصیل جهت او فراهم نبود و کسی باو دقتی نمیکرد است با وجود این تصمیم گرفت که دیانت مسیح را اصلاح نماید لذا مجبور شد خودش اقدامات لازمه را بنماید تا اینکه در سال
۱۵۱۱ در سن بیست و هشت سالگی شغلی را در دربار پاپ اتخاذ نموده و کم کم بانجام مقاصد خود پرداخت

مطبعه باقرزاده طهران

اگرچه که او تو امید وار نبود پیشرفت نمیکرد. کریستف کلمب ملاح موقعیکه هنوز با آمریکا نرسیده بود همراهانش او را منع نموده حتی خواستند او را بکشند ولی چون امید وار بود آنها را تسلی داده تا روز هفتادم با آمریکا رسید ادیسون مخترع معروف در سایه امید توانست اختراعات محیر العقول نموده و جامعه را رهین منت خود نماید واکنون تمام دنیا از پرتو نور او متمتع شده و بهره ور گردیده اند Wilbur و Orville wright دو نفر برادر بودند که طیاره را اختراع نمودند روز اول از روی تپه پرواز شدند و چندین مرتبه هم زمین خورده و ناقص گردیدند اما هنوز امید وار بودند و امید داشتند تا اینکه موفق شدند بهمین قسم تمام اختراعات و اکتشافاتی که وسائل تسهیل زندگی را فراهم نموده است بسته باین صفت عالی میباشد پس هر کس امید داشت مأیوس نشد. خاتمه

مرتضی رستم پور

رباعی

آن به که شب و روز همی پیوندیم بر گردش روزهای چون شب خندیم
تا چند دل اندر غم عالم بندیم پیداست که ما از این عالم چندیم

جهان یادگار است و ما رفتنی ز مردم نماند بجز گفتنی
بنام نکو گر بمیرم رواست مرا نام باید که تن مرگ راست

تمام شد بتاریخ ۱۰ اردیبهشت ماه جلالی ۱۳۱۱

مرتضی رستم پور محصل اطاق دهم

مطبعه باقرزاده طهران

اغلب اسم حافظ را شنیده و از ترانه‌های دلسوز و نغمات روان
بخش او تا اندازه‌ها محظوظ شده اید وصف حکایتهای دلپذیر و غزلهای
جان‌پرور حافظ در این صفحه نگنجد اما ورقی ازین گلزار از صفای تمام گلستان
حکایت نماید اینک بیادگار این برگ گل یا شعر خونبار و برای دلدادگان اهل طریقت
تقدیم و دلسوختگان گرداگرد شمع حقیقت تسلیم مینمایم . بعون الله تبارک و تعالی

(عزیز بدر شیرازی)

بتاریخ دهم اردیبهشت سنه ۱۳۱۱

غزل

گر من از سرزنش مدعیان اندیشم — شیوهٔ رندی و مستی نرود از یادم
زهد رندان نوآموخته راهی بدهیست — من که بدنام جهانم چه صلاح اندیشم
شاه شوریده سران خوان من بی‌سامان را — زانکه در کم خردی از همه عالم بیشم
بر جبین نقش کن از خون دل من خالی — تا بدانند که قربان تو کافر کیشم
اعتمادی بنما و بگذر بهر خدای — تا بدانی که در این خرقه چه نادرویشم
شعر خونبار من ای دوست بیار بخوان — که ز مژگان سیه بر رگ جان زد نیشم
من اگر رندم اگر شیخ چکارم با کس — حافظ راز خود و عارف وقت خویشم

دوصد گفته چون نیم کردار نیست

مطبعه باقرزاده طهران

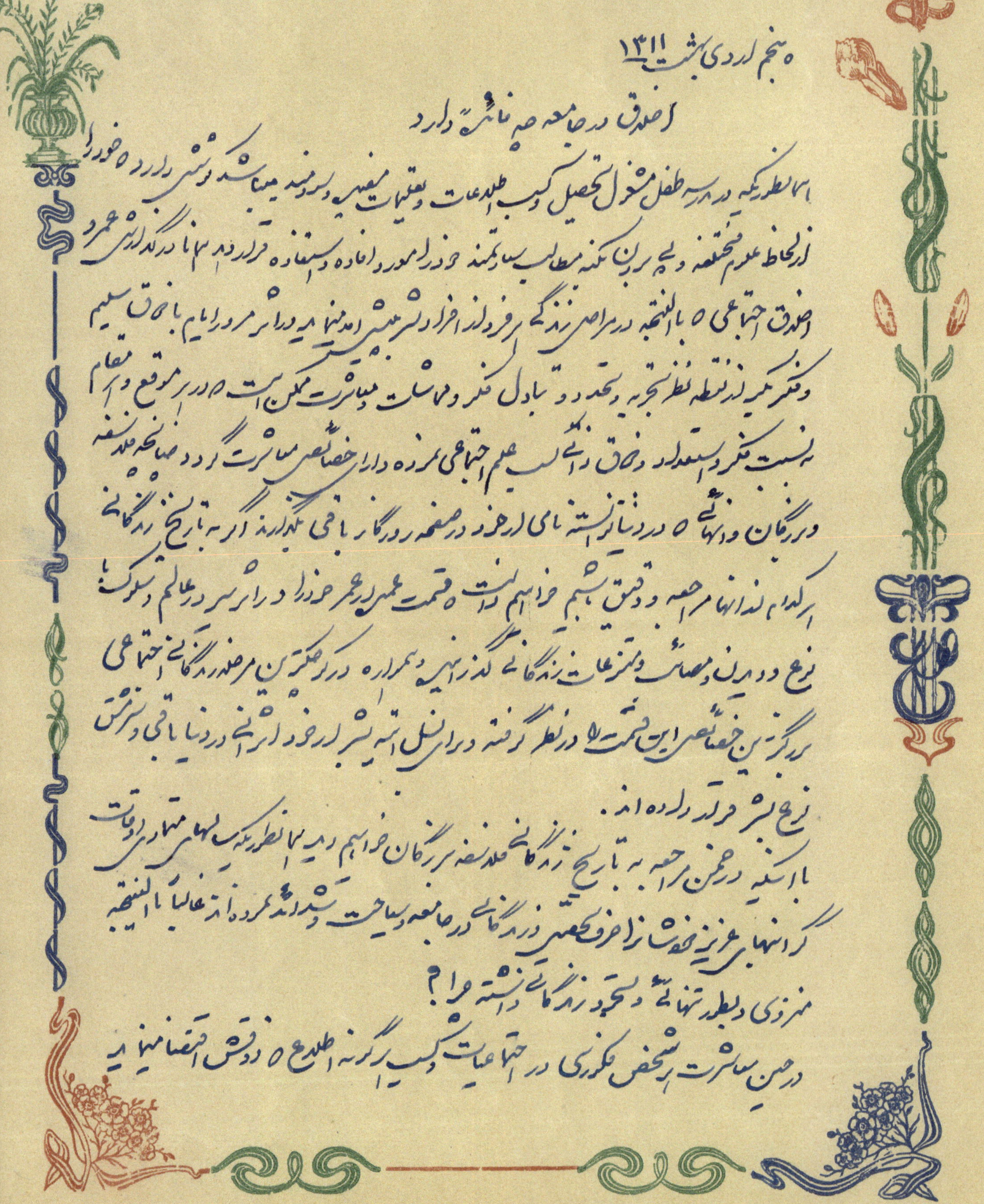

پنجم اردیبهشت ۱۳۱۱

اخلاق در جامعه چه تأثیر دارد

همانطوریکه در مدرسه طفل مشغول تحصیل و کسب اطلاعات و تعلیمات مفیده و سودمند میباشد و شخص را در دوره خود را
از لحاظ علوم مختلفه و بیش از این نکته مطالب بسیار مهمند که در امور را افاده و استفاده قرار دهد همانا در زندگانی عمومی
اخلاق اجتماعی که بالنتیجه در مراحل زندگی بر فرد از افراد بشر پیش آمد مینماید در اثر مرور ایام با اخلاق سلیم
و فکر نیکو از نقطه نظر تجربه و تحدید و تبادل فکر و مباحثات مباشرت ممکن است که در هر موقع و هر مقام
نسبت به فکر و استعداد و اخلاق ذاتی که از علم اجتماعی بهره دارا خصائص مباشرت گردد چنانچه چند نفر
از بزرگان و دانشمندان که در دنیا از آثار نیکو خود در صفحه روزگار باقی گذارند اگر به تاریخ زندگانی
هر کدام نظر امعان مراجعه و دقیق نمائیم خواهیم دید که قسمت عمده عمر خود را در اثر سیر در عالم و سلوک با
نوع در این مصائب و تنزلات زندگانی گذرانیده و همواره در بزرگترین مرحله زندگانی اجتماعی
بزرگترین خصائص این قسمت را در نظر گرفته و در اثر آن بشر از خود آثار نیکو در دنیا باقی و سرمشق
نوع بشر قرار داده اند.

باز اگر در همین مرحله به تاریخ زندگانی چند نفر بزرگان خواهیم دید همانطوریکه بسیاری متمادی اوقات
گرانبهای عزیز خود را صرف تحصیل زندگانی در جامعه و سیاحت و شد آمد نموده اند غالبا بالنتیجه
هنرزی دلبطور تنهائی و تجرد زندگانی داشته اند؟

در حین معاشرت هر شخص فکری در اجتماعیات کسب دیگری نه اطلاع که دوقش اقتضا مینماید

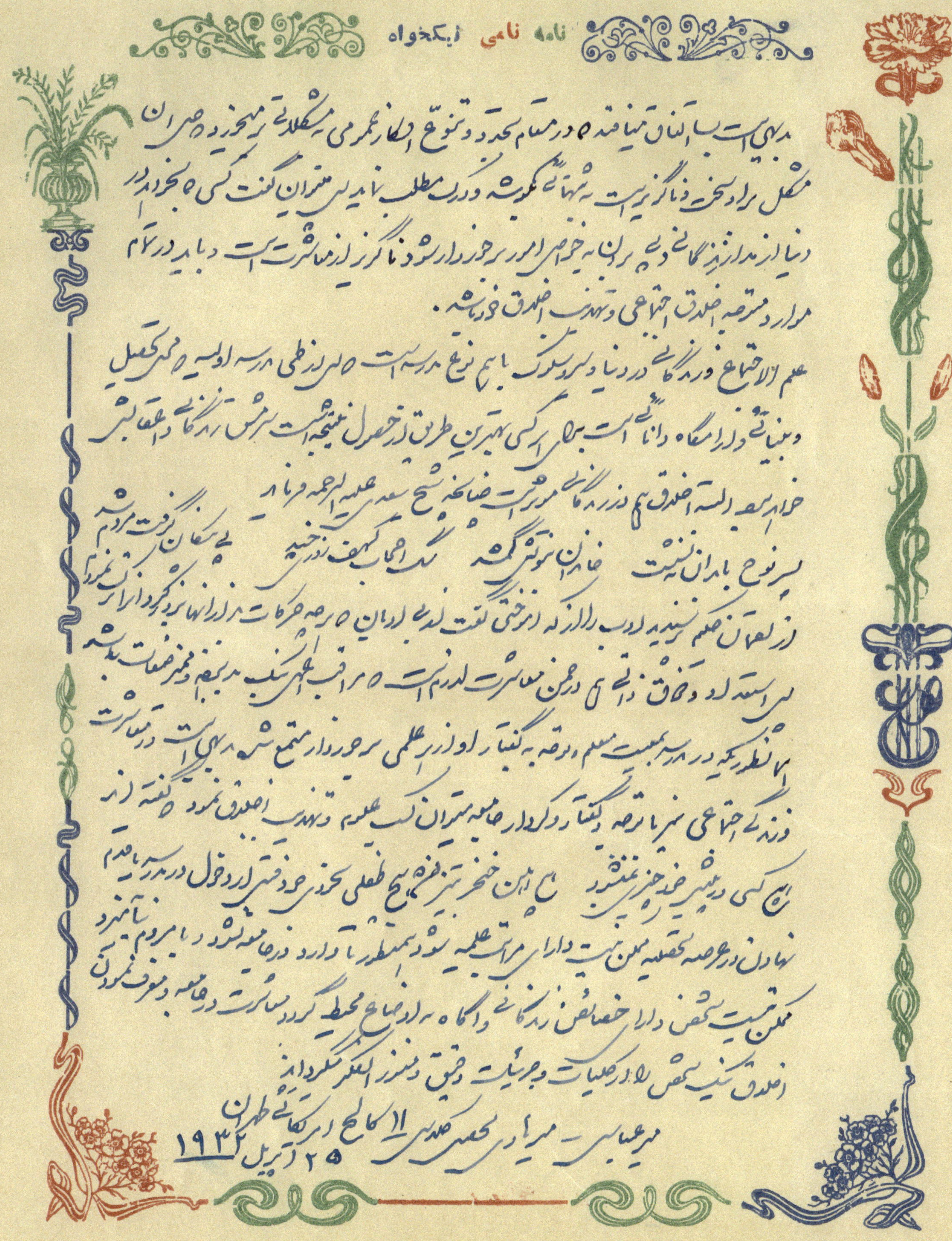

نامه نامی نیکخواه

بدیهی است با اتفاق تمیافتند که در مقام تجدد و تنوع افکار عمومی مشکلاتی بر میخورد که عبور از آن
مشکل برای سخت ناگزیر است به شهامت بگذرد و در این مطلب بایدبی میتوان گفت کسی که بخواهد در
دنیا از مدار زندگانی دیگران بر کنار به خصوصی امور بر خوردار شود ناگزیر از معاشرت است و باید در تمام
موارد مترصد اخلاق اجتماعی و تهذیب اخلاق خود باشد.

علم الاجتماع و زندگانی در دنیا و سیر و سلوک با هم نوع هر کسی است که اگر از طی مدرسه اولیه و همچنین تکمیل
و بنیان تحصیل در دانشگاه دانائی است برای هر کسی بهترین طریق از حصول نتیجه ثبات ... زندگانی و عقاید
خواهد بود. البته اخلاق هم در زندگانی موثر است چنانچه شیخ سعدی علیه الرحمه فرماید

پسر نوح با بدان بنشست — خاندان نبوتش گم شد
سگ اصحاب کهف روزی چند — پی نیکان گرفت مردم شد

از لقمان حکیم پرسیدند ادب را از که آموختی گفت از بی ادبان که هر چه حرکات ناروا از آنها دیده و گرد آن نمیرفتم
پس اساس ادب و اخلاق ذاتی هم در حسن معاشرت لازم است که مراقب اخلاق نیک بد یکدیگر و همچنین صفات بد باشد
همانطوریکه در مدرسه به صحبت معلم و درجه به گفتار او از علمی بر خوردار متمتع شده بدیهی است در معاشرت
و زندگی اجتماعی نیز با رعایت گفتار و کردار جامعه میتوان کسب علم و تهذیب اخلاق نمود که گفته اند
هیچ کسی در پیش خود چیزی نشد — هیچ آهن خنجر تیزی نشد هیچ طفلی بخودی خود حتی از دخول در مدرسه با قدم
نهادن در عرصه تحصیل ممکن نیست دارای مراتب علمیه شود همینطور تا وارد در جامعه نشود و با مردم نیامیزد
ممکن نیست شخص دارای خصائص زندگانی و آگاه به اوضاع محیط گردد معاشرت در جامعه و معروف نمودن
اخلاق نیک شخص را از کلیات و جزئیات دقیق و متذکر نگرداند.

میر عباسی – مدارس تحصیلی کلاس ۱۱ کالج امریکائی طهران
۲۵ آوریل ۱۹۳۲

دو صد گفته چون نیم کردار نیست

مطبعه باقرزاده طهران

آنخط که بعارض تو برخواسته شد　　گردی که گمان ز حسن کم کاسته شد

قربان تو من روم رخ چون گل تو　　بهتر که بسبزه نیز آراسته شد

من عاشق بطلعت و رنگش هستم　　دیوانه از زلف قشنگش هستم

گه هست بمن صلح و گهی اندر جنگ　　مخمور ز چشم شوخ و قشنگش هستم

از عشق رخت قدم به بین نون است　　وز هجر تو سیلم نگر خون شده است

یکشب که بخواب چین زلفت دیدم　　تا حال گرفتار شبیخون شده است

از طبع حکیم ربانی و فقیر صمدانی فیلسوف اعظم

بدایع نگار لاهوتی

نگارنده هاشم میرهاشمی مورخه اردیبهشت

ماه ۱۳۱۰

مطبعه باقرزاده　طهران

هرچند تو عمر من چو گل می مانی — لیکن دو هفته بیشتر عمر داری

لطفی بنما مدارا و گفته خوش ساز — زیرا که بلبل مراست گشتن همیشه هوسی

از اثر طبع کوتاه هاشم میرهاشمی

دو صد گفته چون نیم کردار نیست

مطبعه باقرزاده طهران

فردوسی طوسی

بزرگی سراسر بگفتار نیست	دوصد گفته چون نیمکردار نیست
توانا بود هر که دانا بود	ز دانش دل پیر برنا بود
میازار موری که دانه کش است	که جان دارد و جان شیرین خوش است

اقتباس از گفتار فخر ایران و ایرانی استاد اعظم ابوالقاسم فردوسی طوسی علیه الرحمه

لعل پیوند

مطبعه باقرزاده طهران

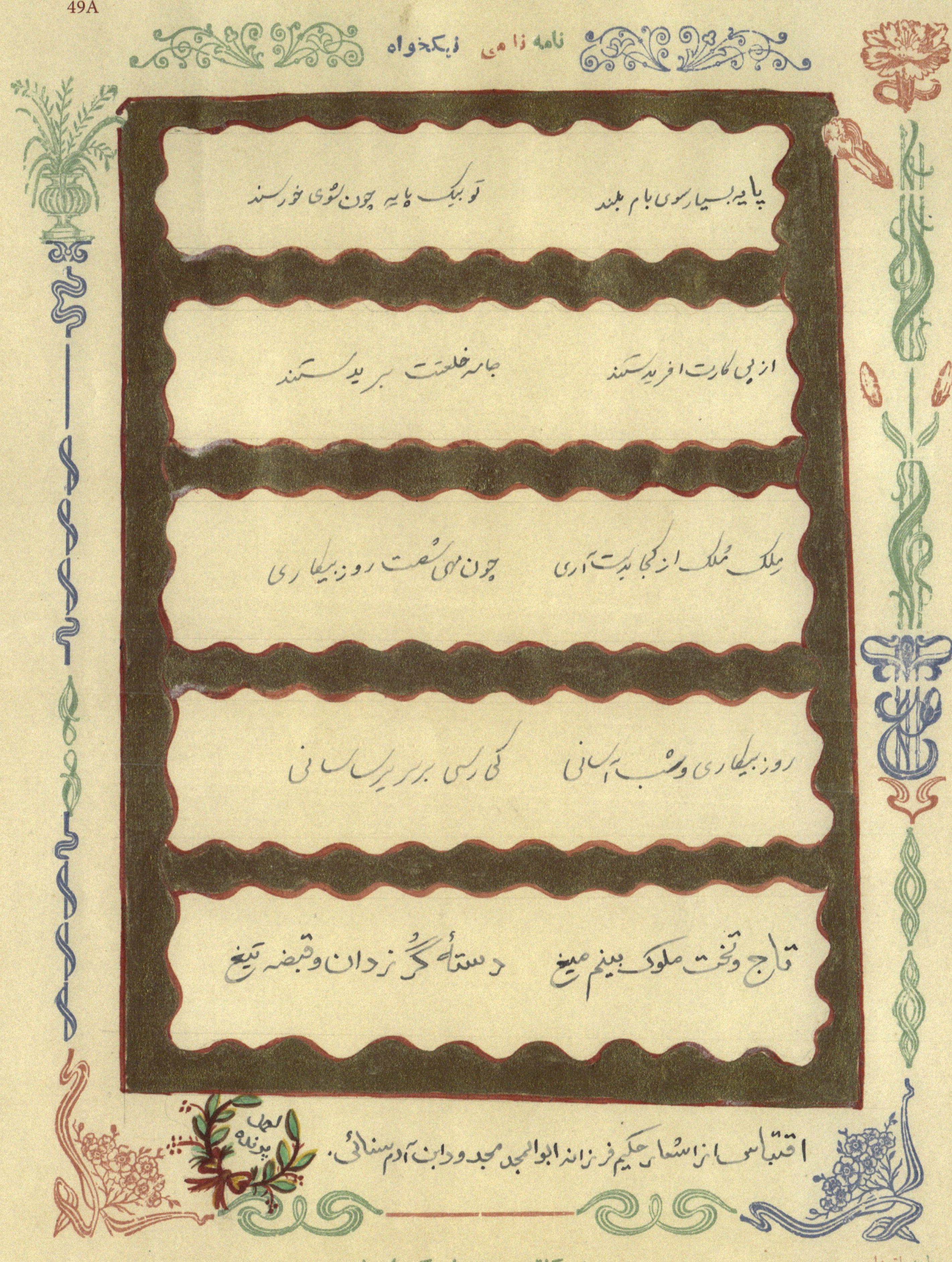

نامه نامی نیکخواه

پایه بسیار سوی بام بلند   تو بیک پایه چون شوی خرسند

از پی کارت آفریدستند   جامه خلقت بریدستند

ملک ملک از کجا بدست آری   چون همی شست روز بیکاری

روز بیکاری و شب آسانی   کی رسی بر سریر ساسانی

تاج و تخت ملوک بینم میغ   دستهٔ گرزدان و قبضهٔ تیغ

اقتباس از اشعار حکیم فرزانه ابوالمجد مجدود ابن آدم سنائی.

دوصد گفته چون نیم کردار نیست

مطبعه باقرزاده   طهران

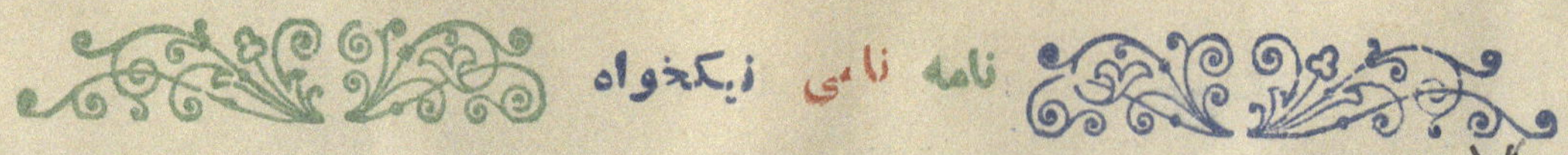

نگارنده: احمد پرنده

از حیوانات توجه فرمائید

THE PERRY PICTURES. SMALL SIZE. 893. LANDSEER.

SAVED.

کلیه حیوانات دارای فوائدی هستند که در حیات انسان بهتر خدمت مینمایند. از گاو شیر میدوشید از گوسفند روغن میگیرید از سگ وفاداری و امانت می بینید پس آزار و اذیت آنها مروت نباشد.

بهترین طوقیکه برگردن آنان میآویزید احسان باشد و محبت بالاترین کمندیست که هر حیوان وحشی را رام و مهربان گرداند.

بی مناسبت نیست در خاتمه این مختصر چند بیت از افصح المتکلمین سعدی شیرازی بر نیکی و محبت بحیوانات ذکر شود.

مطبعه باقرزاده طهران

نامه نامی نیکخواه

(۱)

به ره بر یکی پیشم آمد جوان — به تک در پیش گوسفندی روان

بدو گفتم این ریسمان است و بند — که می‌آید اندر پیت گوسفند

سبک طوق و زنجیر از او باز کرد — چپ و راست پوییدن آغاز کرد

همی از پیش بی زبان میدوید — که جو خورده بود از کف او خوید

چو باز آمد از عیش و شادی بجای — مرا دید و گفت ای خداوند رای

نه این ریسمان میبرد با منش — که احسان کمندیست در گردنش

(۲)

یکی در بیابان سگی تشنه یافت — برون از رمق در حیاتش نیافت

کلاه دلو کرد آن پسندیده کیش — چو حبل اندرو بست دستار خویش

بخدمت میان بست و بازو گشاد — سگ ناتوان را دمی آب داد

خبر داد پیغمبر از حال مرد — که داور گناهان او عفو کرد

دلا گر جفا کاری اندیشه کن

وفا پیش گیر و کرم پیشه کن

اقتباس از کتاب بوستان افصح المتکلمین سعدی شیرازی علیه الرحمه

(احمد [illegible])

دوصد گفته چون نیم کردار نیست

مطبعه باقرزاده طهران

مقایسه شاعری و نقاشی

پر قیمت ترین و نفیس ترین صنایع مطلوبه و مستظرفه که روح و ذوق انسان را لذت بخشد شاعری و نقاشی است اگر این دو صنعت مهم را با هم دیگر مقایسه نمائیم میبینیم در اغلب موارد در تأثیرات عمیقه بعالم خارج میکنند تقدم و تأثیراتی که بروح انسان میدهند با هم شباهت میبینند.

شاعر و نقاش گاهی اشارات و بیان دقت طبیعت و گاهی وقایع مهمه عالم خلقت را بواسطه علم خود بیادگار میگذارند. شاعر بواسطه قوت کلام و قدرت بیان، نقاش بواسطه زوایا و کیفیات تصویر و ترسیم تمام اوصاف قشنگ‌های طبیعت و عجایب اشتقاقات را در انظار صاحبان ذوق مجسم مینمایند.

شاعر برای اینکه اشیاء را بهتر تعریف و توصیف کرده گاهی از حد طبیعت تجاوز نموده بتوسط اغراق و مبالغه میگردد ولی نقاش برای میوه صنعت خود سعی میکند که بیشتر و بهتر طبیعت را تقلید کند و از حد اعتدال و تناسب اجزاء از قانون طبیعت خارج نشود.

شاعر سخنور فقط اشخاص را میتواند از بیانات دلکش خود محظوظ کند که با او هم زبان باشند و لیکن نقاش هنرور تمام ابنای نوع بشر را از هر نژاد باشند از موضوع پرده‌های خود میتواند حظ ببخشد از نغمات شیرین شاعر گوش ارباب عقل سلیم ملتذ میگردد اما از تصویرات و ترسیمات طبیعی قشنگ نقاش هر انسان بینا و هر عارف و عامی بهره‌مند میشود.

چشم اشرف اعضای انسان است و در نزد تمام ملل متمدنه استعدادش برای درک کیفیت اشیاء بیک نحو است. چشم دریچه جسم است که بواسطه آن روح محبوس در جسم عجایب خلقت را از آن گردش و دید تماشا میکند نقاش چیره دست بهمین وسیله روح انسان را لذت میبخشد اما گوش از قابلیت درک مقصودی در نزد طوائف مختلفه محروم است.

اگر کسی را مجبور یا باختیار محدودیت یکی از این دو قوه باصره و سامعه نمایند کدام یک از این دو محدودیت را اختیار خواهد کرد؟ حکم آن موکول بعهده قوه ممیزه شما است.

ابراهیم انتخابی

۴ اردیبهشت ۱۳۱۱

طهران — مطبعه باقرزاده

51A

نامه نامی نیکخواه

کودکی و جوانی

گل قشنگم ترا دوست میدارم هیچ چیزی نتواند ترا از من جدا سازد هر روز با سپیده تو از خواب برخیزی خود با خرمی یکسر بسوی تو میشتابم تو را با دستهای خود نوازش میکنم گرد و غبار را از شاخههای کوچک ظریف تو پاک مینمایم چرا امروز پژمرده؟

شکفتگی هر روزت را نمی‌بینم برگهای شفاف سبزت با لطافت با رنگ زرد آویزان است ترا چه میشود؟

گل عزیزم تو هنوز جوانی فصل بهار شادی و خوشی تو است سبزیت چه شد؟ چه چاره است چرا زرد است؟

پیوند قشنگم شاخهای ظریفت شکسته است گلهای قرمز شفافت را دست ظالم باد برده اکنون بوده است روحت را تسلیم نموده غصه در وضعیت بیش نبود بر آن افزوده شده طول همی از زندگانی ریشه طبیعت بیرحم میخواهد ترا از من جدا سازد کرم کاهلی وقت خود را برای نابود کردن تو صرف نموده است ریشه های تو را هم که باعث زندگانی تو بوده جویده است دیگر امیدم از تو قطع میشود

گل پژمرده قشنگم باز هم قشنگی خود را از دست نداده افسوس که کرم بیرحم تار و پود زندگانی تو را قطع نمود باز تو را دوست دارم اشکم برای تو جاری است.

پیوند قشنگم میخواهم با تو خداحافظی کنم تو از بین میروی و پوسیده میشوی دیگر گل قشنگ نخواهی شد بیش از یک مشت خاک دیگر نیستی توانائی روح مرا جلب کنی خداحافظ گل قشنگم خداحافظ.

بلبل قشنگم بعد از پیوند ظریفم دل به تو بستم روحم شیفته تو است صدای شیرین تو مرا از خواب بیدار میکند نواهای جانفزای تو مرا از خود بیخود میکند من ترا دوست دارم.

بلبل محبوبم دست ظالم بشر تو را اسیر ساخته است و در قفسی انداخته است کنج قفس برای تو زندان خوبی نیست بیرون آی و با آزادی پرواز کن کنج قفس ترا ملول ساخته است فرح و بشاشی از تو ظاهر نیست من تو را رها میکنم با آزادی پرواز کن.

بلبل قشنگم با نغمه‌های لطیف کوچکت را باز کن امروز زمزمهٔ دلکشی صدای لطیفت را نشنیده‌ام.

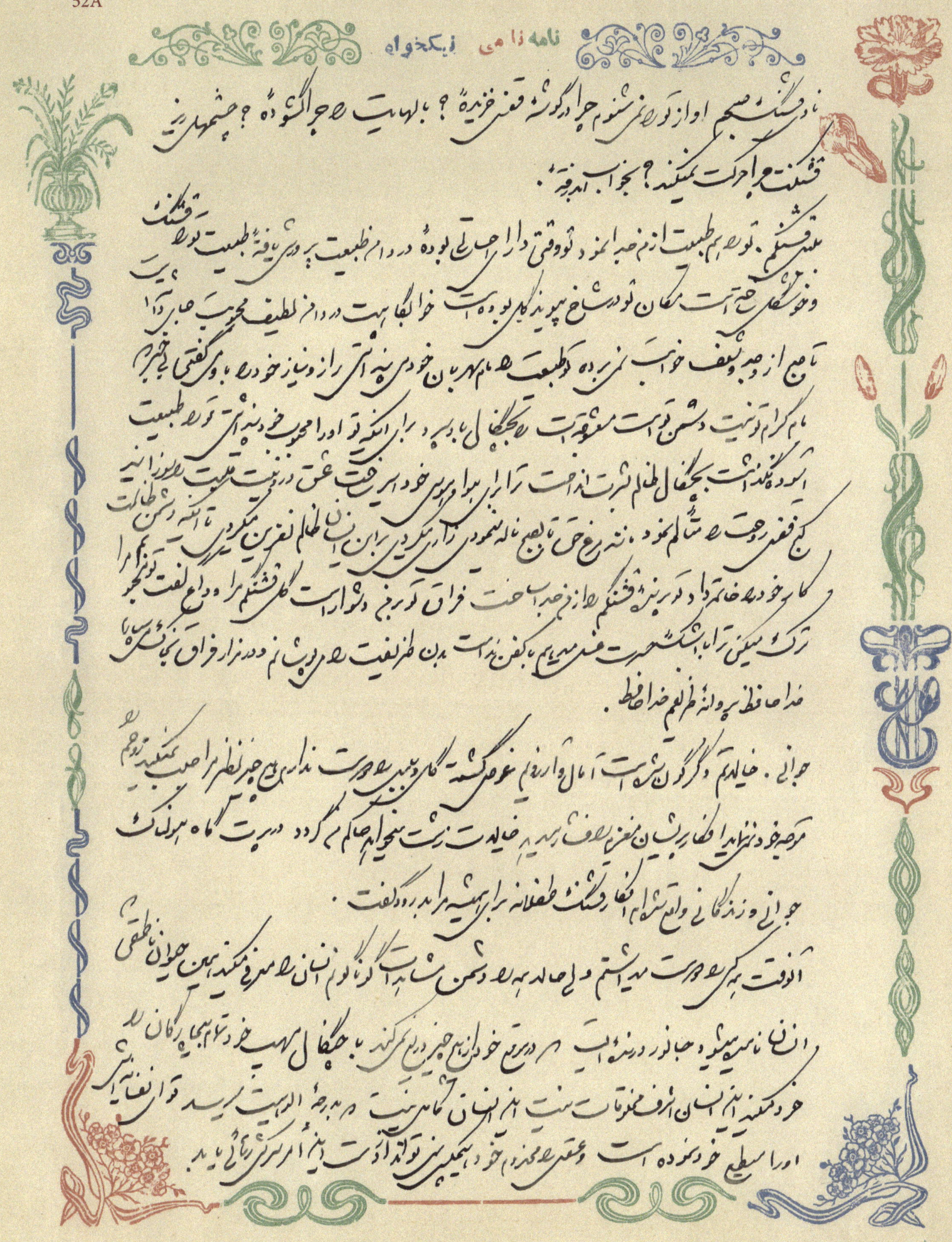

نامه نامی نیکخواه

ای قشنگ صبحم آواز تو را نمی‌شنوم چرا در گوشه قفس خزیده‌ای؟ بالهایت را چرا گشوده؟ چشمهای
قشنگت را چرا حرکت نمیکند؟ بجواب آمد و گفت:

بلی قشنگم. تو را هم طبیعت از من جدا نمود تو وقتی دارای حالی بوده در دام طبیعت بدست نیافته طبیعت تو را قفس تنگ
و خوشگلی حیف است مکان تو در شاخ پیوند گلی بوده است خوابگاهت در دامن لطیف محبوب جانی
تا صبح از جدا و نیف خواب نمی‌برده تو طبیعت را هم مهربان خودی نه آری راز و نیاز خود را با وی گفتی
ما هم گرام تو نیست دشمن تو است معشوقت را بچنگال باد برد برای اینکه تو او را محبوب خود دیده‌ای تو را طبیعت
اسیر دیده نگذاشت بچنگال ظالم اسیرت انداخت ترا برای هوا و هوس خود اسیر حبت عشق در قفس محبت را بروز انید
کنج قفس و حبت را شامل نمود. شب رنج حق تا صبح ناله مینمودی زاری میکردی برای آن ظالم نفرین میکردی تا آنکه دشمن طاقت
کار خود را ساخته دیا در زیر قفس قشنگم را از جدا سخت فراق تو برخی دشوار است گل قشنگم را وداع گفت تو نیز هم را
ترک و میمیکی ترا با اشک حسرت غنچه میدهم با کفن بنداست بدین ظرافت را میبوسم و صد هزار فراق بجای گذارم
خدا حافظ پروانه قلم خدا حافظ.

جوانی. خیالم دگرگون شده است آمال و آرزوهایم عوض گشته گاهی بعضی را دوست ندارم هیچ چیز نظرم را جلب نمیکند زودهم
مرض خود ندانید یا ابدا افکار پیدایش مغز ضعیف بسیار خیالات زشت میخواهم عالم را بگردد در بیست آن ماه هر لحظه
جوانی و زندگانی واقع شده‌ام افکار و اشکال طفلانه را برای همیشه فراموش کرده گفت.

آنوقت به یکی را دوست میداشتم ولی حالا به او دشمن شده‌ام آنگاه تو زن انسان را سرزنش میکند همین حیوان ناطقی
را زن نامیده و جانور درنده است در مرتع خود از هیچ چیز دریغ نمیکند با چنگال مهیب خود تمام هیکل را
خود میکند این انسان اشرف مخلوقات نیست اینها تمامی نیست در هر جا الوهیت میرسد تو از نقطه ایست
او را تسلیم خود نموده است و عشق را محدود خود هیچکس نمیتواند از دست ذهن آن سرکش رهایی یابد.

دوصد گفته چون نیم کردار نیست

مطبعه باقرزاده طهران

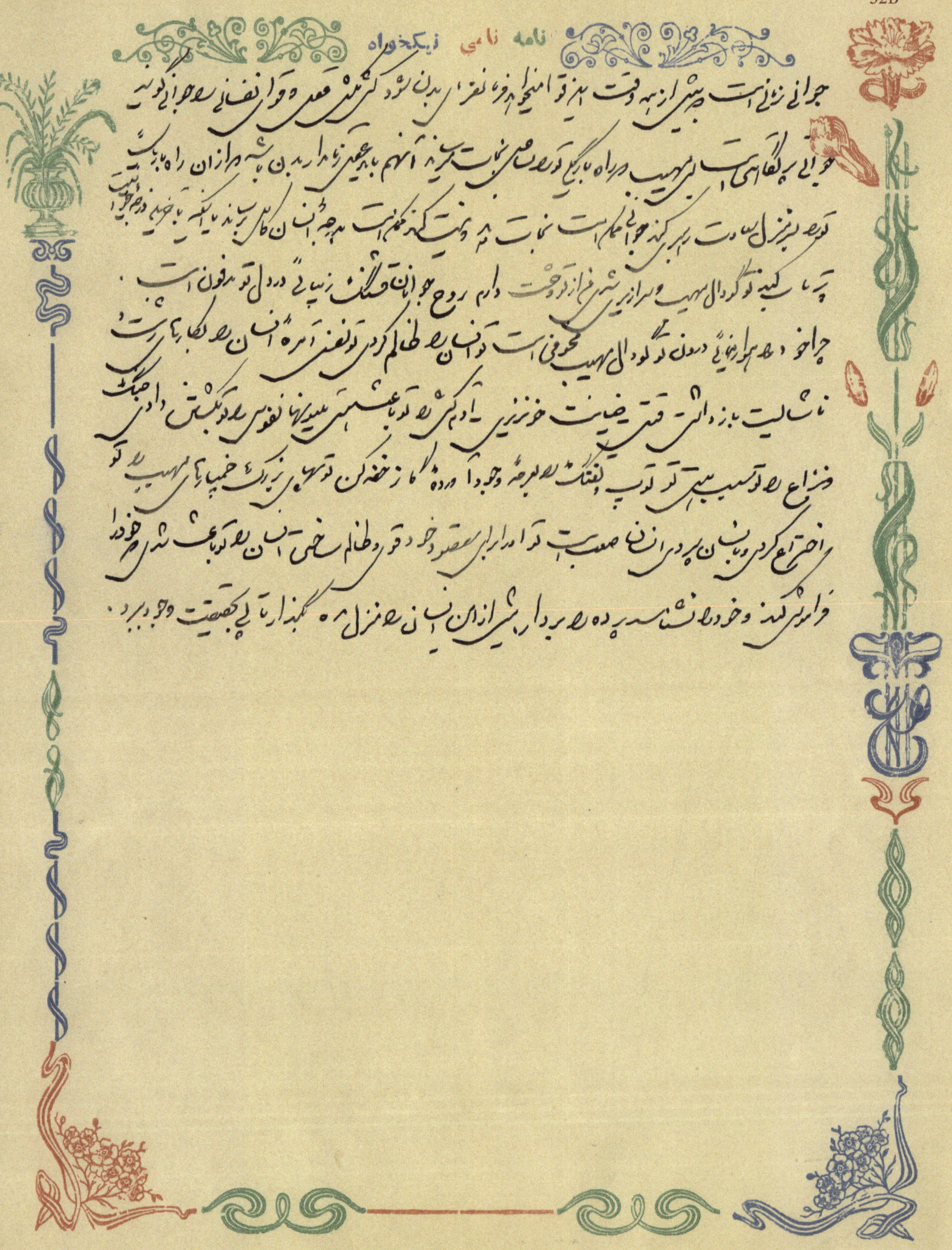

نامه نامی نیکخواه

جوانی زمانی است بیشتر از همه وقت [illegible]

جوانی [illegible] مذهب در راه تاریک [illegible] هزاران راه باریک

تو را به منزل سعادت رهبری کند [illegible]

پس ما کینه تو گودال مذهب و سرازیری [illegible] دارم روح جوانان [illegible] در دل تو مدفون است

چراغ [illegible]

[illegible]

[illegible]

[illegible]

[illegible]

دوصد گفته چون نیم کردار نیست

مطبعه باقرزاده طهران

نامه نامی نیکخواه

دوصد گفته چون نیم کردار نیست

مطبعه باقرزاده طهران

- یک گل -

گل سفیدی داشتم هر روز صبح دیدگان خود را بروی این گل قشنگ می‌گشودم، با نگاه و زیبائی‌های طبیعت را
در چهرهٔ این گل می‌نگریستم حقیقتاً بهترین آرایش و زینت‌ها که آن پرورده‌های آغوش طبیعت است امروز بعادت
هر روز نگاه خود را بسمت این بوتهٔ گل معطوف کردم اما چه دیدم برگهای ورق ورق شده گل در اطراف ساقه
دیگر آن برف سفیدهم این مخروطه کوچک را پوشانده نبود ولی باز روایح دلربای خوش خود را منتشر و تا آخرین لحظه
دوام زندگی هم خصوصیت نیک خود را از دست نداده بودند و واقعاً تأثیرات این برگ بقدری است در حیات
می‌انگیزد تا اعماق روح انسان تأثیر می‌کند. دیروز غنچهٔ خندان این گل چشمان خفته را از ستم انتظار بیرون کشیده دلربا
و چهرهٔ دلفریب خود را در آب صاف و شفاف تو جوی کوچک بجلوه می‌کشید امروز آن طراوت از این رفته
برگهای پژمرده و ساقه شکسته از اوراق دلربا پراکنده‌اند هر روز در اطراف این گل طواف کرده و رازهای شگفتانه خود
باد وزیدن از فقدان محبوب خود ناله و محزون این با بچهٔ کوچک را از ترک وفاداری دیگری برای خود گزیده است
طفل کوچک با انگشتان ظریف خود فقط بتفریح خاطر این گل را چیده و قلب را مجروح دار کرده و خود را آزرده و مرا
محزون کرد آری در این دنیا هر تنبیه بجز دیگری است زحمات کشیدم تا این بوتهٔ گل را پروردم سعادتی
سعادت در دست حقیقت و دستانم را مجروح ساخت تا بالاخره گل شد و ثمری برآورد اما هنوز از تماشای
آن لذتی نبرده بودم که ناگهان یک طفل کوچک تمام زحمات مرا بباد داده و دسترنج ایام طولانی مرا برایگان
از دستم ربود. کشتگان جنگ سعادت دنیا را بنظر آورید و جوی خون آنکه شهرها را مجسم سازید،
خانواده‌های بی خانمان و چهره‌های محزون اطفال یتیم و قیافهٔ زنهای جوان شوهر مرده را در لباس عزا
بنظر آورید و دیگر تعجب نکنید علت و طلعت این ناکامی کدام است؟ آیا جز سیر و بوالهوسی
یکعده بعد بیست دیگری را پیشنهاد؟ جوان بیگناهی زندگی خود را ایثار کرد دنیا را

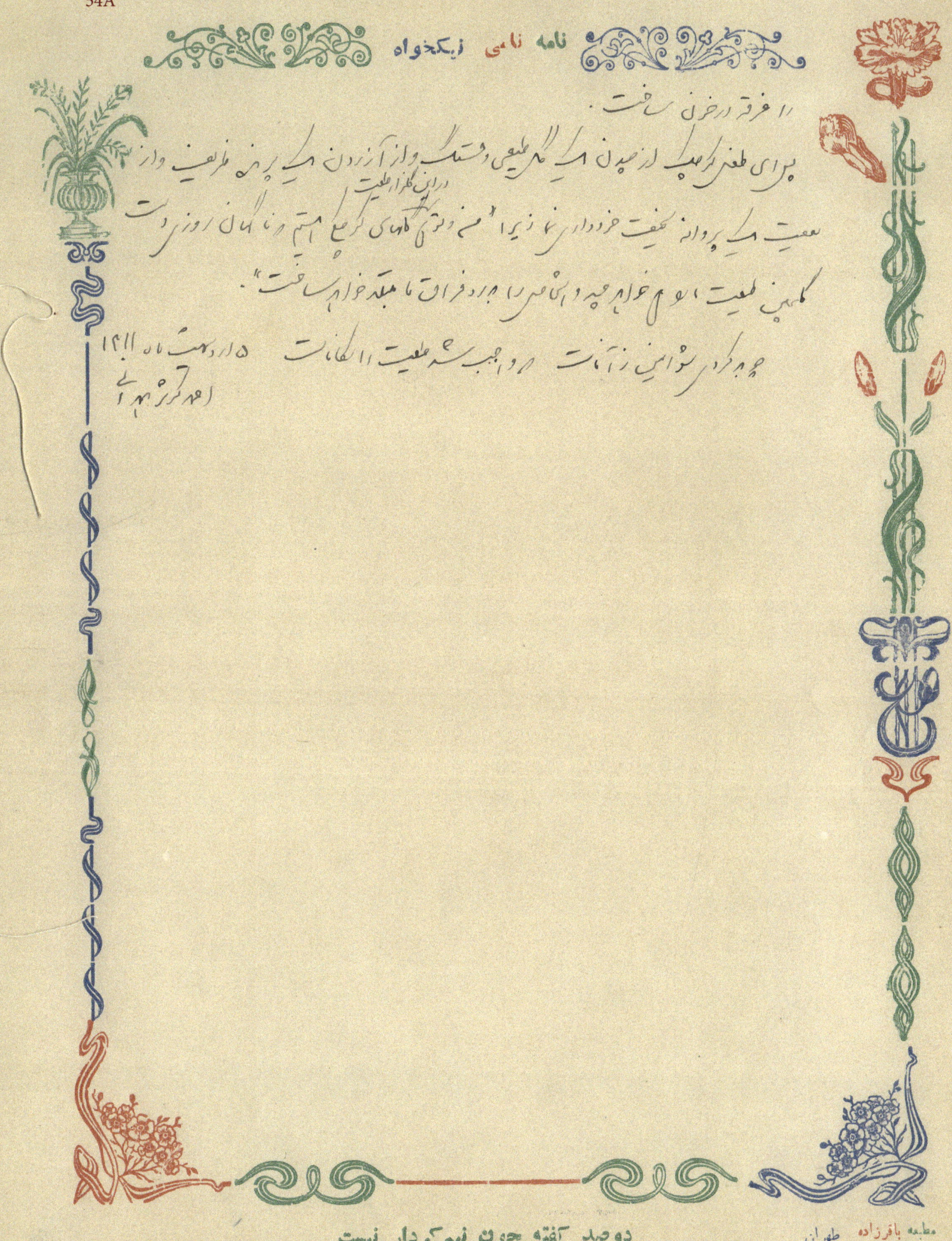

نامه نامی نیکخواه

« فرقه در خون ساخت.

برای طفل کوچک از چیدن یک گل طبیعی و قشنگ و از آزردن یک پروانه ظریف و از
طبیعت یک پروانه لطیف خودداری نما زیرا «من وقتی گلهای کوچک را میچینم ناگهان روزی دست
کوچک طبیعت او هم خواهد چید و یک صفر را بدرد فراق ما مبتلا خواهد ساخت».

چه بر گردن شوهر زن است ... ۵ اردیبهشت ماه ۱۳۱۱
احمد ... بهرامی

دو صد گفته چون نیم کردار نیست

مطبعه باقرزاده طهران

اگر پرسی بتا از لطف حالم — ز دوری رخت غرق وبالم
ز هجران رخت اندر ملالم — بیا ای بلبل شکسته بالم
کمک بنما مرا در آه و نالم —

در این دور حیات و زندگانی — چه بگذشته بروزم هیچ دانی؟
بعشقت پای بستم در نهانی — تو خود این راز محرم نیک دانی
که در وصف جمالت مات و لالم

الا ای ماهروی سرو قامت — ندارم در قبالت استقامت
شدم آماج پیکان ملامت — برون رفتم ز اقلیم سلامت
خمیده پشت و نازیبا چو دالم

بلای و درد تو حیله بجانم — بجز عشقت بتا چیزی ندانم
بروز و شب ز دیده خون فشانم — که تا گیرم ببر آرام جانم
بپرسم راز از آن بی مثالم

شنیدم من که عاشق هست واله — نباشد همدمش جز آه و ناله
زند می بی محابا از پیاله — نداند فرق بین خال و خاله
من بیچاره با این وصف و حالم

مرا اندر جوانی آرزوهاست — ولیکن در پس پرده عدوهاست

نامه نامی نیکخواه

می نامم به بسیاران سبو هاست   هوسهایم اسیر رنگ و بو هاست

پریشان و واله و محو جمالم

جهانا تیغ عدوان تیز منما   شراب غم من لبریز منما   مرا از شان رستاخیز منما   تو ای بیمار خون پرهیز منما

که من خود کشتهٔ آن خط و خالم

جوانی بارگینی است نزدم   حریت چیز ننگینی است نزدم   زمانه همچو گل چینی است نزدم   جهان چون ماتم غمگینی است نزدم

که با وی دائماً اندر جدالم

نه آخر من در این دنیای فانی   نیابم بهره شادی زندگانی؟   ندیدم هیچ روی شادمانی   شدم از پستی دنیا فغانی!

چرا من اینچنین افسرده حالم؟

ز دنیا یکسره بیزار گشتم   چو گل نزد خسیسان خوار گشتم   دل آزار همه چون خار گشتم   از آن روزی که من بیدار گشتم

همیشه قائد صف نعالم

هر آنکس خر بود آدم شمارند   مرا او را نزد خود محرم شمارند   انیس و مونس و همدم شمارند   مرا دون و دچار غم شمارند

که منکر بر اباطیل محالم

حریت مایهٔ اعزاز گشته   بعزت هر خری دمساز گشته   ره ابراز شهوت باز گشته   خر و خر پرورش ممتاز گشته

من بیچاره با خر در جدالم

هر آنکس عالم و آزاده باشد   بکسب معرفت آماده باشد   بنزد جاهلان پس ساده باشد   خر و بی دانش و افتاده باشد

ز طعن دشمنان من بی خیالم

برای نفع خود جمعی تبه کار   بطامات گروهی کرده اقرار   سراپا غرق نادانی و پندار   همه بی دانش و دون و دل آزار

از این مردم دچار انفعالم

شده دین آلت دزد بد اندیش   کند اجرا هواهای بد خویش   کند در بند خود مسکین و درویش   چنین بی دانش بی فکر بد کیش

پریشان میکند فکر و خیالم

نامه نامی نیکخواه

بود دین همچو قانون خداوند — تو دین را بشکنی از حرص تا چند؟

نما با مردم دین دار پیوند — نه دین داری که آرد خلق در بند

که بیزار از گروه بد سگالم

خدایا دین فروشان ساز نابود — که روز و شب روند اندر پی سود

بهر جائیکه نفعی روی بنمود — دوند ایشان بدانجا دیر یا زود

بزیر پای ایشان پایمالم

ع. آرین پور

دوصد گفته چون نیم کردار نیست

مطبعه باقرزاده طهران

نامه نامی نیکخواه

دوصد گفته چون نیم کردار نیست

مطبعه باقرزاده طهران

نامه نامی نیکخواه

۱/۲/۱۱

21 avril

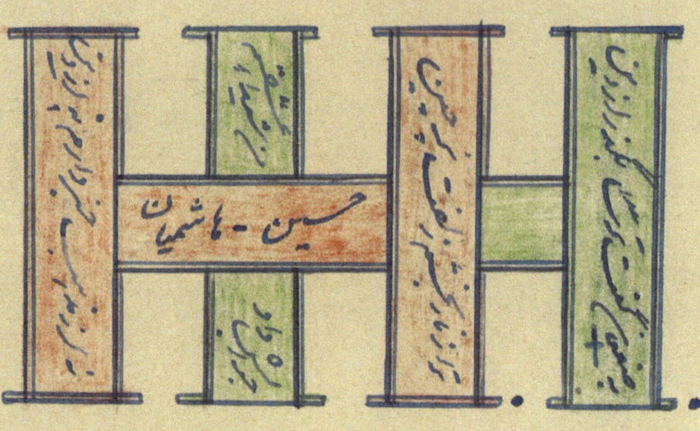

با زبان بی زبانی میگوییم —
بشر و بابت اخلاق را فاش شد
وعمری را ذلیل میاید .
حتی المقدور بی هنر نباشید .

محصل مدرسه تجارت . اول اردیبهشت ۱۳۱۵

حسین هاشمیان

دوصد گفته چون نیم کردار نیست

مطبعه باقرزاده طهران

۲
56A
نامه نامی نیکخواه
21 avril
۱/۲/۱۱
دو صد گفته چون نیم کردار نیست
مطبعه باقرزاده طهران

نامه نامی نیکخواه
۱۱/۲/۱
21 avril
دوصد گفته چون نیم کردار نیست
مطبعه باقرزاده طهران

نامه نامی نیکخواه

انقلاب ادبی

۱۱/۲/۱۵

یکی از بزرگترین عوامل تغییر و تجدید روحیات ملل انقلاب ادبی است زیرا ادبیات عبارت از روح ملت است و تغییر روح مقدمه انقلابات میباشد.

انقلاب ادبی بزرگترین وسیله تبدیل احوال یک ملت و تغییر اوضاع یک مملکت است.

انقلاب سیاسی و غیره که ناشی از تجدید حیات ملی است در حقیقت میوه درخت انقلاب ادبی است.

تنویر افکار مهیج ارواح است و برای بهم آمدن ارواح تنهای پژمرده و احباب افسرده بجنبش آمده بمیدان مبارزه حیات میروند.

به هر فردی از افراد بشر واضح است که جنبش بواسطه ارواح است.

چنانکه انقلاب دینی رسوم و عادات را تغییر میدهد و زنگ اوهام جاهلیت را از آئینه وجود می زداید انقلابات سیاسی در نتیجه انقلاب ادبی است چرخهای داماتور و معطل امور حکومتی را اصلاح و بکار میاندازد انقلاب ادبی است که این تصرفات را در افکار و روحیات ملت می نماید.

انقلاب ادبی دیده بهوش را باز میکند و روح حیات مملکت را بحرکت و جنبش می آورد.

ملتی هم که دچار رنج گشت ملتی که به پرستی اعصاب گرفتار شد ملتی هم که خون در عروقش رو بسردی نهاد و ملتی هم که احوال تکاهل و تغافل در اعماق قلوبش جایگزین شده است ملتی هم دارای افکار منجمد دیگر دید این اخلاق و اوصاف ملت را به پرتگاه عدم سوق داده و در تاروپود لیف مردگانش در میآورد انقلابات ملت جاهل بی بنیاد و اصل است.

توده ملت که اخلاق و افکار و خیالاتش ساده و ضعیف است کورکورانه تابع شیادان اجتماعی گشته بدون تشخیص مصالح خویش بعملیاتی دست میزنند که جز منافع فردی نتیجه و ثمری از آن عاید نخواهد شد.

دو صد گفته چون نیم کردار نیست

مطبعه باقرزاده طهران

نامهٔ نامی نیکخواه

انقلاب ادبی

ملتی بدین صفت که گفته شد اگر طبقهٔ عوام روز بیش تا حدی نرسیده و هر لحظه رو به ترقی و زوال وی طاری نشده باشد پی‌های بنیان افکار در آن باز می‌شود و دست انقلاب ادبی تا دامان وی دراز میگردد فداکاران عمده آنان‌اند که افکار افسرده ملت را بهیجان میآورند .

این قوم انقلابیون ادبی نامیده میشوند و حزب خود را که دلهای عاشقان وطن باشد چنان آماده کارزار میکنند که اگر روزی گفته شود (وطن در خطر است) همه یکدل قیام می‌نمایند و خود را بتاب و آتش زده وطن را از خطر دور می‌نمایند .

و بمصطلح دیگران گفت قوم عاشق در تشخیص مصالح خود را نمود یعنی بد را از خوب تمیز داد و بین صحیح و غلط فرق قائل شد البته هیچگاه تسلیم منافع و اغراض دزدان و راهزنان اجتماعی نشده دانسته و فهمیده در هر کار قدم می‌نهد و در هر امر اقدام می‌کند .

انقلابیون ادبی خدمتگذاران حقیقی قوم و زندگان ابدی و بر سنگ آرامگاه جاودانی آنها با خط طلائی نوشته میشود (وطن مقروض است بخدمتگذارانش)

اکنون سخن را خصوصی کرده میگوئیم مملکت ما محتاج است بانقلاب ادبی تا بتواند از انقلاب سیاسی بهره مند گردد .

تحصیل علم تنها برای سیادت ما کافی نیست در صورتیکه توام با تهیج افکار و تهذیب اخلاق نبوده باشد و این هم ثمره انقلاب ادبی است .

قبل از شروع شدن انقلابات سیاسی در مملکت ما ازدیاد افکار تجددخواهی جنبه مختصری هیجان ادبی در ملت پدید آمده و اگر دوام کرده بود ممکن بود که ما را بسر منزل سعادت رهبری نماید ولی بدبختانه زود توقف کرد با انقلاب ناقص سیاسی و چون ماه یکشبه برفعت ناپدید شد .

نامهٔ نامی نیکخواه

انقلاب ادبی

یعنی افکار تجدد خواهان که تازه متحول است نشو و نما کنند و هنوز رونق نگرفته بود در انقلاب سیاسی خط سیر خود را تغییر داده از راهی که میرفت باز مانده و در راه دیگری هم که تعقیبش داشت نرسید. زیرا که انقلاب ادبی زمینه برای انقلاب سیاسی حاضر نکرده بود — تالیفات مختصر و منفرد نگارشهای سهل و ساده مطبوعات بودند ادبیات جدید با مقتضای طبع مردم این روزگار کنفرانسهای تاریخی ـ ادبی ـ اخلاقی ـ تاریخی است که توانسته اند ملت را بیدار کنند یا توانسته اند و سینه تنگ مردم را ثابت بدارند و ماندگان در حضیض ذلت را باوج رفعت و سعادت برسانند.

در حاشیه سطور قبل گفته شد* ادبیات جدید با مقتضای طبع مردم این روزگار. بلی چونکه ادبیات یکی از آثار زنده است که با تجدد زمان و تبدل افکار باید تبدیل یابد. و در هر زمان رنگ و رونق با مقتضای آن زمان بگیرد. لطایف و معانی و مواعظ و حکم عالی هرگز کهنه نمی شود ولی ذوق تازه لفظ تازه را می طلبد بعلاوه آثار ادبی هر قوم در هر زمان معرف اخلاق و عادات و رسوم و قواعد حکایت کننده احوال جاریه آن زمان است.

در هر عصری که آثار ادبی بیشتر ظهور کرده هیجان فکری رو بازدیاد گذارده تغیر و تغییرات عملی و تبدلات بسیار در همه چیز قوم حاصل شد و در اعصار بعد آثار ادبی گذشته معرف عادات و رسوم آنها گشته و در بعضی از اعصار که ملت از تجدد افکار و از انقلاب ادبی محروم مانده آیندگان آنها از عادات و رسوم گذشتگان خود بی خبر مانده اند.

پس اگر مقصد از آثار ادبی عوض کردن اخلاق و عادات قوم باشد ضرورتاً باید تجدد بدهیم. و اگر وسیله ترویج افکار و دمیدن روح حیات تازه در ملت باشد باز هم باید تجدد بدهیم تا با مقتضای زمان قابل تاثیر بوده باشد و باندازه تبدل و تجدد که لازمه طبیعت است در این مرحله کاملاً نیست حکایت محتاج است بعد از کاوشها و اقدامات عملی

نامه نامی نیکخواه

انقلاب ادبی

اگر چه ما از ادبیات خود کمتر بهره برداریم برای آن است که فداکاران ادبی کمتر داشته‌ایم و بعلاوه
انس و عادت را بحدی جرأت نمیکردند قدمی از دایرهٔ تقلید و تبعیت بیرون بگذارند لیکن از هدایت
مشعله کاران که در مقابل در صدد برشکسته در راه حق و در کار صحیح - از هدایت کنندگان اند تشویق باید کرد
و از سرزنش مدعیان نباید ترسید.

دنیای تازه با اینکه بدارائی کهنه خود افتخار دارد باز همه چیز تازه میخواهد.

ادبیات ما کمی از آثار بزرگ ادبی عالم مشهور است کمتر ترقی بدست می‌آید و کمتر مذاکره در فنون
فضائل میشود ما محتاجیم برای آن موقع و در آن مذاکرات - از آثار ادبی خود شواهد بسیار بیاوریم در
صورتیکه بسیاری از آثار ادبی ما از میان رفته و بسیاری از آنها در پرده خفا مانده و از جنگها و جزوه
دفترهای خصوصی بیرون بدواوین و کتب نرفته است با وجود این تمیزان لغت محتاج به ادبیات
تازه هستیم.

مثلی چنانچه آلات و ادوات جنگی قرون سابقه بکار میدانهای جنگ امروزی نمیخورد رجزهای
میدانهای عهد قدیم هم تهییجی در افکار مشوران امروز نمی‌نماید.

سرودهای وطنی موافق با مقتضای ذوق امروز لازم است تا تهییج انگیزد رگ سرود که شعور دل مردم
این زمان را تواند از جا بکند - سرودهائیکه در سلک طلسم تیغ مرگ را انجام وطن پرستان تزیین
نموده تحمل حرارت آهن و آتش را آسان و تهیت جانهای عزیز را ارزان نماید -
برمبناها اتقیانی برنسیها باید کرد - می‌شنویم رباعیات عمر خیام در انگلستان جایگاه شایانی
را گرفته و گلستان سعدی در فرنگستان بنام باغ گل نزهتگاه اندیشه‌های رقیق ارباب ذوق
آن سامان شده - روح ادبی و جان کلام معنوی مشرق زمین عموماً و مملکت ادب پرور ایران خصوصاً
باندازه در اوج رفعت و بلندی است که هنوز هم اروپا و امریکای متمدن به تشنگی و خواندن آثار
ادبای شرق منتظر میگردند.

نامه نامی نیکخواه

انقلاب ادبی

زحمات طاقت فرسای مستشرقین معروف از قبیل پروفسور براون و هاینک وغیره
در پی بردن بحقایق معنوی و کلمات و کمالات حقیقی شرق شاهد مقالی و این مطلب نزد ارباب
کمال و هنر با ثبات و دلایل ثابت و مبرهن است.
ملاحظه میکنیم مستشرقین بزرگ که بزبان ما علاقه بسیار دارند و بهترین شعبه از ادبیات ما اختیار
گرفته با شیفتگی که در آثار ادبی گذشتگان ما است که زیر دست آنها میباشد باز تشنه ستایش
ادبیات جدید میشوند ادبیاتی که در آنها رعایت لطیفه و تبعیت از گفتار گذشتگان
نشده باشد و با مشرب و مذاق امروز موافق در آید و بوجود ادبیات جدید با روح دست حق
حیات ایرانیت را اثبات مینمایند.
علمی ثابت کرده است آنکه آثار ادبی آن منحصر باشد بآنچه میراث از گذشتگان مانده باشد
مرده است آنکه از دارایی اقوام آنچه برای [illegible] عادت نموده جرئت پا بیرون گذاردن نداشته باشد
زنده که نمایشی [illegible] قدرت و حیرت خالق حی توانا است لطیفه خالق خود متصف است
که «کل یوم هو فی شأن» ما نباید فراموش کنیم در دنیای عالمی زندگانی میکنیم که هر آن
در تجدد است و هر لحظه در تبدیل و طبیعت بعده تاثیر او بتکمیل و ترقی میرود و روز نوروزی از نو میطلبد
پس میتوان گفت ادبیات ما مانند همه چیز ما باید رنگ و روی تازه بگیرد و با مقتضای طبع امروز
جوان جلوه گر گردد تا بتواند در تحریک افکار صاحبدلان عام و تهییج ارواح شیخ و شاب و
بیدار نمودن احساسات ملی و گشودن سرچشمه های هوشیاری کار روائی نماید احساسات بنیت و قوه را
قوت بخشید خون ایرانی را که قرنها در منجمد بودن آن سعی و کوشش شد در عروق آنها جاری سازد
و روح حیات در کالبد پژمرده افسرده او بدمد.
این است مراد از انقلاب ادبی این است دارویی که میتواند هیکل [illegible] را از طی نمودن دوره های مختلفه زندگانی
در مرحله پیری دوباره جوان ساخته به منزل حیات جدید و زندگانی تازه بکشاند. حسین

نامه نامی نیکخواه

۱

۵ فروردین ۱۳۱۱

اهمیت اخلاقی ورزش

در شب چهارشنبه ۳ فروردین ۱۳۱۱ بافتخار ورزشکاران اصفهان - تیم سوارت تموریه
کالج - مجلس جشنی در عمارت جدید شبانه روزی کالج امریکائی طهران منعقد گردید و از این
بنده تقاضا شد راجع باهمیت ورزش نطقی ایراد کنم، این بنده چون تذکار اهمیت
اخلاقی ورزش را از جهات دیگر مهمتر دانستم درین زمینه اظهاراتی کردم که خلاصه آنرا
ذیلاً در این ورقه مینویسم و چون در آخر صحبت خود منظومه را هم در همین زمینه سروده بودم
قرائت کردم آنرا نیز مینویسم، اینک خلاصه نطق:

آقایان، خانمها: چون این مجلس بافتخار ورزشکاران اصفهان و بنام ترویج
در این ساعت روح امید تشکیل یافته قبلاً از طرف همه شماها حق از آقایانیکه با عواطف افتخار
و روح بانشاط ورزشکاران اصفهانی را نمو داده اند تشکر میکنم، وضمناً خاطر آقایان را باین
نکته متوجه میدارم، که یکی از ارکان سعادت انسانی صحت بدن است وصحت نیز منوط
بورزش منظم بلکه نتیجه آن میباشد، کسیکه بورزش اهمیت نمیدهد، حیات جسمی وی
پیوسته در خطر امراض گوناگون واقع میشود و درنتیجه ابتلای بامراض مختلفه بتدریج
روح متانت و عزت نفس خودرا ازکف خواهد داد و چنین ملتی نخواهد توانست
مثل ملل زنده بنیروی اراده قوی رشد و نمو کامل حاصل کند

بعضی تصور میکنند ورزش از امور تفننی و یا لااقل از کمالیات است، غافل از آنکه
ورزش در عداد ضروریات حیاتی بشمار میآید، چرا؟ برای آنکه ورزش هرگاه برطبق
قوانین صحی بعمل بیاید بسبب انتظام دوران دم و نمو کامل اعصاب و عضلات بدن
و انسان را برشد و کمال جسمانی میرساند، این یک حقیقتی است که دانشمندان در هر مملکت
متوجه آن شده و با تمام قوی در انتشار و اشاعه آن میان ملل خود میکوشند. نظری
بزندگانی، امریکائیها، انگلیسیها، آلمانها و سایر ملل حیه حقیقت این مطلب را ثابت نماید
در اینجا لازم است، توجه ورزشکاران محترم را باین نکته معطوف سازم که ورزش
هنگامی نتیجه مطلوبی بما خواهد داد که حکمت و معرفت راهنمای ما در میدان حیات
گردد و قدرتی را که در اثر ورزش بدست آورده ایم در راههائی که حکمت و معرفت
بما امر میدهد بمصرف رسانیم، نه آنکه این بدنهای نیرومند را بدست هوی و هوس
بسپاریم و از زحمتهای خویش نتیجه معکوس بگیریم، اگر دانش و حکمت راهنمای ما
نباشد هرگز نخواهیم توانست از قدرت خویش حسن استفاده کنیم، راست است
که اعصاب قوی اراده ما را نیرو بخشیده است ولی زمام این اراده باید بدست
حکمت بیفتد تا از قوائی که خداوند در ما بودیعه نهاده بتوانیم استفاده مشروع و صحیح کنیم
در خاتمه باید از مجله کاخ، که وسائل ترویج داشته و ورزش را فراهم آورده اند
تشکر کنم و نطق خود را بمطبوعه‌ای که قبلاً بآن اشارت رفت ختم نمایم

۴

- برف امسال -

ابر فرو ریخت ز کف بسکه برف + یافت زمین منظره‌ای بس شگرف
ریزش سیم از فلک زرستام + گرد سراپای زمین نقره فام
ابر ز بس سیم فشان بخاک + شد زمی از پرتو آن تابناک
ورزشیانی چو بلند آفتاب + کز دمشان برف شدی در دم آب
از پی ورزش بنشاطی تمام + روی نهادند بمیدان عام
جمله در اندیشه چون از هنر + گوی ربایند ز چوگان مگر
برزده صف ورزشیان غیور + تن تهی از جامه و سر پر ز شور
پوشش بیگانه بینداخته + خویش بهیای هنر ساخته
جوهر خود تا بکنند آشکار + برهنه چون تیغ مهیای کار
از رخ هر یک ز جمال و سرور + موج زنان لطف چو دریای نور
کوه صفت جمله بصف استوار + تا که چه فرمان دهد آموزگار
کز پی یک لحظه درنگ ایستاد + روی بصف لب بتکلم گشاد
گفت شما را سر سروری است + موقع هشیار که نام آوری است
هست گه سعی و فرجام کار + هر که رهوراست شود رستگار

مطبعه باقرزاده طهران

نامه نامی نیکخواه

٤

هدف آمال

راست روی پیشه هر آنکس نمود + گوی سعادت بتواند ربود،
جایزه را میبرد آنکس ز دو + کو همه راه شد راست رو
نیست فزونی به شتاب آوری + راست برو جوئی اگر برتری
جز به ره راست شدن الحذر + نیست چو این راه رهی بیخطر،
چونکه شنیدند از او این کلام + جمله دویدند بوجدی تمام
لیک بدیدند چو شد ره بسر + جمله خطا رفته مگر یک نفر
بسکه ز رفتار پریشان شدند + یکسره انگشت بدندان شدند
بعد بسی حسرت و خون جگر + روی نهادند بران یک نفر
کای بخردمندی فضل و کمال + یافته بر رفعت و جاه و جلال
هست بیالات قبای هنر + راست چو تیری بر نیشکر
از ره لطف و هنر ای نیکخو + چون بره راست برفتی بگو؟
طفل نکو سیرت پاکیزه خوی + یافت چو حال همه در جستجوی
گفت دل از همه بر داشتم + وز سر این سنگ هدف ساختم
چونکه مرا نقطه مقصود بود + پیش نظر مقصودم از آن رخ نمود
عمر نشد بیهده زانم تلف
چونکه مرا بود از اول هدف

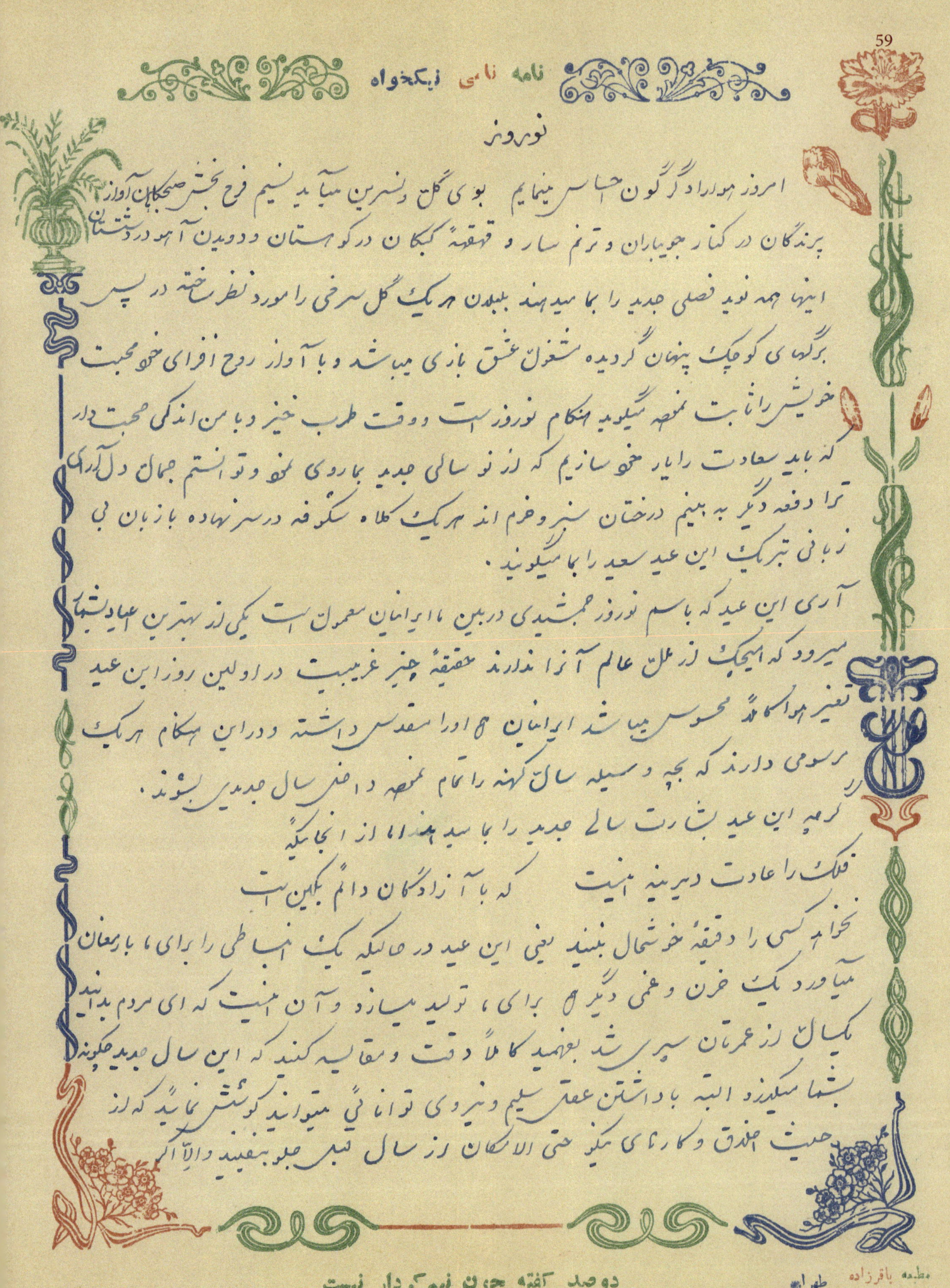

نوروز

امروز هوا را دگرگون احساس مینمایم بوی گل و نسرین میآید نسیم فرح بخش صبحگاهان آواز پرندگان در کنار جویباران و ترنم سار و قهقههٔ کبکان در کوهستان و دویدن آهو در دشتستان اینها همه نوید فصلی جدید را بما میدهند بلبلان هر یک گل سرخی را مورد نظر ساخته در پس برگهای کوچک پنهان گردیده مشغول عشق بازی میباشد و با آواز روح افزای خود محبت خویشتن را ثابت نموده میگویند هنگام نوروز است و وقت طرب خیز و با من اندکی محبت دار که باید سعادت را یار خود سازیم که از نو سالی جدید بما روی نمود و توانستیم جمال دل آرای ترا دفعه دیگر به بینیم درختان سبز و خرم اند هر یک کلاه شکوفه در سر نهاده با زبان بی زبانی تبریک این عید سعید را بما میگویند.

آری این عید که باسم نوروز جمشیدی در بین ما ایرانیان معمول است یکی از بهترین اعیاد بشمار میرود که هیچیک از ملل عالم آنرا ندارند حقیقةً چیز غریبیست در اولین روز این عید تغییر هوا کاملاً محسوس میباشد ایرانیان هم او را مقدس داشته و در این هنگام هر یک رسومی دارند که بچه وسیله سال کهنه را تمام نموده داخل سال جدیدی بشوند.

گرچه این عید بشارت سالی جدید را بما میدهد اما از آنجائیکه

فلک را عادت دیرینه اینست که با آزادگان دائم بکین است

نخواهد کسی را دقیقهٔ خوشحال ببیند یعنی این عید در حالیکه یک انبساطی را برای ما بارمغان میآورد یک حزن و غمی دیگر هم برای ما تولید میسازد و آن اینست که ای مردم بدانید یکسال هم از عمرتان سپری شد بفهمید کاملاً دقت و مقایسه کنید که این سال جدید چگونه بشما میگذرد البته با داشتن عقل سلیم و نیروی توانائی میتوانید کوشش نمائید که از حیث حذق و کارهای نیکو حتی الامکان از سال قبل جلو بیفتید والاّ ا…

طهران

مطبعه باقرزاده

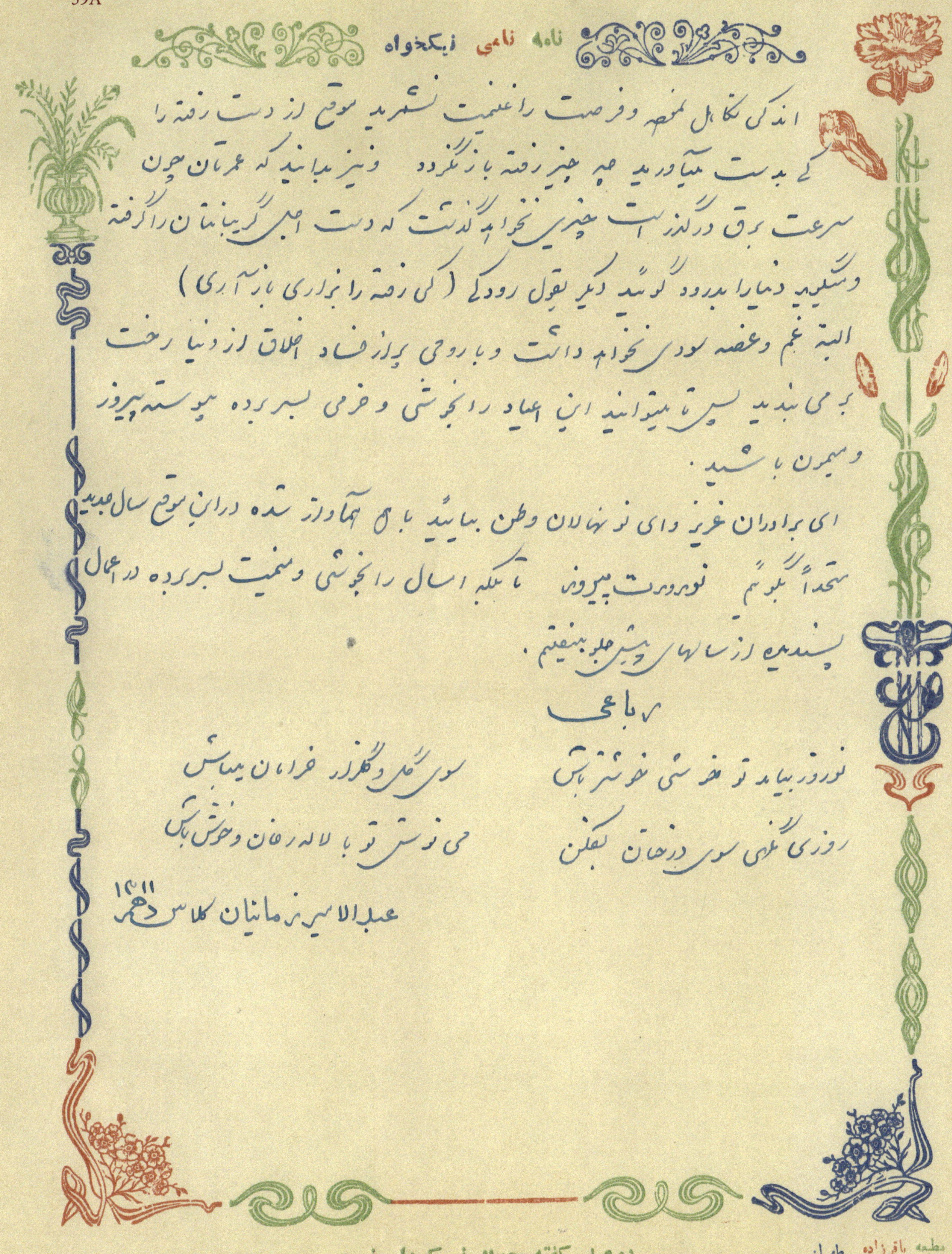

نامه نامی نیکخواه

اندکی تکاهل نموده و فرصت را غنیمت نشمرید موقع از دست رفته را
که بدست نمیاورید چه چیز رفته باز نگردد و نیز بدانید که عمرتان چون
سرعت برق درگذر است چیزی نخواهد گذشت که دست اجل گریبانتان را گرفته
و شکلیه دنیا را بدرود گوئید دیگر بقول رودکی (کی رفته را بزاری باز آری)
البته غم و غصه سودی نخواهد داشت و با روحی پر از فساد اخلاق از دنیا رخت
بر می بندید پس تا میتوانید این اعیاد را بخوشی و خرمی بسر برده پیوسته پیروز
و میمون باشید.

ای برادران عزیز وای نونهالان وطن بیائید با هم همآواز شده در این موقع سال جدید
متحداً بگوئیم نوروزت پیروز تا آنکه امسال را بخوشی و میمنت بسر برده در اعمال
پسندیده از سالهای پیش جلو بیفتیم.

رباعی

نوروز بیاید تو بخوشی خوشتر باش — سوی گل و گلزار خرامان میباش
روزی گذری سوی درختان بفکن — می نوش تو با لاله رخان و خوش باش

۱۳۱۱
عبدالامیر زمانیان کلاس دهم

مطبعه باقرزاده طهران

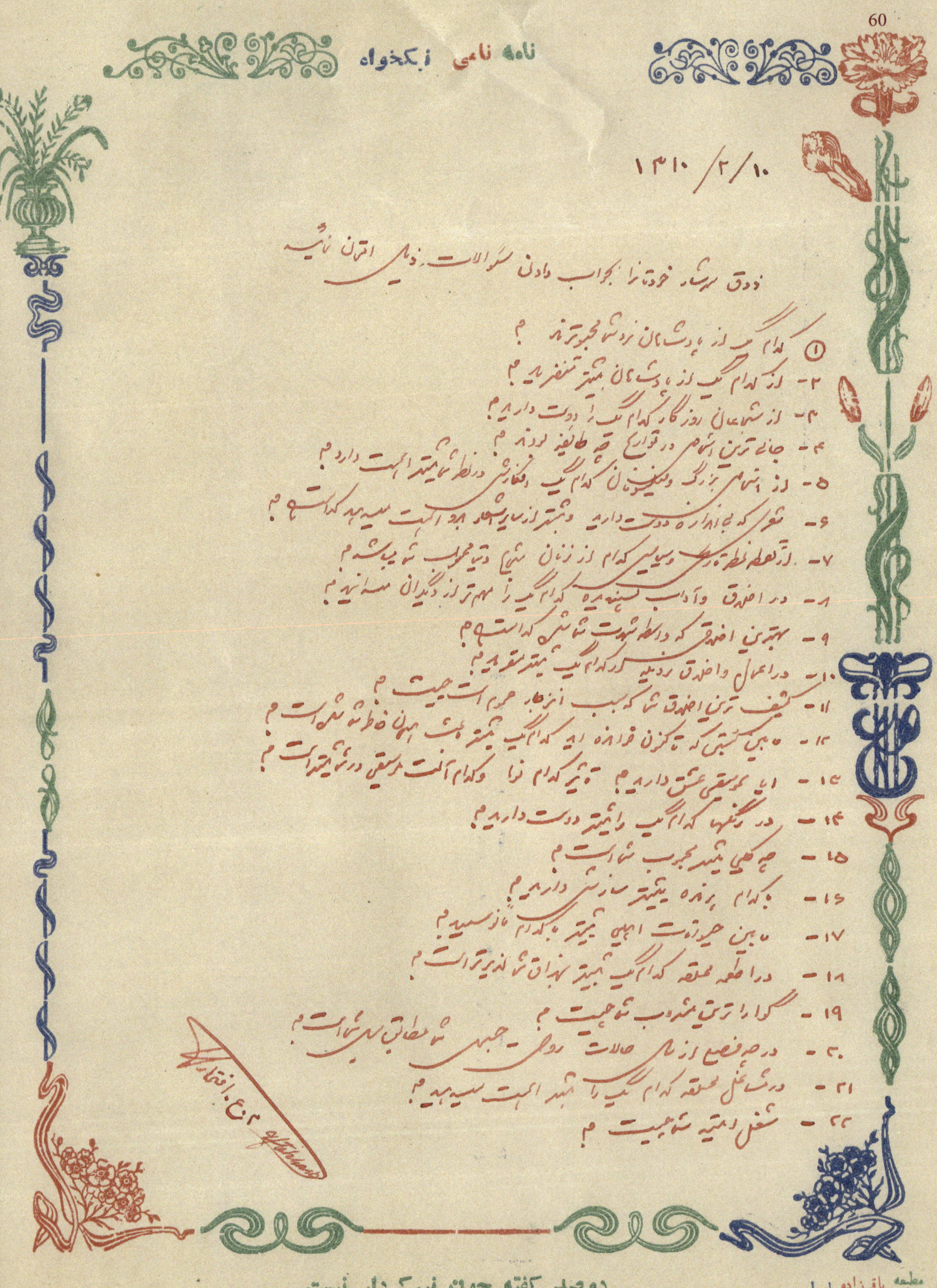

نامه نامی نیکخواه

۱۰/۲/۱۳۱۰

ذوق سرشار خودتانرا بجواب دادن سؤالات ذیل اقتران نمائید

۱) کدام یک از پادشاهان نزد شما محبوب‌ترند؟
۲- از کدام یک از پادشاهان بیشتر متنفرید؟
۳- از شعرای روزگار کدام یک را دوست دارید؟
۴- جانی‌ترین اشخاص در تواریخ چه طایفه بوده‌اند؟
۵- از اشخاص بزرگ و نیکنامان کدام یک افکارش در نظر شما بیشتر اهمیت دارد؟
۶- شعری که بی‌اندازه دوست دارید و بیشتر از سایر اشعار بدان اهمیت میدهید کدامست؟
۷- از نقطه نظر تاریخی و سیاسی کدام از زنان شجاع دنیا محبوب شما میباشد؟
۸- در اخلاق و آداب پسندیده کدام یک را مهم‌تر از دیگران میدانید؟
۹- بهترین اخلاقی که واسطه شهرت شما شده کدامست؟
۱۰- در اعمال و اخلاق رذیله از کدام یک بیشتر متنفرید؟
۱۱- کثیف‌ترین اخلاق شما که سبب آزار عموم است چیست؟
۱۲- مابین کتبی که تاکنون خوانده‌اید کدام یک بیشتر باعث اصلاح خاطر شما شده است؟
۱۳- آیا بموسیقی عشق دارید؟ تا به کدام نوا و کدام آلت موسیقی در شما بیشتر تأثیرات است؟
۱۴- در رنگها کدام یک را بیشتر دوست دارید؟
۱۵- چه گلی بیشتر محبوب شما است؟
۱۶- بکدام پرنده بیشتر سازش دارید؟
۱۷- مابین حیوانات اهلی بیشتر بکدام مأنوس هستید؟
۱۸- در اطعمه مختلفه کدام یک بیشتر بمذاق شما لذیذتر است؟
۱۹- گواراترین مشروب شما چیست؟
۲۰- در چه فصلی از سال حالات روحی و جسمی شما مطابق میل شما است؟
۲۱- در مشاغل مختلفه کدام یک را بیشتر اهمیت میدهید؟
۲۲- شغل ابتدائیه شما چیست؟

۴۰۲ اقتدار

دو صد گفته چون نیم کردار نیست

مطبعه باقرزاده طهران

نامه نامی نیکخواه

دوصد گفته چون نیم کردار نیست

مطبعه باقرزاده طهران

He becometh poor that dealeth with a slack hand, but the hand of the diligent maketh rich.

He that gathereth in summer is a wise son, but he that sleepeth in harvest is a son that causeth shame.

The soul of the sluggard desireth but hath nothing. but the soul of the diligent shall be made fat.

C. Hagopian

Teheran 1932
March 12

نامه نامی نیکخواه

My visit to Persia owes much of its enjoyment and enlightenment to the kindness of Dr. Jordan and the members of the American College of Teheran. It is difficult to leave their hospitality, which I shall always remember.

Harold Lamb

TEHERAN, OCTOBER 6

دوصد گفته چون نیم کردار نیست

مطبعه باقرزاده طهران

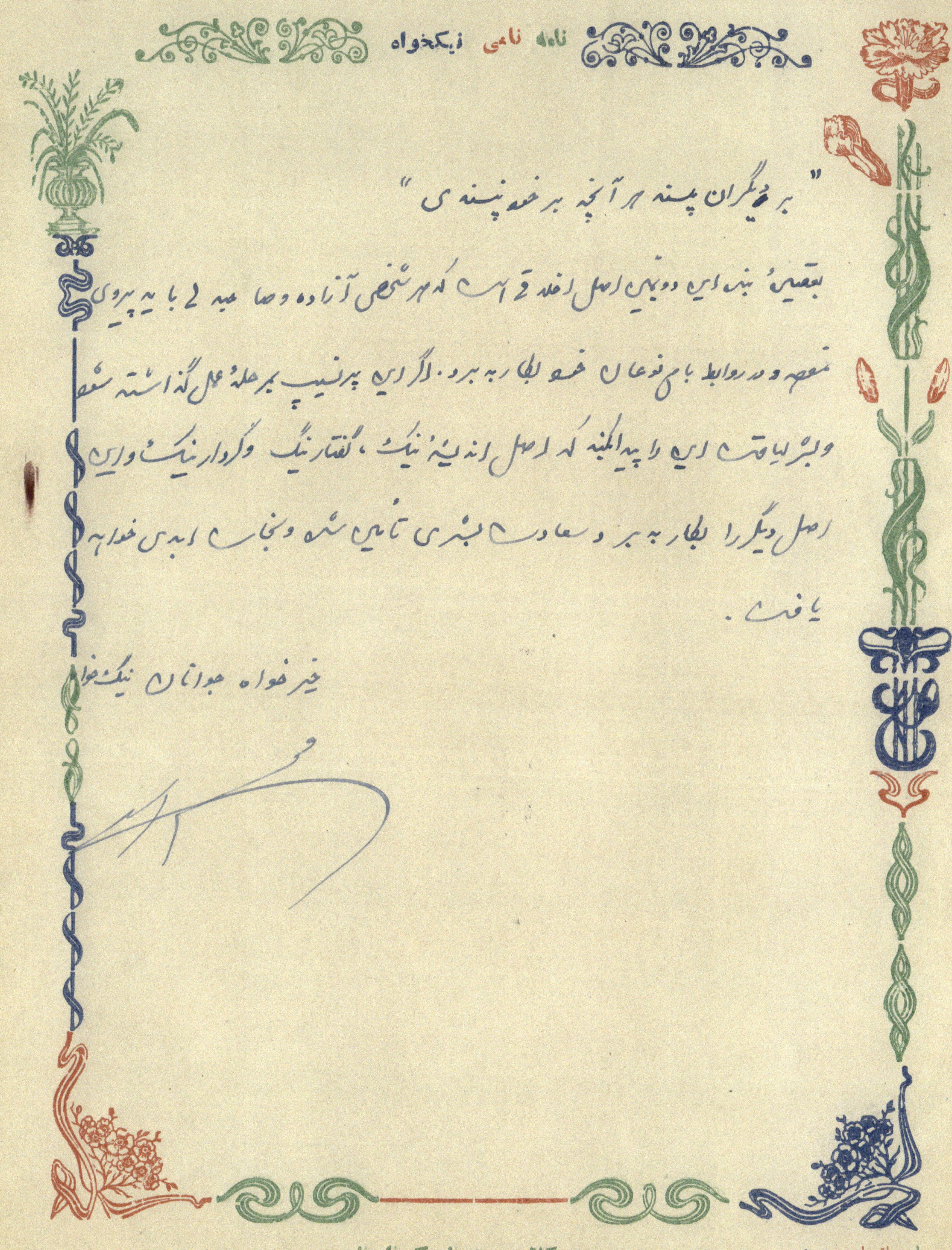

نامه نامی نیکخواه

"بر دیگران مپسند هر آنچه بر خود نپسندی"

بعقیدهٔ بنده این دو بیت اصل اخلاقی است که هر شخص آزاده و صاحب عقلی باید پیروی نموده و در روابط با همنوعان خود بکار ببرد. اگر این پرنسیب بمرحلهٔ عمل گذاشته شود و بشر لیاقت این را پیدا کند که اصل اندیشهٔ نیک، گفتار نیک و کردار نیک و این اصل دیگر را بکار ببرد سعادت بشری تأمین شده و نجات ابدی خواهد یافت.

خیرخواه جوانان نیکخواه

نامه زامی نیکخواه

As I have no contribution of my own worthy of the honourable society of Nickkhah; I will quote the greatest moral principle of all times. The principle of "Good thoughts, Good Words, and Good Deeds," which has emanated from the great Persian sage Zarathustra.

It is my sincere hope that these great words will form the motto of your society.

M. Assadi
B. S. M. A.

دوصد گفته چون نیم کردار نیست

مطبعه باقرزاده طهران

دوصد گفته چون نیم کردار نیست

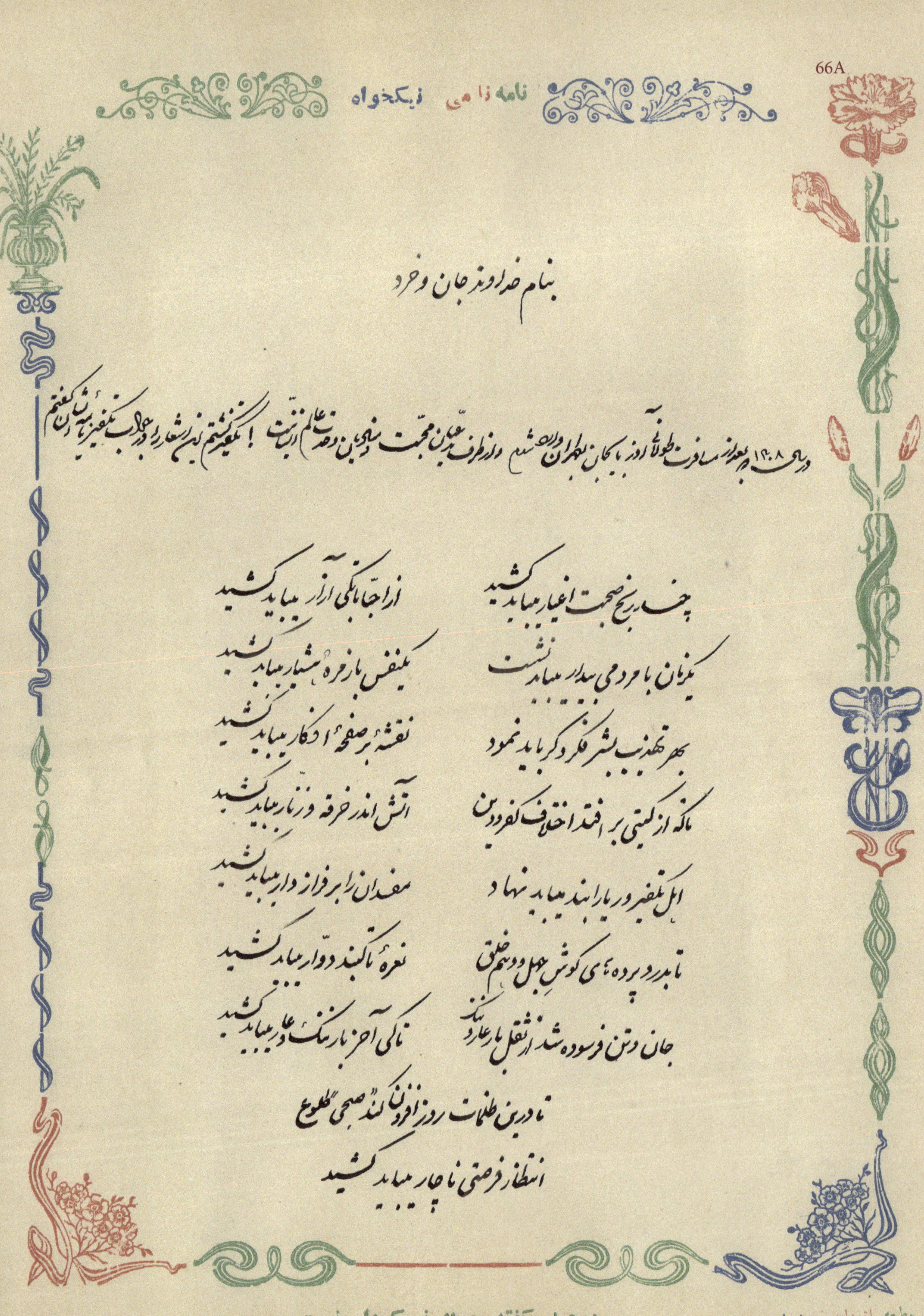

بنام خداوند جان و خرد

در سال ۱۳۰۸ بعد از مسافرت طولانی به اروپا یکجا به طهران وارد شدم و از طرف عده‌ای محبت منهی بن وحدت عالم انسانیت ! تکفیر گشتم این اشعار را در جواب تکفیر آنها گفتم

چند رنج صحبت اغیار میباید کشید / از اجانب تلخی آزار میباید کشید

یکزمان با مردمی بیدار میباید نشست / یکنفس با زمرهٔ هشیار میباید کشید

بهر تهذیب بشر فکر دگر باید نمود / نقشه‌ئی بر صفحهٔ افکار میباید کشید

تا که از گیتی بر افتد اختلاف کفر و دین / آتش اندر خرقه و زنار میباید کشید

اهل تکفیر و ریا را بند میباید نهاد / مفسدان را بر فراز دار میباید کشید

تا بدرد پرده‌های گوش جهل و وهم خلق / نعرهٔ تا گنبد دوار میباید کشید

جان و تن فرسوده شد از ثقل بار عار و ننگ / تا کی آخر بار ننگ و عار میباید کشید

تا درین ظلمات روز افزون کند صبحی طلوع

انتظار فرصتی ناچار میباید کشید

مطبعه باقرزاده طهران

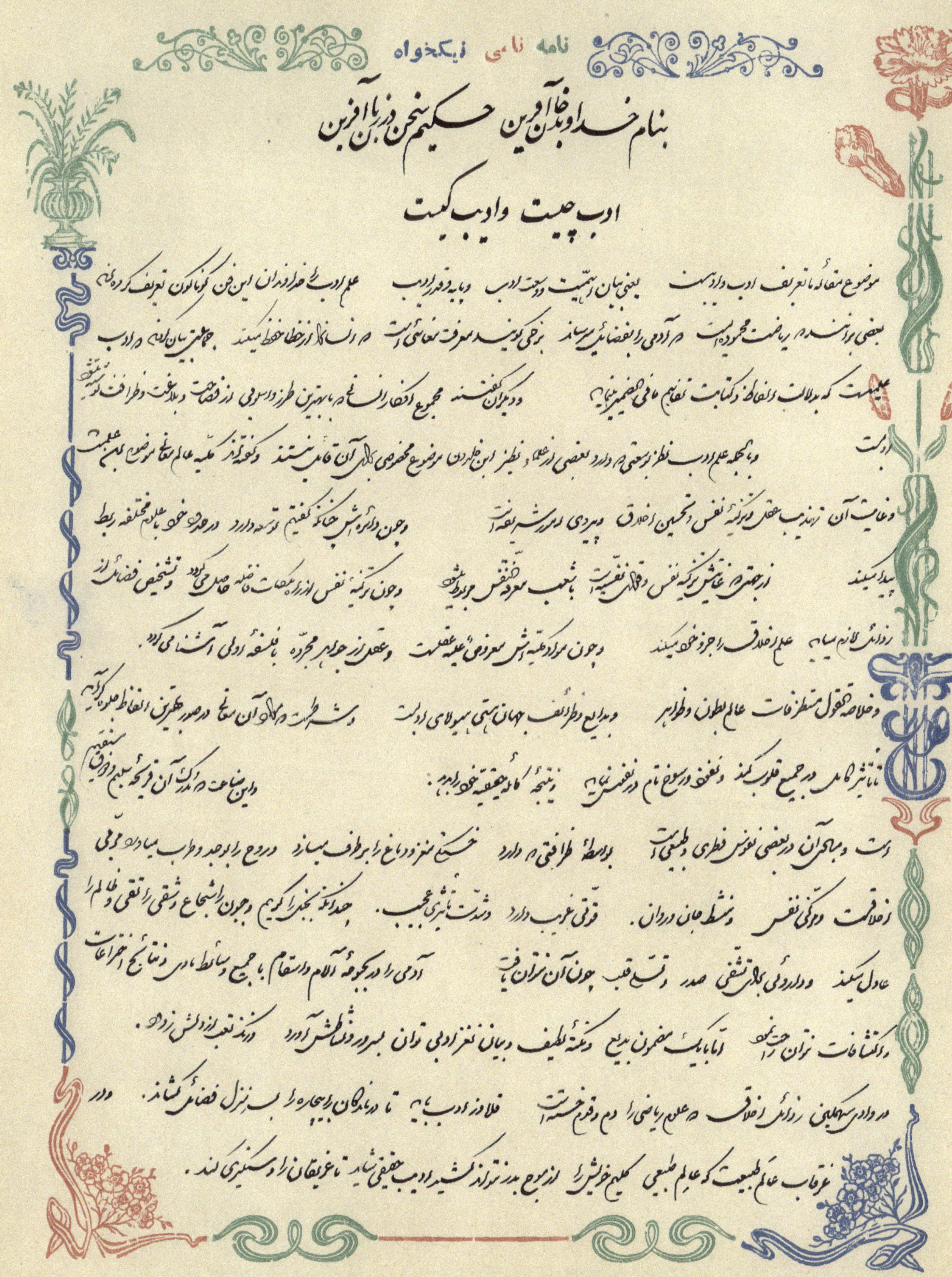

نامه نامی نیکخواه

بنام خداوند جان آفرین حکیم سخن در زبان آفرین

ادب چیست و ادیب کیست

موضوع مقاله ما تعریف ادب و ادیب است یعنی بیان ماهیت و حقیقت ادب و پایه و قدر ادیب علم ادب را خداوندان این فن گوناگون تعریف کرده اند بعضی بر آنند که ریاضت محموده است که آدمی را بفضائل برساند برخی گویند معرفت معانی است که زبان را از خطا حفظ میکند جامعی بیان آنکه ادب علمیست که بدلالت الفاظ و کتابت مفاهیم معانی ضمیر بنماید و دیگران گفته اند مجموع افکار انسانیست که با بهترین طرز و اسلوبی از فصاحت و بلاغت و ظرافت [illegible] ادبست و بالجمله علم ادب نظر بمعنی که دارد بعضی از علما نظر باین جامعیت موضوع مخصوصی برای آن قائل نیستند و گروهی [illegible] عالم [illegible] موضوع این علمست و غایت آن تهذیب عقل و تزکیه نفس و تحسین اخلاق و پیروی از شریعت است و چون دائره اش چنانکه گفتیم توسعه دارد در حدود خود با علوم مختلفه ربط پیدا میکند از جهتی در غایتش تزکیه نفس و قوای نفسیه است با شعب معرفة النفس مربوط میشود و چون تزکیه نفس از راه بیانات فاضله حاصل میگردد و تشخیص فضائل از رذائل لازم میآید علم اخلاق را جزو خود میکند و چون مواد کلیه اش معروض علیه عقلست و عقل از جواهر مجرده با فلسفه اولی آشنا میگردد.

و خلاصه محصول منطوقات عالم بطون و ظواهر و بدایع و ظرائف جهان هستی هیولای ادبست و شاهکار آن صنایع در صور بهترین الفاظ جلوه گر آید تا تاثیر کامل در جمیع قلوب کند و نفوذ و رسوخ تام در نفوس نماید و نتیجه کامله حقیقیه خود را بدهد. و این صناعت که مدرک آن قریحه سلیم و ذوق مستقیم است و مباحث آن در بعضی نفوس فطری و طبیعی است بواسطه ظرافتی که دارد خستگی مغز و دماغ را برطرف میسازد و روح را بوجد و طرب میاورد و موجب زوال قسوت و [illegible] نفس و نشاط جان و روان. قوتی غریب دارد و شدت تاثیری عجیب. چه دلهای بخیل را کریم و جبان را شجاع و شقی را تقی و ظالم را عادل میکند و دارو برای تشفی صدر و [illegible] قلب. چون آن [illegible] آدمی را در بحبوحه آلام و اسقام با جمیع وسائط مادی و نتایج اختراعات و اکتشافات نتوان راحت نمود اما با یک مضمون بدیع و نکته لطیف و بیان نغز ادبی توان بسرور و انبساطش آورد و رنج و تعب از دلش زدود.

و در وادی سهمگین رذائل اخلاق که علوم ریاضی را دم و قدم خسته است فلاسفه ادب است که درماندگان بیچاره را به منزل فضائل کشاند. و در غرقاب عالم طبیعت که عالم طبیعی کلیم خویش را از موج بدر نتواند کشید ادیب حقیقی شاید تا غریقان را دستگیری کند.

طهران مطبعه باقرزاده

نامه نامی نیکخواه

وبالجمله اگر بخواهیم این کلیات مسائل را با جزئیات رشتهٔ منطق کنیم و منجز است و گرامائیکه ازین فن در ازمنه و امکنه و مراتب متفاوت
مختلفه بظهور رسیده شرح دهیم مثنوی چندان شود هفتاد من شتر عاقبت عاجز شوی از بار بر پس بدین قدر اکتفا کرده سخن در ذات و کیفیت ادب رانیم و گوئیم
ادیب کسی را گویند که حظ و نصیب کاملی از سلسلهٔ معارف بره با ادب منسوب و با ادبیات مأنوسیت داشته و از راه اکتساب و قریحه در این رشته فنونی بدست آورده
باشد و گذشته از ادب درسی و توغل در آن برموز و نکات ادب نفسی پی برده بحقیقت و ثمرهٔ علم یعنی عمل رسیده باشد و نکته «ثمرة العلوم العمل بالمعلوم»
پس ادیب دارای دو جنبه از ادبیت درسی و نفسی است که یکی بدون دیگری تباه و ضایع است و با حفظ این دو مقام ادیب تهمتنی را ماند که با زور بازو و سلاح کامل
بمیدان درآید و دیو هوا و هوس نفسانی را از پا درآورده و مردانه از رشحهٔ خباثت نفس را آلوده نکند و بسعادت و رفاهیت رساند.
ادب ادیب طبیب لبیبی است که بقوت تشخیص مرض دارو و دوا برای ساعه مریضان جهل و ضلالت را نعمت صحت علم و هدایت می بخشد.
ادیب ظریف حکیم لطیفی است که بقوهٔ ابداع انشاء صور و معانی کند تا ظرافتش اصحاب استعداد را متأثر و منقلب کرده اهل مجاز را بعالم
حقیقت دراز دستیاریها و در این حالت تشبه بحضرت الوهیت جوید دارا بیت سلطان العارفین قطب الموحدین جلال الدین رومی در مناجات
حضرت حق را ادیب میخواند چنانکه میفرماید: «چند حرفی نقش کردی از رقوم. عقلها از عشق آن شد همچو موم.
صاد چشم و نون ابرو جیم گوش بر نوشتی آفت صد عقل و هوش زین حروف شد خرد باریک ریس نسخ میکن ای ادیب خوشنویس.»
سخن در این موضوع را بهمین اشعار ختم میکنیم تا ختامش مسک باشد و خارج از موضوع گوئیم که این عبارات هر چند چند بهت فکر بی ارتباط کافی
برشتهٔ تحریر درآید و گاهی عنان سلاست کلام و جمل از دست رفت ولی ربط و نظام معنوی آن تا حدی محفوظ مانده و چون خواستیم که رعایت جانب ایجاز
و اختصار کاملاً بعمل آید ببیان کلیات مطالب پرداختیم و ذهن را متوجه بسط نقاط نساختیم و گرنه خود دانیم که این متون را حواشی بیشمار و این بیان را
شرح بسیار است. والسلام عصر روز جمعه ۳۰ اردیبهشت سال ۱۳۱۱ در کالج امریکائی تهران در اطاق نمرهٔ ۲۹ مرقوم شد

(فیض الله صبحی)

دو صد گفته چون نیم کردار نیست

مطبعه باقرزاده طهران

۱

ستایش جهان

جهان گلستانیست کش خار نیست — بجز گل درین نغز گلزار نیست
چمن در چمن سبزه بینی و گل — درین باغ خاری پدیدار نیست
یکی بوی خوش نایدت بر مشام — که خوشبوتر از عطر عطار نیست
جهان زشت از آنست در چشم تو — که چشم ترا زیب دیدار نیست
جهان را نکوهش نباشد سزا — نکوهش بصنع جهاندار نیست
جهان سر بسر خواستهٔ ایزدیست — کس از ایزدی خواسته بیزار نیست
جهان را عزیز آفریده خدای — عزیز خدا پیش کس خوار نیست
جهان را بهنجار اگر بنگری — یکی کار او نابهنجار نیست
ترا از جهان بر جهان وعده داد — خلافی بپیمان دادار نیست
جهان آفرین را بر آثارهاست — ولی بهتر از اینش آثار نیست
بآسرار این پرده ما محرمیم — که جز ما درین پرده اسرار نیست
جهان پاک مامیست پاکیزه خوی — که جز زاده پروردش کار نیست
برون از شمار است پرورده اش — ز بسیارشان دل بآزار نیست
چه گویند کاین مام نامهربان — ابر زادگان مهرگفتار نیست
گر از گل برد باغبان دستهٔ — خود او راست در دست گلزار نیست
چو پژمرده بیند گلی باغبان — ز بن بر کند چون بر از خار نیست
نشاند بجایش یکی تازه گل — کز آن تازه تر طلعت یار نیست
بود چهر زرین بطاوس مست — ببلبل بجز گل بمنقار نیست

اگر

مطبعه باقرزاده طهران

اگر دوستند ار نه اگر دشمنند / ز جان همه شان جز پرستار نیست
اگر جنگجویند اگر آشتی / پدرشان بجز یار و غمخوار نیست
ترا ملک جاوید باید چه غم / گرا مال چون پار و پیرار نیست
نباشد گر آباء و گر امهات / موالید را در جهان بار نیست
تو از آتش و باد و آبی و خاک / تو کی هست باشی گر این چار نیست
بجز گوهر دانش آدمی / متاعی درین چار بازار نیست
ز نار آدمی آیت نور شد / کجا نور باشد اگر نار نیست
ز باد است جان در تن جانور / وگر نیست یک جسم جاندار نیست
ز آبست هر چیز را زندگی / که بی آب آبادی دار نیست
گل آدم از خاک ایزد سرشت / خرد را درین گفته انکار نیست
نکوهش کنانش پژوهش کنند / فروشنده هرگز خریدار نیست
حرم را نبینی یکی از هزار / که در خرقهٔ شیخ زنار نیست
جهان را کجا هست دستار بند / که صد فتنه در زیر دستار نیست
شود بر سر مردمش سرنگون / بشهری که یک مغز هشیار نیست
بگفتار ترک و بکردار درک / کس از کار ایشان خبردار نیست
ز گفتار کارآگهان غافلند / که صد گفته چون نیم کردار نیست
بجز دانش مرد بیدار دل / بخواب جهان چشم بیدار نیست
ازین نکته صاحب نظر آگهست / که اکمه در آئینه نظار نیست
چو زیبا رخ او بخوانید زشت / شما را درین کار گر کار نیست

مطبعه باقرزاده طهران

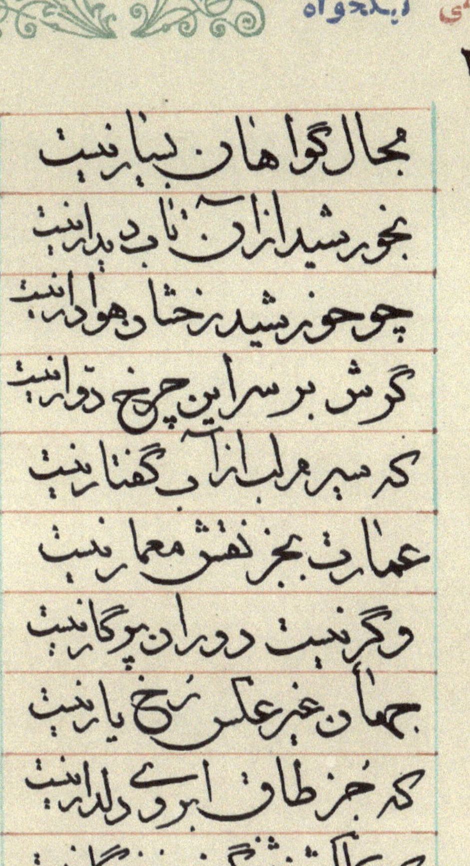

دو شاهد بدعوی کفایت کند / مجال گواهان بسیار نیست
چو آئینه روی زیبای اوست / بخورشید از آن تاب دیدار نیست
کدامست آن ذره کاندر هواش / چو خورشید رخشان هوادار نیست
بدوران درآید کجا روزگار / گرش بر سر این چرخ دوار نیست
دگر آمدم بر سر داستان / که سیر و لب از آب گفتار نیست
جهان گر بدست از خداوند اوست / عمارت بجز نقش معمار نیست
مهندس اگر هست در دایره / وگر نیست دوران پرگار نیست
بجا نقش بناش چرا عشق باز / جهان غیر عکس رخ یار نیست
نگه کن بدین طاق مند بلند / که جز طاق ابروی دلدار نیست
نگه کن منقاش مهر و سپهر / که کلکش زشنگرف و زنگار نیست
ثوابت بثبات او ثابتند / بجز سیر سیاره سیار نیست
کجا فرش گسترده بر آب خاک / که چون روی آئینه هموار نیست
نگه کن بدین گردش جانفصل / که بی حکمتش طبع هرجا نیست
کجا باغ خندد بیاد بهشت / گرش گریه ابر آذار نیست
دل غنچه گردد کجا غرق خون / گرش ناله بلبل زار نیست
نگه کن بنرگس که چون خیره است / زناز است بیمار و بیمار نیست
نگه کن بسنبل که چون زلف دوست / پر از تار تار او بگلزار نیست
جهان گرچه زندان پیچ و بلاست / بجز تو دران قفل و مسمار نیست
جهان را کسی چاره کار کرد / که در چاره خویش ناچار نیست

جهان

جهان خنب کاه و سخن بیش نیست — بنزد من این گفته استوار نیست
که تا چشم بر هم زنی بنگری — که از مؤمن و کافر آثار نیست
خوشا حال آنان که ابلیس وار — بزندان محنت گرفتار نیست
بر آیت نقش جهان پیش تو — چو چشمت بجز نقش دیوار نیست
گر آسان نیاری گذشت از جهان — چو بگذشتی از خویش دشوار نیست
توانی اگر چند تکرار رفت — در اذکار اثر جز بتکرار نیست
بپوشید از آن خضر آب حیات — که در چشمه اش آب بسیار نیست
سخن را معیّر نگیرد عیار — که اکسیر را مرد معیار نیست
سخنهای چون لؤلؤ شاهوار — که آبش بلؤلؤی شهوار نیست
ز دهیم بشنو که جز فرّ شاه — بدیهیم شاهی سزاوار نیست

تهران اردیبهشت ۱۳۱۰ . علی اکبر مخصّص لاهیجانی متخلّص بدهیم

دوصد گفته چون نیم کردار نیست

مطبعه باقرزاده طهران

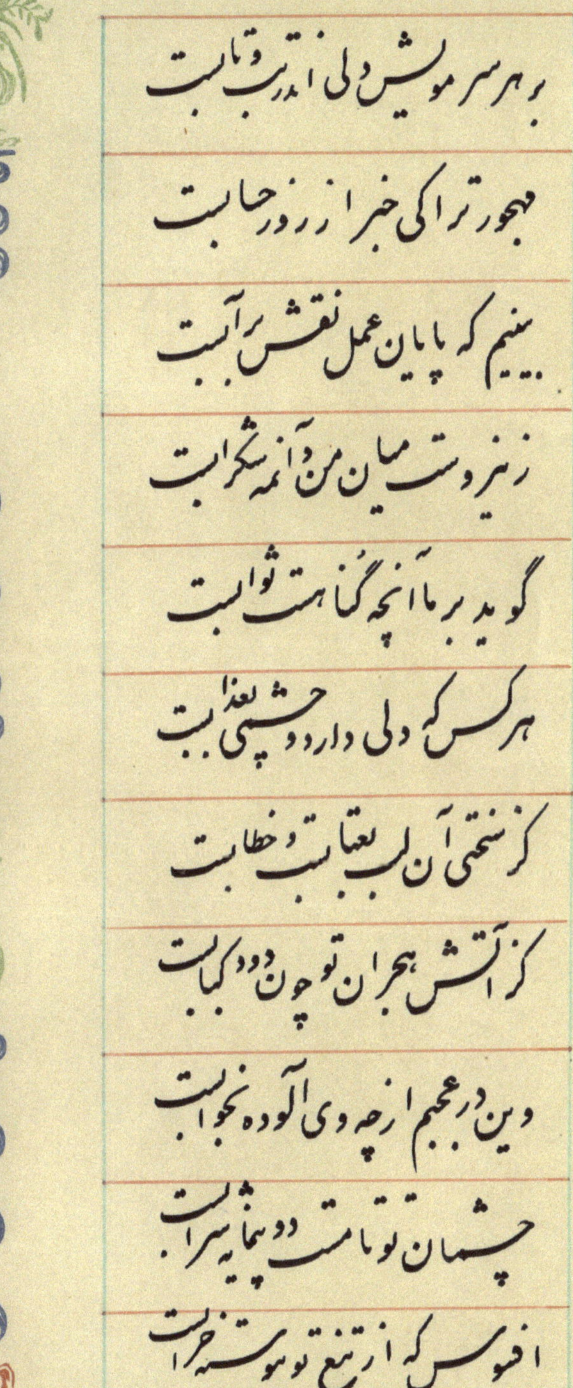

از باد صبا زلف پریشش چو تابست	بر هر سر مویش دلی اندر تب و تابست
تا روز حساب ار نکشد هجر چه باکست	مهجور ترا کی خبر از روز حسابست
هر نقش که ریزیم پی وصل نگاری	بینیم که پایان عمل نقش بر آبست
من در پی صید وی و او در پی قتلم	زین دوست میان من و آنمه شکر آبست
گویم که گناهست مکش خسته دلان را	گوید بر ما آنچه گناهست ثوابست
گفتم بعذابم ز غم روی تو گفتا	هر کس که دلی دارد و چشمی بعذابست
گوئی که سرشته است دل سخت وی از سنگ	کز سختی آن لب بعتابست و خطابست
بر سوز دلم بنگر هر دم که کشم آه	کز آتش هجران تو چون دود کبابست
از نرگس مست تو مرا خواب نماندست	وین درعجبم از چه وی آلوده بخوابست
از مستی مردم طمع هوش نداریم	چشمان تو با مست دو پیمانه شرابست
ملک دل دهیم بیک غمزه گرفتی	افسوس که از تیغ تو پیوسته خرابست

علی اکبر مخصص لاهیجانی متخلص بدهیم

لب من تشنه و بادش بدست چشمه‌سار جان | یکی چون خضر ره‌پیما یکی چون چشمهٔ حیوان

لبش جان می‌دمد در تن رخش دل می‌کند روشن | یکی چون معجز عیسی یکی چون معجز قرآن

دو چشم نیم‌خواب او دو لعل پر شراب او | یکی چون نرگس شهلا یکی چون غنچهٔ خندان

دهان او پر شکر بیان او بسی جان‌پرور | یکی چون طوطی گویا یکی چون بلبل بستان

سرای من ز روی تو هوای من ز بوی تو | یکی چون جنت المأوی یکی چون روضهٔ رضوان

ز رایش دین و دولت شد ز رسمش ملک و ملت شد | یکی چون مجلس شوری یکی چون محفل سلطان

دل و هم جان بی تو سرش در خاک پای تو | یکی چون روح در اعضا یکی چون جان بر جانان

مطبعه باقرزاده طهران

نامه نامی نیکخواه
دو صد گفته چون نیم کردار نیست
مطبعه باقرزاده طهران

امیرحسین درخشان محصل سال ۱۹۳۲

69A

نامه نامی نیکخواه

دو صد گفته چون نیم کردار نیست

مطبعه باقرزاده طهران

A. H. Darakhshan

April 23 193[illegible]

69B

امیرحسین - درخشان - فروردین ۱۳۱۱

نامه نامی نیکخواه

دوصد گفته چون نیم کردار نیست

مطبعه باقرزاده طهران

نامه نامی دهخدا

نصایح خواجه عبدالله انصاری

دادن عزّتست و بستدن عار ، دوا دادن حکمتست و طالب شفاء بیمار ، هرکه برخود بندد برخود خندد ، حقتعالی سخیر امستحق پسندد ، طلب علم عزّتست وطلب مال ذلّت ، علم برسر تاج است و مال درگردن غل ، اگر میخواهی از آن بخواه که دارد و میخواهد که خواهی واز آن مخواه که ندارد و میترسد که بخواهی ، ای درویش درلطف وکرم باز ترا اینهمه غفلت و ناز ، توراه نرفتهٔ از آن نمودند ورنه که زد این درکه درش نگشودند ، ای عزیز سری که در سجود نیست صفحهٔ به از آن و دستی که در او جودی نیست کفچهٔ به از آن .

در هیچکس بچشم حقارت نظر مکن — تا در تو هم بدیدهٔ تحقیر ننگرند
زیراکه هرچه هست ز درویش و پادشاه — چون نیک بنگری زیکی اصل و جوهرند
تفضیل پس میانهٔ این هردو جنس چیست؟ — در خورد و خواب چون همه با هم برابرند
جود و سجود چون بگذشتی از این دوراه — باقی هر آنچه هست ز انعام کمترند

ای عزیز صحبت خلق را درد سر دان و دوای او تنهائی ، نه مارا با خلق صحبت و نه حق را از ما جدائی ، ای بسا کس که از ما هزار فرسنگ دور است وبمعنی درحضور وبسیار کس زانو بر زانو و بهزار فرسنگ دور ، خودرا درمعنی نزدیک آر وراه قرب صوری سپار که نزدیکی ظاهر گرانی دل دوستانست وقرب معنوی از دل گرانی درامانست .

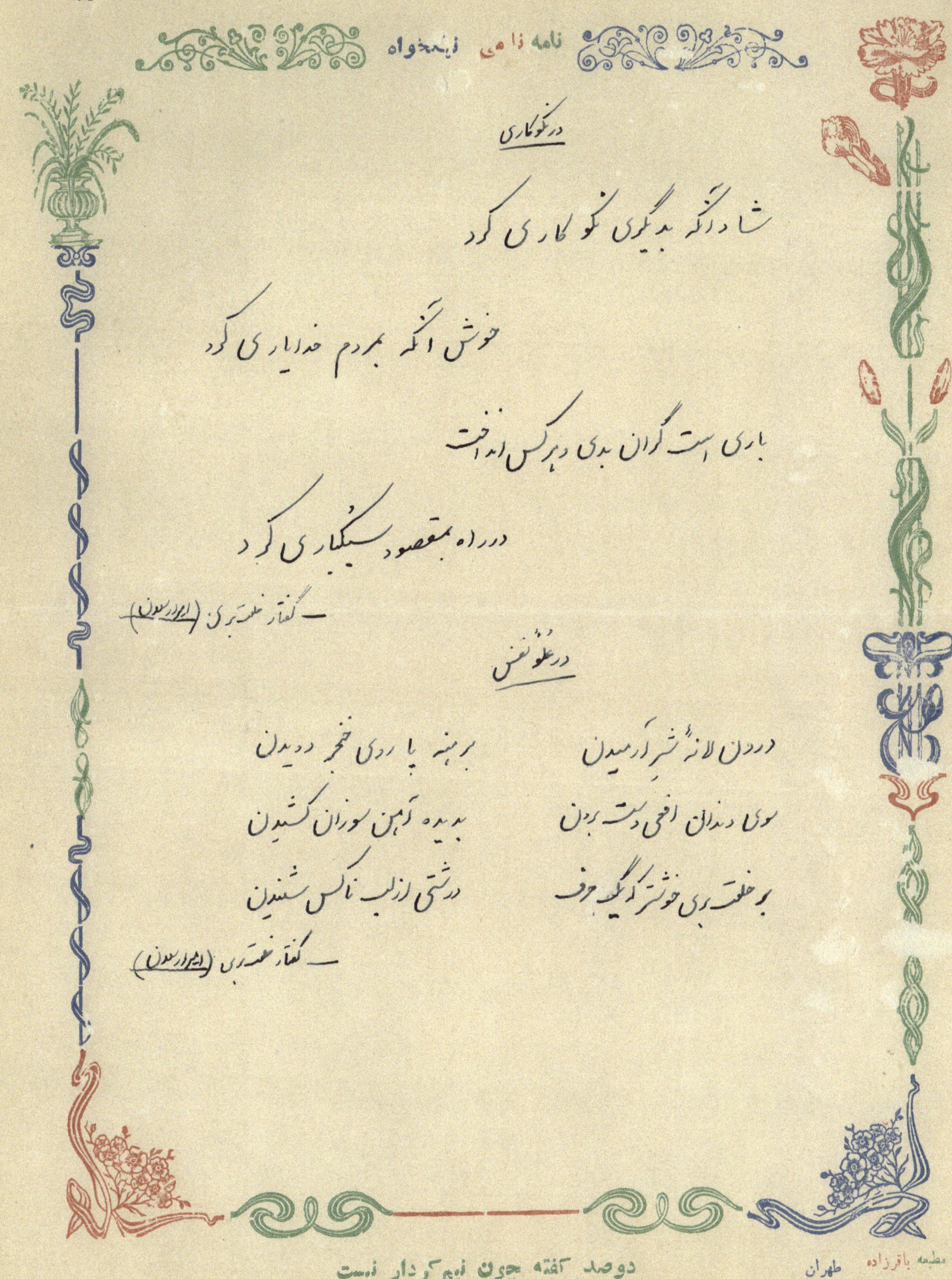

در نکوکاری

شاد آنکه بدیگری نکوکاری کرد

خوش آنکه بمردم خدا یاری کرد

باری است گران بدی و هر کس انداخت

در راه بمقصود سبکباری کرد

— گفتار خلعتبری (امیر ارسلان)

در علو نفس

در دهان لانهٔ شیر آرمیدن — برهنه پا روی خنجر دویدن

سوی دندان افعی دست بردن — بدیده آهن سوزان کشیدن

بر خلعتبری خوشتر که یک حرف — درشتی از لب ناکس شنیدن

— گفتار خلعتبری (امیر ارسلان)

نامه نامی نیکخواه

نوکر حیله‌گر یا نوکر خائن

کمدی در یک آکت

به پیس ناقابل خود را که به اسم (نوکر حیله‌گر) میباشد تقدیم نامه نیکخواه نمودم - سید علی حسینی -

سن ۱

آقا - بالاخره در اطاق قدم میزند - بعد از شش ماه دربدری نوکری کشیدم بالاخره این پسره تیمور را برای من پیدا کرده‌اند تعریفهائی که دلال در ابتدای دخولش به این خانه کرد و او را درستکار امین پاکدامن معرفی نمود تمام نتیجه بعکس بخشید والان یکسال است این متقلب پیش من است یک کلمه حرف راست نزده یک کاری که باو رجوع شده تا آخر بدون تقلب و دزدی انجام نداده . چندین مرتبه خواستم بیرون کنم خانم مانع شد و نگذاشت (صدایش را شکل زنها درمیاورد) ای وای تو را بخدا میخواهی نوکری که یکسال است در خانه ما بوده و امروز حکم محرم را پیدا کرده بیرون کنی و یک مرد اجنبی ولگرد کلفتی را بیاری که ما نه شوهرش رو میشناسیم نه راهیش را حالا اگر این هر چه اش بده عوضش خوش مزه و خنده رو است وانگهی بابا مراد اخم و غرغرو نیست (بصدای طبیعی خود) گذشته از اینها وقتی فکر میکنم می‌بینم اگر بخواهم امروز این پسره را بیرون کنم چه کسی را بیارم که از این دزدتر و متقلب‌تر نباشد نوکرهای امروز هم بقدری از خود راضی و نتر شده که نمیشود به ایشان گفت بالای چشمت ابرو است راستی از صبح تا حالا رفته سر آسیاب یکبار گندم را آرد بکند هنوز نیامده . (ساعت را نگاه میکند) به درست شش ساعت و بیست دقیقه که رفته - در این وقت در میزنند - گمان میکنم خودش باشد . تیمور (نوکر است)

تیمور - لنگ لنگان داخل میشود - سلام علیکم .

آقا - تیمور از صبح تا حالا کجا گیر کرده بودی ؟

تیمور - (ناله میکند) ای آقا بر پدر این آسیاب بنه لعنت تقصیر اون بود که ما را تا حالا معطل کرد

آقا - خوب بگو ببینم گندم را آرد کردی ؟

تیمور - بله آقا آرد کرد اما چه آردی

آقا - لابد از اون دفعه بهتر شده همچو نیست ؟

تیمور - بله آقا از اون دفعه خوب‌تر خیلی هم خوب‌تر شده بود

آقا - چطور خوب‌تر شده بود مگر حالا نیست

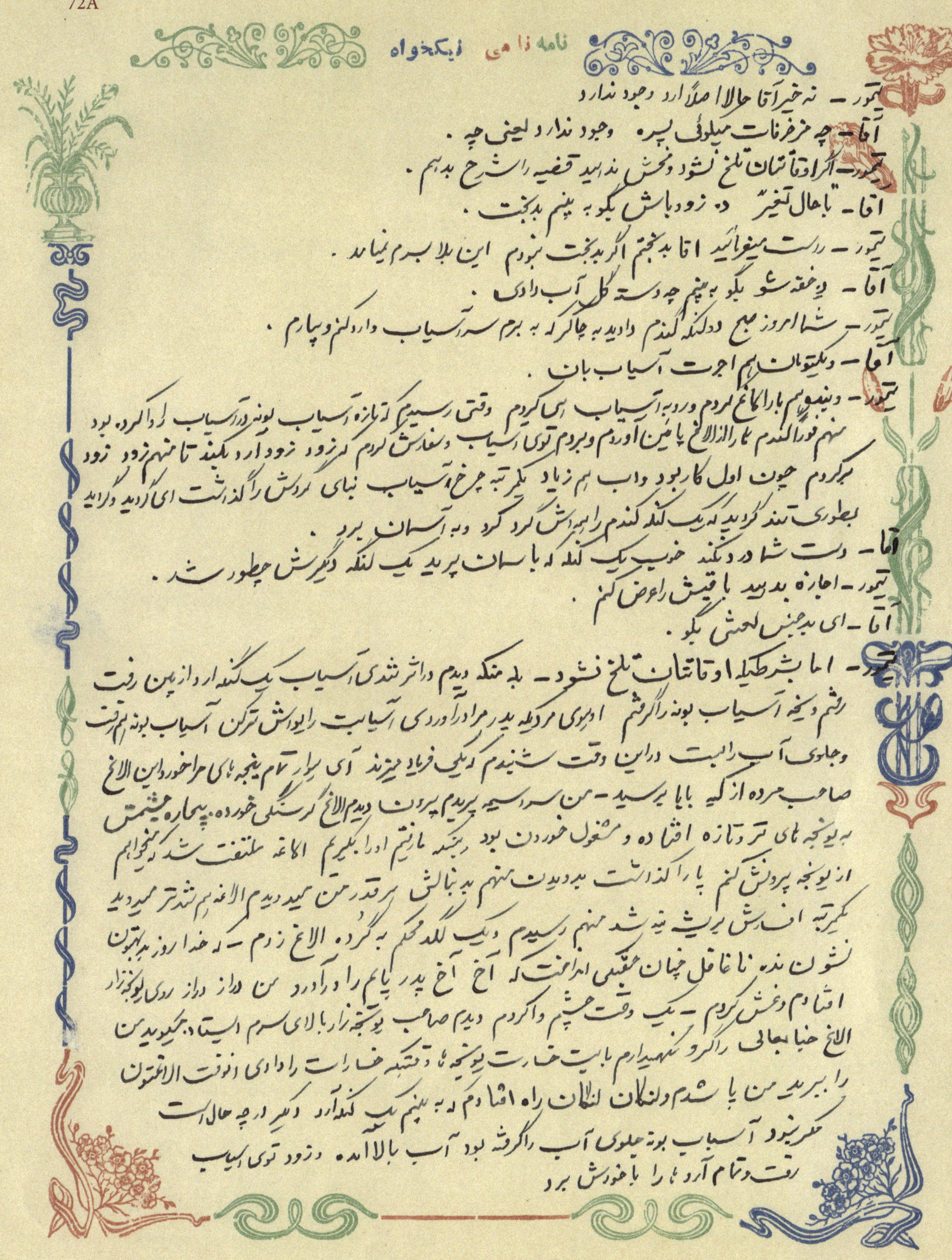

نامه نامی نیکخواه

تیمور – نه خیر آقا حالا اصلاً ارد وجود ندارد

آقا – چه مزخرفات میگوئی پسره. وجود ندارد یعنی چه.

تیمور – اگر اوقاتتان تلخ نشود و فحش ندهید قضیه را شرح بدهم.

آقا – با حال تغیر. د. زود باش بگو ببینم بدبخت.

تیمور – راست میفرمائید آقا بدبختم اگر بدبخت نبودم این بلا بسرم نمیآمد.

آقا – دِ خفه شو بگو ببینم چه دسته گل آب دادی.

تیمور – شما امروز صبح دو لنگه گندم دادید به چاکر که ببرم سر آسیاب وارد کنم و بیارم.

آقا – و لکیتوان (?) هم اجرت آسیاب بان.

تیمور – و منهم بار الاغ کردم و رو به آسیاب هی کردم وقتی رسیدم که تازه آسیاب بونه در آسیاب را واکرده بود منهم فوراً گندم ها را از الاغ پائین آوردم و بردم توی آسیاب و سفارش کردم که زود زود آرد بکنند تا منهم زود زود برگردم چون اول کار بود و آب هم زیاد یکمرتبه چرخ آسیاب بنای گردش را گذاشت ای گردید و گردید بطوری تند گردید که یک لنگه گندم را همراهش گرد کرد و به آسمان برد.

آقا – دست شما درد نکند خوب یک لنگه که باسمان پرید یک لنگه دیگرش چطور شد.

تیمور – اجازه بدهید باقیش را عرض کنم.

آقا – ای بدجنس بعدش بگو.

تیمور – اما بشرطیکه اوقاتتان تلخ نشود – بمجرد (?) دیدم در اثر تندی آسیاب یک لنگه ارد از بین رفت رفتم و یخه آسیاب بونه را گرفتم ای روی مرده پدر مرده آوردی آسیابت را یواش ترکن آسیاب بونه هم رفت و جلوی آب را بست در این وقت شنیدم که یکی فریاد میزند آی بیار تمام یونجه های مرا خورد این الاغ صاحب مرده از کیه بابا برسید – من سراسیمه پریدم بیرون دیدم الاغ از گرسنگی خورده. بیچاره چشمش به یونجه های تر و تازه افتاده و مشغول خوردن بود رفتیم [illegible] اورا بگیریم الاغه ملتفت شد که میخواهم از یونجه بیرونش کنم پا را گذاشت بدویدن منهم به دنبالش هر قدر من میدویدم الاغه هم تندتر میدوید یکمرتبه افسارش بریشه بند شد منهم رسیدم و یک لگد محکم به گرده الاغ زدم – که خدا روز بد بهتون نشون نده. ناقابل چنان جفتکی انداخت که آخ آخ پدر پایم را درآورد من دراز دراز روی یونجه زار افتادم و غش کردم – یک وقت چشم واکردم دیدم صاحب یونجه زار بالای سرم ایستاده. میگوید این الاغ حنا بجالی را گرو نگهداشتم بابت خسارت یونجه ها دو تکه خسارت را دادی انوقت الاغتون را ببرید. من پا شدم و لنگان لنگان راه افتادم که ببینم یک لنگه آرد دیگر در چه حال است مگر نبود آسیاب بونه جلوی آب را گرفته بود آب بالا آمده و زود توی آسیاب رفت و تمام آردها را با خودش برد

دو صد گفته چون نیم کردار نیست

طهران مطبعه باقرزاده

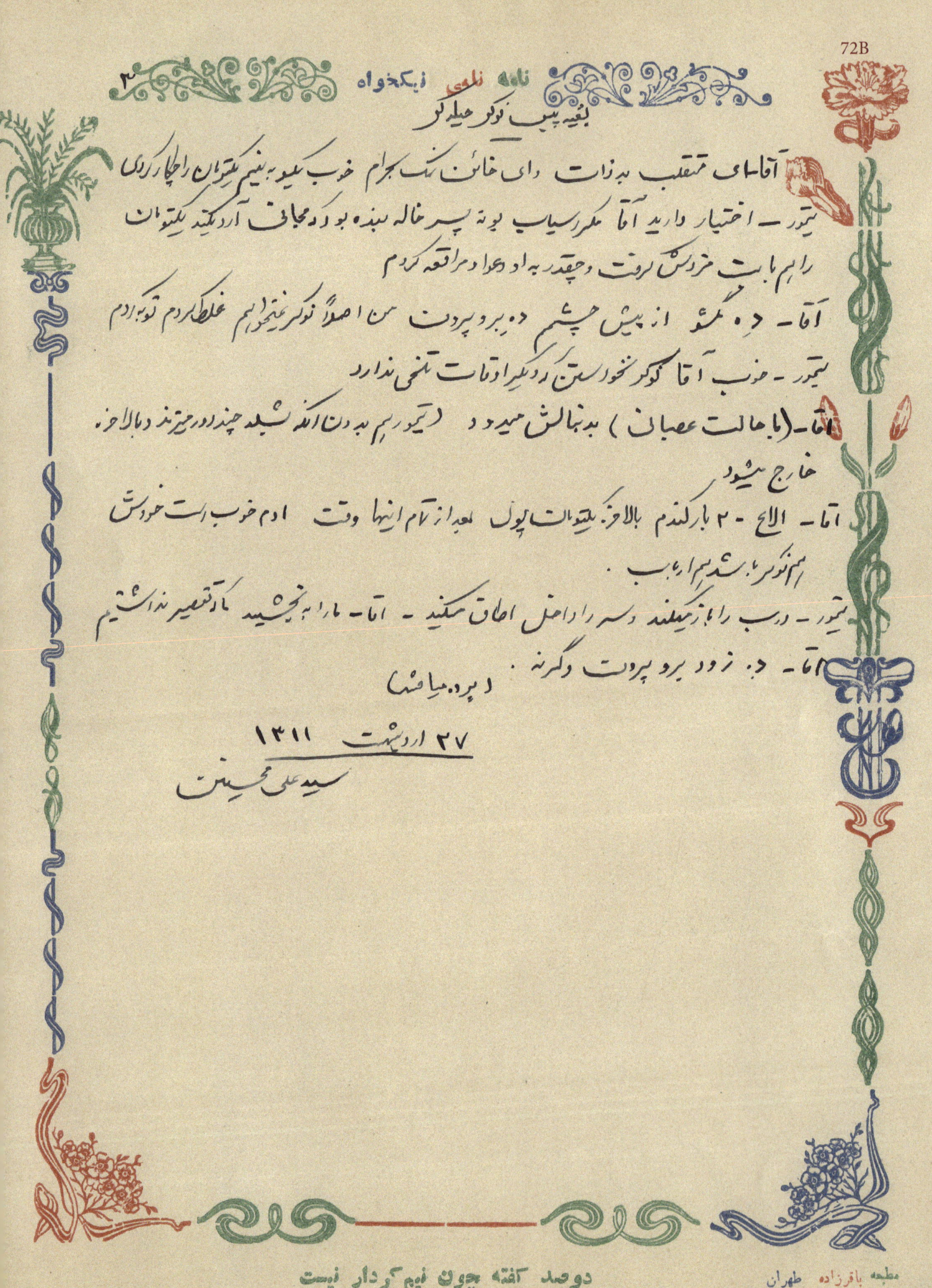

بقیه پیس نوکر حیله گر

آقا - ای متقلب بدذات ای خائن نمک بحرام خوب بگو ببینم بلیتهارا چکار کردی

تیمور - اختیار دارید آقا مگر سیاب بود پسر خاله بنده بود که مجانی آوردکید بلیتهات را هم بابت مزدش گرفت و چقدر به او دعوا و مرافعه کردم

آقا - د. گمشو از پیش چشمم د. برو پردت من اصلاً نوکر نمیخواهم غلط کردم نوکر آوردم

تیمور - خوب آقا نوکر نخواستن که دیگر اوقات تلخی ندارد

آقا - (با حالت عصبانی) بدنبالش میدود (تیمور هم بدون آنکه شیلد چند دور میزند و بالاخره خارج میشود)

آقا - الاغ - ۲ بار گندم بالاخره بلیتهات پول بعد از تمام اینها وقت آدم خوب است خودش هم نوکر باشد هم ارباب.

تیمور - درب را باز میکند و سر را داخل اطاق میکند - آقا - ما را ببخشید ما که تقصیر نداشتیم

آقا - د. زود برو پردت دیگر نه.

(پرده میافتد)

۲۷ اردیبهشت ۱۳۱۱

سید علی محسنین

نامه نامی نیکخواه

دوصد گفته چون نیم کردار نیست

مطبعه باقرزاده طهران

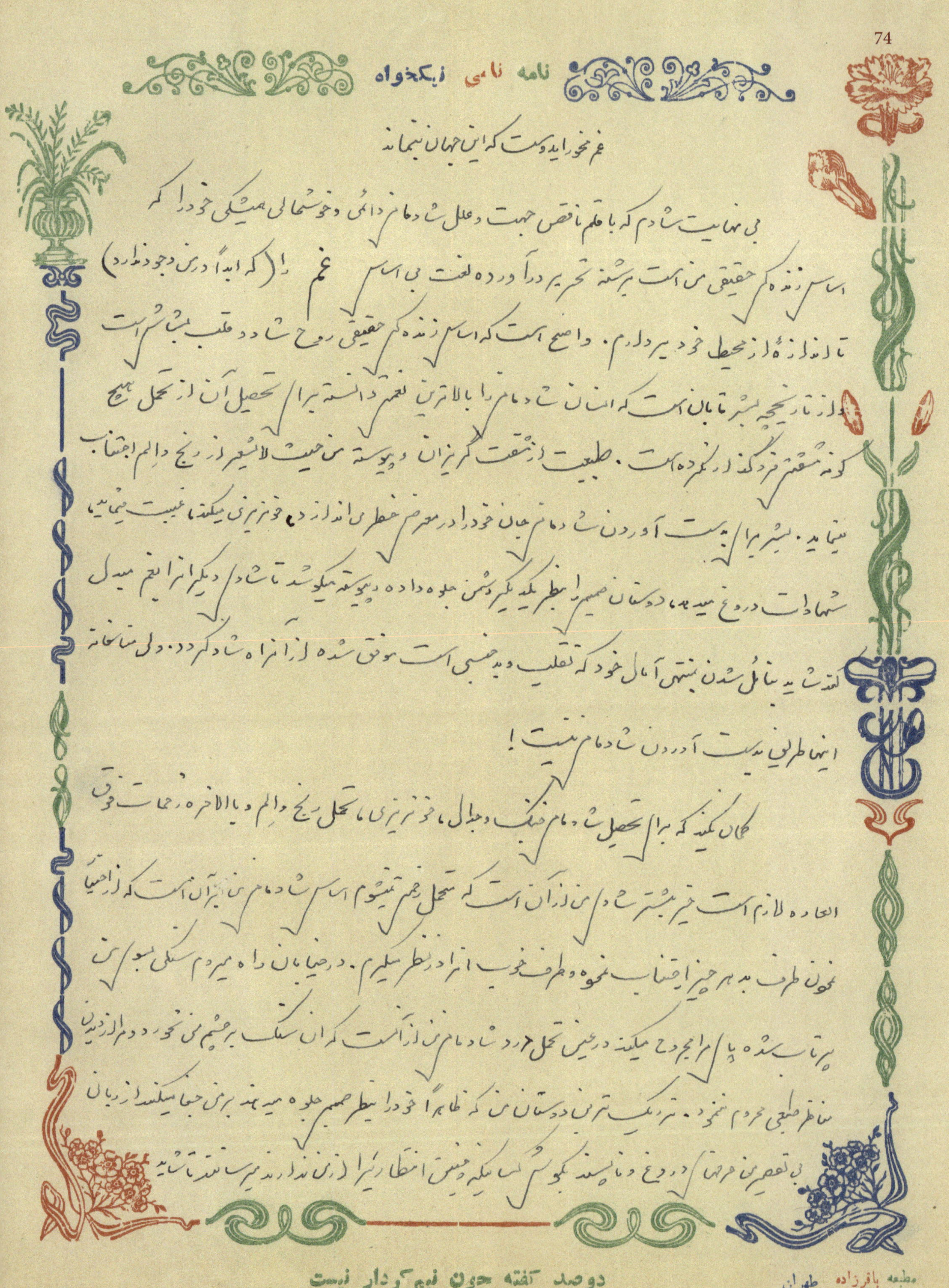

غم مخور ای دوست که این جهان نمیماند

بی نهایت شادم که با قلم ناقص جهت علل شادمانی دائمی و خوشحالی همیشگی خود را که
اساس زندگی حقیقی من است برشته تحریر درآورده لعنت بی اساس غم را (که ابداً در من وجود ندارد)
تا اندازه ای از محیط خود بردارم. واضح است که اساس زندگی حقیقی روح شاد و قلب بشاش است
و از تاریخچه بشر تابان است که انسان شادمانی را بالاترین نعمت دانسته برای تحصیل آن از تحمل هیچ
گونه مشقتی فروگذار نکرده است. طبیعت از مشقت گریزان و پیوسته من حیث لا یشعر از رنج و الم اجتناب
مینماید. بشر برای بدست آوردن شادمانی جان خود را در معرض خطر می اندازد، خونریزی میکند، غیبت مینماید،
شهادات دروغ میدهد، دوستان صمیمی را بطوریکه دیگر دشمن جلوه داده و پیوسته میکوشد تا شادی دیگران را به غم مبدل
کند تا شاید بنائل شدن بمنتهی آمال خود که تقلب و بدبختی است موفق شده از آن راه شاد گردد. ولی متاسفانه

اینها طریق بدست آوردن شادمانی نیست!

گمان نکنید که برای تحصیل شادمانی جنگ و جدال، خونریزیها، تحمل رنج و الم و بالاخره زحمات فوق
العاده لازم است خیر بیشتر سعادت من از آن است که متحمل زحمتی نمیشوم اساس شادمانی من از آن است که زاحیا
نمون طرف به هر چیز اجتناب نموده و طرف خوب آنرا در نظر میگیرم. در خیابان راه میروم سنگی بسوی من
پرتاب شده پایم را مجروح میکند در عین تحمل درد شادمانم از آنست که آن سنگ بر چشمم نخورده و مرا از دیدن
مناظر طبیعی محروم ننمود. نزدیکترین دوستان من که ظاهراً خود را بطور صمیمی جلوه میدهند برای من حیا میکنند از زبان
بی تقصیر من حرفهای دروغ و ناپسند بگوش کسانیکه هیچ انتظار ندارند از من ندارند میرسانند تا شاید

مطبعه باقرزاده طهران

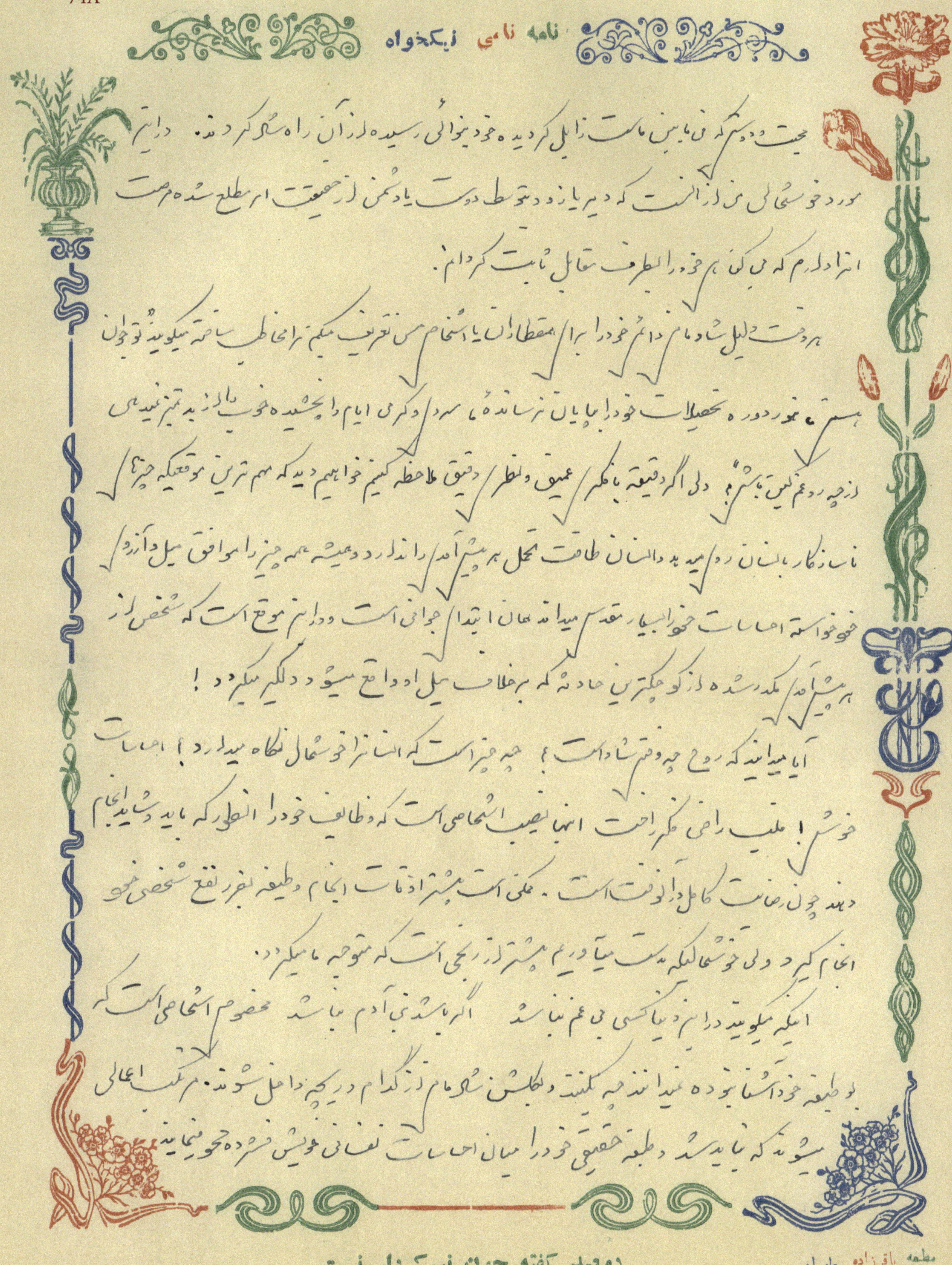

نامه نامی نیکخواه

محبت و دوستی که نسبت به این ملت ذلیل کرده‌اید خود به نوائی رسیده‌اید از آن راه شکر کنید. در این مورد خوشحالی من از آن است که دیر یا زود به توسط دوست یا دشمن از حقیقت امر مطلع شده فرصت ابراز دارم که من کی هستم خود را بطرف مقابل ثابت کرده‌ام.

هر وقت دلیل شادمانی دائمی خود را برای همقطاران یا اشخاص مسن تعریف میکنم برایم خاطرات ساخته میگویند تو جوان هستی، هنوز دوره تحصیلات خود را بپایان نرسانده‌ای سرد و گرمی ایام را نچشیده خوب را از بد تمیز نمیدهی از چه رو غمگین نباشی؟ ولی اگر دقیقه با فکر عمیق و نظر دقیق ملاحظه کنیم خواهیم دید که مهم‌ترین موقعیکه چیزی ناسازگار با انسان روی میدهد و انسان طاقت تحمل پیش‌آمد را ندارد و همیشه همه چیز را موافق میل و آرزو خود خواسته احساسات خود را بسیار مقدس میداند همان ابتدای جوانی است و در این موقع است که شخص از پیش‌آمد ملول شده از کوچکترین حادثه که برخلاف میل او واقع میشود دلگیر میگردد!

آیا میدانید که روح چه وقت شاد است؟ چه چیز است که انسان را خوشحال نگاه میدارد؟ احساسات خوش! قلب راضی فکر راحت انها نصیب اشخاصی است که وظایف خود را آنطور که باید و شاید انجام دهند چون رضایت کامل در آن نهفته است. ممکن است بیشتر اوقات انجام وظیفه بضرر نفع شخصی خود انجام گیرد ولی خوشحالیکه بدست میآوریم بیشتر از رنجی است که متوجه ما میگردد.

اینکه میگویند در این دنیا کسی بی غم نباشد اگر باشد بنی آدم نباشد مخصوص اشخاصی است که بوظیفه خود آشنا نبوده نمیدانند چه کنند و کشمکش هر دم از کدام دریچه داخل شوند. هر تکلیف عالی میشوند که باید بشوند وظیفه حقیقی خود را میان احساسات نفسانی خویش فشرده محو مینمایند

دو صد گفته چون نیم کردار نیست

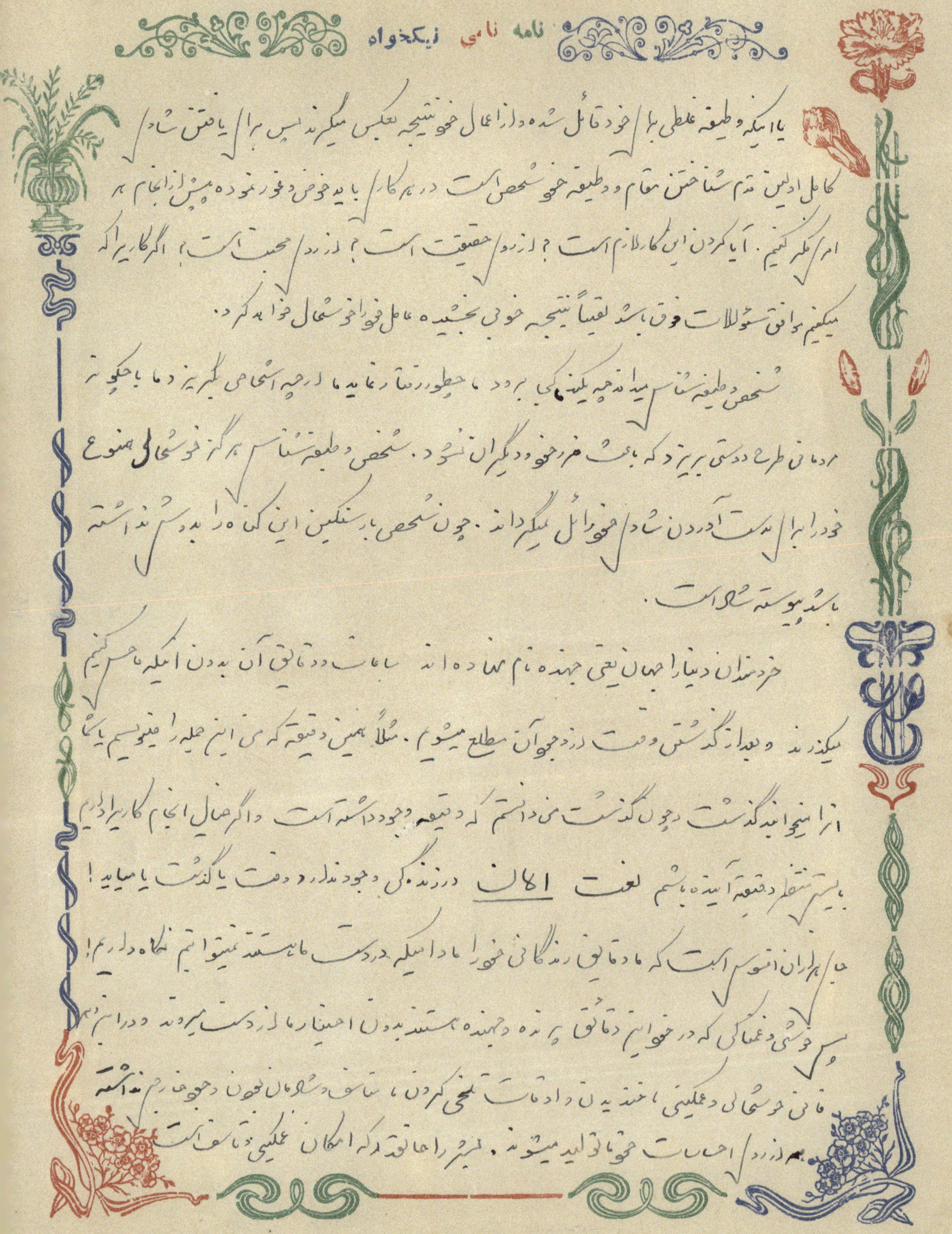

نامه نامی نیکخواه

با اینکه وظیفه غلطی برای خود قائل شده و از اعمال خود نتیجه معکوس میگیرند پس برای یافتن شادی کامل اولین قدم شناختن مقام و وظیفه خود شخص است در هر کاری باید خوب دقت نموده پیش از انجام هر امری فکر کنیم. آیا کردن این کار لازم است؟ از روی حقیقت است؟ از روی محبت است؟ اگر کاری را که میکنیم موافق سئوالات فوق باشد یقیناً نتیجه خوبی بخشیده عامل خود را خوشحال خواهد کرد.

شخص وظیفه شناس میداند چه بکند، کجا برود، چطور رفتار نماید، از چه اشخاص بگریزد و با چگونه مردمانی طرح دوستی بریزد که باعث ضرر خود و دیگران نشود. شخص وظیفه شناس هرگز خوشحالی ممنوع خود را برای بدست آوردن شادی خود وسائل نمیگرداند. چون شخص بار سنگین این کینه را بدوش نداشته باشد پیوسته شاد است.

خردمندان دنیا را جهان یعنی جهنده نام نهاده اند ساعات و دقایق آن بدون اینکه ما حس کنیم میگذرند و بعد از گذشتن وقت از رفتن آن مطلع میشویم. مثلاً همین دقیقه که من این جمله را مینویسم یا شما از اینجا میگذرید چون گذشت می دانستم که دقیقه وجود داشته است و اگر حال انجام کاری را داریم بهتر منتظر دقیقه آینده باشیم لغت <u>الان</u> در زندگی وجود ندارد وقت یا گذشت یا میاید!

جای هزاران افسوس است که ما دقایق زندگانی خود را مادامیکه در دست ما هستند نمیتوانیم نگاه داریم! پس خوشی و غمناکی که در خواب دقایق پرنده و جهنده هستند بدون اختیار ما از دست میروند و در این [illegible] فانی خوشحالی و غمگینی، اختیار [illegible] و ادعاهات تلخی کردن، تأسف و شادمانی [illegible] خوب [illegible] نداشته از روی احساسات خودمان تولید میشوند. بهتر را اطاعت که امکان عملی [illegible] است.

مطبعه باقرزاده طهران

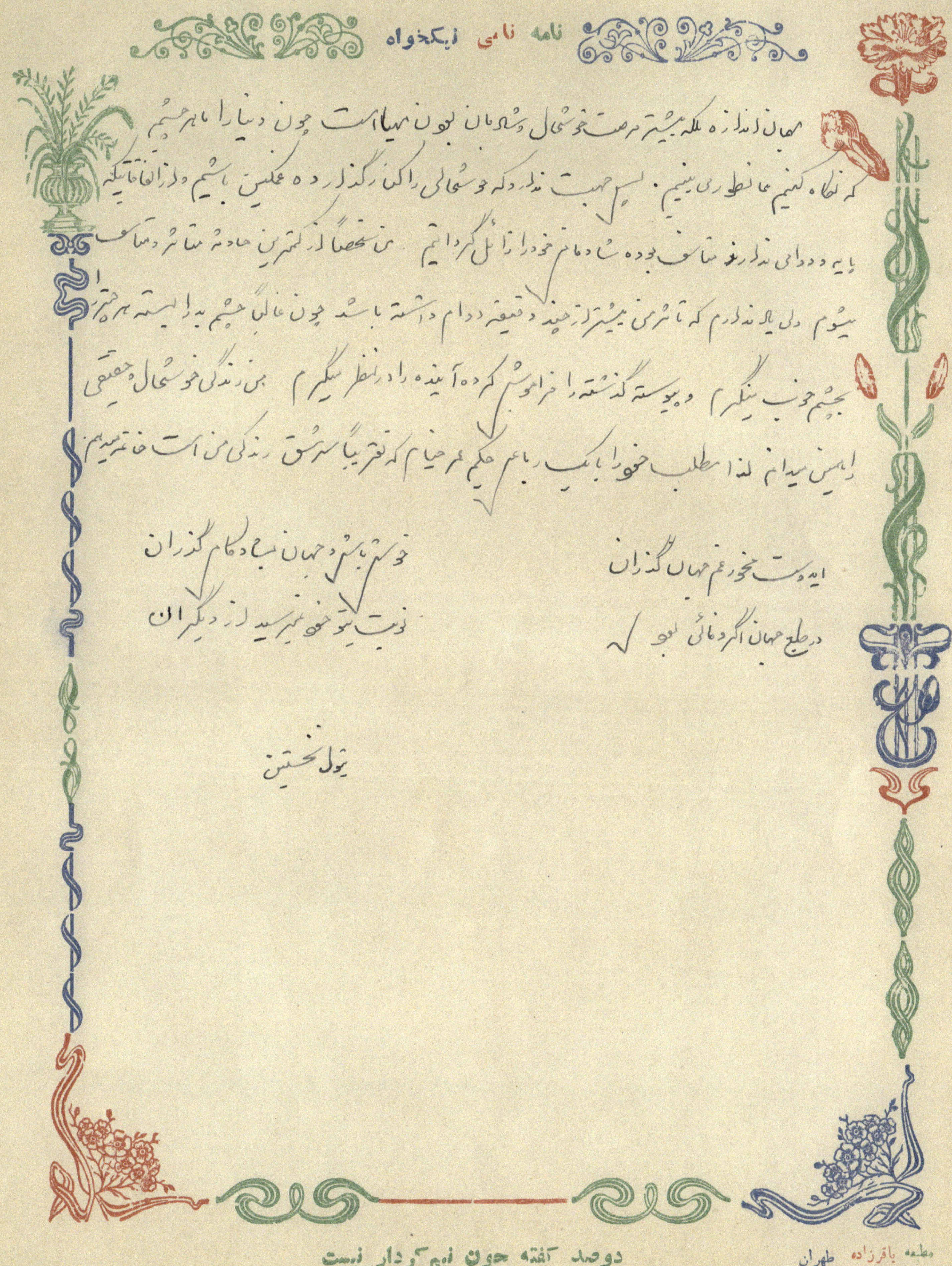

جهان اندازه بلکه بیشتر فرصت خوشحال و شادمان بودن مهیا است چون دنیا را با هر چشم
که نگاه کنیم همانطوری بینیم. پس جهت ندارد که خوشحالی را کنار گذارده غمگین باشیم و از اتفاقاتیکه
پایه و دوامی ندارد متاسف بوده شادمانی خود را زائل گردانیم. من شخصاً از کمترین حادثه متاثر و متاسف
میشوم ولی یاد ندارم که تاثری بیشتر از چند دقیقه دوام داشته باشد چون عالی چشم بد ابسته [?] هر چیز را
بچشم خوب بنگرم و پیوسته گذشته را فراموش کرده آینده را در نظر بگیرم. بی [?] زندگی خوشحال و حقیقی
را همین میدانم لذا مطلب خود را با یک رباعی حکیم عمر خیام که تقریباً سرمشق زندگی من است خاتمه میدهم

ای دوست مخور غم جهان گذران
خوش باش و جهان مباد بکام گذران
در طبع جهان اگر وفائی بود
نوبت بتو خود نمیرسید از دگران

پول نخستین [?]

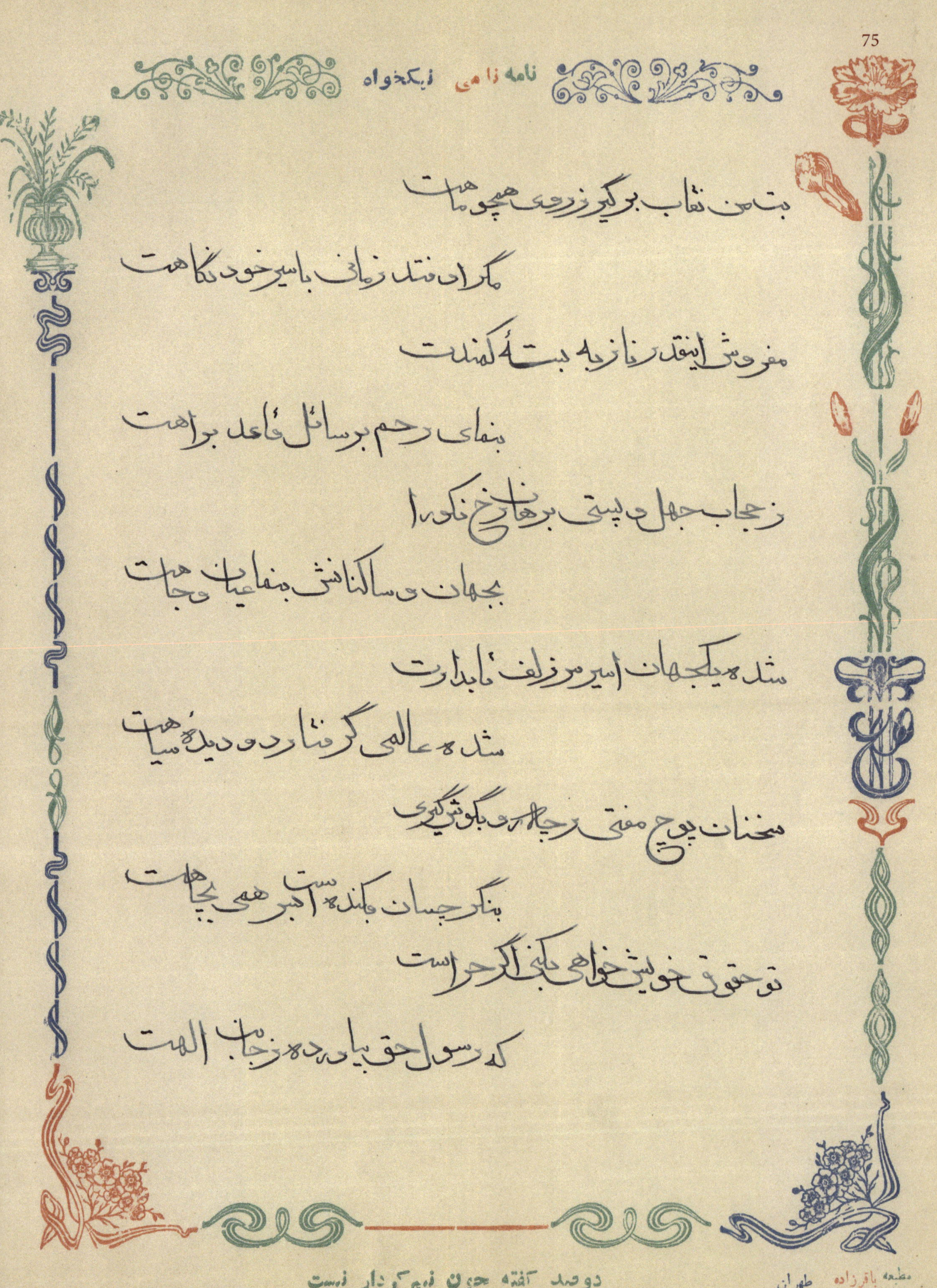

بت من نقاب برگیر ز روی همچو ماهت
مگر افتد زمانی به اسیر خود نگاهت
مفروش اینقدر ناز به بسته کمندت
بنمای رحم بر سائل قاعد براهت
ز حجاب جهل و پستی بر هان رخ نکو را
بجهان و ساکنانش بنمایان وجاهت
شده یکجهان اسیر سر زلف تابدارت
شده عالمی گرفتار دو دیده سیاهت
سخنان پوچ مفتی ز چه رو بگوش گیری
بنگر چسان فکنده آخر همی بچاهت
تو حقوق خویش خواهی بکنی اگر حراست
که رسول حق بیاورده ز جانب الهت

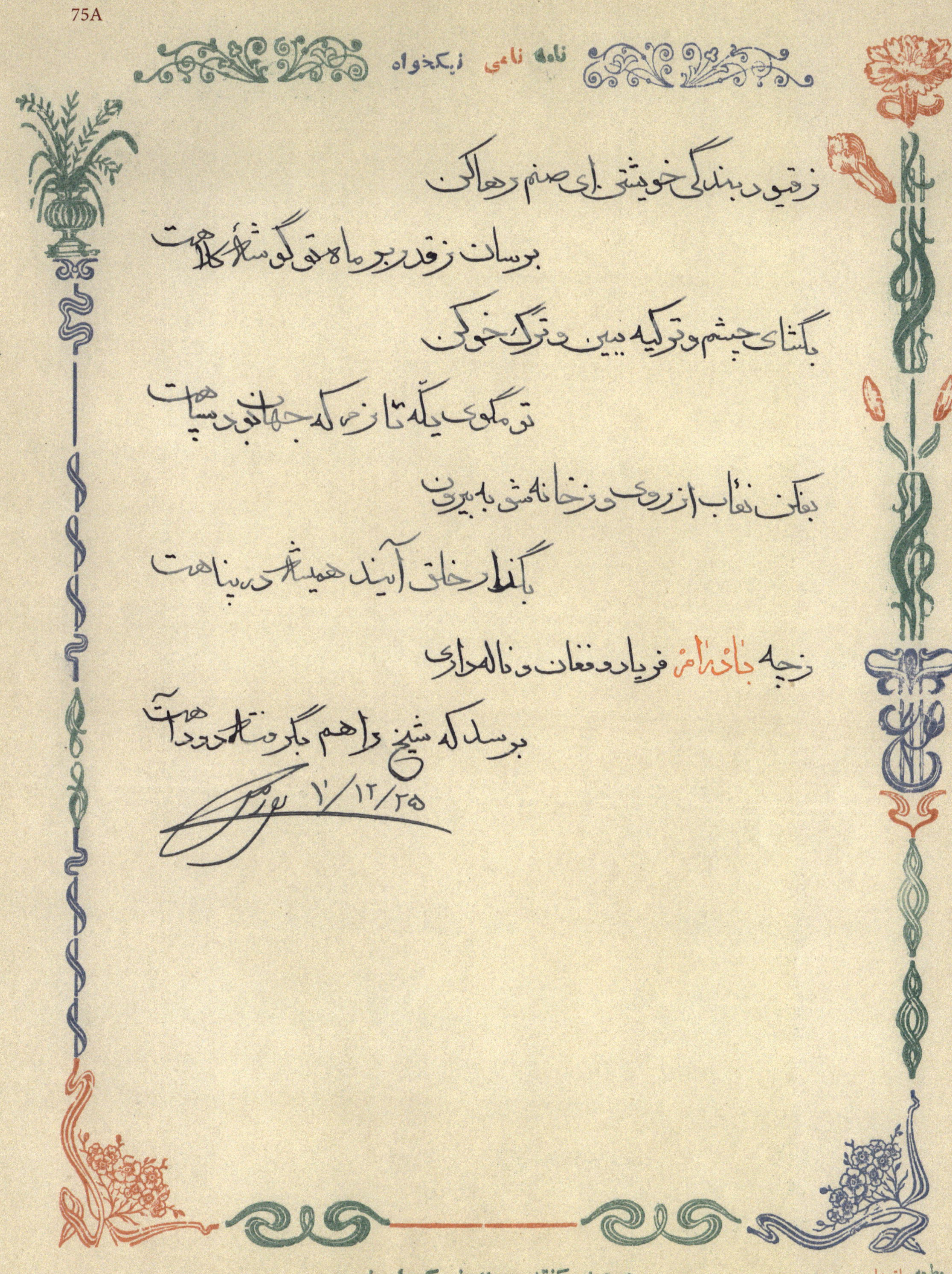

نامه نامی نیکخواه

ز قیود بندگی خویشتن ای صنم رها کن
برسان ز قدر بر ماه تو گوشه کلاهت

بگشای چشم و ترکیه بین و ترک خو کن
تو مگوی یکه تازم که جهان بود سپاهت

بفکن نقاب از روی و ز خانه شو به بیرون
بگذار خلق آیند همیشه در پناهت

ز چه بانوان فریاد و فغان و ناله داری
برسد که شیخ واهم بگرفته دود آهت

۱/۱۲/۲۵

دو صد گفته چون نیم کردار نیست

مطبعه باقرزاده طهران

شرارهٔ تب — گل کوچک

درخت کوچک عزیزم — دوباره نسیم بهاری بتو روح بخشید

باز شاخهای لطیف و قشنگت با شکوفه‌های قرمز زیبا پوشیده شد دوباره طبیعت

مادر عزیزت ترا از پستان خود شیر داد و باز تو عمر خود را از سر گرفتی تو زیبائی حیات را میدانی از شبنم بهاری لذت

میبری در دامان طبیعت میغلطی — اه بیچاره بشر —

تو عمر خود را با راحتی بسر میبری اما عمر بشر بایدوره عمر دوازده مخلوط با آلام است هر شب تب هم مانند امواج خروشان دریا بسر آمده

نابود میشوند اما هر روز چندین موج کوچک دیگر تشکیل میدهد بیچاره اولاد آدم در دریای خیلی غوطه ور شده با مرگ

خودبخود تمام این ناخوشیها خاتمه میدهد —

درخت عزیزم — تو فقط از زیبائی بهار لذت میبری جوانی تو مخلوط با شادی است تو در بهار عمر خود خندان هستی اما بشر منظور نیست

تو میخندی او گریه میکند — تو شادی او غمناک است تو دارای آینده درخشانی هستی تو سالی یکی او فقط میکند جوانی تو فصلی طرب است

اما جوانی بشر مخلوط با غم است او از جوانی خود لذت نمیبرد جوانی او بهترین اوقات زندگانی محسوب میشود به هیچ گونه تحمل لذت

مطبعه باقرزاده طهران

نامه نامی نیکخواه

مگر باوری آری در دلم هست که هنوز جوانی و بدبختی هر چه باشد نشده که هیچکس را دوست نمیداری اما تو را دوست دارم تو

نکبت اظهار محبت نمیکنی اما من که لایق پرستش زیبایی تو نیستم با تو خندان میشوم اما باز هم غم بار محنت که کشیده

درخت عزیزم — تو عشق ما همینها از محبت که شبها تا صبح بیدار بوده زانوهای لطیفت در اثر مهدی کسی ... مرتب از

دیدن کسی لطیفت نباید اشک بریزی ای یادگار جاری شده از دوری محبوب حیف نشده چشمت در انتظار دلدار خسته نگردیده

آری تو از هر چیز فانی — بلبل بیچاره برای خار تو میخواند اما تو جواب نمیدهی اما او برای تو درد دل میکند اما تو به تمام عقاید او میخندی او

از عشق شکوه میکند اما تو عشق را هیچ نمیدانی او بر روی گلهای قشنگ تو میغلطد اما تو او را در آغوش نمیکشی او فریاد میکند تو

اما او آشیانه خود را در خم شاخهای تو پنهان میکند اما تو او را بدبخت بار میدهی تو میبرد او گرفتار نیز از چنگال عشق دچار گشته

گل قشنگم — تو با این طبیعت پرورش شده همیشه میان سایرین سرافراز بوده به بدبختی دچار نشده همچنین برای آرزوی خود دستان نکرده

حق داری تو میدانی که دوری لعنت مهرپرورست — تو میدانی محبت در دنیا خفه شده است تو میدانی همچنین حقیقت را دوست نمیدارد

تو خوب دانسته در همه تو را فریب میدهند اما با هم محبت کن من تو را میپرستم دلم میخواهد در دامان تو پرورش شوم میخواهم دست خار تو غلط

زنم با هم محبت کن منهم مثل تو از ... خسته شده‌ام باید دست بهم داده فریاد کنیم با هم شادی نمائیم با هم محبت کن ... دوست بدار

شاید تو اول کسی باشی مرا دوست داری آغوش خود را باز نگاهت بکنید از شر بزرگان در دامان خود جای ده — اما نه درخت

عزیزم تو هم با کسی بدبختی شرخواهی رفت تو به تنهائی خود ادامه ده اگر کسی حتی از منهم ترا دوست دارم کنار گریه کن ببند ارام

بنام و افکار انسان

گل زیبایم — تو گرفتار عدالت مرموز گشته‌ای تو در زیر شکنجه‌های افراد ... افتاده تو در دام بدبختی دچار شده تو همیشه حاضر ... میکنی

خود را انتقام زندگی اما اگر حاضر نمیشود تو میخواهی لعنه خودت را دعا میدهی اما او با بیشرمی گلوله به اوضاع خود دفاع میدهد

تو آخرین درخت مکندی را شاهی نکرده حسرت تو قشنگ است گاهی چون حسرت شده پرده جهان ضعیف در جلو چشمت مجسم میکند

اما همه اینها را دیده‌ام تو با هم در دنیائی که تو میخواهی شاد باشی زندگی میکنیم —

دوصد گفته چون نیم کردار نیست

مطبعه باقرزاده طهران

نامه نامی نیکخواه

درخت کوچکم - تو نمو میکنی شکوفه میدهی گلهای قشنگت جلوه آرائی مینمایند خزان که میشود دو باره بهاری دیگر عمر خود را از سر
میگیری لکن من هم متولد میشوم نشو و نما میکنم گلی میدهم خزان میکنم. بالاخره سپید و سیاه میرد و در عمر شریک هستیم اما در آمال متفاوت
و اشرف مخلوقات است طبیعت با و حس داده هر چیز را می‌بیند از هر چیز غمگین میشود اما تو نه طبیعت بینی تا فکر بکنید
خود را ضعیف میبینید و چاره نمیتوانید در جهت میافتید اما تو مکان زیبا تو جلوه آرا چون طبیعت همه چیز بخشیده اعتنائی
نگاه میکنی بخود دست میبال از آنکه نمی‌بینید در خوشی هستی اما من اختیار در بسا دیگر نمیداری توئی که برور بار آمدی همیشه با راحتی
دست در آغوش بوده اما طبیعت تو را به نهایت نخواهد داد همیشه ز ما خوشوقت برای تو دیگر گریه میکنیم چون تو خالد
برای من غمگین نمیشوی مرا فوت تا آنکه نمیکنم چون تو خالد هم اینک تو چه بخود دارم معذور میباشی من رفتم خدا حافظ

کریم - ظهیری
محصل کلاس ۱۱
۲ فروردین ۱۳۱۱

دو صد گفته چون نیم کردار نیست

مطبعه باقرزاده طهران

دست انتقام قوی است

یاد دارم که در فصل بهار که تازه بهار عمرم شروع گردیده بود با جمعی از دوستان بباغی رفتم که منظره اش گوئی خلد برین و نسیم لطیفش چون نسیم بهشتی وزان بود نهر کوچکی در آن جریان داشت که گوئی آب آن از زلالی بر اشک دیدگان پریچهرگان سبقت میگرفت درختانش سبز و خرّم و شکوفهای آن تازه رو بشکفتن نهاده چون تبسم گلرخان ماه رو قلب ناظرین را مانند مغناطیسی بخود جذب میکردند گلهای رنگارنگش فضای باغ را معطر ساخته و آواز پرندگان بر جلوه اش افزوده بود صبحگاهان نسیمی روان بخش وزیدن گرفت بطوریکه مرا تحریک نمود که از جا برخواسته اندکی بتماشای گلهای سرخ بروم.

وقتیکه از جای خود حرکت نمودم بوی گل چنان مرا مست نمود که چیزی نمانده بود از خود بیخود گردم ولی با کمک نسیم ملایمی خود را بپای درخت گل سرخی رسانده مشغول نگاه کردن شدم ناگاه بلبلی را دیدم که در کنار گلی قرار گرفته است همانجا نشسته دیده بر دوختم تا از فرجام کار مطلع گردم.

ناگاه دیدم بلبل با نغمات روح افزای خود با معشوقش مکالمه میکند و میگوید ای معشوق دل آرا و ای یار عزیزیکه برای یک لحظه دیدنت خود را کشتن میدهم چند روز با من صحبت دار و اندکی دم از وفا زن و کمتر بمن جفا نما رسم زمانه چنین

نامه نامی نیکخواه

نیست چند روزی که طراوت جمالت باقی بماند و هنوز پژمردگی بر تو
راه نیافته است تفقدی از یار دل خسته خود نما ببین دل مرده بعد از چند دقیقه
که مشغول گفتن این الفاظ بود و جوابی نشنید اندکی بر طبیعت پرخاش نمود ولی
البته مؤثر واقع نشد بی اختیار پرواز نموده برفت ولی در حین رفتن میگفت
دست انتقام قوی است مگر روزگار انتقام مرا بگیرد

من از این منظرهٔ شگفت آور بحیرت آمدم و با خود میگفتم چگونه ممکن است روزگار
انتقام او را بگیرد اما پس از لحظهٔ دیدم بادی تند وزیدن گرفت و آن گل سرخ را از
درخت چنان بکند که هر پره اش بکناری پرتاب شد

از این نگاه مرا حالی دگر پدیدار شد از جا برخاسته و خود را برفقا رساندم
و دانستم که این روزگار انتقام مظلوم را از ظالم خواهد گرفت ،

الاحقر محمد حسین مهذبی شیرازی
دوازدهم اردی بهشت ماه ۱۳۱۱

دو صد گفته چون نیم کردار نیست

مطبعه باقرزاده طهران

اینان لذات مادی و ترقی‌ها را بلذات معنوی و دائمی ترجیح داده آینده خود را بمعرض هزاران

هر گونه خطر و هلاکت میسپارند و بالعکس آنهائی که نعمت ثروت را عزیز داشته و قدر عمر گرانبها را فهمیده اند مختصر

کوشش چند ساله را که صرف آینده درخشانی برای خود تهیه میکنند اینک ما برای بیدار شدن آن افکار روشن

از هزاران جوانان بیگناه که در تهیه‌گاه این مملکت و پایه امیدواری این ملت باستانی هستند نکاتی چند

خاطر نشان نموده و عواقب وخیم برخی از عادات رذیله و اخلاق وخیمه را که مایه محو و زوال جوانان و خانواده

ایشان است متذکر میشویم تا آنانکه طالب موفقیت و جویای سعادت هستند با دیده باز موانع و خطرات طریق

ترقی را در نظر گرفته حتی المقدور از آنها احتراز جویند.

۱- یکی از عادات سهم و خطرناک که در غالب جوانان رواج دارد مانند استمنا (جلق) است مبتلایان باین امراض د

عادت پس از اندک زمانی بعواقب وخیم آن از قبیل زردی رنگ - ضعف - لاغری - پا درد - کم حوصلگی -

کم خوابی - کم غذائی - حالات عصبانی و عوارض نوراستنی - تب‌های فرمین و غیره گرفتار شده عاقبت از

مردی باز افتاده و بنهایت فلاکت بدیار نیستی رهسپار میشوند

۲- سوزاک - این مرض در اثر جزئی غفلتی شخص را مبتلا میسازد گذشته از درد و سوزش دائمی و ورم خصیتین

ورم غده پروستات و عواقب آتی در سن چهل و پنجاه سالگی - خیارک - ضیق مجری - خشک شدن نسل

و بالاخره کوری و قطع نسل و ورم شکم و دکمه‌ها و هزاران عوارض دیگر را که ذکر آنها بی مورد است در بر دارد

مخصوصاً اگر قبل از معالجه قطعی و حصول بهبودی کامل با دختری بیچاره ازدواج شود اثرات سخت‌تر از خود در او گرفتار

خواهد کرد چه این مرض در زنان بطور شدیدتری ظاهر میشود و غالباً امراض مختلفی را در زنان باعث میشود

که منجر باعمال تحت جراحی خواهد گشت.

۳ - سفلیس یا کوفت - این مرض خطرناک در از قدیم الایام نام آن وحشت آور و دهشتناک بوده سه مرحله را طی مینماید نخستین مرحله آن زخم کوچکی است موسوم به شانکر شبیه به تبخال و از عقب روی آلات تناسلی ظاهر شده گاهی هم ولی بندرت آثار ظاهری آن محو شده و از داخل شروع بکار مینماید - درجه دوم پس از یک الی شش ماه باشکال مختلف از قبیل گلو درد - زخم دهان و زبان - گرفتگی صدا - تورم بعضی از غدد و پیدایش دانه های سرخ رنگ پس ابتدا در پشت و پس در تمام بدن آشکار میشود و ممکن است بخودی خود ظاهراً مرتفع گردد - درجه سوم پس از چندین عوارض درجه دوم از چند ماه الی چندین سال بعد بستگی از اشکال زیر پدیدار شود - جنون - امراض مهلک قلبی - زخمهای کچله - کوری چشمان - ورشته خاد و مغز تام و یا قسمتی از بدن - حملات و سکته های مهلک و غیره. عوارض این مرض در دیگران حتمی است و ظهور آن از آن تا پشت سوم و چهارم قطعی است و از عقب در نهایت سبب سقط جنین و یا ابتلاء طفل پس از تولد شدن

۴ - عادت بمشروبات الکلی نیز بنوبت خود مرض مخصوص و خطرناک است - زیرا بواسطه تولید عطش کاذب منتهی به شرب مدام (دائم الخمر) میشود. علاوه بر اینکه اشکالات گذشته از ابتلای بامراض کبد - کلیه - سوء هاضمه - در اثر سستی اعصاب و رعشه و غیره عواقب دردناکی باعمال بسیار زشت میکنند در گاهی منجر قتل و جنایت میشوند (طبق تحقیقات دقیقی در شکایات قسمت عمده قتلها و نزاعها و غیره بر اثر اشخاص الکلی صورت گرفته است)

۵ - استعمال تریاک و اقسام آن - این عادت زشت و پلید در تدریج شخص را معتاد و

مطبعه باقرزاده طهران

نسبت بهمین نزاع جزئی زندگانی میکشد.

بلای خانمانسوزیست که ترک آن جز بوسیله مرگ صورت پذیر نیست - از کار صحیحه تریاک عادی که از
بواسطه یکی از جهات ذیل خود را باین جاده تاریک و ورطه هولناک افکنده اند (۱) تفریح (۲) شهوت یا
تریاکیان (۳) طبابت پیره زنان - خلاصه این وارد رفتن ولو برای یکبار به استعمال شده - بار خوردن بسیار زیاد
مستحکم است و تشخیص و بهتر آن تشبیه بگیرد آن تا نیرانان دیده انگاشته بنفقه های همه مردان نادان این است که
دفعتاً ترک نمود زیرا اینکه تجربه دیده شده اولین بار استعمال آن غالباً منجر به عادت همیشگی گردیده و روز بروز
بر مقدار آن افزوده خواهد گشت - چه پس از مدتی استعمال مقدار معین دیگر کیف و یا اصطلاح
اهل فن نعشه و لذتی نخواهد داد و بالطبع بر مقدار آن علاوه میشود - ضعف مخصوصه سوء ... یکی از
قرار ذیل است - تنبلی - سستی عنصری - ابتلا به ... - لاقیدی - خانه نشینی - کم خوابی - بی اشتهائی
یبوست - سوء هاضمه - بد اخلاقی - تند خوئی و غیره و غیره در خرابی و بعضی از نقاط دیگر مملکت
در چوب وافور (نگاری) را پس از مدتی استعمال بواسطه جمع شدن جرم و کثافات در آن بقیمت گزافی میخرند
و هر قدری در این کثافات بیشتر شده و مجرای چوب را تنگتر کند بر قیمت آن افزوده خواهد گشت ولی
باید دانست که با اینهمه تنگی استعداد آنرا دارد که تمام دارائی و جوانی مبتلایان را تبدیل به دود نماید از
سایر چیزهائی که مخدرات و مسکرات و دیگر از قبیل کوکائین - مرفین و حشیش و غیره و غیره در ایران
بنیان زندگانی و بعد انواع ملک و هر چیز های مبتلایان کمتر از تریاک میخورد گاهی بیش بر آن برتری دارد
چون این مقاله بیش از این گنجایش شرح و تفصیل ندارد

مطبعه باقرزاده طهران

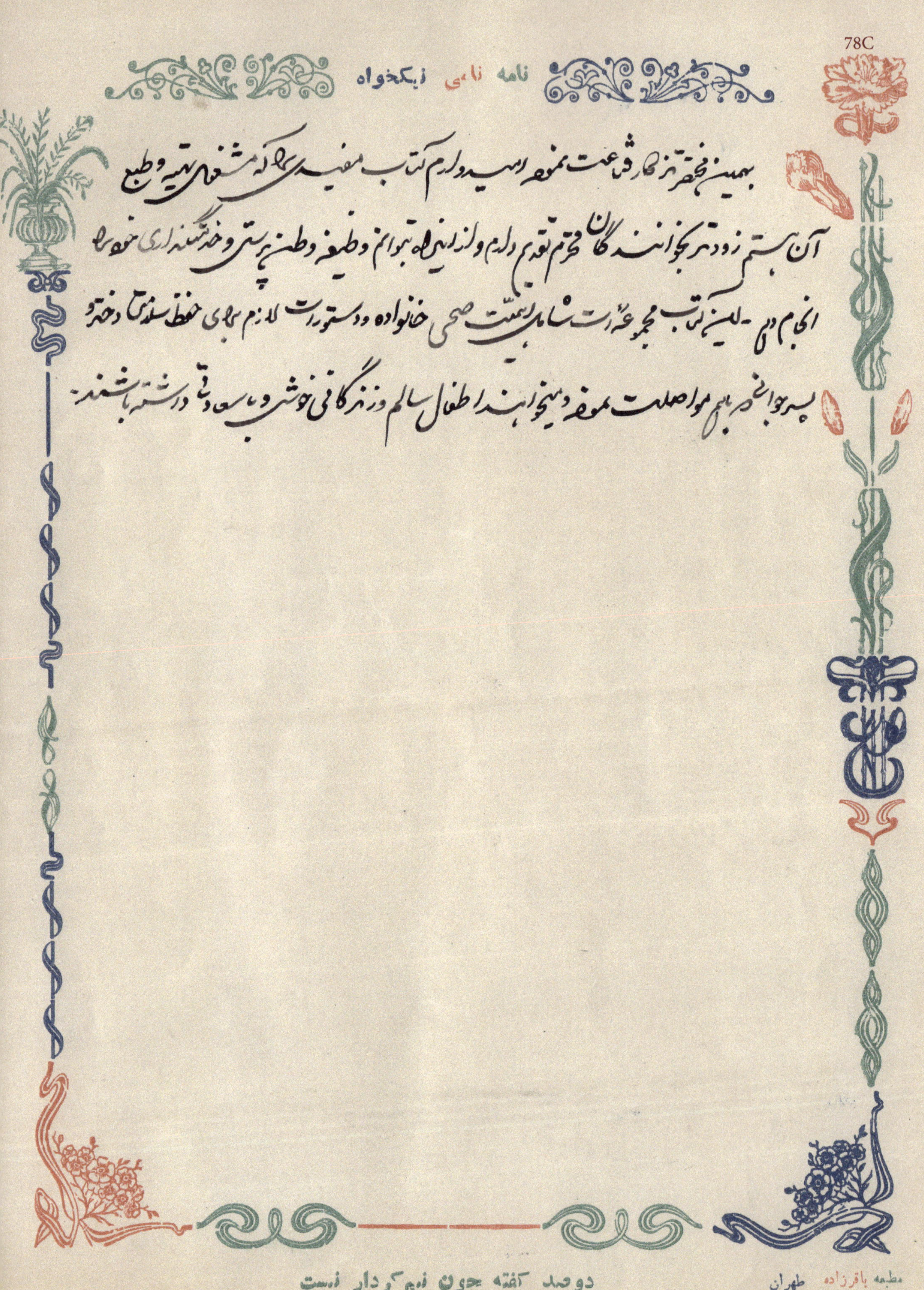

نامه نامی نیکخواه

بهمین مختصر تذکار قناعت نموده امیدوارم کتاب مفیدی که مشغول تهیه و طبع آن هستم زودتر بخوانندگان محترم تقدیم دارم و از این راه بتوانم وظیفه وطن پرستی و خدمتگذاری خود را انجام دهم — این کتاب مجموعه ایست شامل بهداشت صحی خانواده و دستورات لازمه برای حفظ سلامتی دختر و پسر جوانی که باهم مواصلت نموده و میخواهند اطفال سالم و زندگانی خوش و با سعادتی داشته باشند.

نامه نامی نیکخواه

دو صد گفته چون نیم کردار نیست

مطبعه باقرزاده طهران

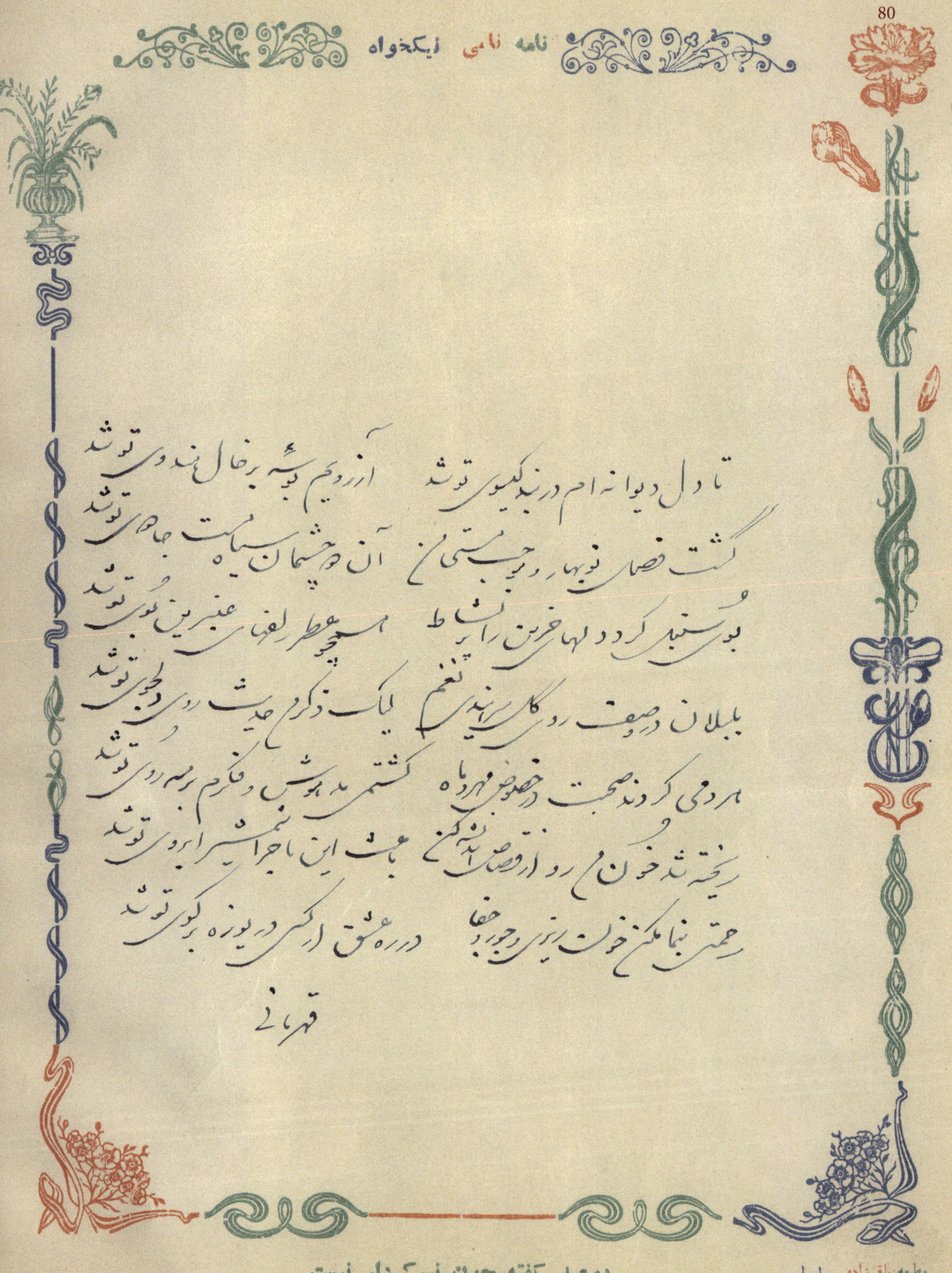

تا دل دیوانه ام در بند گیسوی تو شد   آرزویم بوسه بر خال هندوی تو شد
گشت فصل نوبهار و موجب مستی من   آن دو چشمان سیاه مست جادوی تو شد
بوی سنبل کرد دلهای حزین را پر نشاط   همچو عطر زلفهای عنبرین بوی تو شد
بلبلان در وصف روی گل سرایندی نغم   لیک ذکر من حدیث روی دلجوی تو شد
هر دمی کردند صحبت در خصوص مهر و ماه   گشتمی بیهوش و فکرم بر سر روی تو شد
ریخته شد خون من رو از قصاص آن شه کنی   باعث این ماجرا شمشیر ابروی تو شد
رحمتی بنما مکن خونریزی و جور و جفا   در ره عشق ار کسی دریوزه بر کوی تو شد

قهرانی

ایرج ناصر

دو صد گفته چون نیم کردار نیست

مطبعه باقرزاده طهران

مرغ دلم در قفس غم اسیر — تازه جوان گشته ز اندوه پیر

هنوز مراحل عشق را نپیموده، شادی وصال و غم هجران را نمیدانستم. هنوز برموز محبت پی نبرده، و در جاذبه دوستی را سیر نکرده بودم که بنغمات دلکش بلبلی دلبستگی پیدا نموده و مفتون شدم. قبل از جلوه گری آفتاب بیدار میشدم، نسیم فرح بخش بهاری را استنشاق میکردم، خود را مخفیانه بسمت درخت گلی که مسکن آن عاشق دلباخته بود میکشاندم و در زیر آن درخت برروی سبزه ها تکیه میکردم. اسرار عشق را میشنیدم ولی پی بحقیقت آن نمیبردم. چند روزی گذشت خیال کودکانهٔ در مغزم پیدا شد، در صدد گرفتاری آن مرغ برآمدم. بالاخره او را بچنگ آورده، در قفسی محبوسش ساختم. اولین روزی که در بند افتاده بود، اطاقم را پر از شور و غوغا نمود. من تصور میکردم خوراکهای لذیذ، شربتهای گوارا، اطاق تمیز، قفس قشنگ، ظرفهای چینی او را مسرور در آورده راز درونی خود را آشکار میسازد.

آن روز گذشت و دیگر نغماتی از او ظاهر نشد. خوراک نمیخورد، آب نمیاشامید. در صدد چاره برآمدم. گلهای زیادی از درخت کنده نثار قفسش نمودم. قدری بخود آمد ولی هیچ نگفت. روز دیگر قفسش را بشاخهٔ از درخت گل آویزان کردم و در نزدیک آبشار کوچکی بقرائت کتاب مشغول شدم. چون بجانب بلبل بازگشتم، او را مرده یافتم، در صورتیکه سر خود را از روزنهٔ قفس بیرون آورده و دیدگانش را بغنچهٔ گلی دوخته بود. دلم بسوخت. با آهستگی در قفس را باز کرده او را بملایمت برداشتم و بوتهٔ یاسمنی را تکیه گاهش ساختم. دقیقهٔ چند باو نگاه کردم. بی اختیار اشک از چشمهایم جاری شد، راه اطاق خوابم را گرفته برروی تخت خواب افتادم. ساعتی نگذشت که ببالین آن بیچاره آمدم، ولی او را ندیده و خبری نیز حاصل نشد.

هنوز اسرار این واقعه برمن مجهول ماند. تا اینکه استاد سن یعنی طبیعت از چگونگی آن آگاهم نمود. خودم را دچار کرد، گرفتارم نمود مرا از آن زندگانی ساده و بی آلایشی که داشتم محروم ساخت. اجازه نداد از جمال طبیعت لذت برم و دست پروردهٔ خود

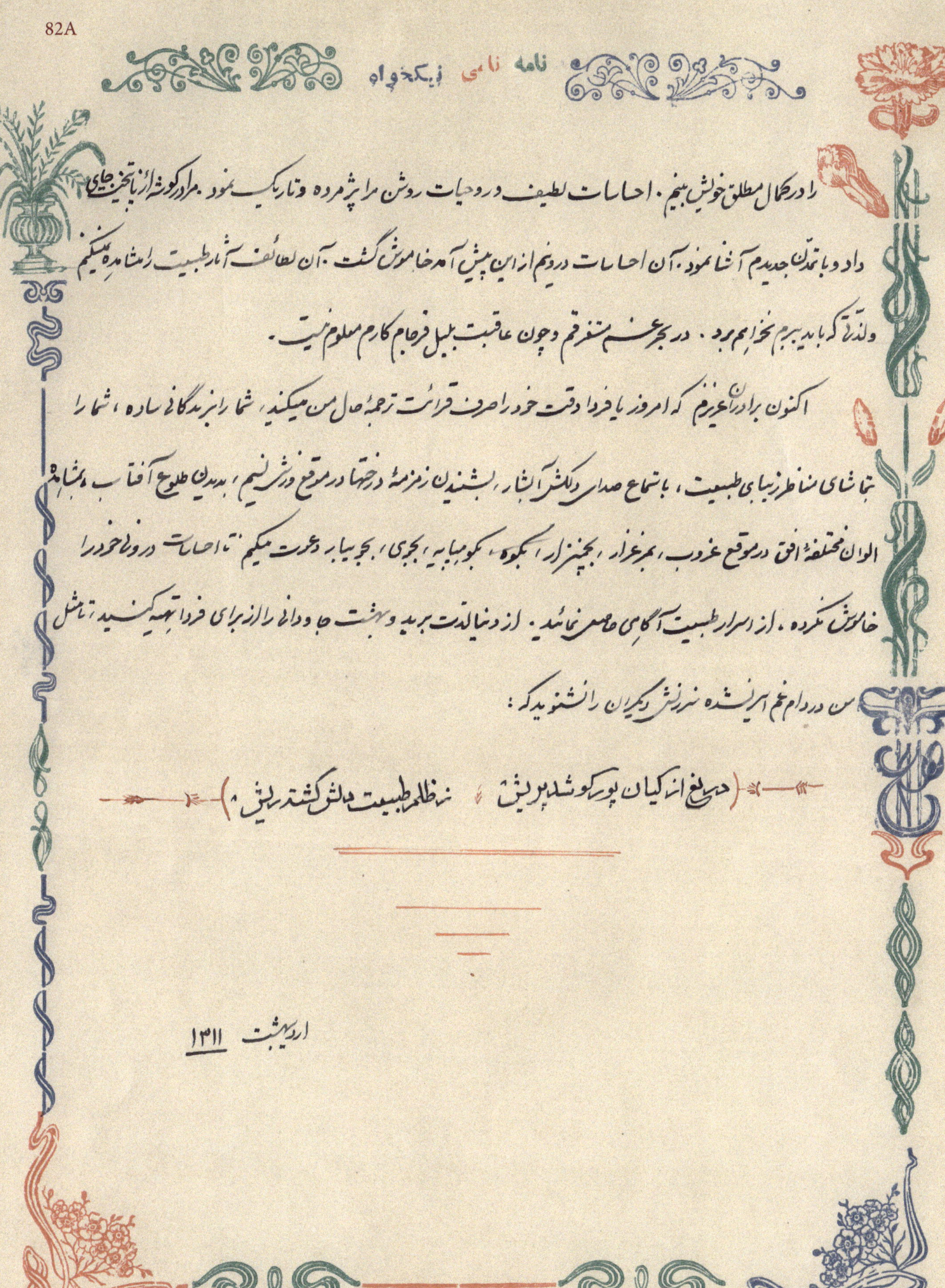

نامه نامی نیکخواه

را در کمال مطلق خویش ببینم. احساسات لطیف و روحیات روشن مرا پژمرده و تاریک نمود. مرا در گوشه از پایتخت جای داد و با تمدن جدیدم آشنا نمود. آن احساسات درونیم از این پیش آمد خاموش گشت. آن لطائف آثار طبیعت را مشاهده میکنم ولذتی که باید ببرم نخواهم برد. در بحر غم مستغرقم و چون عاقبت بلبل فرجام کارم معلوم نیست.

اکنون برادران عزیزم که امروز یا فردا دقت خود را صرف قرائت ترجمهٔ حال من میکنید، شما را به بندگانی ساده، شما را بتماشای مناظر زیبای طبیعت، باستماع صدای دلکش آبشار، بشنیدن زمزمهٔ درختها در موقع وزش نسیم، بدیدن طلوع آفتاب، بمشاهدهٔ الوان مختلفهٔ افق در موقع غروب، بمرغزار، بچمنزار، بکوه، بکوهپایه، بجوی، بجویبار دعوت میکنم تا احساسات درونی خود را خاموش نکرده، از اسرار طبیعت آگاهی حاصل نمائید. از دنیا لذت ببرید و بهشت جاودانی را از برای فردا تهیه کنید تا مثل من در دام غم اسیر شده سرزنش دیگران را نشنوید که:

(دریغ از کیان پور کوشد پریش ، ز نظم طبیعت دلش گشته ریش.)

اردیبهشت ۱۳۱۱

دو صد گفته چون نیم کردار نیست

مطبعه باقرزاده طهران

دوصد گفته چون نیم کردار نیست

مطبعه باقرزاده طهران

جوانی

جوانی چیست مرغی بر پر شوخ — همیشه مست و بی‌آرام و گستاخ

ازین شاخش بدیگر شاخ پرواز — رمیده‌ش عاشق و خوش آواز

جهان در چشم او باغی در آن باغ — گلش بی خار باشد لاله بی داغ

زگلها تنها بر او خندان شب و روز — زگلها خندان‌تر او را بخت فیروز

وزد ناگه خزان باد پیری — دگرگون گردد آن لذت پذیری

بماند گل بکار در شاخ برجای — همان سرو ستاده به یکپای

ولیکن آن ضمیر شادمان کو — دلی از بوستان شادی ستان کو

میان شاخساری از نظر دور — شود آن مرغ پیری دیده مستور

ز گلستان جهان بر بسته دیده — بجز چون کرم ابریشم تنیده

همی گوید بگوش دل نهانی — که ای سرچشمه عشق و جوانی

بیا بار دگر خوش باش از آن پیش — نتوانیم یاد آورد دل از خویش

چو کرد این خواهش از دل مرغ مأیوس

بگوشش ناله آید که افسوس ... !

رهی

فواره

گرنه آن فواره از کان گهر بیرون شود / قطره هایش هر زمان چون در مکنون چون شود

چون هوا ساکن شود باشد عصائی از بلور / ور نسیم آید زسیم تر یکی عرجون شود

لرزلرزان است و ناموزون قدش در پیش باد / چون نشیند باد در دم قامتش موزون شود

بید مجنون است مانند و چو خم گردد ز باد / بید دیدستی که خود گرینده چون مجنون شود ؟

همچو نور مهر از گردون فرود آید بزیر / همچو آه دردمند از خاک زی گردون شود

راست گوئی سیمگون ماری است ز افسون مانده خشک / آری آری خشک گردد مار چون افسون شود

زو قبای آبگیر از سیم تر گیرد سجاف / زو کلاه سبزه از الماس و در مشحون شود

گرنه این الماس و در از خاکدان گیرد گریز / خاکدان روزی دو از گنج گهر قارون شود

روی آب از ریزش او دایره بندد هزار / هر یکی مر دیگری را مرکز و کانون شود

این مرآن را همچو زندانی بود بربسته در / لیک خود در بند موج دیگری مسجون شود

تا بدرّد سجن خود آن یک شود دایم فراخ / وسعت زندان ولیکن همچنان افزون شود

باغ را گردن مگر بشکافته رگ کو را همی / مایهٔ جان روز و شب از کالبد بیرون شود

باغ را زین رفتن خون ای عجب نیرو فزود / گرچه تن سستی پذیرد گر دمی زو خون شود

مطبعه باقرزاده طهران

چون براو خورشید تا بر گردد از نکیو پدید
گونه گون قوسی که عقل از دیدنش مفتون شود

گر کمال دیدیت گاه آید در نظر بر هفت رنگ
وانگهی الوان آن هر لحظه دیگرگون شود!

رنگ گلهای چمن گوئی در او شد منعکس
کاین چنین هر دم برنگ همچو بوقلمون شود

گه جمال لاله گیرد گاه لون شنبلیه
گه بنفشه رنگ گردد گه چو آذریون شود

طاق نصرت بسته گوئی باغ تا شاه نسیم
با غنیمت های زیبای گل سوی هامون شود

ای درخت شادمانی ایکه در باغ بهشت
هرکه از تو روی در طوبی کند مغبون شود

آنکه از تو دور باشد در ربایش از خوشی
وانکه نزدیک تو شد با خوشی مقرون شود

رشید یاسمی

غزل

راهی نشد پدید و دل اندر هوس بماند
خاکستری بجای ز فروزان قبس بماند

شد کاروان شوق و نشاط و امید وصل
گوشش امیدوار به بانگ جرس بماند

شادی ز دوش یاد برون جست و غم نشست
گوهر بقعر آب فرو رفت و خس بماند

عمری بشد بباده و ز دیده و چشم دل
در انتظار ساقی و فریادرس بماند

آن مرغ آرزو که خیالش مدام بست
پرواز کرد و مشت پری در قفس بماند

شهدش طمع ربوده و بیش خوران
دل دست غم نهاده بسر چون مگس بماند

زان آههای سرد نبردیم هیچ سود
جز پاره های آه که اندر نفس بماند

نامه نامی نیکخواه

ورزش

بیا تا تن خود نداریم خوار   برآریم از جان سستی دمار
تن ما چو کاخی است در سیلگاه   بر او سیل غرّنده افکند راه
چو بنیان او گشت ناستوار   نگیرد بر سیل جوشان قرار
بکاخ اندرون هوش و فرهنگ و رای   چو خانه خدایان گزینند جای
اگر کاخ را سست بنیان کنیم   دل ساکن خانه لرزان کنیم
چو ویران و لرزان بود خانهٔ   نجوید در او خرد کاشانهٔ
تکاور که در رزم سستی کند   سوارش چو سرو از که جستی کند !

—

بیا تا که تن را بنیرو کنیم   ز ورزش دل و جان بی‌آهو کنیم
چو از تن به پیری هست نیرو نکاست   بماند ترا رای و گفتار راست
سر از فکر روشن دل از رای پاک   نگردد تهی تا بروز هلاک
همه روز شادان تر از روز پیش   نه دل ناامید و نه خاطر پریش

—

نگرم هر سودی در این زندگی است   به نزدیک من با بسودن یاک است

مطبعه باقرزاده طهران

ولیکن دو روزی در این جهان | جهان آفرین گفت باش و ببال
چرا زار باشیم و نالان و سست | بدل ناامید و بتن نادرست
ز دیدار ماه و ز دیدار هور | ز بازیگری‌های امواج نور
ز بوی خوش و از خورشهای نغز | که نیرو پذیرد از آن جان و مغز
ز گسترده‌های راحت فزای | ز زیر و بم صوت اندُه ربای
بجوییم لذت بیابیم بهر | بگیریم کام دل از خوان دهر
شب و روز شادان و امیدوار | به پیچیم طومار لیل و نهار

—

جهان هست آئینه حال ما | در او منعکس نقش احوال ما
بروی اندرش گر بخندیم شاد | بخندد بما بر چو گلبرگ باد
وگر پیش او مویه کردیم سر | ببینیم در وی بجز چشم تر

—

از این پیش مردان فرخنده پی | بجستند این شادمانی ز می
ولیکن می ار شادمانی دهد | بدان سان که دانیم و دانی دهد
یکی جوش در خون و شوری بسر | صداعی بشب رنجی از بر سحر
چو روزی دو مانند لب از جام دور | شود جسم رنجور و خاطر نفور

—

نامه های نیکخواه

دوست من : بهترین سعادت و شادی من مجبور اینست که ترا "دوست" بخوانم و بخیال خود در عالم خیال همیشه با تو راز و نیاز نمایم . آری ، هر وقت روحا متوجه تو هستم ، قوت قلب دارم ، در تنهائی شاد ، امیدوار و بزندگی علاقمند میباشم . کاش من میتوانستم سر عشق را درک کنم و بدانم اساسا چرا انسان باید دلبسته ، مهروئی چون تو و امثال تو گردد .

عزیزم بعضی عشق را «جنون» میگویند و عاشق را «دیوانه» . آه ، چه بی انصافیست ! عاشق حقایق را درک میکند ؛ عشق مشوق انسانست بزندگانی و سعی و عمل . برای تثبیت صدق مقال خود اتفاقی را که در چند روز قبل برایم رخ داده ، برایت شرح میدهم .

یکروز جمعه بعزم دیدار یکی از آشنایان که تا آنوقت او را ندیده و فقط اسم او را شنیده بودم رفتم این شخص بوسیله مکاتبه با من آشنائی حاصل کرده و بیش از دو مراسله ازاو نرسیده بود که دیگر از او اطلاعی حاصل نکردم . پس از یکی دو ماه بوسیله یکی از دوستان مطلع شدم که آنشخص در محبس است و منهم بدون اینکه از علت محبوسی او آگاه باشم عزم دیدارش را نمودم . همینکه به محبس عمومی که واقع در میدان سپه میباشد ، رفتم ، معلوم شد که آن دوست ناشناس من در آنجا نیست و در قصر قاجار محبوس است . با اینکه کار زیاد داشتم ، باز در اتومبیلی نشسته بسوی قصر قاجار حرکت کردم . همینکه در نزدیکی قصر از اتومبیل پیاده شدم دو سه نفر را دیدم که آنها هم بطرف قصر رهسپارند و مثل من بدیدن محبوسین میروند . پس قدم را تندتر کرده بمردی که بنظرم فهمیده‌تر از سایرین بود پیوستم و سلامی بوی نمودم . جوان مذکور بالهجه ترکی جوابگفت و باهم براه افتادیم پس از استفسار از حال او معلوم شد که پدرش در قصر قاجار محبوس است . همینکه باهم صحبت

میکردیم بدرب محبس رسیدیم تمام این اتفاقات برای من تازه بود زیرا تا آنوقت بدیدن محبوسی بقصر قاجار نرفته بودم و بهرچیز بطور کنجکاوی نظر تازه میکردم.

خلاصه پس از اینکه قراول دم درب اسم و آدرس و شغل مرا پرسید، ورقهٔ اجازهٔ دخول محبس را بدستم داد و من داخل محبس شدم و ورقه را بشخصیکه پشت پنجرهٔ آهنی ایستاده بود، دادم و در انتظار محبوس نشستم. در اینمیان زنی یهودی با طفلی کوچک که گویا چهار پنج سال بیش نداشت وارد شد و او هم مثل من ورقهٔ خود را داد و منتظر ملاقات فرزند دلبند خویش شد چون پیدا کردن آشنای من اشکال داشت و او را تازه بدانجا آورده بودند، لذا اول محبوس آن زن یهودی را آوردند. زن مذکور تا محبوس خود را دید، مانند سپندی که بر آتش ریزند از جای برخاسته پشت پنجرهٔ آهنین رفت و شروع باحوالپرسی از فرزند دلبند خویش نمود. جوان با چهرهٔ گرفته و رنگ زرد کاملا میخواست مادر را مطمئن سازد که در آنجا بوی خوش میگذرد اما مادر - با آن قلب پرعاطفه، با آن محبت بی ریا و صمیمی - خوب مطلب را درک کرد و بنای گریه را گذارد. اشکهای ریزان او بقدری زیاد و مؤثر بود که دل سنگ را آب میکرد و منهم بی اختیار اشک از چشمم جاری شد زیرا دیدم یکفرد بشر که او هم چون من موجودی زنده، دارای احساسات، قلب، چشم، گوش، و قوهٔ ادراک میباشد در پشت پنجرهٔ آهنین چون مرغ محبوس گرفتار است و اگر توانائی میداشت در را میشکست و از آن قفس بیرون میآمد و مادر مهربان را در آغوش میکشید و تلافی ایام محبوسی و فراغ را بیرون میآورد.

در آنهنگام حالت مرغان محبوس و دور از خانه و فرزند بنظرم آمد. آنوقت خوب احساس کردم که محبوس ساختن آنان چه ظلم فاحش و جنایت بزرگیست و ما انسانهای مغرور چگونه برای هوس و میل آنانرا از پدر و مادر دور کرده در قفس آهنین مقید و محبوس میکنیم! آری انسان مغرور و خودخواه است و تا خود بخطری دچار نگردد نمیتواند حالت زیردستان خود را ادراک نماید!

بهرحال پس از اینکه مادر اندکی گریست و داد دل خود را بدر آورد طفل کوچکی را که همراه داشت، مخاطب ساخته گفت :-

" عزیزم، برو پیش پدرت! خجالت نکش " طفل چون مرغ بال و پر سوخته آهسته آهسته پیش رفت تا دم پنجره رسید و پدر

از لای میله های پنجره با اشکال چند بوسه ای از سر و روی فرزند عزیز خود برداشت. این منظره بیشتر مرا متأثر ساخت، زیرا

یک طفل بیگناه را در پهلوی پدر جنایتکاری دیدم که بواسطهٔ میله های آهنین محبس نمیتواند خود را در آغوش پدر انداز[د] و بر وفق مقتضای

طفولیت با سر و موی پدر بازی کند!

ولی در ضمن این احوال چند قلب آهنین هم در اطراف خود دیدم که این مناظر حزن آور بهیچوجه در آنها تأثیری

نداشت و با خونسردی تمام ایستاده و مواظب محبوس بودند. این ها نگاهبانان محبس بودند که فقط یک چیز در نظر داشتند

یعنی وظیفه! آری دلسوزی و ترحم برای آنها مفهومی نداشت!

بهرحال پس از اینکه این سه نفر کمی از لذت ملاقات یکدیگر برخوردار شدند، آژان انقضای مدت ملاقات را

اعلام داشت و محبوس مذکور با خداحافظی مختصری از نظر دور شد، مادر و طفل هم آهسته آهسته از طرف مقابل رفتند

پس از چند ثانیه محبوس مرا آوردند و همینکه من خود را باو معرفی کردم از آمدن من بملاقات خود اظهار امتنان نمود و

پس از چند دقیقه مذاکره از پشت همان پنجرهٔ گذائی، بالاخره موقع خداحافظی در رسید و ما هم مثل دیگران با خدا

حافظی مختصری از یکدیگر دور شدیم.

همینکه مسافتی از محبس خارج شدم، زن و طفل مذکور را دیدم که میروند. قدم را تند تر کرده و بایشان رسیده و از

زن پرسیدم: "چرا فرزند شما محبوس است!" وی پس از کشیدن چند آه، جواب داد: "بواسطهٔ قمار!"

من درست نفهمیدم چرا محبوس شده ، زیرا فوری در نظرم آمد که هزاران اشخاص مرتکب این عمل میشوند ومحبوس نمیگردند ، ولی چون نمیخواستم باسؤالات خود خاطر آن زن را رنجه دارم ، دیگر چیزی نپرسیدم و در محل عبور اتومبیل ایستادم . زن فهمید که میخواهم سوار اتومبیل شوم ، پس گفت : «آقا ماشاءالله شما جوان هستید وحالا هم که اتومبیلی نیست ، اگر پیاده بطرف شهر بروید بهتر است ».

دیدم راست میگوید وممکنست چندین دقیقه منتظر اتومبیل بمانم و انوقت هم اگر اتومبیلی برسد کاملاً پر باشد پس تنها براه افتادم ومناظر مجسّ پیوسته در جلو چشمم دفیله میداد .

همینکه قریب پانصد قدم از آن زن دور شدم ، در خم جاده اتومبیلی دیدم که مردی آنرا با قوهٔ خود میبرد ، یعنی چون خراب بود با زحمت زیاد بطرف سرازیری شهر آنرا زور میداد، همینکه خسته میشد متوقف گشته نفسی تازه میکرد و باز براه میافتاد. فهمیدم که او کمک دیگری احتیاج دارد ، قدمرا تندتر نموده خودرا بوی رساندم بدون انکه حرفی باو بزنم شروع بمساعدت او در حرکت دادن اتومبیل شدم . شوفر که عرق بشدت از سر ورویش میریخت ، با تعجب نظری بمن نمود وعلت اقدام مرا درک نکرد . من ملتفت او شده و فهماندم که جز مساعدت وی مقصودی ندارم . دیدم بیشتر متعجب شد ، زیرا هیچ انتظار نداشت که شخص کاملاً بیگانه‌ای بوی کمک کند . بهر حال بکمک یکدیگر اتومبیل را براه انداختیم وچون مقداری راه پیمودیم یکی از آشنایان شوفر بوی رسید وپس از احوالپرسی با آنکه راهش با ما یکی بود ، هیچ بروی بزرگواری خود نیاورد که اصلاً ما احتیاج هستیم وقدمرا تند تر از ما نموده در مدت کمی از ما دور شد .

من که اینواقعه را دیدم ، با تعجب از شوفر پرسیدم : « مگر این آدم رفیق شما نیست ؟ پس چرا کمک شما

نامه نامی نیکخواه

اقدامی نمود ؟ " شوفر سری تکان داده گفت : " آری ، رفیق من بود ، اما رفیقی که در موقع شادی و خوشی هواخواه آدمیت و در زمان تنگدستی با او سر کار ندارم ! "

آنوقت بسیار اشخاص زنده و مرده در نظرم آمد که آنها نیز فقط در موقع خوشی هواخواه دوستان خود بوده و در ایام تنگدستی اصلاً او را نمی‌شناخته اند . قدری که فکر کردم دیدم اصلاً انسانها کم و بیش اینطور هستند و تا آدم دارد و خوش است ، با او خوشند و بهترین محاسن را برای او قائل میباشند ، ولی وقتی دستش تهی شد همهٔ معایب در او جمع است و هیچ صفت فاضلی در او نیست . ای انسان تو کیستی و چرا اینقدر حق ناشناسی؟

بهرحال تا نزدیک شهر یعنی صد قدمی پیچ جاده که بدروازه میرود در بردن اتومبیل با مرد بیگانه کمک کردم باز هم میل داشتم او را همراهی کنم که ۲ نفر از دوستان نظامی او رسیده و چون سررشته از مکانیک داشتند بکمک او در تعمیر ماشین پرداختند منهم با جوان شوفر خداحافظی کرده راه خود را در پیش گرفتم و وارد شهر شدم .

آری - عزیزمن ، همانطور که گفتم عشق انسان را بسعی و عمل تشویق مینماید باو جان و توان میبخشد و او را آمادهٔ خدمت بنوع میکند . عشق عالیترین مظهر احساسات انسانیست - عشق محرک انسان و حیوان بکارست! اما بدبخت کسیستکه تیر عشقش بهدف مراد نخورد و شاهد مطلوب را بچنگ نیاورد . آری زندگی برای برای چنین آدم بیمعنی و خالی از شادیست .

ای عشق چیستی که بهر قلبی مسلطی ! خیلی چیزهاست که انسان از تعریفش عاجز است و عشقهم یکی از آنها میباشد ......

آرین پور

ماهی اگر رفت امیدست بباز آمدنش — عمر اگر رفت بباز آمدنش نیست امید

روزگار شباب در بهار عمر و بهترین ایام زندگانیست در حقیقت پایه و اساس حیات را تشکیل میدهد جوانانیکه مدارس عالیه را طی نموده‌اند و یا شغلهای تخصّصی بسته‌اند وقتی میتوانند درجه سعادت و خوشبختی خویش را ادراک کنند که خود را با جوانان دیگر مقایسه نموده و هم الان خود را در نظر بیاورند که بکارهای سخت و مشاغل پست مانند حمالی و نوکری و عملگی و یا شاگرد شوفری و غیره اشتغال دارند

پیر آلیون

نامه نامی نیکخواه

کسانی که خداوند آنان را از توفیق کسب سعادت و معرفت بخشیده چه بهتر است بهترین ایام زندگانی خصوصاً دوران جوانی را دانسته و از پرتگاه‌های عمیقی که در راه آنان موجود است احتراز نمایند - باید قبل از هر چیز با همین حقیقت مسلّم معتقد و معروف شوند که در هر صورت غرض از تحصیل و طی مدارج علمی تنها گرفتن تصدیق‌نامه‌های متعدده نیست بلکه بیش از همه تزکیه نفس و تصفیه اخلاق حقیقتی راهنمای آنان به سر منزل سعادت و نیکبختی شود - معلم و مربی را در هر حال باید بگیرند که غرض اصلی از افتتاح مدارس تنها آموختن علم نیست چه با وجود علم دیدیم با سواد قابلی زیان آورد - زیرا در تجربه می‌بینیم دانشمندانی که از حلیه اخلاق عاری و بسا از صفات پسندیده بری هستند در جامعه قرب و منزلتی ندارند گاهگاهی هم سقوط‌شان واقع می‌شود در این مقام گفته‌اند

اذا فسد العالم فسد العالم هرگاه دانشمندی در ورطه فساد و بدکاری افتد هزاران نفر دیگر را با خود به گرداب زوال و نیستی فرو میبرد

خلاصه دوران جوانی را می‌توان به راه باریکی تشبیه نمود که در دو طرف آن پرتگاه عمیق خطرناکی از هر نوع قرار گرفته و از طرف دیگر به محیط سعادت و نیکبختی راه دارد - جزئی لغزشی در این راه کافی است در جوانان ناآزموده بی تجربه و معصوم را به وادی هلاکت و نیستی سوق دهند در عکس محصل دقت و مواظبتی می‌تواند آنان را به بام سعادت [illegible] حسن سلوک از خوشبختی و خوشوقتی برخوردار گرداند - یک مقایسه عملی که به‌خوبی موضوع فوق را آشکار ساخته دو نوجوان را در نظر بگیرید یکی تریاکی - دائم‌الخمر - بنگی - و مبتلا به امراض مسریه و عوارض آن نهاد و دیگری نجیب و ملایم سیرت و ستوده کردار صاحب خانواده و دارای آسایش مادی و معنوی

جوانانی که خیال می‌کنند چند روزه عمر را به خوشی بگذرانند و از جوانی کامی گرفته و با عیش و نوش و لهو و لعب اشتغال نمایند به کجی براه خطا میروند

مطبعه باقرزاده طهران

دوصد گفته چون نیم کردار نیست

مطبعه باقرزاده طهران

مرحوم سید احمد معروف به پیشاوری فرزند سید شهاب الدین در سنه ۱۳۵۲ هجری در اراضی سرحدی بین افغانستان و پیشاور متولد شده و از هفت سالگی در شهر پیشاور مشغول تحصیل گردیده و تا سن هیجده سالگی در آن حدود به تحصیل فارسی و عربی و صرف و نحو و منطق و معانی و ادبیات عربی و فارسی اشتغال داشته و در بلوای شورش هندوستان پس از جنگ با اردوی دولت مهاجم و کشته شدن تمام عشیره پدری و مادریش مجبوراً ترک آن سرزمین را گفته به کابل مراجعت و مدتی در شهر کابل به تحصیل علوم امرار وقت نمود و بعد به غزنین آمده دو سال در سر مقبره سنائی و سلطان محمود غزنوی توقف و از محضر ملا اسعد الدین که از علمای بزرگ بود استفاده کرد پس از آن به هرات آمده هیجده ماه در آنجا اقامت نمود و از هرات به تربت شیخ جام چند ماهی توقف کرد سپس به خراسان رهسپار و در مشهد سالی چند به تحصیل علوم نزد ملا غلام‌حسین شیخ الاسلام و امثال ایشان امرار عمر نمود. بعد به سبزوار رفته دو سال در محضر مرحوم حاجی ملا هادی سبزواری که از فحول علمای آن عصر بشمار میرفت کسب فیض نموده و به تکمیل خویش پرداخت در پایان سال دوم حاجی سبزواری مرحوم و ایشان از سبزوار به مشهد معاودت و به تدریس علوم عقلیه و فلسفه متعالیه اوقات خود را صرف مینمودند تا در حدود ۱۳۰۶ از خراسان به طهران آمده و مرحوم میرزا محمد علیخان تفرشی صحبت ایشان را مغتنم و در کتابخانه شخصی خود از ایشان تا ۱۳۲۹ هجری پذیرائی کرد و مدتی نیز بر قوام الدوله مرحوم و ایشان در ایام هفته در سه محل بسر میبردند در شب و دو روز در منزل علیرضا خان بهاءالملک و یحیی خان اعتماد الدوله و دو شب و دو روز در منزل حاج میرزا حسن خان اسفندیاری محتشم السلطنه و سه شب و سه روز

مطبعه باقرزاده طهران

گرچه ما بندگان پادشهیم - پادشاهان ملک صبحگهیم
گنج در آستین وکیسه تهی - جام گیتی نما و خاک رهیم
هوشیار حضور و مست غرور - بحر توحید و غرقهٔ گنهیم
شاهد بخت چون کرشمه کند - ماش آئینهٔ رخ چو مهیم
شاه بیدار بخت را هر شب - ما نگهبان افسر و کلهیم
گو غنیمت شمار صحبت ما - که تو در خواب و ما به دیده گهیم
شاه منصور واقفست که ما - روی همت بهر کجا که نهیم
دشمنان را زخون کفن سازیم - دوستان را قبای فتح دهیم
رنگ تزویر پیش ما نبود - شیر سرخیم و افعی سیهیم
وام حافظ بگو که باز دهند - کردهٔ اعتراف و ما گوهیم

اورنگ

آنان که بعشق تو ز خود بی خبرانند / در دیدهٔ عشاق ز صاحب نظرانند

خوانند تو را گر بمثل مهر و مه ای دوست / این نیز خطائیست که این خلق برانند

پاس سر و جان در طلبت شرط ادب نیست / عاقل غم جان دارد و عاشق دگرانند

من شیفته اندر رخ تو محو تماشا / خلقی بتماشا ز پی من نگرانند

آفاق پر از جلوهٔ آن طلعت زیبا است / آنان که نبینند تو را بی بصرانند

بنمای ز بام ای مه نو گوشهٔ ابرو / خلقی پی دیدار تو از منتظرانند

قومی که نه آشفتهٔ آن زلف دوتایند　　اندر دو جهان بیهده از بیخبرانند

برگیری اگر پرده ز رخ یکنفس ای دوست

عشاق تو او رنگ صفت جامه درانند

هرکه بمصر وجود صاحب روی نکوست　　از سر و جان هرکسی در سر سودای اوست

دیده درون خواب را نیست گذر بسکه دل　　با غم او تا سحر در سخن و گفتگوست

نیست عجب گر بدل عشق وی آتش فروخت　　این عجبی تر که دل سوختنش آرزوست

در شکن طرهٔ اش باد صبا برگذشت　　مشک فشان گشت خاک مغز جهان پر ز بوست

خانهٔ دل هر دو سوخت تا که خیالش گذشت　　یار گر آید ز در جان بدر آید ز پوست

جامه ز گل کس نکرد بر تن سنگی نگر　　یار گل اندام من کش دلی از سنگ و روست

دست ز شوخی مزن بر سر زلفش که دل　　با همه بشکستگی بسته بدان تار موست

گرچه زمانه بکین از سر قهرم براند　　شادم از آنکه غمش گشته مرا یار و دوست

مطبعه باقرزاده طهران

آب و گلم عشق اگر داد بباد فنا

سینه او رنگ باز در دو جهان عشق جست

چنانم عشق سر تا پا بسوزد — که ترسم زآتشم دنیا بسوزد

چنان آتش بجانم زد ز جامی — که بر حالم دل مینا بسوزد

تنوری اندرون سینه دارم — که در وی جمله اشیا بسوزد

ز سودایت اگر سوزند خلقی — مرا سوزیست کو سودا بسوزد

از این سوزنده دل ترسم که آتش — تن کوه و دل صحرا بسوزد

چنان عشقت بعالم آتش افروخت — که اندر قاف هم عنقا بسوزد

اگر پیوسته آتش در گدازنت — دلش بر حال زارما بسوزد

سمندروش خوشم با آتش ایدوست — خدارا دامنی زن تا بسوزد

مپوشان چهره ای خورشید و بگذار — که اندر روی تو حربا بسوزد

مطبعه باقرزاده طهران

نامه نامی نیکخواه

گواه عاشق آن باشد که از شوق
براهت پا نهد سر یا بسوزد

اگر آتش بآبی سرد گردد
دم عاشق دل دریا بسوزد

می از آتش بجان زد میگسارا
مرا سوزیست کو صهبا بسوزد

گر امروزت غم دلدار او رنگ
نسوزد بیگمان فردا بسوزد

بیخ خرد از دل عشق بیک تیشه کند
من نشنیدم ستم هیچ چنین دلپسند

غم که بکیستی نداشت خانه زره در رسید
در دل بیصبا جسم رحل اقامت فکند

خار جهانم بچشم چو گل سوری برنگ
گشت چو گشتم ز عشق خسته دل و دردمند

همت اگر کوته است دست طلب شد دراز
تا که بچنگ آورد دامن سرو بلند

دست ز آزادگی بازفشاندم چو سرو
تا بکمند بلا گشت دلم پای بند

دفتر دانش بمی گر که بشویم رواست
چند ازین قیل و قال تا کی این چون و چند

مطبعه باقرزاده طهران

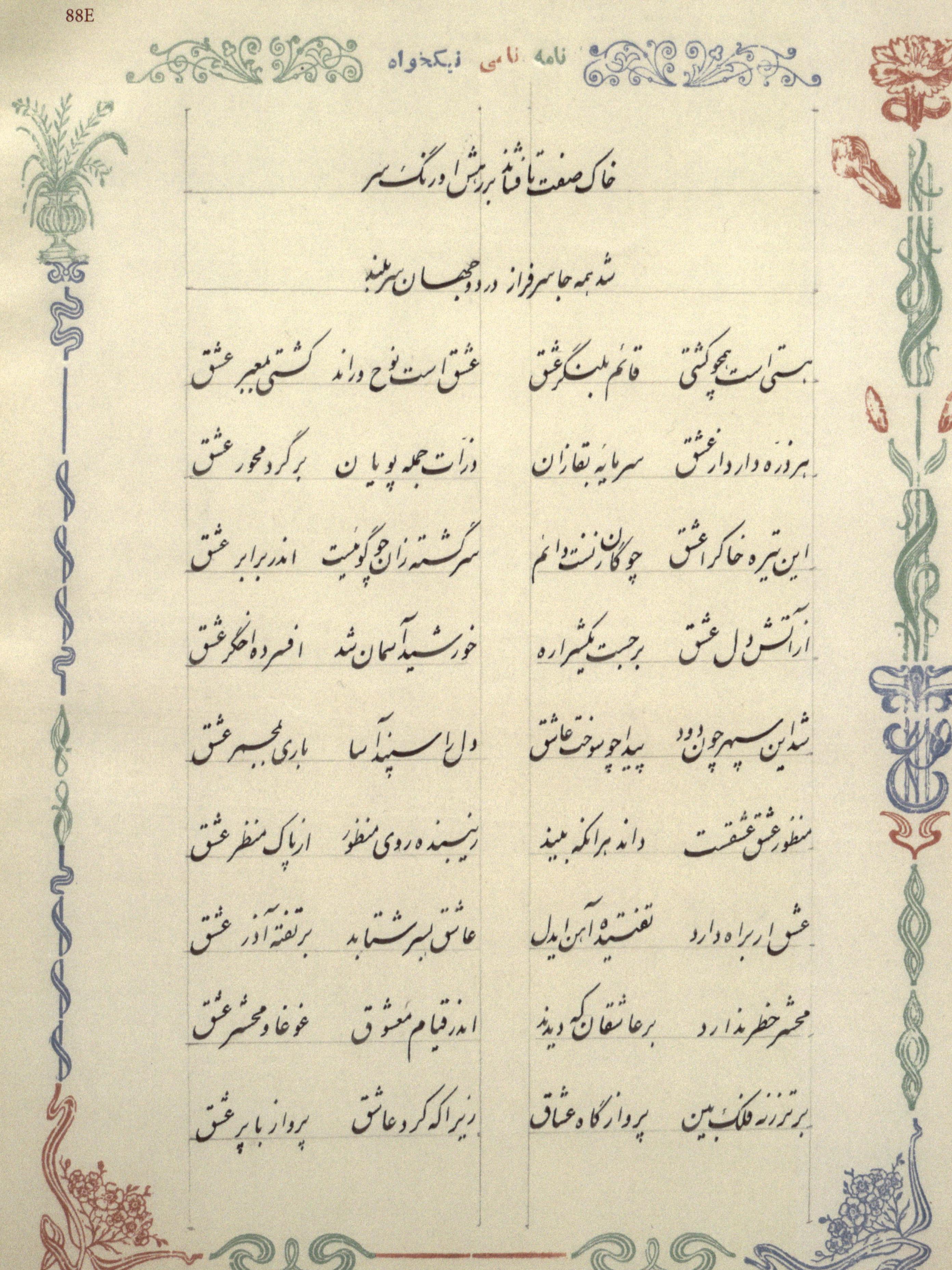

خاک صفت تا فشاند بر رهش او رنگ سر
شد همه جا سرفراز در دو جهان سربلند

هستی است همچو کشتی قائم بلنگر عشق — عشق است نوح و راند کشتی بمعبر عشق
هر ذره دارد از عشق سرمایه تقارن — ذرات جمله پویان برگرد محور عشق
این تیره خاک را عشق چوگان زنست دائم — سرگشته زان چو گوئیست اندر برابر عشق
از آتش دل عشق برجست یک شراره — خورشید آسمان شد افسرده اخگر عشق
شد این سپهر چون دود پیدا چو سوخت عاشق — دل را سپند آسا باری بمجمر عشق
منظور عشق عشقست داند هر آنکه بیند — زیبنده روی منظور از پاک منظر عشق
عشق ار براه دارد تفتیده آهن ای دل — عاشق بسر شتابد بر تفته آذر عشق
محشر خطر ندارد بر عاشقان که دیدند — اندر قیام معشوق غوغا و محشر عشق
برتر ز نه فلک بین پروازگاه عشاق — زیرا که کرد عاشق پرواز با پر عشق

مطبعه باقرزاده طهران

بر جمله قوی عقل فرمان خسروی داشت | لیک از میانه بگریخت تا دید لشگر عشق
از بهر عشق زادست ما را چه نام زانروی | عشق است در خور ما ما نیستیم در خور عشق
دیر و حرم مساویست در چشم عاشقان چون | این گونه مذهب آورد یکتا پیمبر عشق
هستی چو بحر و عاشق غواص اندرو تا | با جان مگر بیابد زین بحر گوهر عشق
آزرده گردد از وهم بگذرد ار بفکرش | از بس لطیف طبع است پاکیزه دلبر عشق
مصر از شکر فروشان گو دکه بند و دکان | قند مکرر ما تا شد ز شکر عشق
برباد چون دهم زود ایکاخ خاک آلود | سیال آتشم ده آبی ز ساغر عشق

بر تخت و تاج قیصر دیگر نظر ندارد
آراست تا که اورنگ بر فرق افسر عشق

از چه رو این گنبد گردنده را آرام نیست | وین عجایب نقشها را آخر و انجام نیست
گلشنی نابی فلک را گر بشب بینی درست | لیک از این رخشنده گلشن هیچکس را کام نیست

مطبعه باقرزاده طهران

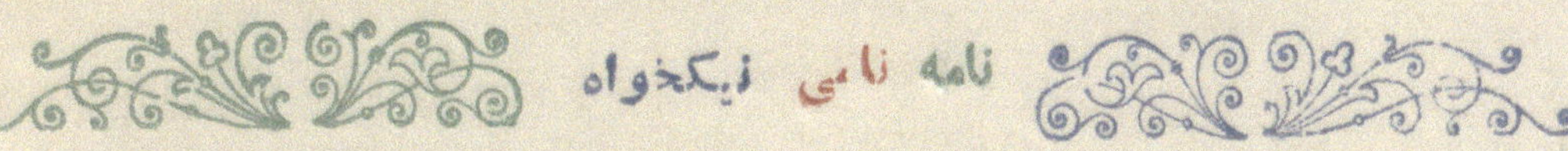

ساقیان بزم گردون هر شبی ساغر بدست
لیک جز زهر هلاهل اندرون جام نیست

بره گردون اگر اندر فلک بیدست و پاست
خود حریف صولتش سرپنجهٔ ضرغام نیست

چون به بدنامی کشد انجام خواهشهای نفس
عشق را نازم که با وی هیچکس بدنام نیست

چون بخون عاشقان رنگین بود دیبای عشق
این قبا زیبندهٔ هر قامت و اندام نیست

باغبان این جهان عشقست و عاشق آبیار
میوهٔ این باغ اما پسته و بادام نیست

خدمت خلق است و خادم آنکه اندر راه خلق
گر خلد خارش بپا دلخسته از آلام نیست

کیش عاشق در جهان خود عاشقی بر عالمست
هر که این مذهب ندارد او نکو فرجام نیست

همچو اورنگ از دل و جان دوست باید داشت خلق
که جز این محصول عمر آدمی را نام نیست

لعبتانیکه بر این بام ترا در نظرند
گرچو اختر همه پاکند ولی بدگهرند

پرده دارند بر این خیمه اگر در شب تار
از رخ شرم و حیا از چه همی پرده درند

مطبعه باقرزاده طهران

سخت در بیم زکردار بد خویشتنند — ورنه از چیست که لرزنده شب تا سحرند
فتنه جویند وزین خوی پدیدست که خود — در همه عمر بپاداش عمل دربدرند
جز ره ظلم و ستم هیچ نپویند بعمر — بخطا گفت کس از این بچگان دادورند
گر شکوفه فلک از نغز گل این چمنند — جمله بی برگ و نوا چون شجر بی ثمرند
تلخی از تلخیشان وام کند حنظل و زهر — گرگمان کرد میشان در مزه چون نیشکرند
جانور را بدرند ار که برین چرخ چرا — روز و شب در پی خون خوردن مشتی بشرند
همه دژخیم صفت دشنه بکف از پی کین — بارخی همچو سمن جمله اگر سیم برند
هر شری در بشر از کرده ایشان برخاست — خود تو گوئی که بخود دشمن نوع بشرند
در عمل منیت خر دراه نمای دلشان — گول و نادان همه چون مردم بی پا و سرند
واقف راز جهانشان تو گمان کردی اگر — گشت معلوم که چون ما و شما بی خبرند
همگی گوی صفت در خم چوگان قضا — اندرین عرصه زره بیخبر و ره سپرند

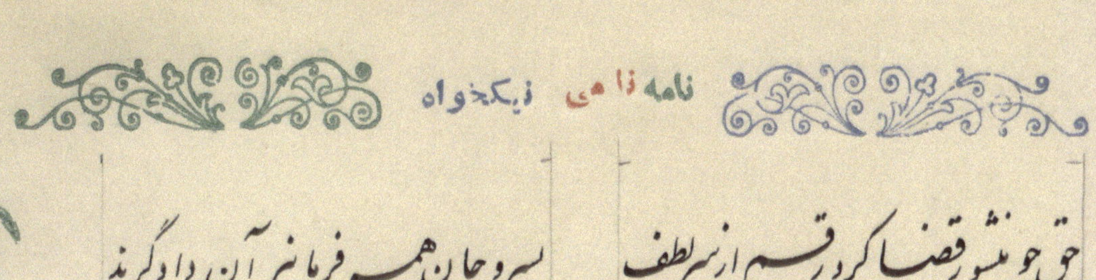

حق چو منشور قضا کرد رقم از سر لطف ‌ ‌ ‌ بسر و جان همه فرمانبر آن داوگرند
ویژه کاریست ز حق بهره هر کس که بجان ‌ ‌ ‌ از پی امر روان جمله چو شمس و قمرند
ویژه ما و تو کاریست که هم شمس و قمر ‌ ‌ ‌ شرح آن را سوی ما باز چو پیغامبرند
هر شبی بر زبر چرخ پی خدمت ما ‌ ‌ ‌ روشنان فلکی از پی هم درگذرند
با من و تو همه گویند که در خدمت خلق ‌ ‌ ‌ کم نباشید از آن دسته که خود باربرند

غیر خدمت هنری نیست پسند از من و تو
خرم آنان که بدین خوی همی مشتهرند

گر بسر در پی ات چو خاک رهیم ‌ ‌ ‌ روشنی بخش چشم مهر و مهیم
ور براه طلب گدای توئیم ‌ ‌ ‌ ملک جان را همیشه پادشهیم
لشگر عقل تا زبون سازیم ‌ ‌ ‌ خسرو عشق را بجان سپهیم
کم ز کاهیست در نظرمان کوه ‌ ‌ ‌ بر همت کمتر از پر کهیم

مطبعه باقرزاده طهران

بوصالت اگرنه دسترس است | قانع از روزنت بیک نگهیم
روسپیدیم پیش پیر مغان | چه غم از پیش شیخ روسیهیم
زکرم دوست جرم ما بخشید | با وجودیکه غرقهٔ گنهیم

همچو اورنگ در ممالک عشق
صاحب تخت و افسر و کلهیم

هر دلی جوید بعالم دلنواز خویش را | تا بدو گوید دمی بی پرده راز خویش را
چون عقاب اندر هوا جولان زند شاهین عشق | عقل را زیبد که بندد پای باز خویش را
عشق باشد چاره ساز ار کار ما بیچاره گشت | مقبلست آن کو شناسد چاره ساز خویش را
بر فلک کوبد ز شادی پای صوفی در سماع | مطرب ار اینسان نوازد بار ساز خویش را
گر نگاه وی دهد محمود می بینی که باز | چشم وی بازاست و بجوید ایاز خویش را
آشیان مرغ دلها شد پریشان تا نمود | یار ما کوتاه زلفین دراز خویش را

خرمن صبرم چو ترکان کرد یغما باز من | خواهمش کز سر بگیرد ترک تاز خویش را

تا بدامانش زدم دست نیاز از روی کبر | بیشتر دامن کشان بفزود ناز خویش را

از لب لعلش چو خضر آب بقا جو با نیاز | چون سکندر گم مکن عجز و نیاز خویش را

باد فرمانت بگردن مینهد فراش وار | گر چو جم رندان نشانی حرص و آز خویش را

گر نه روی دل بسوی دوست داری در نماز | رنج بیحاصل شمر ای دل نماز خویش را

دامن وصلش چسان ا[illegible]نگ داری بچنگ

با حقیقت گر نه بگذاری مجاز خویش را

مطبعه باقرزاده طهران

88/ 89A

نامه نامی نیکخواه

Dear Rugma Smith, April 10, 1933

Mrs. George T. Scott. New York City

Ruth Elliott " " "

دوصد گفته چون نیم کردار نیست

طهران

مطبعه باقرزاده

نامه نامی نیکخواه

مطبعه باقرزاده طهران

دوصد گفته چون نیم کردار نیست

89C (i)

نامه نیکخواه

دوصد گفته چون نیم کردار نیست

مطبعه باقرزاده طهران

نامه نامی نیکخواه

دو صد گفته چون نیم کردار نیست

مطبعه باقرزاده طهران

89C (iv)

89C (v)

89C (vi)

نامه نامی نیکخواه

دوصد گفته چون نیم کردار نیست

مطبعه باقرزاده طهران

89C (x)

نامه نامی نیکخواه

دوصد گفته چون نیم کردار نیست

مطبعه باقرزاده طهران

نامهٔ نای نیکخواه

دوصد گفته چون نیم کردار نیست

مطبعه باقرزاده طهران

نامه نامی نیکخواه

دوصد گفته چون نیم کردار نیست

مطبعه باقرزاده طهران

نامه نامی نیکخواه
دوصد گفته چون نیم کردار نیست
مطبعه باقرزاده طهران

نامه نامی نیکخواه

دو صد گفته چون نیم کردار نیست

مطبعه باقرزاده طهران

نامه نامی نیکخواه

دوصد گفته چون نیم کردار نیست

مطبعه باقرزاده طهران

نامه نامی نیکخواه

دوصد گفته چون نیم کردار نیست

مطبعه باقرزاده طهران

The American College of Tehran

A Memorial Album, 1932

The American College of Tehran

A Memorial Album, 1932

Prepared by

Morteza Gheissari

Edited with an Introduction and Notes by

Ali Gheissari

The American College of Tehran: A Memorial Album, 1932
Prepared by Morteza Gheissari | Edited with an Introduction and Notes by Ali Gheissari
Jordan Center for Persian Studies | University of California, Irvine

Cover and Layout: Kourosh Beigpour | ISBN: 978-1-949743-22-7

Contents

Introduction *(English)* XI

The American College of Tehran, 1929-1932: A Memorial Album

Introduction *(Persian)* 9

Contents: Transcription and Edits 19

Contents 138

1. Title Page: *Nāmeh-ye Nāmi-ye Neek-Khwāh*, The College Memory Book, prepared by M. Ghaisari (hereafter: Gheissari), American College of Teheran. Blank folios printed at Bāqerzādeh Printers, Tehran (1p.)

2. Photograph of M. Gheissari, compiler of the Album (1p.)

3. Morteza Gheissari, "Sar-Āghāz" (Preface), in Persian, dated Mehr 1311 (September/October 1932) (2pp.)

4. Photograph of Dr. Samuel Martin Jordan

5. Printed brochure, "Address of President Jordan at the Laying of the Cornerstone of Moore Science Hall," dated 27 July 1931, in English (1+3pp.)

6. Lafayette in Persia: Sketch of the History of the American College of Teheran and its Relation to Lafayette College, printed essay in English

7. An early photograph of Dr. Jordan (c. 1898)

8. Dr. Sādeq Rezāzādeh Shafaq, Untitled writing in Persian (April 1932), on the occasion of Rabindranath Tagore's visit to College (1p.)

9. Tagore's visit

   A short verse by Tagore in his own handwriting

   N.n., Portrait of Tagore drawn by pencil, with Tagore's autograph

   Two photographs of Tagore's visit to College

10. Morteza Gheissari, "*'Azemat-e Tārikhi-ye Abniyeh-ye Esfahān*" (The Grandeur of Isfahan's Historic Buildings), essay in Persian with photographs (15pp.)

11. Hossein Shajareh, "*'Emārat-e Chehelsotun*" (The Chehelsotun Building), essay in Persian with photographs (4pp.)

12. Photographs of various College buildings under construction, Dr. Jordan, College Faculty and students (9pp.)

13. N.n., "Purpose of the College." Short printed essay in English and a photo of the College Dormitory (1p.)

14. Photographs of College faculty and students (15pp.)

15. Malakeh Khosravi, A rebus in Persian, dated 11 Ordibehesht 1311 (1 May 1932) (1p.)

16. A photograph of College Iranian faculty and students

17. Y. Simon, "The Value of Compulsory Military Training," essay in English (2pp.)

18. Portrait painting with pencil, no signature

19. M. Zandi,[1] "*Favā'ed-e Riyāziyāt*" (Benefits of Mathematics), essay in Persian, dated 21 Farvardin 1311 (10 April 1932) (9pp.)

20. G.W. Dean, "Thoughts on the Coming Vacation," essay in English, dated 29 April 1932 (3pp.)

21. Portrait painting with pencil, no signature

22. Portrait painting with pencil, signed by Entekhābi, dated Farvardin 1311 (March/April 1932)

23. Brochure in French, "L'Évolution d'un Laboratoire Pharmaceutique: Les Intraits les Cultures Médicinales L'Hémogénol Dansse des Laboratoires Dausse," dated 1922 (1+18pp.)

24. A photograph of the poet Mohammad-Reza Mirzādeh 'Eshqi

25. Watercolor painting, signed M.T

1- Mansur Zandi.

26. Amir-Rafi' Mottahedeh, "*Ma'lumam Shod ke Hich Ma'lum Nashod*" (It is Known to Me that Nothing is Known), a list of seventeen existential questions in Persian, dated 29 Ordibehesht 1311 (19 May 1932) (2pp.)

27. Abol-Hasan Mo'addel, two opposite faces in one drawing, dated 7 March 1932, (1p.)

28. Rahim Hakim-Esagh [Eshāq], "The Man who Knows Where He is Going," essay in English, dated 20 April 1932 (1p.)

29. Rahim Hakim Eshāq, "*Midānam be Kojā Khwāham Raft*" (I Know Where I am Going), essay in Persian, dated April 1932 (2pp.)

30. Arthur Upham Pope, Transcription of a line from Sheikh Mahmud Shabestari in English translation, dated 30 November 1932 (1p.)

31. Massud Farzad, Four poems: three in English ("Hello, You!," "God Save the Pride!," "The Kiss and the Sting") from "Moods and Moments," dated 15 March 1931, and one in Persian ("Ārmān-e Shā'er" (The Poet's Ideal)) (5pp.)

32. Hossein Niknafs Kermāni, "*Madraseh-ye Āmrikā'i Shāgerd-hā rā Behtar Barā-ye Zendegāni Hāzer Mikonad*" (The American School is Better in Preparing the Students for Life), essay in Persian, dated 8 May 1932 (2pp.)

33. Tali'eh Sāleh, "*Tasāvi-ye Zan va Mard Vojud Nadārad*" (The is No Equality between Woman and Man), essay in Persian (2pp.)

34. Hossein-Ali Mirza E'tezādi, "The Importance of Iran's Fine Arts in the World," essay in Persian (4pp.)

35. Seyf al-Din Emāmi, "*Este'dād va Qovā-ye Akhlāqi*" (Moral Potential and Strength), essay in Persian, dated 20 Farvardin 1311 (9 April 1932 [inaccurately recorded as 11 April 1932]) (2pp.)

36. Mohammad-Ali Modarresi Tabari, Untitled note in Persian about the author's contribution to the Album, dated Farvardin 1311 (March/April 1932), (2pp.)

37. N.n., "*Kār*" (Labor), Essay in Persian, probably by Mohammad-Ali Modarresi Tabari, and a watercolor painting of a cottage in winter (3pp.)

38. Mohammad-Bāqer Shahāmi, "*Agar Motemāyel Hasti Hamisheh dar 'Omr-e Khish Mozaffar va Movaffaq Bāshi Kār ya Taklif-e Amruz-e Khodat rā be Fardā Mohavval Manemā*" (If you want to be Victorious and Successful in Life do not Postpone your Today's Work or Duty to Tomorrow), essay in Persian (2pp.)

39. [?],[2] Two paragraphs attributed to Pythagoras and written in Persian, "*Tazkiyeh-ye Nafs*" (Self-Cleansing) and "*Takmil-e Nafs*" (Self Fulfillment) in Persian, dated 7 Ordibehesht 1311 (27 April 1932) (2pp.)

40. Khāvari [[3]], Three *rubā'is*, in Persian, dated Farvardin 1311 (March/April 1932) (2pp.)

41. Ahmad Nakhostin, "*Az Nasāyeh-e Aflātun be Eskandar*" (Plato's Words of Advice to Alexander), in Persian, dated 30 Farvardin 1311 (19 April 1932) (2pp.)

42. A. B. Rafi'i Mehrābādi, "Hashtomin 'Ajāyeb-e Donyā" (The World's Eighth Wonder), essay in Persian, dated 1 Ordibehesht 1311 (21 April 1932) (4pp.)

43. Shams al-Din Rostampur, "*Bolbol-e Nākām*" (Unhappy Nightingale), a literary composition in Persian, dated 1 Khordād 1311 (22 May 1932) (3pp.)

44. An Ode by the poet Sobhi, transcribed by Shams al-Din Rostampur, recorded on 28 Ordibehesht 1311 (18 May 1932) (1p.)

45. Morteza Rostampur, "*Bashar Bāyad Omidvār Bāshad*" (Man Must Be Hopeful), an essay and two *rubā'is* in Persian, dated 10 Ordibehesht 1311 (30 April 1932) (2pp.)

46. 'Aziz Tabaddor Shirazi, transcription of an ode by Hafez and a quatrain by Sanā'i decorated by watercolor, dated 10 Ordibehesht 1311 (30 April 1932) (2pp.)

47. Mir-'Abbās Mir-Hādi, "*Akhlāq dar Jāme'eh che Fāyedeh dārad?*" (What is the use of Ethics in Society?), composition in Persian, dated 5 Ordibehesht 1311 (25 April 1932) (2pp.)

48. Hāshem Mir-Hāshemi, transcription of three *rubāi*'s by Badāye'-Negār Lāhuti, and a *rubā'i* by himself and photograph of a painting of a flower vase, dated Ordibehesht 1310 (April/May 1931) (2pp.)

49. Ahmad Parandeh, transcription of three lines by Ferdowsi and five lines by Sanā'i, by (2pp.)

50. Ahmad Parandeh, "*Az Heyvānāt Tavajjoh Farmā'id*" (Look After Animals), a short composition in Persian and transcription of two poems from the *Bustān* of Sa'di (2pp.)

51. Ebrāhim Entekhābi, "*Moqāyeseh-ye Shā'eri va Naqqāshi*" (Comparing Poetry and Painting), a short piece in Persian and a portrait with pencil, dated 4 Ordibehesht 1311 (24 April 1932) (2pp.)

52. N.n., "Kudaki va Nowjavāni" (Childhood and Youth), a composition in Persian (3pp.)

2- Author's signature illegible.

3- No first name recorded.

53. N.n., A portrait with pencil (1p.)

54. Ahmad Kowsar Hamadāni, "Yek Gol" (One Flower), composition in Persian, dated 5 Ordibehesht 1311 (25 April 1932) (2pp.)

55. ʿAbbās Ārianpur Kāshāni, A *cinquain* (*mukhammas*); and an artwork on thin wooden sheet[4] (3+1pp.)

56. Hossein Hāshemiān, Three drawings, dated 1 Ordibehesht 1311 (21 April 1932) (3pp.)

57. Hossein Hāshemiān, "Enqelāb- Adabi" (Literary Revolution), essay in Persian (5pp.)

58. N.n. [probably ʿAbd al-Amir Zamāniān], "Ahamiyat-e Akhlāqi-ye Varzesh" (Moral Importance of Sport), summary of a speech and a poem in Persian, dated 5 Farvardin 1311 (25 March 1932) (4pp.)

59. ʿAbd al-Amir Zamāniān, "Nowruz," composition in Persian, dated 1311 (1932) (2pp.)

60. M. A. Eftekhāri, Twenty Two Questions, listed in Persian, dated 10 Ordibehesht 1310 (1 May 1931) (1p.)

61. Group photo of the basketball team with coach Bobgen and Ahmad Nakhostin (1p.)

62. Group photo at outing (Dr. Jordan in white hat, seated back row fourth from left) (1p.)

63. G. Hagopian, [Proverbs 10:4, 10:5, 13:4], written in English, dated 12 march 1932 (1p.)

64. Harold … [[5]], A short appreciation note to Dr. Jordan and College members, written in English, dated 6 October … [probably 1932]

65. Mohsen Asadi, "Don't Approve Anything for Others that You Don't Approve it for Yourself," a short moral statement in Persian, and a short Zoroastrian moral declaration in English (2pp.)

66. Feyzollāh Sobhi, A photograph, a poem and an essay in Persian, "What is Literature and Who is a man of Letters?," written in his own handwriting (4pp.)

67. ʿAli-Akbar Mohasses (Deyhim), A long poem in Persian, probably written in his own hand writing, dated Ordibehesht 1311 (April/May 1932) (4pp.)

68. ʿAli-Akbar Mohasses (Deyhim), Two more poems, probably written in his own hand writing (2pp.)

69. Amir-Hossein Derakhshān, Three watercolor paintings, dated 29 April 1932 (3pp.)

4- No name given for the artwork.

5- Last name illegible, signature not very clear.

70. Amir-Hossein Derakhshān, Excerpts from Khwājeh ʿAbdollāh Ansāri, dated Farvardin 1311 (March/April 1932) (1p.)

71. Amir-Arsalān Khalʿatbari, On "Good Deed" and "Dignity," two poems in Persian (1p.)

72. Sayyed ʿAli Mohsenin, "*Nowkar-e Hileh-gar yā Nowkar-e Khāʾen: Komedy dar Yek Akt*" ("Deceitful or Disloyal Servant: Comedy in One Act"), in Persian, dated 27 Ordibehesht 1311 (17 May 1932) (3pp.)

73. Photograph of the soccer team with coach Bobgen (with necktie) (1p.)

74. Batul Nakhostin, "*Gham makhor ey Dust keh in Jahān Be-namānad*" ("My Friend, Don't give into Sorrow, This World Will Not Last"), essay in Persian (4pp.)

75. N.n.[[6]], Poem in Persian, dated 25 Esfand 1310 (16 March 1932)

76. Karim Zahiri, "*Sharāreh-ye Qalb, Gol-e Kuchak*" ("Heart's Flame, Little Flower"), literary composition in Persian, dated 3 Farvardin 1311 (23 March 1932)(3pp.)

77. Mohammad-Hossein Mohazzabi Shirazi, "*Dast-e Enteqām Qavi Ast*" ("The Hand of Revenge is Strong") essay in Persian, dated 12 Ordibehesht 1311 (2 May 1932) (2pp.)

78. N.n., A medical and moral essay in Persian on addiction and other ills (4pp.)

79. Iraj Nāser, Watercolor drawing (a sailboat on the sea) (1p.)

80. Qahramāni,[7] Poem in Persian (1p.)

81. Iraj Nāser, Watercolor portrait (1p.)

82. Kiānpur,[8] Literary essay in Persian, dated Ordibehesht 1311 (April/May 1932) (2pp.)

83. Gholām-Rezā Rashid-Yāsami, Photograph and poems in his own handwriting (6pp.)

84. ʿAbbās Āriānpur, Composition in Persian (5pp.)

85. N.n.[[9]], Untitled composition in Persian and author's photograph (2pp.)

86. Sayyed Ahmad Adib Pishāvari, Photograph and an essay in Persian about him by M. Gheissari (2pp.)

87. An Ode by Hafez, transcribed n.n. (1p.)

6- Signature not clear, probably Taqi Raʾisi.

7- No first name recorded.

8- No first name recorded.

9- Probably the writer and poet Gholām-ʿAli Raʿdi Āzarakhshi (1909-1999).

88. ʿAbd al-Hossein Owrang (Sheikh al-Molk), Photograph and poems Persian, probably in his own handwriting (12pp.)

89. Miscellaneous

(A) Three autographs in English, by David Eugene Smith (dated 10 April 1933), Mrs George T. Scott (New York City), and Ruth Elliott, possibly College visitors (1p.)

(B) Photograph of one of College buildings, probably a dormitory addition (1p.)

(C) Ten pencil drawings, mostly portraits; two of which signed by E. Entekhābi, dated 6 Mordād 1310 (29 July 1931) and Farvardin 1311 (March/April 1932) (10pp.)

90. Blank pages

10- Name as appears on the document.

⟡ Introduction ⟡

The American College of Tehran, 1929-1932: A Memorial Album

This volume offers a previously unpublished memorial album of the American College of Tehran compiled by a former student during the early Pahlavi period.[1] The album contains a wide range of contributions by College faculty, associates, occasional visitors as well as fellow students and encompasses material on national history, ethics, sports, military service, mathematics, and poetry, and also numerous pencil drawings and art work. In addition there is a wide range of photographs of the College, its faculty and staff, its diverse student body, classrooms, athletics, special occasions, and outdoor activities. In manifold ways the album's documentary evidence illustrates how the College provided an effective space for its teachers and students with different social and community backgrounds to participate in educational modernization and reform, and on the whole it offers valuable glimpses into the social and educational aspects of the early Pahlavi Iran.

Background

The American College of Tehran (later Alborz College) initially started as a Presbyterian missionary institution for boys in 1873 and maintained its American administration until 1940 when it was taken over by the Iranian government and placed under Iranian secondary school system. In 1875, shortly after the College was established, Nāser al-Din Shah Qajar (r. 1848-96) agreed to the construction of a new building for the school within Tehran's Armenian quarter.[2] By 1891 the school had a total

---

1- Parts of this Preface with some modifications are devised from Ali Gheissari, "The American College of Tehran, 1929-1932: A Memorial Album," originally published in *Iranian Studies* 44/5, Special Issue: Alborz College, Guest Editor: Nasrin Rahimieh, (2011), pp. 671-713. https://www.tandfonline.com/doi/full/10.1080/00210862.2011.570478

2- Mir-Asadollāh Musavi Māku'i (ed.), *Dabirestān-e Alborz va Shabāneh-ruzi-ye Ān* (Alborz High School and its Dormitory Section), (Tehran, 1378/1999), p.11.

of 135 students, over half of whom were Muslims.[3] In 1898, following his graduation from Lafayette College (in 1895) and then from the Princeton Theological Seminary (in 1898), Rev Samuel Martin Jordan (1871-1952) and his wife Mary Woods Park Jordan (1867-1954) arrived in Tehran and he was appointed the school's President in the same year, a position he held until 1940. In 1923 the school moved to the new Rollestone Hall, an extensive building designed by the Georgian architect and longtime resident of Tehran Nikolai Markov (1882-1957)[4] and constructed under the supervision of Ostād Hossein M'emār[5] on a new campus outside Yusefābād Gate, then on the northern periphery of Tehran.[6] The new facilities included laboratories, a relatively large library with some 20,000 books and over 3000 bound pamphlets, a dormitory and athletic fields.[7] Although the College was originally a missionary school, like its sister institution Sage College for girls, it had little evangelical impact amongst its pupils, and the Presbyterian administration of the school viewed Iran's domestic political changes of the Pahlavi era as a positive development and were overall supportive of the 1921 coup as a "pro-Persian" turn of events as many of its graduates soon assumed high positions.[8] In 1930s the school adopted the name Alborz College.

Throughout its history Alborz College also had a notably diverse mixture of students who came from different social, ethnic, and religious backgrounds—a characteristic which continued well beyond its American administration.

3- Yayha Armajani, "Alborz College," in *The Encyclopaedia Iranica*, I/8 (1985), pp. 821-823, here p. 822.

4- For Nikolai Markov, see Viktor Daniel, Bijan Shafei, and Sohrab Soroushiani, *Nikolai Markov Architecture*, Tehran, 2004, pp. 28-39; Lana Ravandi-Fadai, "Between Native and Exile: Cossack Brigade Fighter and Architect of Tehran - Nikolai L'Vovich Markov (1882-1957)," in Rudi Matthee and Elena Andreeva (eds.), Russians in Iran: Diplomacy and Power in the Qajar Era and Beyond, London and New York: I.B. Tauris, 2018, pp. 217-239, note in particular pp. 224-226.

5- See Manuchehr Sotudeh, "Haftād-o Seh Sāl Dusti" (Seventy Three Years of Friendship), *Bukhara*, 38 (Tehran, 1383/2004), pp. 73-78.

6- The new College campus consisted of two plots of land which totaled 44 acres and was situated outside the city walls, and the Rolestone Hall's foundation covered "2292 square yards." See Arthur C. Boyce, "Alborz College of Teheran and Dr. Samuel Martin Jordan Founder and President," typescript, Westminster Gardens, Duarte, CA, 1954, 54 pp., here p. 18, available in Lafayette in Persia (Source Material); and reprinted in Ali Pasha Saleh (author and editor), *Cultural Ties between Iran and the United States*, Tehran, 1976, pp. 155-234, here p. 180 (hereafter all references to this sources will be given to the latter edition).

7- For College library holdings, see Boyce, *op. cit.*, p. 187.

8- Michael P. Zirinsky, "Render Therefore unto Caesar the Things Which Are Caesar's: American Presbyterian Education and Reza Shah," *Iranian Studies*, 26/3-4 (1993): 337-356, here p. 342. See also *idem.*, "A Panacea for the Ills of the Country: American Presbyterian Education in Inter-War Iran," in *Iranian Studies*, Vol. 26, No. 1/2 (Winter - Spring, 1993), pp. 119-137; *idem.*, "Onward Christian Soldiers: Presbyterian Missionaries and the Ambiguous Origins of American Relations with Iran," in Reeva S. Simon and Eleanor H. Tejirian (eds.), *Altruism and Imperialism: Western Cultural and Religious Missions in the Middle East*, New York: Columbia University, Middle East Institute, 2002; and *idem.*, "Jordan, Samuel Martin" in *Encyclopaedia Iranica*, XV/1 (2009), pp. 14-21.
For Presbyterian missionary activities in Iran, see *idem.*, "American Presbyterian Missionaries at Urmia During the Great War," in *Journal of Assyrian Academic Studies*, Vol. XII, No. 1, 2008; also available at: http://www.iranchamber.com/religions/articles/american_presbyterian_missionaries_zirinsky.pdf
For the Presbyterian school for girls, see *idem.*, "Harbingers of Change: Presbyterian Women in Iran, 1883-1949," in *American Presbyterians: Journal of Presbyterian History* (1992), 173-86. For education in the early Pahlavi period, see 'Isa Sadiq, *Modern Persia and Her Educational System*, New York, 1931; David Menashri, *Education and the Making of Modern Iran*, Ithaca and London: Cornell University Press, 1992. See also Rudi Matthee, "Transforming Dangerous Nomads into Useful Artisans, Technicians, Agriculturists: Education in the Reza Shah Period," *Iranian Studies*, Vol. 26, Nos. 3-4, Summer/Fall 1993, pp. 313-336.

In 1940 the school was taken over by the Iranian government and subsequently its curriculum was changed in accordance with the Iranian state school system. In the same year Dr. Jordan was awarded by the Iranian government with a medal of the first rank for his scientific contributions. Subsequently the school was presided over by Vahid Tonekāboni (1893-1957) during 1940-41, Ali-Mohammad Partovi (Mani' al-Molk) (b. 1891) during 1941-42, Hasan Zowqi (b. 1888) during 1942-43, Lotf-Ali Suratgar (1900-1969) during 1943-44, and Mohammad-Ali Mojtahedi (1908-1997) during 1944-79 period.[9] During his long tenure Mojtahedi was instrumental in expanding the school's resources, administrative efficiency and raising the caliber of its teaching staff. The school's rigorous standards in part explain the later distinguished careers of many of its graduates. In contrast to the administrative continuity under Mojtahedi, during the forty-year period following the Iranian revolution of 1978-79, the school's presidency changed fifteen times, but overall the school has maintained its high rank within Iran's expanding secondary school system.[10]

Organization and Faculty

At first the American College of Tehran was a grade school, later in 1924 it became a Junior College, and in 1928-29 it became an accredited Liberal Arts college;[11] at this date it had a total of 900 students.[12] The organization of the College during the early Pahlavi period followed both Iranian and American systems, as can be seen in the following table:[13]

Classes	Iranian	American
1-6	Elementary	Elementary
7, 8, 9	First Cycle of Middle School	Lower Middle School Upper Middle School
10. 11. 12	Second Cycle of Middle School	Junior College (1 year)
13, 14, 15	Higher Education	Senior College

9- Musavi Māku'i (ed.), *Dabirestān-e Alborz*, pp. 20-22; Habib Ladjevardi (ed.), *Memoirs of M. A. Mojtahedi: Principal of Alborz High School (1045-1979) and Founder of Aryamehr University (1965)*, Iranian Oral History Project and Center for Middle Eastern Studies, Harvard University (Bethesda, MD, 2000): 20-22.

10- Musavi Māku'i (ed.), *Dabirestān-e Alborz*, p. 292. Since 1978, the school has been presided by Hossein Khoshnevisān in 1978-79, Hasan Pur-Zāhed in 1979-80, Nāser Nāseri in 1980-81, Esmā'il Sādeq-Kāzemi in 1981-85, Rajab-Ali Yāsi-Pur Tehrani in 1985-86, Nāser Mollā-Asadollāh in 1986, Ali Mazāre'i in 1986-88, 'Abbās Feyz in 1988-89, Hossein Khoshnevisān in 1989-91, Bāqer Dezfuliān in 1991-97, Mahmud Dāstāni in 1998-99, Valiollāh Sanāye' Porkār in 1999-2007, Dr. Mazāher Hami-ye Kārgar in 2007-2011, Ābes Esfandiār in 2011-2012, and Mohammad Mohammadi from 2012 to the present.

11- Armajani, "Alborz College," p. 821.

12- Musavi Māku'i (ed.), *Dabirestān-e Alborz*, p. 15.

13- Boyce, *op. cit.*, p. 179.

"In later years the Iranian Middle School certificate was given at the end of the 11th Class. The 12th Class was divided into specialized courses of Literature, Science and Commerce in preparation for corresponding University courses. The Iranian Government Licentiate Degree corresponding to the American B.A. was given at the end of three years of Higher Education."[14]

Following Jordan's appointment to work in Iran, Lafayette College maintained close ties with the American College of Tehran.[15] Subsequently a significant number of Lafayette graduates were among the College faculty in Tehran—they included (with their year of graduation in brackets, followed by their area of service and teaching):[16]

Samuel Martin Jordan (1895): College President and professor of history and social sciences

Arthur Clifton Boyce (1907): Vice President, professor of education and psychology

Frederick L. Bird (1913): professor of English

William Norris Wysham (1913): professor of religion and sacred literature

Ralph Cooper Hutchison (1918): Dean and professor of religion and philosophy

Walter Alexander Groves (1919): Dean and professor of philosophy and ethics[17]

James H. Hill (1928): instructor in business

George W. Brainerd (1930): instructor in biology

S. Leroy Rambo (Ex-1930): instructor in physical education

William C. McNeill (1931): instructor in physics and chemistry

Edward S. Kennedy (1932): instructor in mathematics

Arthur C. Haverly (1936): instructor in English

Another Lafayette graduate was Rev. Charles R. Pittman who came to Iran in 1897 and was "mostly engaged in missionary work in western part of the country." Pittman was not on the faculty but "he kept close ties with the College."[18]

14- Boyce, *op. cit.*, p. 179. The list follows the same order as given by Boyce; teaching position and area changed to lowercase.

15- Named after the French military officer Marquis de Lafayette (1757-1834), who had served under George Washington (1732-1799) during the American Revolution, Lafayette College is a private undergraduate liberal arts and engineering college which was founded in 1826 in Easton, Pennsylvania. It became affiliated with the Presbyterian Church in 1854.

16- Boyce, *op. cit.*, pp. 170-171.

17- For Groves, see also "The Groves Papers," available in *Lafayette in Persia*.

18- Boyce, *op. cit.*, pp. 170-171.

Other members of the Alborz College faculty during the 1930s, included:[19]

Henri Behoteguy, Jr. (Wooster College, 1910): instructor of English

Tony Mullen (Emporia College): instructor of English

Robert Lisle Steiner (Wooster College, 1916; University of Pittsburg, PhD): acting professor of commerce

F. Taylor Gurney (University of Chicago, 1935, PhD): professor of chemistry

Elgin Sherk (Syracuse University): YMCA

Edgar E. Houghton (Davidson College, 1923): English

Kelley Tucker: physical education

Albert G. Edwards (Yale University): English

Charles Hoffman: Biology

Felix Howland (US Naval Academy): mathematics

Thos. L. Peters: English

Hugh McCaroll (Coe College): business methods

George W. Dean (Yale University, 1926): business

James Gibbons (Washburn, 1931): physical education

Howard Benfield: stenography

Arthur Scott (Princeton University): English

James H. McDonough (Washington and Jefferson): biology

Herrick Black Young (Indiana University, 1925): professor of English literature, Director of Resident Students

John McAfee (Wooster College): English

E. Hubert Rieben (Sc.D., Switzerland): French, geology

André Perrinjaquet (Switzerland): French

Maurice Beguin (Switzerland): French

B. Carapet Hagopian: emeritus instructor of English

Mirza Gholamreza Khoshnevees: Persian writing

19- Boyce, *op. cit.*, pp. 185-187. The list follows the same order (and spelling) as given by Boyce; teaching position and area changed to lowercase.

Dr. Rezazadeh Shafaq (PhD, Berlin): Persian philosophy and literature

Yahya Armajani (PhD, Princeton)[20]: religious education

Mohammad Hassan Farhi[21]: Persian and Arabic

M. Ahmad Nakhosteen[22], A.B.: Persian and Arabic

Ashot Arakelian, A.B.: English

B. Tirdad Barseghian[23], A.B.: Bursar

Mansur Zandi, A.B.: mathematics

Nicholas Chaconas, A.B.: Assistant Registrar

M. Khalil Sotoodeh[24]: Elementary School

Iranian teachers also included, among others, Mr. Mazraki who taught athletic ethics and Mr. Ahurā'i who was a Zoroastrian and taught elementary English as well as physics and chemistry at the 9th Grade.[25]

Impact

The overall impact of the College can perhaps be better seen as part of a larger trend and transformation of certain segments of Iran's urban society in the 1920s and 1930s. The College provided a significant

---

20 Yahya Armajani (1908) was a former student of Jordan and was "the first Iranian ordained in the Evangelical Church of Iran." He went on to teach at the College after receiving a doctorate in history from Princeton University. Armajani later moved to the United States and taught Middle Eastern history for many years at Macalaster College, St. Paul, Minnesota. See Zirinsky, "A Panacea for the Ills of the Country," p. 136; and *idem.*, "Jordan, Samuel Martin," *Encyclopaedia Iranica*, XV/1 (2009), pp. 14-21. At College Armajani also taught ethics as well as supervised junior students at the dormitory. For Armajani's own account of Jordan and the College, see Yahya Armajani, "Sam Jordan and the Evangelical Ethic in Iran," in Robert J. Miller (ed.), *Religious Ferment in Asia*, Lawrence, KA: University Press of Kansas, 1974, pp. 22-36.

21- Mohammad-Hasan Mirza Farhi had initially studied at the College and was later invited by Jordan to teach Persian literature and Arabic. In later years he also continued his work at the school under Mojtahedi. See Mousavi Makoui, *op. cit.*, pp. 36-37.

22- Ahmad Nakhostin had also become a Christian and subsequently translated into Persian a number of texts with religious themes. These included works by the American author and Presbyterian clergyman Henry van Dyke (1852-1933), and also by William Miller (1782-1849) who was an American Baptist preacher and a pioneer of the millenarian Adventist movement in 1830s and 1840s. For Persian titles, see *Setāreh-ye Derakhshān*, by Henry van Dyke, translated by Ahmad Nakhostin, Beirut, 1926; *Tafsir-e Enjil-e Luqā*, by William Miller, translated by Ahmad Nakhostin, Tehran: Brukhim, 1313 (1934); and *Tafsir-e Ketāb-e A'māl-e Rasulān*, by William Miller, translated by Ahmad Nakhostin, Leipzig: August Press, 1932. Ahmad Nakhostin's own writings included, *Dastur-e Akhlāq* (Moral Law), Tehran: publication of the Church Council of Iran, 1311 (1932). Nakhostin also assisted the American Presbyterian missionary William McElwee Miller (1892-1993), who like Jordan had also graduated from Princeton Theological Seminary (in 1919) and was stationed in Mashhad, with the typing of the manuscript of his book on Bahaism. See William McElwee Miller, *Baha'ism, Its Origin, History and Teachings*, New York: Fleming H. Revell Co., 1931, p. 15.

23- Barseghian continued in this position until 1978. See Musavi Māku'i, *op. cit.*, pp. 52-53.

24- Mirza Khalil Sotudeh (1883-1966) was the supervisor of the elementary school and instructor of Persian.

25- See 'Abd al-Amir Dashti, unpublished personal notes, referred to in Mohammad-Ali Jāvedān, "Este'mār-e Farhangi-ye Gharb" (Western Cultural Colonialism), 4 Mordād 1387 (25 July 2008), available at: http://www.javedan.ir/print.php?news_id=23

venue towards educational reform and modernization. Although some alumni may have subscribed more closely to American values the College experience was viewed by many of its students and their wider family and social circles in that period as part of a larger context of changing times. It was also neither a bridge between civilizations nor a superficial spectacle of modernity. Similar to other foreign schools, and perhaps more so, the College provided its pupils with a venue for educational modernization so that they could meet the emerging requirements of the Iranian society and economy itself, and be in a more informed position to observe the changes that were affecting the wider world.

There was also an attempt to introduce a gradual change in the practice of education from the customary abstract and repetitive patterns and paradigms to placing more emphasis on applied learning and "experiential education"—to paraphrase John Dewey whose ideas were at the time influential among the College American faculty.[26] In particular the College education was further associated with a variety of hands-on learning methods and extra-curricular activities such as the use of laboratory in chemistry, physics, and biology as well as drawing, music, athletics and general teamwork. In particular mathematics was placed high on the hierarchy of subjects, a tradition that became even more strengthened in later years during the long tenure of the French-educated Dr. Mojtahedi.[27]

A Memorial Album

Various aspects of the American College of Tehran can be seen through the pages of a previously unpublished memorial album which was compiled by Morteza Ghaisari[28] (hereafter Gheissari) (1911-1976), a former student of the College during the early Pahlavi period and the present author's father. Perhaps in order to fulfill his extra-curricular activities, Gheissari had organized within the College a society called "*Neek-Khwāh*" (Benevolent), and the compilation of this album, titled *Nāmeh-ye Nā mi-ye Neek-Khwāh* (The Exalted [and] Benevolent Letter), may have taken place in that context—although the society's membership and activities were not recorded in the album and are unknown to me. The album can also be regarded as a kind of scrapbook, compilation of which was a long time hobby within American schools and colleges,[29] and had now come to influence pupils at the American College of Tehran.

Pages of the album were bound in 1932, the date which appears on its title page. However, judging by the dates of various contributions the compilation process of the album could have taken place during

26- John Dewey (1859–1952), was an American philosopher, psychologist and educational reformer whose ideas were influential in education and social reform in the United States and beyond, particularly during the first half of the twentieth century.

27- See Homa Katouzian's essay, "Alborz and its Teachers," *Iranian Studies*, 44:5 (2011), pp. 743-754.

28- Spelling as appears on the album's title page.

29- For the tradition of producing scrapbooks, see, for example, Jessica Helfand, *Scrapbooks: An American History*, Yale University Press, 2008; and Susan Tucker, Katherine Ott and Patricia Buckler (eds.), *The Scrapbook in American Life*, Temple University Press, 2006.

the period 1929-1932. Initially the complier of the album had blank folios (21.3cm x 28cm) printed at the Bāqerzādeh Printers in Tehran, and after collecting all the contributions had them bound in a leather case. The volume's title, *Nāmeh-ye Nāmi-ye Neek-Khwāh*, is printed and on the upper margin of all pages while the lower margin is adorned by "*Do-sad gofteh chon nim-kerdār nist*" (attributed to Ferdowsi, lit. "Two hundred words do not add up to half a deed," or, as in the common English proverb, "Action speaks louder than words").

Morteza Gheissari, the author and compiler of the present album, was born in September 1911 in Tehran where he completed both his primary and secondary education. In 1932 he graduated from Tehran School of Commerce (Madraseh-ye Tejārat) and, in the following year, from the American College of Tehran.[30] In 1936 in Tehran he opened a modern athletic club (Bāshgāh-e Bustān-e Varzesh), opposite the newly inaugurated Amjadiyeh Stadium, an area that at the time was located on the northern outskirts of Tehran. In recognition of his work, in 1939 he received a Scientific Medal of the Third Order from Iran's Ministry of Culture and Endowments and Fine Arts.[31] His subsequent career was in the private sector and included membership of the board of directors of the carding plant (Risbāf Company) in Qom, farming, and trade in textiles. Over the years he was also a member of the board of directors and served as the honorary treasurer of the nationwide organization of maternity hospitals and care of the newborn (Bongāh-e Hemāyat-e Mādarān va Nowzādān) and collaborated in its expansion throughout the country. Morteza Gheissari passed away on 27 November 1976 in Tehran.

I had first come across this album among family papers. However, during his lifetime I missed the opportuity to enquire from the compiler of the album additional information or ask him to identify the photographs. In later years I sought the assistance of a number of informed teachers, friends, and colleagues in identifying the photos, and I am very grateful to them. I am particularly thankful to the late Iraj Afshar, the late Zein al-ʿĀbedin Mo'tamen, and the late Manuchehr Sotudeh, and also to Fereydun Amir-Faryar, Sayyed ʿAbdollāh Anwār, Mohsen Ashtiany, Farideh Farhi, Thomas M. Ricks, and Michael P. Zirinsky for their help with identifying some of the photographs and providing me with additional information on various contributors. I am also grateful to Harriette Hemmasi and the Brown University Library for scanning the volume, Rasul Jaʿfariān and Āzādeh Nowruzi at the Majles Library, Museum and Documentation Center, Tehran, for repairing the album, Saeid Jalalipour and the Jordan Center for Persian Studies at the University of California, Irvine, for technical assistance, Anna Gheissari for additional help with the final edits, and Kourosh Beigpour for professional help with page setting and production.

Ali Gheissari
April 2020

30- See Appendix 1 and Appendix 2.

31- See Appendix 3.

Bibliography

Armajani, Yahya. "Sam Jordan and the Evangelical Ethic in Iran," in Robert J. Miller (ed.), *Religious Ferment in Asia*, Lawrence, KA: University Press of Kansas, 1974, pp. 22-36.

Idem. "ALBORZ COLLEGE," *Encyclopaedia Iranica*, I/8 (1985), pp. 821-823.

Boyce, Arthur C. "Alborz College of Teheran and Dr. Samuel Martin Jordan Founder and President," typescript, Westminster Gardens, Duarte, CA, 1954, 54 pp.; reprinted in Ali Pasha Saleh (author and editor), *Cultural Ties between Iran and the United States*, Tehran: Imperial, 1976, pp. 155-234; see also *Lafayette in Persia* (Source Material).

Daniel, Viktor, Bijan Shafei, and Sohrab Soroushiani, *Nikolai Markov Architecture: Architecture of Changing Times in Iran*, Tehran: Did Publications, 1382 (2004).

Dashti, ʿAbd al-Amir. See Jāvedān, Mohammad-Ali.

Dehbashi, Ali. (ed.), "Yādnāmeh-ye Masʿud Farzād," *Bukhara*, 88-87, Tehran, 1391 (2012), pp. 444-573.

Groves Papers. See *Lafayette in Persia*.

Gheissari, Ali. "The American College of Tehran, 1929-1932: A Memorial Album," *Iranian Studies*, 44/5, Special Issue: Alborz College, Guest Editor: Nasrin Rahimieh, (2011), pp. 671-713.

Helfand, Jessica. *Scrapbooks: An American History*, New Haven, CT: Yale University Press, 2008.

Jāvedān, Mohammad-Ali. "Esteʿmār-e Farhangi-ye Gharb" (Western Cultural Colonialism), (ʿAbd al-Amir Dashti, unpublished personal notes), 4 Mordād 1387 (25 July 2008), available at: http://www.javedan.ir/print.php?news_id=23

Karimi Hakkak, Ahmad. "FARZĀD, MASʿUD," *Encyclopaedia Iranica*, IX/4 (1999), pp. 385-386.

Katouzian, Homa. "Alborz and its Teachers," *Iranian Studies*, 44/5 (2011), pp. 743-754.

Khʷānsāri, ʿAbbās-ʿAli b. Āqā Asadollāh. *Tajāreb al-Insān fi al-Nasāyeh*, transcribed by Mir-ʿAli b. Tayfur Bastāmi (c. 11th century AH), n.p., n.d.

Ladjevardi, Habib. (ed.), *Memoirs of M. A. Mojtahedi: Principal of Alborz High School (1945-1979) and Founder of Aryamehr University (1965)*, Bethesda, MD: Iranian Oral History Project and Center for Middle Eastern Studies, Harvard University, 2000.

Lafayette in Persia, website: https://sites.lafayette.edu/lafayetteinpersia/

Matthee, Rudi. "Transforming Dangerous Nomads into Useful Artisans, Technicians, Agriculturists: Education in the Reza Shah Period," *Iranian Studies*, 26/3-4 (1993), pp. 313-336.

McElwee Miller, William. *Baha'ism, Its Origin, History and Teachings*, New York: Fleming H. Revell Co., 1931.

Menashri, David. *Education and the Making of Modern Iran*, Ithaca and London: Cornell University Press, 1992.

Musavi Māku'i, Mir-Asadollāh. (ed.) *Dabirestān-e Alborz va Shabāneh-ruzi-ye Ān* (Alborz High School and its Dormitory Section), Tehran: Nashr-e Bistun, 1378 (1999).

Nakhostin, Ahmad. (tr.), *Setāreh-ye Derakhshān*, by Henry van Dyke, Beirut, 1926.

Idem. (tr.), *Tafsir-e Enjil-e Luqā*, by William Miller, Tehran: Brukhim, 1313 (1934).

Idem. (tr.), *Tafsir-e Ketāb-e Aʿmāl-e Rasulan*, by William Miller, Leipzig: August Press, 1932.

Idem.. *Dastur-e Akhlāq* (Moral Law), Tehran: publication of the Church Council of Iran, 1311 (1932).

Pythagoras, *The Golden Verses of Pythagoras and Other Pythagorean Fragments*, Selected and Arranged by Florence M. Firth with an Introduction by Annie Besant [Theosophical Publishing House, American Branch, 1904], online: https://www.sacred-texts.com/cla/gvp/index.htm

Idem. *The Golden Verses of Pythagoras*, by Fabre d'Olivet, [New York and London, 1917], online: https://babel.hathitrust.org/cgi/pt?id=hvd.32044004971685&view=1up&seq=151&q1=duties

Ravandi-Fadai, Lana. "Between Native and Exile: Cossack Brigade Fighter and Architect of Tehran - Nikolai L'Vovich Markov (1882-1957)," in Rudi Matthee and Elena Andreeva (eds.), *Russians in Iran: Diplomacy and Power in the Qajar Era and Beyond*, London and New York: I. B. Tauris, 2018, pp. 217-239.

Sadiq, Isa. Modern Persia and Her Educational System, New York, NY: Teachers College, Columbia

University, 1931.

al-Shahrastāni, Abu al-Fath Muhammad b. ʿAbd al-Karim. *Kitāb al-Milal wa al-Nihal*, ed. Ahmad Fahimi Muhammad, vol. 1, Beirut, 1971.

Shaked S. and Z. Safa, "ANDARZ," *Encyclopædia Iranica*, II/1 (1985), pp. 11-22.

Sotudeh, Manuchehr. "Haftād-o Seh Sāl Dusti" (Seventy Three Years of Friendship), *Bukhara*, 38, Tehran, 1383 (2004), pp. 73-78.

Idem. "Dust-e Man [Mostafā] Moqarrebi" (My Friend [Mostafā] Moqarrebi), interview and report by Shahrām Ansāri, *Ettelāʿāt*, Wednesday 20 Dey 1391 (9 January 2013) No. 25501, online edition: https://www.ettelaat.com/new/index.asp?fname=2013%5C01%5C01-09%5C11-43-30.htm

Tucker, Susan and Katherine Ott and Patricia Buckler (eds.), *The Scrapbook in American Life*, Philadelphia, PA: Temple University Press, 2006.

Wickens, G. Michael, Juan Cole, Kamran Ekbal, "BROWNE, EDWARD GRANVILLE," *Encyclopædia Iranica*, IV/5 (1989), pp. 483-488.

Zirinsky, Michael P. "Harbingers of Change: Presbyterian Women in Iran, 1883-1949," *American Presbyterians: Journal of Presbyterian History* (1992), pp. 173-186.

Idem. "A Panacea for the Ills of the Country: American Presbyterian Education in Inter-War Iran," in *Iranian Studies*, 26/1-2 (1993), pp. 119-137.

Idem. "Render Therefore unto Caesar the Things Which Are Caesar's: American Presbyterian Education and Reza Shah," *Iranian Studies*, 26/3-4 (1993), pp. 337-356.

Idem. "Onward Christian Soldiers: Presbyterian Missionaries and the Ambiguous Origins of American Relations with Iran," in Reeva S. Simon and Eleanor H. Tejirian (eds.), *Altruism and Imperialism: Western Cultural and Religious Missions in the Middle East*, New York, NY: Columbia University, Middle East Institute, 2002.

Idem. "American Presbyterian Missionaries at Urmia During the Great War," *Journal of Assyrian Academic Studies*, XII/1 (2008); also available at: http://www.iranchamber.com/religions/articles/american_presbyterian_missionaries_zirinsky.pdf

Idem. "JORDAN, SAMUEL MARTIN," *Encyclopaedia Iranica*, XV/1 (2009), pp. 14-21.

Index

فهرست اعلام

Appendix 3

Morteza Gheissari, Scientific Medal of the Third Order, 12 Farvardin 1318 (2 April 1939)

Imperial State of Iran, Ministry of Culture and the Fine Arts

(35.5cm x 44cm)

دولت شاهنشاهی ایران

وزارت معارف و اوقاف و صنایع مستظرفه

بر طبق ماده پانزدهم جزء دوم فصل چهارم نظامنامه مدال و نشان علمی

نظر بمراتب لیاقت آقای مرتضی قیصری را بیک قطعه نشان علمی

از درجه سوم نایل میدارد

Appendix 2

Morteza Khan Gheissari, Graduation Diploma, 30 Mordad 1311 (21 August 1932)

Tehran School of Commerce

(30cm x 40.5cm)

نمره ثبت ۵۷۶

وزارت معارف و اوقاف و صنایع مستظرفه

تصدیقنامه دوره تحصیلات متوسطه تجارت

صاحب این عکس دارای ورقه هویت نمره (۱۳۱۲۸) صادر از ناحیه ۵ [illegible]

نظر بماده هیجدهم قانون اساسی معارف مصوب نهم عقرب هزار و دویست و نود شمسی

نظر باساسنامه مدرسه تجارت مصوب شورای عالی معارف

نظر بتصدیق هیئت ممتحنه طهران مورخ خرداد ۱۳۱۱ شمسی براینکه مرتضی خان قیصری فرزند آقای حاج میرزا علی شاگرد مدرسه متوسطه تجارت

که در تاریخ ۱۲۹۰ شمسی در طهران متولد شده دوره تحصیلات تجارت را برطبق پروگرام باتمام رسانیده و از عهده امتحانات مقرره

برآمده است این تصدیقنامه دوره تحصیلات مدرسه مزبوره باو عطا میشود که از آنچه قانوناً بآن تعلق میگیرد استفاده نماید

طهران - بتاریخ ۳۰ مرداد ماه ۱۳۱۱

رئیس امتحانات — رئیس کل معارف و تعلیمات — وزیر معارف و اوقاف و صنایع مستظرفه

Appendix 1

Morteza Ghaissarieh [Gheissari], Graduation Diploma, 27 October 1933

The American College of Teheran, Junior College Department

(30cm x 40cm)

THE AMERICAN COLLEGE OF TEHERAN

JUNIOR COLLEGE DEPARTMENT

KNOW ALL MEN BY THESE PRESENTS THAT

MORTEZA GHAISSARIEH

Having satisfactorily completed one of the courses of study of the Junior College, and having approved himself by his conduct, on the recommendation of the Faculty is hereby granted this diploma, as witness our signature and seal.

Given at Teheran this 27th day of October 1933

S. M. Jordan

President of the College